소리에 놀라지 않는 사자같이
그물에 걸리지 않는 바람같이
물과 진흙이 묻지 않는 연꽃같이
코뿔소의 뿔처럼 혼자서 가라

----------------------- 께

----------------------- 드림

부처님의 생애

부처님의 생애

조계종
출판사

서문

물은 깊은 바다가 으뜸이고, 빛은 해와 달이 으뜸이듯 세간에 알려진 진리 가운데는 부처님의 가르침이 우주에서 으뜸입니다. 모든 중생을 구제하고자 큰 원력을 세우신 부처님은 그 삶의 여로가 곧 수행이요, 진리였습니다. 부처님 생애와 그 가르침을 이해하는 것은 불교를 바르게 알고 이해하는 핵심적인 요건이며 삼보에 귀의하는 첫 번째 관문이라 할 수 있습니다.

그동안 부처님의 삶을 조명하는 수많은 책들이 국내에서 출판되었습니다. 《불소행찬》, 《불본행집경》 등의 한문본 경전과 아함경을 비롯한 다양한 초기경전을 통해 다각적인 연구가 진행되고 있습니다. 하지만 아쉽게도 지금까지는 외국인 저작에 대한 번역본이 주류를 이루고 있는 것이 사실입니다.

불학연구소에서는 부처님의 생애를 올바르게 계승하기 위해 빨리본, 싼쓰끄리뜨본, 한문본 경전 등을 근본 자료로 하고 인도고대사를 참조하여 검증된 학술적 내용을 바탕으로 종단본 《부처님의 생애》를 편찬하였습니다.

이번에 발간된 종단본 《부처님의 생애》는 개인적인 저술에서 벗어나 불타론 관련 전공 학자들을 편찬위원으로 위촉하여 공동으로 집필되었습니다. 지난 2년 동안 10차에 걸친 편찬 회의와 두 차례에 걸친 워크숍을 통해 크게는 부처님의 발자취를 집대성하고, 작게는 글자 한 자한자까지 세심하게 살피며 인간적이면서 초인간적인 부처님의 모습을 담아내고자 최선을 다했습니다. 편찬위원들의 노고가 깊었던 만큼 책장을 넘길수록 부처님의 삶과 깨달음, 전법의 가르침 속에서 진한 감동을 느낄 수 있을 것입니다. 더욱이 평이한 문체로 집필하여 불교를 처음 접하는 분들도 부처님의 삶과 그 속에 녹아 있는 가르침을 쉽게 이해할 수 있도록 배려하였습니다.

특히 부처님의 삶을 생생히 표현한 불전도를 곳곳에 수록하여 사실성을 더하고 본문의 이해를 높였습니다. 또한 글로벌 시대의 흐름에 발맞추어 한문본 음역어에서 벗어나 빨리어, 싼쓰끄리뜨어 원음으로 인명과 지명을 표기하였고 이를 부록에서 대조표로 정리하여 수록하였습니다. 불기산정 기준과 부처님 안거 장소, 설법 장소, 불전도 해설 등도 부록에 담아 전문적인 지식을 얻고자 하는 분들을 위한 배려도 잊지 않았습니다.

이 책은 불교가 생소한 일반 독자에게는 부처님을 소개하는 교양서이면서 전공자들에게는 유용한 참고 자료가 될 것입니다.

끝으로 이 책이 나오기까지 애써주신 여러 선지식들의 노고에 감사드리지 않을 수 없습니다. 먼저 승가 교육 발전을 위해 매진하고 계신 교육원장 현응스님, 교육부장 법인스님, 불학연구소장 원철스님을 비롯하여 교육원 소임자 스님들께 감사의 말씀을 드립니다. 특히 전 불학연구소장 현종스님과 전 사무국장 명연스님, 초고를 집필해주신 성재헌 선생님께도 감사의 마음을 전합니다. 아울러 편찬위원으로 참여하신 해주스님, 김용표 교수, 박경준 교수, 유근자 박사, 조준호 박사와 불학연구소의 서재영 박사, 양경인 연구원의 노고에 경의를 표합니다. 끝으로 원고를 매끄럽게 윤문해주신 소설가 정찬주 선생님과 출판사 최승천 부장님을 비롯하여 관계자 여러분께도 감사드립니다. 후학들이 이 책으로 단 한 명이라도 아누다라삼먁삼보리를 얻는다면 편찬의 사명은 다했다 여겨집니다.

불기2554년(2010년) 1월
편찬위원장 정인

차례

일러두기

- 불교원전용어의 발음 표기법이 여러 가지로 혼재되어 있어 다음과 같은 표기법에 따른다.
- 싼쓰끄리뜨어 표기법은 2005년에 '한국불교학회'에서 제정한 표준안을 원칙으로 한다.
- 본서에서는 모든 인명과 지명을 부처님 당시의 발음 표기법에 가장 근접한 묘사를 위해 빨리어로 표기했다.
- 본서의 빨리어 표기법은 '한국불교학회'의 싼쓰끄리뜨어 표기법에 근거하여 빨리어의 표기법 원칙을 정한 것이다.

1) 빨리(Pāli)

모음(母音)		자음(子音)									
a	아	k	ㄱ	kh	ㅋ	g	ㄱ	gh	ㄱ	ṅ	아
ā	아	c	ㅉ	ch	ㅊ	j	ㅈ	jh	ㅈ	ñ	ㄴ
I	이	ṭ	ㄸ	ṭh	ㅌ	ḍ	ㄷ	ḍh	ㄷ	ṇ	ㄴ
ī	이	t	ㄸ	th	ㅌ	d	ㄷ	dh	ㄷ	n	ㄴ
u	우	p	ㅃ	ph	ㅍ	b	ㅂ	bha	ㅂ	m	ㅁ
ū	우	ya		야		va			모두 w로			
e	에	r	ㄹ	l	ㄹ	ḷ	ㄹ				
o	오	s	ㅅ/ㅆ	ṁ	-ㅇ-ㅁ	h	ㅎ				

2) 싼쓰끄리뜨(Sanskrit)

모음				자음													
a	ā	아	e	에	k	ㄲ	c	ㅉ	ṭ	ㄸ	t	ㄸ	p	ㅃ	y	야/이야	ś	슈
i	ī	이	ai	아이	kh	ㅋ	ch	ㅊ	ṭh	ㅌ	th	ㅌ	ph	ㅍ	r	ㄹ	ṣ	쉬
u	ū	우	o	오	g	ㄱ	j	ㅈ	ḍ	ㄷ	d	ㄷ	b	ㅂ	l	ㄹ	s	ㅅ/ㅆ
r	ṛ	ㄹ	au	아우	gh	ㄱ	jh	ㅈ	ḍh	ㄷ	dh	ㄷ	bh	ㅂ	v	와	h	ㅎ
ḷ	ḹ	ㄹ	-	-	ṅ	야	ñ	냐	ṇ	ㄴ	n	ㄴ	m	ㅁ	ḥ	ㅎ	ṁ	-ㅇ/-ㅁ

제 1 장

탄생과 성장

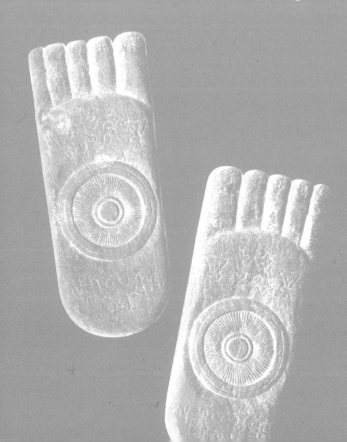

이 땅에 오시기까지

우주가 생성되고 파괴되기를 아흔 한 차례나 거듭하기 이전에 데와와 띠(Devavatī)라는 풍요로운 도시가 있었다. 데와와띠는 온갖 새들의 노랫소리와 음악 소리, 음식을 조리하고 권하는 소리들로 활기찼다.

바라문 청년 수메다(Sumedha, 無垢光)는 그 도시에 살았다. 그의 집 곳간에는 곡식과 보석이 넘쳤다. 남달리 총명했던 그는 일찍이 스승을 따라 세 가지 웨다를 배워 통달하고, 천문학과 역사학 등 다양한 학문들도 익혔다. 그의 너그러운 인품과 넓은 학식과 유창한 언변에 스승과 동료들은 늘 자랑스러워하며 칭찬과 기대를 아끼지 않았다.

어느 날, 수메다는 깊은 생각에 잠겼다.

'세상의 학문으로 얻을 수 있는 즐거움은 많다. 하지만 그 즐거움들은 쉽게 부서지고 오래 지키기 어렵다. 사람들은 무엇으로도 늙음과 질병과 죽음을 피할 수 없다. 언제 닥칠지 모를 두렵고 무서운 이 현실에서 벗어날 방법은 없을까?'

한 발 물러나 바라보니 세상의 기쁨과 즐거움은 슬픔과 두려움을 감춘 가면이나 다름없었다. 드넓은 바다라도 항해할 것처럼 당당하게 돛을 올리지만 아홉 구멍으로 쉴 새 없이 오물이 흐르는 사람의 몸은 구멍 뚫린 배처럼 허술하기 짝이 없었다. 평온하고 화사한 웃음을 지어 보이지만 정작 마음속은 도적과 함께 길을 가는 사람과 같았다. 세상은 병들어 있었다. 놀랍게도 사람들은 고통으로 신음하면서도 벗어나려고 하지 않았다.

'이 병을 치유할 의사는 없을까? 병이 있다면 그 병을 치유할 방법도 있으리라. 모든 고통에서 벗어난 안온한 세계는 없을까? 길이 있으리라. 아니, 있어야만 한다. 나는 그 길을 찾으리라.'

수메다는 자기 몫의 재산을 가족과 친지, 이웃들에게 나눠주고 길을 떠났다. 세상의 학문으로 해결하지 못한 문제를 풀기 위해 눈 덮인 깊은 산속으로 향했다. 그리하여 세상 밖의 학문을 배웠다. 수메다의 몸과 마음은 나날이 가볍고 맑아졌다. 그러던 어느 날, 어머니의 병환이 깊어졌다는 소식이 전해졌다.

수메다는 스승께 말씀드렸다.

"스승님께 배워야 할 것이 아직 많지만 제 욕심만 차리기엔 하늘보다 무거운 어머니의 은혜를 저버릴 수 없습니다."

스승은 자애롭게 격려하였다.

"너의 지혜와 재주라면 반드시 세상에 쓸모가 있을 것이다. 교화를 펼쳐 세상을 이롭게 하고 스스로 행복한 삶을 일구어라."

오랜 세월 동안 자란 긴 머리카락을 묶어 올리고, 낡은 사슴가죽으로 겨우 몸만 가린 수메다의 행색은 초라했다. 추위와 배고픔을 견디고, 세상 사람들의 곱지 않은 시선까지 받아야 하는 귀향길은 멀고 힘들었다.

따가운 햇살 아래 길을 재촉하던 어느 날, 마을 공회당을 지나던 수메다는 바라문들의 열띤 토론을 보았다. 그들은 높은 단을 마련하고서, 사람들의 질문에 만족할 만한 대답을 하는 이에게 은전을 한 닢씩 주기로 하고 논쟁을 벌이고 있었다. 다들 몇 마디의 질문을 견디지 못하고 차례차례 단에서 내려왔다. 그 모습을 지켜보던 수메다가 다가갔다.

"저 역시 바라문의 아들입니다. 여러분의 논쟁에 참여할 수 있겠습니까?"

"바라문이라면 누구든 좋소."

단 위에 오른 수메다가 낡은 사슴가죽을 여미고 말하였다.

"궁금한 것이 있으면 무엇이든 물어보십시오."

하나를 물으면 열을 대답하고, 잎을 물으면 가지와 뿌리까지 설명하는 수메다의 논변에 바라문들은 경탄을 금치 못하였다. 오백 냥의 은전을 받은 수메다는 길을 가다가 가슴 아픈 장면들을 목격하게 되었다. 병들어 고통 받는 사람은 어느 가족만이 아니었다. 굶주림에 허덕이고, 질병과 전쟁으로 부모와 형제를 잃은 사람들이 거리마다 울부짖고 있었다. 세상은 고통의 수렁이었다. 악마의 얼굴을 한 탐욕스런 자들이 폭력을 휘둘렀다. 그들 앞에서 수메다가 가진 지혜와 능력은 바람에 날리는 먼지에 불과했다. 수많은 중생들의 눈가에 맺힌 슬픔과 공포를 수메다는 미어지는 가슴으로 바라보았다.

그러다 와사왓띠(Vasavattī)왕이 다스리는 빠드마와띠(Pādmavatī)를 지나다가 평화로운 풍경을 보고 놀랐다.

성안의 백성들은 기쁨이 가득한 얼굴로 물을 뿌리며 길을 쓸었다. 비단과 꽃으로 장식한 거리는 화려했다. 나라에 무슨 경사라도 있는가 싶어 지나가던 이에게 물었다.

"무슨 일이 있습니까?"

"디빵까라(Dīpaṃkara, 燃燈) 부처님께서 오늘 우리 성으로 오신답니다."

"부처님이라니요, 부처님이 어떤 분입니까?"

"모르는군요. 부처님은 완전한 지혜와 덕을 성취하신 분입니다. 가장 위대한 스승, 승리자, 세상의 길잡이, 모든 번민과 고통을 넘어선 그분의 말씀은 한마디 한마디가 그대로 법입니다. 그분의 발길이 닿는 곳엔 재앙과 질병이 흔적도 없이 사라진답니다. 그분의 두 발에 예배하고 공양하면 어떤 소원이든 다 이루어진답니다."

무슨 소원이든 이룬다는 말에 수메다의 얼굴이 환히 빛났다.

"부처님에게는 무엇을 공양해야 합니까?"

"다른 것은 받지 않으십니다. 오직 꽃과 향만 공양할 수 있습니다."

우아한 빛깔과 향기로운 꽃을 찾아 성안을 누볐지만 이미 사람들이 남김없이 가져간 뒤였다. 수메다는 한 송이의 꽃도 구할 수 없었다. 애타는 마음으로 거리를 헤매던 수메다는 화병을 들고 가는 한 여인을 보았다. 그녀의 화병엔 푸른 연꽃이 담겨 있었다.

"보기 드문 저 푸른 연꽃을 부처님께 올릴 수 있다면 얼마나 좋을까?"

빠른 걸음으로 다가선 수메다가 여인을 가로막았다.

"여인이여, 연꽃을 저에게 파십시오."

여인의 긴 머리카락은 반들거렸고, 눈동자는 검은 진주처럼 반짝였다.

"이 꽃은 대왕님께 드릴 꽃입니다."

"여인이여, 은전 백 냥을 드리겠습니다. 그 꽃을 부처님께 올릴 수 있게 해주십시오."

"이 꽃은 대왕님께 드릴 꽃입니다. 팔 물건이 아닙니다."

수메다는 여인에게 두 번, 세 번 간절히 청하였다.

"여인이여, 제가 가진 은전 오백 냥을 모두 드리겠습니다. 그 꽃을 저에게 파십시오."

소매를 붙잡고 애원하는 수메다의 손길에 여인은 수줍은 듯 얼굴을 붉혔다.

"그럼, 이 일곱 송이 가운데 다섯 송이를 드리겠습니다. 하지만 조건이 있습니다."

"무엇이든 말씀하세요. 그대의 뜻대로 하리다."

"저는 나약한 여자입니다. 저도 부처님을 뵙고 싶지만 그럴 수 없습니다. 제 이름은 고삐(Gopī)입니다. 이 두 송이 연꽃을 제 이름으로 부처님께 올리고 저의 소원을 빌어주신다면 연꽃을 당신께 드리겠습니다."

"그대의 소원을 말해 보십시오."

"초라한 사슴가죽을 걸쳤지만 당신의 눈동자는 빛나고, 목소리는 구성지고 또렷합니다. 다섯 송이 꽃을 위해 오백 냥의 은전을 아끼지 않는 당신은 분명 보통 분이 아닙니다. 다음 생에는 제가 당신의 아내가 되게 해주십시오."

다섯 송이의 푸른 연꽃을 얻기 위해 수메다는 그녀의 요구를 받아들였다. 마침내 디빵까라 부처님께서 성에 도착하셨다. 국왕을 비롯한 모든 백성들이 길을 가득 메우고 향을 사르며 꽃을 던졌다. 부처님의 발길이 가까워졌을 때, 인파에 떠밀리던 수메다도 다섯 송이의 연꽃을 던졌다.

"저도 당신처럼 부처님이 되게 하소서. 혼자만의 평안은 바라지 않습니다. 눈길과 발길이 닿는 곳마다 고통과 공포가 사라져 모든 이들이 행복을 누리게 하소서. 하늘 위, 하늘 아래 모든 세계에서 중생을 건질 수 있는 지혜와 공덕을 갖추게 하소서."

수메다는 나머지 두 송이의 연꽃을 마저 던지고 두 눈을 꼭 감았다.

"고삐라는 여인이 세세생생 저의 아내가 되게 하소서."

일순간 정적이 감돌았다. 눈을 뜬 수메다는 자신을 향하고 있는 수많은 시선에 깜짝 놀랐다. 그가 던진 푸른 연꽃 다섯 송이는 부처님의 머리 위에 일산처럼 펼쳐지고, 두 송이는 어깨에 드리워져 있었다. 걸음을 멈춘 디빵까라 부처님께서 부드러운 시선을 던지며 수메다에게 말씀하셨다.

"놀라지 말라. 그대는 과거 생에 많은 지혜와 복덕을 쌓은 사람이다. 그대는 오랜 세월 자신의 재물을 가난한 이들에게 베풀고, 청정한 계율로 자신을 바로 세우며, 겸손한 자세로 모욕을 참아내고, 올바른 목적을 위해 용맹하게 정진하며, 몸과 마음을 고요히 안정시키고, 참된 지혜를 얻으려고 끝없이 노력한 사람이다. 그대는 수없는 삶 동안 슬픔에 잠긴 이들을 위로하고, 고통에 울부짖는 이들을 돌보며 보낸 사람이다. 그런 까닭에 지금과 같은 일이 일어난 것이다."

수메다는 감격하여 성스러운 부처님의 두 발에 머리를 조아렸다. 땅이 질척거렸다. 수메다는 곧바로 사슴가죽 옷을 벗어 덮었지만 진

01 연등불 수기 1-2세기, 라호르박물관, 파키스탄

흙을 다 가리기에는 부족하였다. 묶었던 머리를 풀어헤쳐 남은 부분을 마저 덮고서 말씀드렸다.

"부처님, 이곳을 밟고 지나가소서."

"사람의 머리카락을 어찌 밟겠는가."

"오직 부처님만이 그러실 수 있습니다."

디빵까라 부처님께서 환한 미소를 보이며 말씀하셨다.

"백 겁의 세월이 흐른 뒤, 그대는 사바세계에서 여래(如來) · 무소착(無所着) · 지진(至眞) · 등정각(等正覺)*이 되어 사꺄무니(Sakyamuni, 釋迦牟尼)라 불릴 것이다."

멀어지는 디빵까라 부처님의 뒷모습을 바라보며 수메다는 넘치는 희열을 주체할 수 없어 노래하였다.

부처님은 두 말씀 하지 않으시네
승리자는 빈 말씀 하지 않으시네
부처님에게 거짓이란 없으니
나는 반드시 부처님이 되리라
허공에 던져진 흙덩이가 땅으로 떨어지듯
나는 반드시 부처님이 되리라
짙은 어둠이 끝나면 태양이 솟아오르듯
나는 반드시 부처님이 되리라
깊은 잠에서 깨어난 사자가 포효하듯
나는 반드시 부처님이 되리라
짊어진 무거운 짐을 벗어버리듯
나는 반드시 부처님이 되리라

하늘나라 도솔천

완전한 지혜와 무한한 능력을 갖춘 삼마삼붓다(Sammāsambuddha, 正等正覺)*, 가장 높고 바른 깨달음을 향한 보살의 삶은 시작되었다. 드넓은 우주가 미세한 먼지가 되어 흔적도 없이 사라지고 다시 광대한 세계가 형성되기를 거듭하는 동안 위빳시(Vipassī)·시키(Sikhi)·웻사부(Vessabhu)·까꾸산다(Kakusandha)·꼬나가마나(Koṇāgamana) 부처님께서 세상에 출현하셨다. 보살은 여래들의 지혜와 자비의 빛을 따라 때로는 아홉 빛깔 털을 가진 아름다운 사슴으로, 때로는 원숭이들의 왕이 되어 자기를 희생하며 생명들을 돌보았다. 때로는 진실한 말 한 마디를 듣기 위해 피에 굶주린 나찰에게 몸을 던지기도 하고, 일곱 가지 보배를 갖춘 전륜성왕이 되어 전쟁 없는 평화로운 세상을 건설하기도 하며, 범천과 제석천을 비롯한 신들의 세계를 오가며 더할 수 없는 기쁨과 즐거움을 누리기도 하였으며 죽어가는 새끼들이 불쌍해 굶주린 호랑이에게 몸을 던지기도 하였다. 그런 지극한 보살행으로 그의 과보는 아홉 겁을 앞당겨 성숙하였다.

깟사빠(Kassapa) 부처님께서 세상에 출현하셨을 때에는 그분의 처소에서 조띠빨라(Jotipāla)라는 이름으로 청정한 범행을 닦았고, 이 세상의 목숨을 마치고는 도솔천에 태어났다.

도솔천은 선행을 많이 닦은 이들이 태어나는 세계였다. 그 세계 사람들은 모두 4유순(由旬, Yojana)*의 키에 아름답고 빛나는 외모를 가지고 있었다. 생각만 하면 옷과 음식이 눈앞에 나타났고, 그 옷은 길이 4유순에 폭은 8유순이며 매미의 날개처럼 가볍고 부드러웠다. 그들이 함께 어울려 노래하고 춤출 때면 하늘에서는 미묘한 음악이 저절로 울려 퍼졌다. 그들은 인간세계의 사백 년이 하루 낮 하루 밤인 그곳에서 사천 년의 수명을 누리며 평화롭게 살았다. 그들 중에도 복덕이 수승한 자들만 사는 내원(內院)은 향기를 풍기는 꽃들이 비단처럼 수를 놓았고, 달콤한 열매와 청아한 새소리가 가득하였다.

내원 한가운데는 마니주가 밤을 낮처럼 밝히는 화려한 강당과 높은 사자좌가 마련되어 있었다. 보살 조띠빨라는 사자좌에 앉아 사천 년 동안 천인들을 교화하였다. 모든 이들의 존경과 찬탄을 받으며 늘 밝고 향기롭던 조띠빨라에게도 늙음은 찾아왔다. 머리를 장식한 꽃들이

시들고, 겨드랑이에서 식은땀이 흐르며, 먼지도 묻지 않던 옷에 때가 끼고, 황금처럼 빛나던 피부가 윤기를 잃었으며, 기쁨을 잃은 눈빛으로 안절부절못하는 모습을 보이기 시작했다. 천인들은 보살이 도솔천을 떠날 날이 멀지 않았음을 직감하고 울부짖었다.

"존자여, 더 이상 자비로운 모습을 뵐 수 없고, 지혜로운 말씀을 들을 수 없는 저희는 어떡하란 말입니까?"

"슬퍼하지 마세요. 아무리 화려하고 아름다운 꽃도 지고 맙니다. 깊은 정과 사랑을 나눈 그대들과도 이젠 이별할 시간입니다. 무상한 삶과 죽음의 거센 물살 앞에서 손을 놓지 못하고 울부짖는 건 애착과 어리석음 때문입니다. 그대들이 누리는 기쁨과 행복 역시 언젠간 그대들 손아귀에서 빠져나갈 것입니다. 그날이 왔을 때 비탄과 공포에 떨지 않으려면 부디 육신의 허망함과 마음의 애착을 잘 관찰하십시오. 제가 떠난 자리에는 멧떼야(Metteyya, 彌勒) 보살이 남아 여러분의 훌륭한 벗이 되어줄 것입니다."

다음 태어날 곳을 수메루(Sumeru) 남쪽 잠부디빠(Jambudīpa, 閻浮提)로 정한 조띠빨라는 보다 자세한 관찰을 위해 황금색 피부를 가진 이를 불렀다.

"그대는 여러 차례 잠부디빠에 태어났으니 그곳의 산천과 나라, 종족과 국왕들을 잘 알 것입니다. 내가 어디에 태어나면 좋겠습니까?"

그는 잠부디빠의 강성한 16국인 앙가(Aṅga)·마가다(Māgadhā)·까시(Kāsī)·꼬살라(Kosalā)·왓지(Vajjī)·말라(Mallā)·쩨띠(Cetī)·왐사(Vaṃsā)·빤짤라(Pañcālā)·꾸루(Kurū)·맛차(Macchā)·수라세나(Sūrasenā)·앗사까(Assakā)·아완띠(Avanti)·간다라(Gandhārā)·깜보자(Kambojā)를 차례차례 추천하며 그곳의 사정을 자세히 알려주었다. 조띠빨라는 어느 하나 마음에 드는 곳이 없었다. 국왕과 종족의 품성은 청정한데 국토가 험악하였고, 국토는 풍요롭고 아름다운데 풍속이 어지럽고 국왕이 탐욕스러웠으며, 국토는 청정한데 사람들이 전통에 굳게 얽매여 참다운 진리를 탐구하지 않는 완고한 자들로 가득했다. 보살이 흡족해하지 않자 신하가 잠시 당황하더니 환한 표정을 지으며 말하였다.

"제가 잊은 곳이 있습니다. 태양의 종족인 사꺄(Sakyā, 釋迦), 옥까까(Okkāka)왕의 후손들이 세운 나라 까삘라왓투(Kapilavatthu, 迦毘羅城)가 있습니다. 히말라야 산록에 펼쳐진 드넓은 평원과 아름다운 숲이 있고, 부드러운 강이 가로지르는 비옥한 황갈색의 국토에 곡물이 풍성하며, 백성들은 너그럽고 화합하길 좋아합니다. 지금 그곳을 다스리는 숫도다나(Suddhodana, 淨飯)왕은 청정한 왕족의 가계를 이은 분이고, 꼴리야(Koḷiya) 왕족인 그의 부인 마야(Māyā, 摩耶) 역시 여러 생에 많은 공덕을 쌓은 분입니다. 단정하고 아름다우며 온화하고 부드러운 마야왕비라면 보살께서 의탁하시기 충분할 것입니다."

깊은 선정에 들어 사꺄족의 혈통과 국토, 시기와 부모가 될 분을 자세히 관찰한 다음, 보살은 도솔천 사람들에게 말하였다.

"귀신별*에 달이 모습을 감추는 밤, 나는 사꺄족 숫도다나왕이 다스리는 까삘라의 마야왕비 태에 들 것입니다."

거룩한 탄생

뜨거운 열기가 식은 여름밤, 시원한 바람에 깊은 잠이 든 왕비는 신비한 꿈을 꾸었다. 여섯 개의 이빨을 황금으로 치장한 하얀 코끼리가 허공에서 내려오고 있었다. 일곱 부위가 땅에 닿는 거대한 코끼리는 놀랄 겨를도 없이 성큼성큼 다가와 옆구리로 들어왔다. 알 수 없는 상쾌함을 느끼며 잠에서 깬 왕비는 왕을 깨워 꿈 이야기를 들려주었다. 이른 아침 궁전의 뜰은 왕의 부름을 받고 달려온 바라문과 선인(仙人)들의 발걸음으로 분주했다.

"들으시오. 왕비가 간밤에 여섯 개의 이빨을 가진 코끼리가 오른쪽 옆구리로 들어오는 꿈을 꾸었소. 무슨 징조이겠소?"

웅성거리던 바라문과 선인들이 한목소리로 답하였다.

03 마야왕비의 태몽 기원전 1세기, 인도박물관, 인도

"경하드립니다. 태몽입니다."

국사 마하나마(Mahānāma)가 앞으로 나와 설명하였다.

"여섯 개의 이빨을 가지고, 일곱 부위가 땅에 닿는 흰 코끼리는 잠부디빠를 통일할 전륜성왕만이 가질 수 있는 보배입니다. 왕비께서 전륜성왕이 되실 왕자를 잉태하신 것이 분명합니다."

나이 마흔이 넘도록 자식이 없던 왕에게 왕비의 회임은 더없는 경사였다. 숫도다나왕은 네 성문에서 무차회(無遮會)를 열어 굶주린 이들에게는 음식을, 추위에 떠는 이들에게는 의복을 나눠주었다. 회임을 하고도 왕비는 몸이 무거워지거나 피로를 느끼는 일이 없었으며, 걷고 서고 앉고 눕는 데 전혀 불편함을 느끼지 못했다. 도리어 나날이 밝아지고 온화해지는 왕비의 얼굴만 보면 오래 앓던 사람도 병이 나을 정도였다. 나라 안팎으로 평화의 기운이 맴돌고 비바람도 순조로

위 백성들은 더없는 경사라며 축복하였다.

 해산할 날이 가까워지자 숫도다나왕은 꼴리야로 향한 도로를 정비
하고 향기로운 꽃으로 길가를 단장하였다. 왕비는 까삘라 사람들의
전송을 받으며 노래와 향기가 넘치는 길을 따라 아버지 안자나
(Añjana)가 기다릴 데와다하(Devadaha)로 향하였다. 마음으로는 한
달음에 달려갈 고향이었지만 행렬을 이끄는 대신들의 걸음은 더디기
만 하였다. 만삭의 왕비를 시중드는 시종들은 작은 기침 소리에도 고
삐를 늦추고 길에 조막만 한 돌멩이만 보여도 마차를 세웠으며, 해가
떨어지기 전에 숙소를 마련하고 아침 햇살이 대지를 적시고 나서야
길을 나섰다. 나지막한 언덕에 펼쳐진 사꺄족들의 마을을 천천히 지
나온 행렬은 히말라야의 눈 덮인 다울라기리(Dhaulagiri)산이 멀리 보
이는 룸비니(Lumbinī, 藍毘尼)동산에 다다랐다. 드디어 꼴리야 땅에

들어섰다.

겨울이 가고 봄기운이 완연한 동산에는 온갖 풀과 나무들이 꽃을 피워 향기를 퍼뜨렸고, 샘과 연못은 거울처럼 맑았다. 또 가깝게는 설산에서 발원한 강물이 기름처럼 반들거리며 동남쪽으로 흐르고 있었다. 서산 위에 한 뼘밖에 남지 않은 석양을 바라보던 대신들은 그곳에 임시 숙소를 마련하였다.

기원전 624년 사월 초파일, 샛별이 유난히 반짝이고 동쪽 하늘이 파르스름하게 밝아오고 있었다. 이슬이 영롱한 동산에는 잠을 깬 새들이 합창을 시작했다. 바람은 차지도 덥지도 않았다. 비단처럼 부드러운 풀잎을 밟으며 가볍게 동산을 거닐던 마야왕비는 한 나무 아래 걸음을 멈췄다. 싱싱한 초록빛에 비취색과 붉은색이 뒤섞인 나무는 공작의 깃처럼 화려했고, 가벼운 바람에도 천인의 옷처럼 하늘거렸다. 손을 내밀어 무지개처럼 드리운 가지 끝을 잡는 순간, 바람에 밀리는 배처럼 대지가 흔들리고 구름 없는 하늘에서 붉고 푸른 꽃비가 쏟아졌다. 왕비는 문득 산기를 느꼈다. 놀란 시녀들이 서둘러 나무 주위로 장막을 치자마자 왕비는 산통도 없이 선 자리에서 아기를 낳았다. 사람들은 산통 없이 왕자를 출산하게 한 공덕을 기려 그 나무를 아소카(Asoka, 無憂)나무라 불렀다.

오른쪽 옆구리로 태어난 아기는 오른손은 하늘을 가리키고, 왼손은 땅을 가리키며, 사방으로 일곱 걸음을 걸으면서 사자처럼 당당하게 말하였다.

하늘 위 하늘 아래

04 싯닷타태자의 탄생 2-3세기, 라호르박물관, 파키스탄

내 오직 존귀하나니
온통 괴로움에 휩싸인 삼계(三界)*
내 마땅히 안온하게 하리라

아기가 걸음을 옮길 때마다 수레바퀴만큼 큰 연꽃이 땅에서 솟아올라 아기 발을 받들었으며, 천지가 진동하고 삼천대천세계가 밝게 빛났다. 사방에서 몰려온 천신들이 지켜보는 가운데 아홉 마리의 용이 따뜻한 물과 차가운 물을 뿌려 아기를 목욕시켰으며, 하늘에서는 꽃비가 쏟아졌다.

왕비의 출산 소식은 곧 까삘라로 전해졌고, 숫도다나왕은 위엄을 갖추고 룸비니로 달려왔다. 왕자의 탄생은 사꺄족과 꼴리야족 모두의 경사였다. 수많은 왕족과 대신들의 축복 속에서 숫도다나왕은 아기를 안아들었다. 아기의 피부는 솟아오른 태양처럼 황금빛으로 빛나고, 두 다리는 금방이라도 일어설 듯 힘이 넘쳤으며, 긴 눈매의 눈동자는 별처럼 빛났다. 숫도다나왕은 기쁨을 숨기고 바라문과 선인들을 초청해 조심스럽게 왕자를 내보였다.

"왕자의 상호와 운명을 살펴주시오."

꼰단냐(Koṇḍañña) · 락카나(Lakkhana) · 라마(Rāma) · 다자(Dhaja) · 만띠(Mantī) · 수야마(Suyāma) · 보자(Bhoja) · 수닷따(Sudatta) 등등 여덟 바라문이 왕자의 상호를 살폈다. 오래도록 상의한 바라문들이 두 손 높이 왕자를 받들고 숫도다나왕 앞에 나섰다.

"큰 경사입니다. 왕자님 몸에는 서른두 가지 대장부의 상호가 빠짐없이 갖춰져 있습니다. 게다가 왕족으로 태어나셨으니, 분명 무력을 쓰지 않고 전 세계를 지배하는 전륜성왕이 되실 겁니다. 이제 인류는 칼과 창으로 서로를 죽이고 칼과 창으로 서로 상처받는 일을 그치게 될 것입니다. 왕자님은 어떤 목적이든 다 성취할 것입니다."

여덟 바라문은 놀라움이 가득한 눈빛으로 찬탄하였다.

평평한 두 발바닥에 수레바퀴 문양
천 개의 바퀴살에 선명한 테와 바퀴통
기다란 발꿈치와 둥근 조개껍질 같은 복사뼈
쭉 뻗은 종아리는 사슴처럼 튼튼합니다
니그로다나무처럼 균형 잡힌 몸매에
긴 팔은 인드라처럼 무릎에 닿고
손가락도 길고 발가락도 길고

도톰한 손등과 발등은 비단처럼 보드랍습니다

떡 벌어진 어깨에 잘록한 허리

포효하는 사자처럼 튼튼한 턱

어깨와 팔다리는 관절이 불거지지 않아

일곱 부위가 통통한 코끼리와 같습니다

브라흐마의 음성처럼 맑고 우렁찬 목소리에

절제의 덕을 갖춰 음경이 숨겨져 있고

먼지와 땀도 흘러내릴 매끄러운 피부에

짙푸른 솜털 촘촘히 황금빛 몸을 감쌌습니다

푸른 연꽃 같은 눈동자에

암소처럼 길고 가지런한 속눈썹

두 눈썹 사이에는 새하얀 털

정수리에는 상투처럼 살이 솟았습니다

영웅에게만 나타나는 서른두 가지 상호

왕이여, 왕자님은 빠짐없이 갖추었으니

일곱 가지 보배 갖춘 전륜성왕 되어

온 세계를 정법으로 통치하실 것입니다

숫도다나왕은 늦은 나이에 왕자를 얻은 것만으로도 행복했다.

"오, 전륜성왕이여."

왕은 자기도 모르게 아기의 두 발에 예배하고, 두 손으로 왕자를 받아 들었다.

'내가 무슨 복을 지었기에 이리도 훌륭한 아들을 얻었을까. 이 아이

는 분명 원하는 바를 모두 성취하리라.'

왕은 감격에 겨운 목소리로 말하였다.

"왕자의 이름을 싯닷타(Siddhattha, 悉達多)라고 하리라. 나의 아들이 세상의 주인이 되게 하리라."

그런데 사꺄족과 꼴리야족의 웃음과 노래는 오래가지 못했다. 왕자가 태어난 지 칠 일 만에 어머니 마야는 인간 세상에서의 짧은 생을 마치고 도리천으로 올라가셨다. 기쁨과 슬픔을 함께 맞이한 숫도다나왕은 해맑은 왕자의 얼굴을 보며 넋을 놓고 중얼거렸다.

"매정한 사람. 이 어린 것이 누구의 젖을 먹으라고 속절없이 떠났는가. 가엾은 이 아이를 누가 보살피라고."

비탄에 잠긴 왕에게 사꺄족 장로들이 다가왔다.

"왕이여, 왕자님을 키울 분은 마하빠자빠띠(Mahāpajāpatī, 大愛道)가 적당합니다. 이모의 사랑도 어머니의 사랑 못지않습니다. 자애로운 마하빠자빠띠라면 왕자님을 깊은 사랑으로 보살필 것입니다."

숫도다나왕은 왕자를 품에 안은 마하빠자빠띠와 함께 까삘라로 발길을 돌렸다. 왕이 왕자와 함께 돌아온다는 소식에 사꺄족은 거리로 달려 나와 꽃과 음악으로 환영하였고, 왕족들은 앞다퉈 길을 막으며 자기 집으로 초대하였다. 그들의 진심을 외면할 수 없었던 왕은 사십일이 지나서야 겨우 성으로 돌아올 수 있었다.

성으로 들어서기 전이었다. 성문 앞 큰길가에는 온 나라 사람들이 예배하고 받드는 사당이 있었다. 왕은 여러 신하와 바라문들의 권유로 신들의 축복을 받기 위해 왕자를 안고 사당으로 들어갔다. 그때였다. 마치 약속이라도 한 듯 사당에 모셔진 신상(神像)들이 일시에 고

05 천신들의 예배를 받는 태자
3세기
국립뉴델리박물관
인도

꾸라졌다. 불길한 징조일까 싶어 어쩔 줄 모르는 왕에게 국사가 다가
왔다.

"이것이 무슨 일인가?"

"놀라지 마소서. 낮은 이는 감히 높은 이의 예배를 받지 못합니다.
신상들이 스스로 아래로 내려온 걸 보면 왕자님은 분명 신들보다 높
은 덕을 지닌 분입니다. 왕자님은 하늘 가운데 하늘이십니다."

선인의 예언

히말라야 깊은 숲 속에서 느긋하게 오후의 선정을 즐기던 선인 아시
따(Asita)는 천인들의 소란에 깜짝 놀랐다. 신들의 왕인 제석천을 에워

싸고서 도리천의 신들이 웃옷을 벗어 들고 환호성을 지르고 있었다. 아시따는 경의를 표하고 신들에게 물었다.

"수메루 꼭대기의 신들이여, 아수라와의 전쟁에서 승리했을 때도 이렇게 온몸의 털이 곤두서도록 기뻐하진 않으셨습니다. 도대체 무슨 일입니까?"

손뼉을 치고 악기를 두드리던 신들이 큰 소리로 외쳤다.

"기뻐하십시오. 더할 수 없는 지혜와 복덕을 갖추신 분이 룸비니 동산에서 사꺄족 숫도다나왕의 아들로 태어나셨습니다. 하늘 위 신들과 하늘 아래 인간세계에서 가장 윗자리에 계신 분, 가장 높으신 분, 모든 생명체 가운데 가장 존귀한 분, 머지않아 그분은 뭇짐승의 왕인 용맹스런 사자가 포효하듯 법륜을 굴리실 것입니다. 그리하여 하늘과 인간세계에 커다란 이익과 안락을 가져다줄 것입니다."

신들의 찬탄을 들은 아시따는 급히 인간세계로 내려와 숫도다나왕의 궁궐로 달려갔다. 숫도다나왕은 아버지 시하하누(Sīhahanu)의 제사장이자 자기의 스승이기도 했던 아시따를 정중히 맞이하였다.

"선인이여, 무슨 일로 급히 오셨습니까?"

"왕자님은 어디 계십니까, 저도 뵙고 싶습니다."

다급한 목소리에 숫도다나왕은 불안함을 감출 수 없었다.

"아마 잠이 들었을 겁니다. 잠시 기다려주십시오."

"왕자님은 오랜 세월 잠을 자지 않은 분입니다. 항상 깨어 있을 것입니다."

잠시 후 마하빠자빠띠가 아기를 품에 안고 나왔다. 사꺄족 여인들은 커다란 흰 양산으로 그늘을 드리우고, 아기 곁에서 황금자루 부채

로 시원한 바람을 일으켰다. 붉은 모포에 쌓인 아기는 솜씨 좋은 대장
장이의 용광로에서 꺼낸 황금처럼 찬란히 빛나고 있었다. 사꺄족의
아기를 받아 안은 아시따는 형형한 눈빛으로 찬찬히 상호를 살폈다.
그리고 말없이 아기를 마하빠자빠띠의 품에 돌려주었다. 검은 피부의
상투를 튼 아시따의 얼굴에서 눈물이 흘렀다. 선인의 눈물에 놀란 숫
도다나왕이 물었다.

"왕자에게 큰 위험이라도 닥치는 겁니까?"

아시따는 왕자의 두 발에 공손히 예를 올리고 말하였다.

"왕자님은 가장 높은 분, 인간 가운데 가장 뛰어난 분입니다. 왕자
님에게서 불길한 징표를 본 것이 아닙니다. 왕자님에게 위험이 닥치
는 것도 아닙니다. 결코 불행한 운명을 타고난 분이 아니니 걱정하지
마십시오. 왕자님은 최상의 깨달음을 얻어 많은 사람들에게 이익을

베풀고, 많은 사람을 연민하여 진리의 수레바퀴를 굴릴 것입니다. 왕자님의 청정한 행은 온 세계에 널리 퍼질 것입니다."

잠시 고개를 숙인 아시따가 말을 이었다.

"이 세상에서 제가 살날은 얼마 남지 않았습니다. 왕자님이 최고의 진리를 설하시기 전에 저에게는 죽음이 찾아올 것입니다. 견줄 수 없는 지혜와 자비의 힘을 갖추신 분, 그런 분의 가르침을 듣지 못한다는 건 너무나 큰 불행입니다. 그래서 슬퍼하는 것입니다."

아시따의 말은 곧 궁중에 퍼졌고, 최고의 지혜를 성취한 성인이 될 것이라는 예언에 사꺄족은 기쁨을 감추지 못했다. 기뻐하지 않은 사람이 있다면 오직 한 사람, 아버지 숫도다나왕 뿐이었다.

궁을 나온 아시따는 수행자의 길로 들어선 조카 날라까(Nālaka)를 불러 일러두었다.

"먼 훗날 누군가의 입에서 '세존'이라는 말이 흘러나오고, '바른 깨달음을 얻어 진리의 길을 가는 이가 있다'는 소문이 들리거든 주저하지 말고 그곳으로 찾아가거라. 선인 가운데 으뜸가는 선인인 그분께 예배하고, 최상의 지혜와 해탈을 묻고 그분의 가르침에 따라 청정한 삶을 실천하라. 나의 예언은 반드시 이루어지리라."

태자 싯닷타

숫도다나왕은 서른두 명의 여인을 선발해 싯닷타를 돌보도록 했지만 마하빠자빠띠는 시녀들의 품에 쉽사리 왕자를 맡기지 않았다. 그녀는 손수 따뜻한 물에 까시(Kāsi)에서 생산한 전단향을 풀어 싯닷타를 아침저녁으로 목욕시켰다. 행여 작은 병마라도 틈을 보지 않을까 눈길을 떼지 못했다. 보름을 향해 차오르는 달처럼, 기름진 땅에 심어진 니그로다나무처럼 왕자는 탈없이 잘 자랐다. 그 모습을 지켜보는 새어머니의 얼굴도 나날이 밝고 원만해졌다. 왕자가 태어난 후 주변국들과의 마찰은 거짓말처럼 사라졌고, 순조로운 비바람에 들녘은 절로 풍성해졌으며, 풀이 무성한 언덕에는 송아지와 새끼 양들의 울음소리로 요란했다. 풍속은 절로 화평해졌고, 거리마다 웃고 뛰노는 아이들로 외진 골목까지 시장거리처럼 북적거렸다. 이 모든 경사를 왕자의 공덕이라 여긴 백성들은 사꺄족에게 새 영광을 가져올 왕자를 너도나도 친견하길 간절히 바랐다.

백성들의 원에 못 이겨 숫도다나왕은 국사에게 길일을 선택하도록 지시하고, 싯닷타를 단장시켰다. 온갖 보배로 머리를 장식하고 아름다운 꽃으로 목걸이를 만들었으며, 허리엔 금실로 짠 굵은 띠를 둘렀다. 팔뚝과 팔목, 종아리와 발목에는 문양이 새겨진 황금 고리를 두르고, 손가락마다 보배와 영락으로 만든 반지를 끼웠으며, 가죽신을 신기고 짤랑거리는 금방울까지 달았다. 그리고 싯닷타 머리 위에는 사꺄족 최고의 세공사들이 칠 일 밤낮을 공들여 만든 보관을 씌웠다.

풍악을 울리며 왕의 마차와 왕비의 가마가 성문을 나서자 구름처럼 몰려든 백성들이 하늘 가득 꽃과 비단을 흩뿌렸다. 한 나라의 태자로서 보관을 머리에 쓴 싯닷타의 발아래 온 백성이 예배하며 건강을 축원하였다. 태자를 품에 안은 마하빠자빠띠의 얼굴에는 자랑스러운 아들을 둔 어머니의 흐뭇함이 배어 있었다.

태자는 여느 아이처럼 울며 떼쓰는 일이 없었고, 더러운 오물을 흘리는 일도 없었으며, 거친 행동으로 눈살을 찌푸리게 하는 일도 없었다. 걸음마를 막 시작한 태자를 위해 숫도다나왕은 황금 안장을 얹은 숫양을 장난감으로 선물하였다. 숫도다나왕의 보살핌 아래 태자는 궁전 뜰에서 사촌들과 어울려 숫양을 타고 놀았다. 또한 그의 곁에는 같은 해 같은 날 태어난 국사의 아들 우다이(Udāyi, 優陀夷)와 마부 찬나(Channa, 車匿)가 늘 함께하였다.

일곱 살 되던 해, 숫도다나왕은 공부에 필요한 모든 시설을 갖춘 학당을 세우고 오백 명의 사꺄족 자제들을 선발하였다. 대신들에게는 스승을 추천하도록 하였다. 대신들은 명망과 학덕을 갖춘 바라문으로서 웨다와 우빠니샤드에 정통한 박사 위슈와미뜨라(Viśvāmitra)를 추천하였다. 그리고 병법과 무예를 가르칠 스승 끄산띠데와(Kṣantideva)와 수학을 가르칠 스승 아르주나(Arjuna)를 추천하였다. 또한 서북쪽

07 전륜성왕 수업을 받는 태자 2-3세기, 국립뉴델리박물관, 인도

멀리 간다라의 딱까실라(Takkasilā)에서 언어학자이자 문법학자인 삽바밋따(Sabbamitta)를 초청해 웨다와 아울러 여섯 개의 보조 학문을 가르치도록 하였다.

태자는 위슈와미뜨라와 삽바밋따로부터 리그웨다 · 삼마웨다 · 야주르웨다는 물론 웨다의 부속학문인 음운(音韻) · 제례(祭禮) · 문법(文法) · 어원(語源) · 발성(發聲)과 천문학(天文學)까지 두루 섭렵하였다. 또한 정통 바라문들의 학문에 만족하지 않고 니간타(Nigantha)를 비롯한 외도의 사상도 배우고, 64종의 문자를 익혔으며, 수학 · 신화 · 서사시 · 경제학 · 정치학 · 수사학 · 논리학을 배우고, 동물과 식물에 대해 연구하였으며 음악과 기예까지 익혔다. 또한 끄산띠데와로부터 승마 · 창술 · 궁술 · 격투기 · 수영 등 29종의 군사학을 연마하였다.

마른 헝겊이 물기를 흡수하듯 스승의 학문을 섭렵하던 태자가 스승의 학식을 뛰어넘는 데는 오랜 시간이 필요치 않았다. 고문서의 난해한 문장에 막혀 한참 생각에 잠겼을 때, 결락된 두 글자를 넌지시 지적하는 제자의 영특한 눈동자에 스승 위슈와미뜨라도 언제부턴가 태자에게 경외감을 품기 시작했다. 태자 싯닷타는 지혜롭고 용감하며 자애로운 품성과 재능이 넘치는 전륜성왕의 길을 걸어갔다.

잠부나무 아래에서의 선정

히말라야 산록의 비옥한 토지에 자리 잡은 사꺄족은 대부분 벼농사를 짓는 농경 사회였다. 집단 노동이 필요했던 그들은 친족간의 유대관계가 긴밀했고, 공동체 안에서의 강한 결속력 못지않게 다른 종족에 대한 배타심도 강했다. 농경을 위해 그들은 부지런함과 인내의 미덕을 늘 권장했고, 경작과 수확에 커다란 영향을 미치는 대지와 자연의 신들에게 경외심을 품었다.

새봄이 되면 파종에 앞서 올리는 농경제는 사까족의 한 해 살림살이를 결정짓는 주요한 행사였다. 사까족의 미래를 이끌 태자 싯닷타 역시 제의에 참석해 하늘과 땅에 풍작을 기원하고, 한 해 농사의 첫 삽을 뜨는 백성들을 고무시키는 임무를 소홀히 하지 않았다.

그러던 어느 해였다. 태자의 눈과 귀에 새로운 세계가 열렸다. 풍성하게 차려진 제단 아래에서 화려한 장신구로 위엄을 떨치던 왕족들의 권위가 시야에서 사라졌다. 갖가지 악기에서 흘러나오는 흥겨운 음악도, 찬탄과 웃음으로 결속을 다지는 왕족들의 인사도 귓전으로 흘렀다. 태자의 눈길은 황량한 들판으로 향했다.

이른 봄볕에도 농부들의 몰골은 초췌하기 그지없었다. 그들은 아랫도리만 겨우 가린 채 부들거리는 손으로 쟁기를 붙들고는 자신만큼이나 힘겨워 보이는 소의 고삐를 후려치고 있었다. 뜨거운 햇살 아래 늘어지는 소의 울음 너머로 새 떼들이 내려앉았다. 새들은 흙이 뒤집힌 자리마다 날랜 몸짓으로 달려들어 발버둥 치는 벌레들을 사정없이 쪼아 먹었다. 새들은 날갯짓도 울음소리도 요란했다. 허연 거품을 물고 있는 소는 그치지 않는 채찍질에 등짝이 붉게 터졌고, 멍에를 맨 목에선 피가 흘러내렸다. 새까맣게 그슬린 등짝의 진흙투성이 농부 역시 사정은 조금도 나아보이지 않았다. 가슴이 아팠다. 태자는 슬그머니

행사장을 빠져나와 농부에게 다가갔다. 어떻게든 그에게 위로가 되고 싶었다.

"힘든데 쉬었다 하세요."

"제 삶에 휴식은 허락되지 않았답니다."

"왜 그토록 힘겹게 일을 해야 합니까?"

"세금을 바치려면 쉴 틈이 없답니다."

말을 이을 수 없었다. 농부의 눈빛은 바로 당신들 때문이라고 말하고 있었다. 그에게 조금의 위로도 될 수 없었다. 긴 한숨을 쉬며 태자는 생각에 잠겼다.

'귀족의 횡포 아래 백성들이 두려움에 떠는구나. 아, 미물들은 서로를 잡아먹고 또 먹히고 마는구나.'

가슴이 답답하고 머리가 혼란스러웠다. 위세를 과시하는 부산한 몸짓과 과장된 웃음들을 뒤로하고 태자의 발길은 한적한 숲으로 향했다. 태자는 조용한 곳에 우뚝 선 잠부(Jambu)나무 아래 두 다리를 포개고 사색에 잠겼다. 반듯하게 세운 허리와 고요히 잦아드는 숨결 따라 모든 것이 선명해졌다. 강한 자들이 약한 자들을 무참히 짓밟는 것이 현실이었다. 어떻게든 살아남으려고 발버둥 쳐보지만 약자들의 비탄과 몸부림은 강자들의 비정한 웃음거리밖에 안됐다. 그들 역시 더 강한 자들 앞에서 몸부림칠 가련한 운명임을 잊은 채 탐욕에 들떠 있었다.

'나는 눈물과 고통을 초래하는 저런 탐욕에 사로잡히지 않으리라.'

해가 기울고 요란한 음악소리도 잦아들 무렵, 행사장에 태자가 사라진 것을 알고 한바탕 소란이 일었다. 사방으로 태자를 찾아 나선 대신들은 커다란 잠부나무 아래까지 와서 할 말을 잃었다. 깊은 강물처럼 고요한 태자의 얼굴에는 알 수 없는 평온함이 넘쳐흘렀다. 잠부나무도 태자의 선정을 방해하고 싶지 않았던지 기우는 햇살에도 그림자를 옮기지 않고 일산처럼 그늘을 드리우고 있었다. 태자의 근엄한 모습에 숫도다나왕은 자신도 모르게 몸을 낮추었다.

"사랑하는 아들아, 내가 너에게 절을 하게 되는구나."

태자비 야소다라

태자 나이 열아홉, 건강한 사꺄족 남자라면 누구나 결혼을 생각하는 나이였다. 숫도다나왕은 사꺄족 장로회의를 소집하고 태자의 결혼문제를 논의하였다. 고귀한 신분에 뛰어난 재능과 품성을 가진 싯닷타에게 사꺄족 대신들이 앞 다투어 자신의 딸을 추천하자 숫도다나왕은 결정권을 태자에게 맡겼다. 태자는 자신의 의사를 밝혔다.

"젊고 건강하며 아름다우면서도 교만하지 않고, 삿된 생각을 품지 않고 시부모를 자기 부모처럼 섬기며, 주위사람들을 자신의 몸처럼 돌보고 부지런한 여인이라면 승낙하겠습니다."

숫도다나왕은 보석이 담긴 오백 개의 꽃바구니를 준비하고 태자비 간택을 위해 연회를 연다는 소식을 여러 나라에 전했다. 소식은 멀리 꼴리야까지 전해졌다. 꼴리야의 왕 숩빠붓다(Suppabuddha)는 외동딸 야소다라(Yasodharā, 耶輸陀羅)에게 넌지시 권하였다.

"너도 태자에게 찾아가 보석을 받아 오너라."

08 잠부나무 아래의 선정 2-3세기, 페샤와르박물관, 파키스탄

아버지를 닮아 자존심이 강했던 야소다라는 쉽게 승낙하지 않았다.

"아버지, 보석이라면 우리집에도 많지 않습니까?"

"태자가 너를 얼마나 소중히 여길지 알아보려는 것이다."

칠 일 후, 성년을 맞이한 아리따운 여인들이 궁을 가득 메웠다. 숫도 다나왕은 태자가 어떤 처녀에게 관심을 보이는지 살피고 보고하게 하였다. 연회가 시작되었다. 태자는 예의를 갖춰 인사를 나누고 처녀들에게 차례차례 보석바구니를 나눠주었다. 연회장에는 젊은 처녀들의 건강한 웃음이 넘쳤다. 준비된 오백 개의 바구니를 모두 나눠준 다음이었다. 힘찬 말 울음소리가 들리고, 뒤늦게 도착한 한 여인이 연회장으로 성큼성큼 걸어 들어왔다. 키가 크지도 작지도 않고, 몸매가 뚱뚱하지도 야위지도 않고, 피부가 희지도 검지도 않은 그 여인은 단정하고 엄숙했다. 그녀는 큰 걸음으로 태자에게 다가와 말했다.

"저에게도 바구니를 주십시오."

장신구와 화장으로 치장한 여인들 사이에서 그녀는 별다른 꾸밈없이도 황금처럼 빛났다.

"바구니가 남아 있질 않습니다."

"저에게 창피를 주려고 하십니까?"

여인의 당돌한 행동에 시종들이 몰려들고 주위는 긴장감에 휩싸였다. 연회장은 한순간 얼음처럼 싸늘해졌다. 태자는 손짓으로 시종들을 물리고 푸근한 미소를 보였다.

"이 보석이면 마음에 드시겠습니까?"

태자는 손가락에 꼈던 반지를 빼어 야소다라의 손에 끼워주었다. 기회를 잃은 여인들의 탄식이 사방에서 터져 나왔다. 그러나 그녀는 쉽게 웃음을 보이지 않았다. 태자는 옷을 장식했던 보석을 하나하나 풀어 건네주었고, 그래도 만족하지 못하는 그녀의 표정에 웃옷마저 벗어주려던 참이었다.

"그만하십시오. 저는 꼴리야의 공주 야소다라입니다. 제가 이 몸으로 태자님을 장식해 드리겠습니다."

태자의 뜻을 확인한 숫도다나왕은 숩빠붓다왕에게 사신을 파견하여 청혼의 뜻을 밝혔다. 숩빠붓다왕은 어깨를 활처럼 펴며 말하였다.

"우리 집안은 예로부터 학문과 무예를 겸비한 사람을 사위로 삼아 왔습니다. 권력과 재물만 보고 딸을 보낼 순 없습니다. 궁궐에서만 살아온 태자가 어떤 분인지 저희로서는 알 길이 없습니다. 건강한 사꺄족 청년들과 겨루어 정정당당히 승리하신다면 정성을 다해 가마를 꾸미겠습니다."

칠 일 뒤 야소다라와의 결혼을 전제로 한 경합이 벌어졌다. 교양과 미모를 겸비한 야소다라에게 끌린 사람은 태자만이 아니었다. 오백 명의 건장한 사꺄족 청년들이 시험장으로 몰려들었다. 사꺄와 꼴리야의 국왕을 비롯한 모든 대신과 수많은 백성들이 운집한 가운데 위슈와미뜨라가 심판관이 되고, 아르주나가 수학시험관이 되었다. 사촌인 마하나마(Mahānāma) 역시 뛰어난 재능을 보였지만 수학과 언변에 능한 태자와는 감히 논변할 엄두도 내지 못했다. 평소 사색을 즐기고, 사냥과 싸움에는 전혀 관심을 보이지 않던 태자를 이길 기회는 무예를 겨루는 자리뿐이었다.

무예 과목으로는 먼저 사꺄족이 중요시하는 궁술로 정해졌다. 2구로사(俱盧舍, Krośa)*마다 과녁으로 쇠북을 하나씩 세워놓고 쏘아 맞히는

09 무예를 겨루는 태자 2-3세기, 카라치박물관, 파키스탄

시합이었다. 대부분의 청년들은 2구로사나 4구로사의 과녁에 그치고
말았다. 뛰어난 솜씨를 자랑하던 이들도 6구로사에 세워진 과녁을 명
중시키는 이는 한둘에 지나지 않았다. 사꺄족 젊은이들 중 가장 무예
가 뛰어난 마하나마가 나섰다. 팽팽히 당겨진 그의 시위에서 날아간
화살은 8구로사에 세워진 쇠북을 경쾌하게 울렸다. 모여든 구경꾼들
의 환호에 손을 흔들어 답하고 마하나마는 활을 태자에게 넘겼다.

　태자는 자세를 가다듬고 시위의 강도를 점검하려고 손가락을 걸어
가볍게 튕겼다. 주위의 웅성거림이 한순간에 잦아들었다. 숫양의 뿔
에 쇠심줄을 건 튼튼한 활이 썩은 나무처럼 부러져버린 것이었다. 시
험관이 새 활을 가져다주었지만 그것 역시 제대로 당겨보기도 전에
부러지고 말았다. 당황한 시험관에게 태자가 말하였다.

　"기력을 다해 당겨볼 만한 좋은 활은 없습니까?"

단상의 숫도다나왕이 흐뭇한 웃음을 지으며 명하였다.

"사당에 보관된 활을 가져오라."

두 손으로 들기에도 무거운 활을 시종들이 가져왔다. 숫도다나왕은 자리에서 일어나 태자에게 활을 건네며 말했다.

"이 활은 너의 할아버지 시하하누께서 쓰시던 활이다. 할아버지가 돌아가신 후로는 활줄을 걸 사람조차 없었다. 네가 한번 사용해 보거라."

활을 받아든 태자는 단숨에 활줄을 걸었다. 그리고 가볍게 몇 번 퉁겨보고는 힘차게 시위를 당겼다. 굉음을 일으키며 번개처럼 날아간 화살은 10구로사 거리의 쇠북을 관통하였다. 놀란 사꺄족들이 달려가 보니 화살이 떨어진 곳이 깊이 패여 있었고, 그 아래에서 맑은 샘이 솟아올랐다. 경탄을 금치 못한 사꺄족들은 그 후 그 샘을 화살우물이라 불렀다.

궁술에 이어 검술을 겨루고, 말과 코끼리를 다루는 솜씨 등 갖가지로 힘과 기예를 겨뤄 보았지만 어느 누구도 태자의 상대가 되지 못했다. 백성들의 환호성 속에 심판관 위슈와미뜨라가 경합의 결과를 발표하였다.

"태자께서 승리하셨습니다. 승리자는 태자입니다."

두 종족의 축복 속에 결혼이 성사되었다. 태자는 승자로서 사랑하는 여인 야소다라를 당당히 아내로 맞이하였다. 태자비를 맞이하던 날, 가마를 타고 궁전으로 들어서던 야소다라는 드리워진 비단 휘장을 걷어버렸다. 그런 뒤 가마를 세우고는 내려서 걸어 들어왔다. 깜짝 놀란 궁중의 여인들이 달려 나갔다.

10 싯닷타태자의 결혼 2-3세기, 페샤와르박물관, 파키스탄

"태자비님, 아직 얼굴을 보이시면 안 됩니다."

궁녀들의 호들갑에도 야소다라는 걸음을 늦추지 않았다.

"흠 없는 얼굴을 감출 이유가 무엇이냐."

호화로운 궁중 생활과 성문 밖의 고통

즐거운 나날이었다. 숫도다나왕은 태자와 태자비를 위해 람마
(Ramma) · 수람마(Suramma) · 수바(Subha)라는 세 개의 궁전을 지어
우기와 여름철과 겨울철에 각기 머물게 하였다. 겹겹의 수비병들이
지켜선 담장은 높고 튼튼했으며, 대문이 얼마나 크고 무거웠던지 사
십 리 밖까지 여닫는 소리가 들릴 정도였다. 높은 누각이 갖춰진 궁전

엔 여러 개의 연못이 있었고, 연못마다 푸른 연꽃·붉은 연꽃·흰 연꽃이 우아한 자태와 향기를 뽐냈다. 검고 단단한 목재로 지은 건물 안팎에는 사계절 기이한 꽃과 나무가 찬란했고, 우짖는 새소리가 끊이질 않았다. 숫도다나왕은 네 사람의 시녀를 시켜 태자를 목욕시키고 붉은 전단향을 몸에 발랐으며, 항상 까시산 비단옷을 준비시켰다. 하얀 일산을 받쳐 든 여인들은 한낮엔 태양을 가리고 밤에는 이슬을 가리며 밤낮 태자 주위를 떠나지 않았다. 더욱이 기나긴 우기가 찾아오면 행여 답답해하진 않을까 싶어 숫도다나왕은 가무에 능한 여인들을 보내 춤추고 노래하게 하였다. 다른 집에서는 밀기울이나 보리밥을 먹을 때도 태자의 궁전에서는 시종들까지 쌀밥에 기름진 반찬을 먹을 수 있도록 양식도 풍족하게 공급하였다. 부왕의 배려는 세심하였다.

새봄을 맞아 봄놀이를 나섰을 때였다. 왕족들은 동산으로 향한 길에 왕족들의 위용을 과시했다. 그들은 화려한 의상으로 위엄을 뽐냈고, 숫도다나왕이 파견한 날쌘 기병들은 그 위엄을 더해주고 있었다. 태자는 시종 조용히 웃음 지었다. 그런데 동문을 나서 굽잇길을 돌아서던 행렬이 갑작스레 멈췄다. 놀란 말들의 몸짓에 몇몇은 자칫 수레에서 떨어질 뻔하였다.

태자가 혀를 차는 마부 찬나에게 물었다.

"무슨 일이냐?"

"노인네가 갑자기 튀어나오는 바람에 다들 놀랬나 봅니다. 저 느려터진 걸음 좀 봐. 어휴 볼품없는 꼬락서니 하고는."

하얀 머리카락에 거무죽죽한 얼굴의 노인이 길 한가운데에 서 있었다. 지팡이에 의지한 노인은 굽은 허리를 펴지도 못한 채 숨을 헐떡이

11 아픈 사람을 만나는 싯닷타태자 2-3세기, 페샤와르박물관, 파키스탄

고 있었다. 근육은 바싹 말라 가죽과 뼈만 앙상하고, 몽땅 빠진 이빨에 지적지적 눈물과 콧물까지 범벅이었다. 일부러 방해했다는 듯 행렬을 이끌던 이들이 노인에게 소리쳤다.

"저놈의 늙은이!"

노인은 합죽한 입을 오물거리며 부랴부랴 걸음을 옮겼다. 비실거리는 걸음으로 엎어졌다 일어서기를 몇 차례나 반복하고서야 노인은 겨우 길에서 벗어날 수 있었다. 찬나는 말의 등짝을 사정없이 휘갈기고 뽀얀 먼지를 일으키며 거침없이 내달렸다. 길게 숨을 돌리며 젊은이들의 행렬을 하염없이 바라보던 노인의 시선이 태자와 마주쳤다. 초점을 잃어버린 잿빛 눈동자가 퀭했다. 태자는 생각에 잠겼다.

'늙는다는 것, 참 서글픈 일이구나. 생기를 잃어버리고 비틀거리는 모습을 다들 조롱하고 싫어하는구나. 사람으로 태어난 이는 누구도 늙음을 피할 수 없다. 나도 저렇게 늙는 것을 피할 수 없으리라. 나 또한 초라하게 늙어 사람들의 조롱과 혐오를 피할 수 없으리라. 그런 내가 저 노인을 비웃고 업신여길 수 있을까? 봄날처럼 짧은 젊음을 과시하고 자랑할 수 있을까?'

술과 음악에 취해 새봄을 만끽하는 왕자들 틈에서 태자는 즐거울 수 없었다. 기쁨을 누리기엔 다가올 미래의 모습이 너무도 두려웠고, 먼 훗날의 일이라며 망각하기엔 오늘이 너무 빨리 지나갔다. 여인들의 눈동자와 향기에 취해 다들 흥청거릴 때, 태자는 홀로 숲을 거닐었다.

골똘히 생각에 잠겨 성으로 돌아오는 일은 그 후로도 계속되었다. 친족들의 성화를 이기지 못해 다시 나들이를 나서던 참이었다. 남쪽 성문 길가에 거적때기를 둘러쓴 섬뜩한 귀신 몰골을 한 사람이 누워 있었다. 엉겨 붙은 머리칼에 벌건 종기가 온몸에 불거지고, 종기에서 더러운 피고름이 흘러내리고 있었다. 머리털이 곤두섰다. 그는 고통에 신음하며 자기가 토해 놓은 더러운 오물 위를 뒹굴고 있었다. 사람들은 코를 잡고 멀찍이 물러설 뿐 누구 하나 가까이 가지 않았다. 뭐라도 붙들려는 듯 허공을 더듬는 병자의 손끝을 스친 태자는 고개를 들 수 없었다.

'저 사람인들 저 아픔을 상상이나 했을까. 저 사람 역시 지난날엔 젊고 건강했으리라. 찬란한 미래를 꿈꾸고, 많은 이들의 기대를 받으며, 넘치는 의욕으로 하루를 살았으리라. 허나, 보라. 밤손님처럼 들이닥친 병마에 저리 쉽게 쓰러지지 않는가. 저 사람에게 아직도 내일의 꿈이 남아 있을까? 어제는 둘도 없는 친구였지만 오늘은 모르는 사람처럼 멀리 피해가겠지. 자기는 결코 저리되지 않을 것처럼 이맛

살을 찌푸리겠지. 나 역시 저렇게 병드는 것을 피할 수 없으리라. 나 또한 누구 하나 다가오지 않는 중병에 걸릴 수 있으리라. 그런 내가 어찌 저 사람의 신음소리를 흘려버리고 기녀들의 노랫소리를 따라 흥얼거릴 수 있단 말인가.'

가족들의 바람과 달리 나들이를 다녀올 때마다 태자의 얼굴에서는 웃음이 사라졌다. 숫도다나왕은 아시따의 예언이 실현되는 것은 아닐까 싶어 마음을 졸였다. 마하빠자빠띠는 근심에 잠겨 음식조차 삼키지 못했고, 야소다라는 더 이상 몸치장도 하지 않았다. 그날도 찬나의 손에 이끌려 동산으로 가던 길이었다. 서문을 나서던 무렵 한 무리의 장례 행렬을 만났다. 머리를 풀어헤친 그들은 망자의 옷자락을 붙들고 하늘이 무너져라 울부짖고 있었다. 아무리 소리쳐도 사랑하는 그 사람을 이제는 다시 볼 수 없기 때문이었다. 부귀와 권세를 누리며 평온한 삶을 살던 이들도 죽음 앞에서는 아무것도 할 수 없고, 그 누구도 그들을 도울 수 없었다.

'슬픈 일이다. 피할 수만 있다면 얼마나 좋을까. 허나 누가 죽음을 피할 수 있단 말인가. 내가 사랑하는 이들은 모두 저렇게 내 곁에서 떠나가리라. 나 역시 애타는 울음을 뒤로하고 홀로 죽음의 강을 건너야 하리라. 내일도 오늘처럼 살아 있으리라고 과연 장담할 수 있을까?'

세상은 온통 고통으로 아우성이었다.

"찬나야 돌아가자."

태자는 동산으로 향하던 말머리를 돌려 아버지의 궁전으로 향했다. 태자는 조마조마한 눈길로 바라보는 아버지에게 미루고 또 미루었던 말을 꺼냈다.

"아버지, 저는 수행자의 길을 걷고 싶습니다."

원치 않던 날이 오고 말았다. 불안이 현실로 닥치자 숫도다나왕은 분노를 참지 못했다.

"차라리 내가 출가하겠다. 아비를 버리는 불효에 가문의 대까지 끊겠단 말이냐."

"가족에게 얽매여 산다는 건 너무도 답답한 일입니다. 저는 수행자로서 자유로운 삶, 청정한 삶을 살고 싶습니다."

"너를 얽어맬 가족이 과연 있기라도 한 것이냐? 너에겐 속박이 될 아들도 없지 않느냐? 허락할 수 없다. 이 나라에는 엄연히 국법이 있다. 가업을 이을 자식도 없는 이에게 절대 출가를 허락할 수 없다."

고개를 숙인 채 자리를 떠나지 못하는 태자의 안쓰러운 모습에 숫도다나왕은 노기를 누그러뜨렸다.

"제발 마음을 돌려 이 나라, 이 가문을 생각해다오. 네 소원은 무엇이든 다 들어줄 테니, 출가하겠다는 말만은 말아다오."

"저의 네 가지 소원을 들어주실 수 있다면 출가하지 않겠습니다. 아버지, 영원히 젊음을 누리며 늙지 않게 해주십시오. 그러면 출가하지 않겠습니다. 아버지, 영원히 병들지 않고 건강하게 해주십시오. 그러면 출가하지 않겠습니다. 아버지, 죽지 않고 영원히 살게 해주십시오. 그러면 출가하지 않겠습니다. 아버지, 사랑하는 사람들과 영원히 이별하지 않게 해주십시오. 그러면 출가하지 않겠습니다. 이런 고통을 두 번 다시 겪지 않게 해주실 수 있다면 출가하지 않겠습니다."

"태자야, 그런 말 말아라. 이 세상에 늙고 병들어 죽지 않을 사람이 누가 있느냐. 행여 누가 듣고 웃을까 겁나는구나."

"아버지, 그 고통을 피할 수 없다면 저는 출가하겠습니다."

숫도다나왕은 진노하여 신하들에게 엄명을 내렸다.

"태자의 경호를 배로 늘리고 성곽의 경비를 철저히 하라. 앞으로는 태자가 지나는 길목마다 향수와 꽃을 뿌리고, 길가에 노인이나 병자나 죽은 사람은 보이지 않게 하라. 태자가 노니는 동산을 갖가지 보석으로 치장하고 나뭇가지마다 방울을 매달아 하늘나라 낙원처럼 꾸미도록 하라."

새로운 희망과 라훌라의 탄생

스물아홉 되던 해, 태자는 넘치는 사랑과 배려에도 기뻐하지 않았다. 가까운 친지들의 방문을 제외하고는 사람을 환대하는 일도 없었다. 홀로 연못가를 거닐고 깊은 사색에 잠기는 것이 그의 일상이었다. 태자 혼자 지내는 시간이 두려웠던 숫도다나왕이 기대할 이들은 조카들뿐이었다. 온갖 악기와 음식, 시종하는 궁녀들까지 준비시키고 믿음직한 마하나마와 어릴 적부터 유난히 태자를 따랐던 아난다를 불렀다.

"태자가 집 안에 있는 시간이 너무 많구나. 너희들이 권해 나들이라도 다녀오너라."

사촌들의 끈질긴 권유를 뿌리칠 수 없었던 태자는 운명처럼 다시 가까운 동산으로 봄놀이를 나섰다. 부왕의 명으로 말끔히 정리된 거리에는 젊은이들만 오갔다. 북문을 벗어날 무렵이었다. 멀리 시선을 던지고 묵묵히 행렬을 따르던 태자가 갑자기 마차를 세웠다.

머리와 수염을 깨끗이 깎은 수행자가 거친 옷을 입고 걸어가고 있었다. 그는 서두르는 기색도 없이 맨발로 당당하게 걸어가고 있었다. 그가 두 손으로 소중히 품고 있는 것은 황금도 보석도 아니었다. 흙으로 빚은 거무튀튀한 질그릇 하나뿐이었다. 그의 눈빛은 너무나 강렬했고, 부드러운 걸음걸이는 강물처럼 평온했다.

태자는 수레에서 내려 수행자에게 다가갔다. 화려한 장신구와 황금 신발의 권위에도 그는 고개를 숙이지 않았다. 당황하는 기색조차 없는 그에게 태자는 설레는 마음으로 물었다.

"사문이여, 어디로 가는 길이십니까?"

"바람이 머무는 곳은 정해져 있지 않습니다. 새들의 재산이 두 날개뿐이듯, 그저 옷 한 벌과 그릇 하나로 자유롭게 세상을 떠돌 뿐입니다."

"그렇게 떠도는 까닭은 무엇입니까?"

"저는 지난날 늙고 병들어 죽는 삶의 고통을 직접 겪고 모든 것이 덧없음을 알았습니다. 사랑과 애착에 얽힌 삶의 굴레 속에서 그 슬픔과 고통을 벗어날 길은 없었습니다. 저는 이 고뇌를 벗어나기 위해 친족과 벗들의 울타리를 뛰어넘었습니다."

"그럼, 당신은 지금 어떻게 살아가고 계십니까?"

"세상의 욕심에 물들지 않고 참다운 진리를 추구하며, 생명을 가진 어떤 것도 해치지 않고 늘 자비로운 마음으로 그들을 안심시킵니다. 고통을 만나도 근심하지 않고, 기쁜 일을 만나도 들뜨지 않습니다. 재갈을 물린 말처럼 저 자신을 엄히 다스리고, 태산처럼 무거운 걸음으로 해탈의 길을 따라 한 걸음 한 걸음 옮길 뿐입니다."

"훌륭합니다, 정말 훌륭하십니다."

태자는 남루한 수행자의 두 발에 정중히 예를 올렸다. 그날의 나들이는 참으로 유쾌했다. 친지들은 오랜만에 보는 태자의 밝은 웃음에 기쁨을 감추지 못했다. 먼 나라로 교역을 다녀온 아난다는 값비싼 비단과 장신구를 선물하며, 여러 나라에서 보고 들은 신기한 이야기와 새로 사귄 말라족 왕자 이야기로 흥을 돋웠다. 가벼운 걸음으로 동산을 거닐며 붉은 노을이 지도록 나들이는 이어졌다. 횃불로 어둠을 밝힐 무렵이었다. 황급한 말발굽 소리와 함께 들뜬 시종의 목소리가 동산을 울렸다.

"태자님, 기뻐하십시오. 태자비께서 아들을 낳으셨습니다."

태자는 가만히 하늘을 올려다보았다. 짙은 노을이 드리운 서쪽 하늘에 초승달이 막 빛을 더하고 있었다. 곧 산마루로 기울 그 가냘픈 빛이 태자의 마음을 붙들고 놓아주질 않았다. 하염없이 하늘만 보던 태자가 굳어진 표정으로 말했다.

"라훌라(Rāhula)가 태어났구나. 속박을 낳았구나."

누구도 입을 열지 못했다. 태자는 조용히 일어나 홀로 연못으로 들어갔다. 무겁게 내려앉는 어둠만큼이나 가슴속이 답답하고 심란했다. 그때 언젠가 부왕이 하신 말씀이 떠올랐다.

'너에겐 속박이 될 아들도 없지 않느냐?'

태자는 가만히 생각에 잠겼다.

'그렇다. 이제 새로운 속박이 생겼다. 하지만 이 속박은 나만을 구속하는 것은 아니다. 오랜 시간 손자를 기다려온 부왕과 아내 야소다라에게 자그마한 아기는 결코 놓을 수 없는 튼튼한 쇠밧줄이 되리라. 해맑은 아기의 얼굴에서 그들은 손아귀에서 빠져나간 옛 밧줄의 허전함을 잊으리라. 그렇다. 이 새로운 속박이 그들에게 새 위안이 되리라.'

한참 후 새 옷으로 갈아입은 태자가 언덕으로 올라왔다. 그의 입가에 드리웠던 그늘이 거짓말처럼 씻기고, 알 수 없는 평온함이 얼굴에 가득했다. 태자는 담담한 눈빛으로 찬나에게 말하였다.

"왕궁으로 돌아가자."

서두르는 찬나의 어깨를 다독여 말고삐를 늦추고 먼지 한 점 일지 않는 까삘라의 밤거리로 들어섰다. 길가에는 새로운 왕자의 탄생을 축하하는 인파로 넘쳤다. 호사스럽게 꾸민 저택의 정원 앞을 지날 무렵이었다. 고요한 달빛을 타고 높은 누각 창문 너머에서 아름다운 노랫소리가 흘러내렸다.

하늘 위 밝은 달님처럼
이 땅 위에 황금처럼 빛나는
아들을 바라보는 그의 어머니
마음속 모든 근심 사라지리라
하늘 위 밝은 달님처럼
이 땅 위에 황금처럼 빛나는
아들을 바라보는 그의 아버지
마음속 모든 근심 사라지리라
하늘 위 밝은 달님처럼

이 땅 위에 황금처럼 아름다운
임의 모습 바라보는 그의 아내는
마음속 모든 근심 사라지리라

수많은 사람들이 따라 불렀다.
"마음속 모든 근심 사라지리라."

제 2 장

구도의 길

집을 나서다

새로운 왕자의 탄생을 축하하며 밤낮으로 이어진 칠 일 동안의 떠들썩한 잔치가 끝났다. 모든 이들이 지쳐 잠이 들었다. 넓은 궁전에 깨어있는 사람이라고는 태자 한 사람뿐이었다. 창문 틈으로 스며드는 고요한 달빛을 받으며 태자는 생각에 잠겼다.

'한 나그네가 광야를 거닐다가 코끼리를 만나 도망치고 있었다. 두려움과 공포에 휩싸인 눈빛으로 혼신의 힘을 다해 달리고 있다. 마을은 아득하고 나무 위건 돌 틈이건 안전한 곳은 없다. 숨을 곳을 찾아 사방으로 내달리다 겨우 발견한 곳이 바닥이 말라버린 우물이다. 저곳이면 그래도 괜찮겠지, 우물 곁 등나무 뿌리를 타고 아래로 내려가다가 그는 다시 소스라치게 놀랐다. 컴컴한 바닥에 시커먼 독룡이 입을 떡하니 벌리고 있는 것이다. 그때서야 먹잇감을 노리며 사방에서 혀를 널름거리는 네 마리의 독사가 눈에 들어왔다. 다시 위로 올라가야 할까, 그는 하얗게 질려버렸다. 쫓아온 코끼리가 코를 높이 치켜들고 포효하고 있었다. 올라오기만 하면 밟아버릴 태세다. 믿을 것이라고는 가느다란 등나무 뿌리 한 줄기뿐이다. 그러나 그 뿌리마저 흰 쥐와 검은 쥐가 나타나 번갈아가며 갉아먹고 있다. 이젠 어떻게 해야 하나, 두려움과 공포에 질린 얼굴 위로 무언가 떨어져 입으로 흘러들었다. 꿀이었다. 등나무 덩굴 위에 벌집이 있었던 것이다. 똑, 똑, 똑, 똑, 똑, 다섯 방울의 달콤함과 감미로움에 취해 그는 눈을 감아버렸다. 바람에 나무가 흔들릴 때마다 벌들이 쏟아져 나와 온몸을 쏘아대고, 두 마리 쥐가 쉬지 않고 뿌리를 갉아먹고, 사방에서 독사들이 쉭쉭거리고, 사나운 들불이 일어나 광야를 태우는 데도 그는 눈을 꼭 감고 바람이 다시 불기만 기다렸다. 다섯 방울의 꿀맛만 기억하고, 그 맛을 다시 볼 순간만 기약한 채 그는 모든 고통과 두려움을 잊고 있었다. 나의 삶도 이 나그네와 다를 바 없지 않은가?'

달이 서쪽으로 기울 무렵, 태자는 자리에서 일어나 태자비의 방으로 소리 없는 걸음을 옮겼다. 얇은 휘장 너머로 산통과 젖먹이 치다꺼리로 지친 야소다라가 깊은 잠에 빠져 있었다. 눈도 뜨지 못한 아이는 달콤한 꿈이라도 꾸는지 엄마 품에서 꼬물거리며 연신 방긋거렸다. 너무도 사랑스러운 두 얼굴을 태자는 멀찍이서 물끄러미 바라보았다. 그렇게 한참을 서성이다 천천히 발길을 돌려 찬나의 방으로 향했다.

"일어나라, 찬나야."

"태자님, 이 밤에 무슨 일이십니까?"

"간타까(Kanthaka)에게 안장을 얹어라. 갈 곳이 있다."

쥐죽은 듯 고요한 까삘라성의 문턱을 넘으며 태자는 다짐하였다.

'늙고 병들어 죽어야만 하는 이 고통과 근심을 해결하지 못한다면 고향으로 돌아오지 않으리라. 최상의 진리를 얻기 전엔 결코 나를 키

워주신 마하빠자빠띠와 아내 야소다라를 찾지 않으리라.'

태자는 희미한 달빛에 의지해 길을 재촉하였다. 평생을 그림자처럼 따른 찬나는 떨칠 수 없는 불길한 예감으로 고삐를 늦췄다. 그러나 속내를 모르는 깐타까의 걸음은 날래기만 하였다. 동쪽 하늘이 밝아올 무렵 태자는 아노마(Anomā) 강가의 은빛 모래언덕에 다다랐다. 강 너머는 말라(Mallā)의 땅이었다. 비단처럼 보드라운 안개 너머로 붉게 물든 아침 풍경이 신비로웠다. 말에서 내린 태자는 깐타까의 새하얀 갈기를 쓰다듬으며 말했다.

"이제 너희들이 할 일은 끝났다. 곁에서 시중드느라 수고 많았다. 찬나야, 깐타까와 함께 궁으로 돌아가라."

찬나는 나무둥치 같은 두 팔을 벌려 태자의 앞을 막아섰다.

"안 됩니다. 뜻을 거두고 왕궁으로 돌아가십시오. 부디 부왕과 왕비님, 태자비님과 새로 태어난 왕자님에게 슬픔을 안겨주지 마십시오."

도도한 강물의 흐름 같은 태자의 결심을 돌이킬 수는 없었다. 결연한 눈빛으로 찬나를 바라보던 태자가 천천히 칼을 꺼냈다. 누구도 함부로 손댈 수 없던 태자의 검푸른 머리카락이 허공에 흩어졌다. 태자는 상투를 장식했던 화려한 구슬을 찬나의 손에 쥐어주었다.

"부왕께 전해다오. 나라를 내놓고 새로운 길을 찾아 숲으로 들어간 왕들은 예전부터 있었다고, 그러니 못난 짓이라 너무 나무라지만은 마시라고 전해다오. 젊고 건강하다지만 병들어 죽는 일엔 정해진 때가 없으니 마냥 안심하고 지낼 수만은 없었다고, 최상의 진리를 얻기 전엔 결코 돌아가지 않을 것이라고 전해다오."

태자는 몸에 지녔던 장신구들을 하나하나 풀었다.

12 말을 준비한 찬나 2-3세기, 페샤와르박물관, 파키스탄

13 출가 2-3세기, 인도박물관, 인도

"이것은 왕비께 드리고, 이것은 태자비께 드려라. 부디 슬픔에 오래 잠기지는 마시라고 전해다오."

찬나는 태자의 발아래 허물어졌다. 거칠고 강인한 찬나의 두 눈에 눈물이 그치질 않았다.

"뜻을 거두지 않으시겠다면 차라리 저를 데려가십시오. 맹수와 뱀이 득실거리고 포악한 도적들이 출몰하는 이곳에 태자님을 혼자 버려둘 수 없습니다."

"찬나야, 인생이란 홀로 태어나 홀로 죽는 것, 어찌 영원한 동반자가 있겠느냐. 늙고 병들어 죽어야 하는 험난한 여정 속에서 너와 난들 어찌 영원히 함께할 수 있겠느냐. 나는 이제 새 길을 갈 것이다."

찬나는 애원하였다.

"저 혼자 왕궁으로 돌아가면 왕께서 저를 벌하실 게 분명합니다. 저는 태자님을 따라가겠습니다."

14 애마 깐타까와의 이별
2-3세기, 라호르박물관, 파키스탄

평생을 태자 곁에서 시중들며 지낸 찬나였다. 태자는 흐느끼는 찬나의 등을 가만히 다독여주었다.

"만나면 헤어짐이 있기 마련이다. 나를 낳아주신 어머니와도 이레 만에 죽음으로 이별해야 했는데 너와 헤어짐이 없을 수 있겠느냐. 더 이상 부질없는 연민으로 괴로워 말라. 깐타까와 함께 왕궁으로 돌아가 내 말을 전해다오. 너에게 하는 마지막 부탁이다."

태자는 황금 신발을 벗었다. 완전한 진리를 찾아 영겁을 떠돈 자신의 모습을 되찾은 보살*은 피를 토하는 찬나의 울음을 뒤로하고 낯선 풍경 속으로 걸어갔다.

스물아홉 되던 해인 기원전 595년 2월 8일의 일이었다.

슬픔에 젖은 까삘라왓투

샘과 강이 마르고 풀과 나무도 시들어버렸다. 까삘라 사람들은 위아래를 막론하고 비탄의 눈물로 나날을 보내야 했다. 두고 온 태자 생각에 찬나의 걸음은 더디기만 하였다. 태자가 사라진 지 팔 일째 되던 날, 멀리 성문 밖으로 태자가 사랑하던 말 깐타까의 울음소리가 들렸다. 온 성에 갑자기 활기가 돌았다. 마구간에 매어 둔 말들이 뛰고 정원의 새들까지 밝은 목소리로 노래하였다.

그러나 성문으로 들어선 찬나와 깐타까는 고개를 들지 못했다. 가장 먼저 달려 나온 사람은 야소다라였다. 그녀는 깐타까의 목에 매달려 한참을 흐느끼다 커다란 나무가 꺾이듯 쓰러졌다. 마하빠자빠띠도

15 홀로 돌아온 찬나를 만나는 야소다라 2-3세기, 스와트박물관, 파키스탄

달려 나왔다. 마하빠자빠띠는 주저앉아 넋을 놓고 중얼거렸다.

"보드라운 옷만 입던 네가 따가운 햇살과 들판의 벌레를 어찌 견딜까. 폭신한 이불에 눕던 네가 가시 돋친 풀밭에 어찌 누울까. 기름진 음식만 먹던 네가 거친 음식과 굶주림을 어찌 견딜까. 사나운 짐승과 도적들이 우글거리는 깊은 숲에서 누가 널 보호한단 말이냐."

정신을 차린 야소다라는 분노를 감추지 않고 찬나에게 소리쳤다.

"목숨 바쳐 태자를 보호해야 할 놈이 혼자 돌아왔단 말이냐, 죽음이 두렵지 않느냐."

찬나는 무릎을 꿇고 흐느꼈다.

"어찌 죽음을 각오하지 않겠습니까. 제가 돌아온 건 태자님의 마지막 명령을 수행하기 위해서입니다."

찬나가 건넨 보석을 받아 쥔 야소다라는 하늘을 우러러 미친 듯이 울부짖었다.

"왜 저를 버리고 혼자 가셨습니까. 도를 닦기 위해 부귀와 영화를 버리고 산속에 들어간 왕이 예전에도 있었단 얘기는 저도 들었습니다. 그러나 그들도 아내와 자식만큼은 데려갔다고 하더군요. 제 정성이 부족했나요, 제가 싫었나요, 핏덩이 라훌라가 가엽지도 않나요, 도대체 무엇이 좋아 혼자 떠나셨습니까? 저를 버리고 당신 혼자 천상에 태어나 천녀들과 즐기기라도 하겠다는 건가요."

야소다라는 손에 놓인 보석을 물끄러미 바라보았다.

"영원한 사랑과 행복을 약속하던 보석이 이젠 변치 않는 슬픔으로 남겠군요. 이렇게 버림받고도 제 심장이 찢어지지 않는 건 제가 쇠붙이나 돌덩이기 때문이겠지요."

태자를 염려하며 사당에서 기도하던 숫도다나왕이 통곡 소리에 놀라 뜰로 달려 나왔다. 찬나는 태자의 상투를 장식했던 보석과 일산, 그리고 백마를 왕에게 바쳤다. 왕은 쓰러지고 말았다. 대신들의 부축으로 겨우 정신을 차린 숫도다나왕은 한숨을 내뱉었다.

"아들아, 너를 위해 지어준 세 개의 궁전으로는 부족했느냐. 왜 그것을 버리고 인적도 드문 황야를 떠돌고 숲을 헤매느냐. 그 옛날, 전륜성왕이 되리라던 바라문들의 예언에 어찌나 기뻤던지 나도 모르게 갓난 아기인 너에게 예배했었지. 아들아, 그런 네가 이 아비와 나라를 버린단 말이냐. 이 성을 지켜주던 수호신들도 이제 모두 성을 떠나겠구나."

기대를 한 몸에 받았던 아들을 숫도다나왕은 포기할 수 없었다. 숫도다나왕은 몸을 추스르고 국사와 대신들을 불러 태자를 뒤쫓도록 명령하였다.

"데려와야 한다, 반드시 데려와야 한다."

숫도다나왕의 설득

아노마강을 건너 말라족의 땅으로 들어선 보살은 숲 속 사냥꾼과 옷을 바꿔 입었다. 서로에게 만족스러운 거래였다. 풍경이 빼어난 마을 아누삐야(Anupiyā)에서 칠 일을 머물며 보살은 여러 수행자들을 만났다. 처음 만난 이는 고행을 닦는 두 여인이었다. 육체적 제약과 사회적 편견에도 불구하고 삶의 고통을 직시하는 그녀들의 눈동자는 빛났다. 죽음에 맞서는 용기는 전장의 용사조차 부끄럽게 하였다. 망고 숲 속에 깃든 선인들의 진지한 모습은 새로운 세계에 대한 희망을 북돋았고, 그들이 들려준 성자들 이야기는 보살의 심장을 뛰게 하였다. 그러나 그 마을의 수행자들은 지침이 될 만큼 명확한 지혜를 가진 이들은 아니었다. 도리어 보살의 총명함과 지혜에 놀라며 자신들의 오랜 고민과 노력이 보살만 못함을 토로하였다. 그들은 정중히 음식을 바치며 존경을 표하였다.

보살은 허술하고 더럽기 짝이 없는 한 벌의 옷으로 강렬한 뙤약볕을 견디며 맨발로 꾸시나라(Kusinārā)로 향하였다. 끼니가 되어도 제대로 먹을 수 없었고, 밤이 되어도 편히 쉴 수 없었다. 난생처음 굶주림과 목마름 그리고 고달픔을 느꼈다. 길가 나뭇등걸에 기대 갈라진 발을 문지르며 아픔을 달랬다. 그때 보살을 뒤쫓던 부왕의 신하들이 그를 발견하였다. 급히 말에서 내린 신하들은 웃옷을 벗어 보살의 몸을 감싸고 피투성이가 된 발아래 머리를 조아렸다.

"이게 무슨 고생이십니까? 태자님, 궁으로 돌아가시지요. 조금만 때를 기다리면 온 세상이 태자님 발아래 놓일 것입니다."

보살은 소리 높여 꾸짖었다.

"땅 위의 권세는 제가 구하는 것이 아닙니다."

섣부른 말로 보살을 설득할 수는 없었다. 신하들은 자세를 가다듬었다.

"태자께서 오래전부터 출가의 뜻을 품고 계셨다는 건 저희도 알고 있습니다. 그 마음을 돌이키기 쉽지 않다는 것도 잘 알고 있습니다. 하지만 자식을 사랑하는 아버지의 마음은 어떻게 하시겠습니까? 부왕께서는 근심과 걱정으로 침식도 잊은 채 태자님이 돌아오기만 기다리고 계십니다. 부디 아버지의 마음을 헤아려주십시오."

"제가 어찌 부왕의 은혜를 모르고, 어머니의 깊은 정을 모르겠습니까? 야소다라와 라훌라가 어찌 사랑스럽지 않겠습니까? 제가 출가하려는 것은 부모님을 모시기 싫어서도 아니고, 가족이 싫어서도 아닙니다. 가족과 영원히 함께할 수 있고, 생로병사의 고통마저 없다면 무엇 때문에 이곳까지 왔겠습니까?"

신하들은 물러서지 않았다.

"진리를 구하고자 하는 마음을 포기하라는 것이 아닙니다. 진리를 구하는 일이 반드시 깊은 숲 속에만 있는 것은 아니지 않습니까?"

보살은 침착하게 대답하였다.

"제사와 보시로 천상에 태어날 복덕을 짓는 일이라면 궁에서도 가능할 것입니다. 하지만 천상이라한들 늙고 병들어 죽는 고통과 두려움을 피할 수 있을까요? 고통으로부터 자유로울 수 있는 곳은 어디에도 없습니다. 저는 늙고 병들어 죽어야만 하는 고통과 두려움을 끊고자 출가한 것입니다. 그 길은 궁에서 찾을 수 없습니다. 지금 아버지의 뜻을 어기면서까지 수행하고자 하는 까닭은 그런 고통과 두려움을 끊고 최고의 진리를 얻어 진정 자랑스러운 모습으로 다시 뵙고자 하는 것입니다."

"태자님의 말뜻은 알겠습니다. 하지만 이미 수행하고 있는 사람들의 말도 제각각 아닙니까? 어떤 사람은 다음 생의 과보가 있다고 말하고, 어떤 사람은 그런 것은 결코 없다고 말하기도 합니다. 이미 오랫동안 수행한 선인들도 미래의 과보가 있는지 없는지 확신하지 못하고 있습니다. 그런데 왜 확실한 현세의 부귀영화를 버리고 확실치도 않은 다음 생의 과보를 찾으려 하십니까?"

"다음 생의 과보에 대해 어떤 사람은 있다고 말하고, 어떤 사람은 없다고 말합니다. 그들 모두 아직도 의심하고 있는 것이 사실입니다. 하지만 그렇다고 결정적으로 없다고 단정할 수도 없는 것 아닙니까? 게다가 나는 윤회 생사의 세계에서 좋은 과보를 바라고 여기에 온 것이 아닙니다. 그와 같은 윤회의 굴레로부터 벗어난 해탈을 찾는 것입니다."

"생사의 과보도 있는지 없는지 확신할 수 없는데 어찌 해탈을 구하고자 하십니까? 많은 이들이 해탈을 말하지만 그건 더더욱 장담할 수 없는 일입니다."

"나는 지금 누구를 따르기 위해, 누구의 가르침을 실천하기 위해 출가한 것이 아닙니다. 게다가 나는 바보가 아닙니다. 그들의 말이 믿을 만한지 아닌지는 판단할 수 있습니다. 제발 그 사람들의 말만 앞세워 나에게 따지고 물으려 들지 마십시오.”

금강석처럼 굳건한 보살의 의지를 신하들은 꺾을 수 없었다. 그들은 보살의 두 발에 매달려 애원하였다.

“태자님, 제발 뜻을 거두고 궁으로 돌아가십시오.”

어깨를 덮었던 비단옷을 벗어 신하에게 건네며 보살은 또렷한 음성으로 말했다.

“숙명처럼 던져진 이 고통의 수렁에서 벗어날 길을 반드시 찾을 것입니다. 내가 그 뜻을 성취하는 걸 여러분도 반드시 보게 될 것입니다. 그때까진 결코 돌아가지 않을 것이라고 부왕께 전해주십시오.”

보살의 고단한 발걸음을 외면하지 못하고 신하들 가운데 다섯 명이 뒤따랐다. 그들은 꼰단냐(Koṇḍañña) · 왑빠(Vappa) · 밧디야(Bhaddiya) · 마하나마(Mahānāma) · 앗사지(Assaji)였다.

스승을 찾아 웨살리로

보살은 스승을 찾아 꾸시나라를 지나 왓지(Vajjī)연맹의 땅으로 들어섰다. 먼저 위데하(Videhā)족의 도시 미틸라(Mithilā) 인근에 사는 선인* 박가와(Bhaggavā)를 찾아갔다. 보살이 그를 찾아 깊은 숲으로 들어서자 온갖 새들이 반가운 소리로 지저귀고, 다람쥐와 원숭이가 달려 나와 환호성을 지르며 오솔길을 열었다. 숲에는 박가와를 의지해 살아가는 많은 수행자들이 있었다. 그들은 물과 불을 섬기고, 해와 달과 여러 정령을 숭배하고 있었다. 그들 가운데 어떤 이들은 소를 키우고 젖을 짜 신들에게 제사 지내는 것을 일과로 삼는 자도 있었다. 그들은 고행자였다. 나뭇가지나 풀을 먹는 사람, 쇠똥을 먹는 사람, 풀이나 나무껍질로 몸을 가린 사람, 사슴가죽을 걸친 사람, 땅바닥에 눕는 사람, 벌거벗은 채 가시 위에서 자는 사람, 개미집에 웅크리고 앉은 사람, 빗질하지 않은 머리를 기른 사람, 상투를 튼 사람, 머리카락이나 수염을 뽑은 사람 등 그들의 차림새와 수행법은 가지각색이었다.

보살은 정중히 인사하고 물었다.

"당신들이 하는 수행은 흉내조차 내기 힘든 것들이군요. 이런 고행으로 무엇을 얻으려는 것입니까?"

선인 박가와가 말하였다.

"천상에 태어나기 위해서입니다. 육체는 속박입니다. 온갖 고통 덩어리인 육체를 학대하고 괴롭혀 스스로 정화하면 그 보상으로 다음 생에는 안락한 생활을 누리게 되지요. 만약 단식을 하다 죽거나 절벽에서 몸을 던지거나 태운다면 그 보상으로 천상에 태어나 최상의 즐거움을 누리며 살게 될 것입니다."

보살이 말하였다.

"하늘나라에 즐거움이 있다지만 하늘나라에서 누리는 복인들 영원할까요? 그 복이 다하면 다시 생사의 윤회를 계속하지 않을까요? 결국 고통의 연속이 아닐까요? 당신들은 고통스럽게 수행해서 결국 고통스런 결과를 구하는 것은 아닐까요?"

보살은 나지막이 탄식하였다.

'장사하는 사람들이 보물을 구하려고 험난한 바다로 나가고, 왕들이 나라를 넓히려고 군사를 일으켜 서로 싸우듯, 이곳 수행자들은 하늘나라의 즐거움을 쟁취하려고 희생과 고통을 감수하는구나.'

보살이 말이 없자 박가와가 물었다.

"왜 실망한 모습으로 침묵만 지킵니까? 우리가 하는 수행에 잘못이라도 있다고 생각합니까?"

"당신들이 남들이 하기 힘든 고행을 하는 것은 사실입니다. 하지만 그 수행을 통해 구하는 결과는 결국 윤회라는 괴로움의 고리에서 벗어나지 못할 것입니다. 또한 즐거움을 얻기 위해 괴로움을 감내해야만 한다면 끝없는 즐거움을 위해 당신들은 끝없이 극심한 고통을 감수해야만 할 것입니다. 그건 고통의 연속일 뿐입니다."

종일 박가와와 토론하고 하룻밤을 보낸 보살은 자신이 찾는 길이 아님을 알고 떠났다. 보살의 총명함과 진지함에 감탄한 박가와가 떠나는 길을 일러주었다.

"당신은 이곳에 만족하지 않으시는군요. 웨살리(Vesāli) 인근에 알라라깔라마(Āḷārakālāma)라는 훌륭한 선인이 계십니다. 그곳으로 찾아가 보십시오."

보살은 고행자들의 숲을 떠나 웨살리를 향해 남쪽으로 걸음을 옮겼다. 말 타기에 능숙하고 장사에 탁월한 재능을 가진 릿차위(Licchāvi)족의 도시 웨살리는 부유하고 활기가 넘쳤다. 시장 골목마다 수북이 쌓인 화려한 옷감이 도시의 생활수준을 말해주고 있었다. 웨살리에서 알라라깔라마의 명성은 대단했다. 도시 인근에 자리 잡은 그의 사원은 조용하고 깨끗했으며, 사원 한가운데에 제단이 마련되어 있었다. 제단으로 향한 길은 수많은 참배객들로 북적였으며, 주변 나무 그늘에는 삼백여 명의 수행자들이 선정에 잠겨 있었다. 그들의 모습은 평화로웠다. 보살은 사원의 중심을 향해 천천히 걸음을 옮겼다. 그때, 주위의 부산한 움직임에 눈길도 주지 않던 제자들이 허둥지둥 일어나 스승에게 달려갔다.

"스승님, 멀리서 기이한 나그네가 찾아왔습니다. 당당한 걸음걸이와 빛나는 눈동자가 마치 태양 같습니다."

알라라깔라마는 자리에서 일어나 보살을 환대하였다. 백발이 성성한 나이에도 표정과 움직임이 부드럽고 눈동자에는 진지함이 가득했다. 인사를 나누고 자리에 앉은 알라라깔라마에게 물었다.

"알라라깔라마시여, 당신은 무엇을 가르칩니까?"

"고통스런 윤회의 삶에서 벗어나는 지혜를 가르칩니다."

"알라라깔라마시여, 당신의 가르침은 스스로 터득한 것입니까, 누구로부터 들은 것입니까?"

"나의 가르침은 오랜 옛날부터 여러 선인들에게로 이어온 것입니다."

"저도 당신의 법과 율 가운데서 수행하고 싶습니다."

"이곳에 머물러도 좋습니다. 현명한 사람이 나의 가르침에 따라 수행하면 머지않아 스스로 깨달음을 얻을 것입니다."

"늙고 병들어 죽어야만 하는 괴로움을 벗어날 길은 무엇입니까?"

"생사에 윤회하며 고통을 겪는 것은 인간의 무지(無知) 때문입니다. 바른 수행으로 지혜를 얻으면 이 고통의 굴레에서 해탈할 수 있습니다."

"그 지혜를 얻으려면 어떻게 해야 합니까?"

"지혜를 얻으려면 신념과 노력과 집중과 선정*이 필요합니다. 생사의 근본을 끊고자 한다면 먼저 계행을 지키고 인욕하면서 조용한 곳을 찾아 선정을 닦아야 합니다."

알라라깔라마는 쉽게 그의 수행법을 가르쳐주었다. 조금만 배워도 그가 말만 앞세우는 사람이 아니라는 것을 알 수 있었다. 그는 믿음이 가는 스승이었다. 보살은 오래 걸리지 않아 그의 가르침을 충분히 이해하였다. 그가 가르쳐준 선정을 터득하였고, 입술의 움직임과 몇 개의 문구만 듣고도 그가 무엇을 말하려는지 알 수 있었다. 보살은 '나는 스승의 가르침을 이해하고 알았다'고 선언하였고, 다른 사람들 역시 '그렇다'고 인정해 주었다. 보살은 생각하였다.

'알라라깔라마는 이 정도를 가르침의 전부라고 말하지 않았다. 그는 분명 이 이상의 가르침을 가지고 있으리라.'

보살은 알라라깔라마에게 찾아가 자신이 이해하고 터득한 바를 말하고 물었다.

"알라라깔라마시여, 당신이 스스로 잘 알고 똑똑히 보고 나서 가르치는 최상의 경지는 진정 무엇입니까?"

알라라깔라마는 기뻐하며 말하였다.

"나는 열여섯에 출가해 104년 동안 수행에 매진하였습니다. 그 기나긴 세월에 옛 선인들의 가르침에서 내가 터득한 최고의 경지는 무소유처정(無所有處定)*입니다."

보살은 생각하였다.

'알라라깔라마가 가진 신념이라면 내게도 있다. 그가 가진 노력과 집중과 선정의 힘과 지혜라면 나 역시 갖추고 있다. 지금껏 살펴보았지만 그의 신념과 노력과 집중과 삼매의 힘과 지혜는 결코 나보다 뛰어나지 않다. 그가 스스로 잘 알고 똑똑히 본 것이라면 나도 반드시 스스로 알고 똑똑히 볼 수 있어야 한다. 좋다, 노력하자. 그가 성취한 최고의 진리를 나 역시 실현하리라.'

열심히 수행한 보살은 오래지 않아 무소유처삼매를 경험하고 그 전모를 스스로 알고 똑똑히 보게 되었다. 보살이 찾아가 말하였다.

"알라라깔라마시여, 저는 무엇도 존재하지 않는 삼매를 스스로 알고 똑똑히 보았습니다."

알라라깔라마는 감탄하였다.

"벗이여, 나도 그것을 스스로 알고 똑똑히 보았을 뿐입니다. 벗이여, 참으로 고맙고 다행스러운 일입니다. 그대처럼 뛰어난 수행자를 만난다는 건 행운입니다. 그대가 알고 본 것이 바로 내가 알고 본 것이며, 내가 알고 본 것을 이제 그대가 알고 보았습니다. 그대가 터득한 선정과 지혜가 곧 내가 터득한 선정과 지혜며, 내가 터득한 선정과 지혜가 곧 그대가 터득한 선정과 지혜입니다. 그대와 나 사이엔 아무런 차이도 없습니다. 벗이여, 우리 둘이 이 교단을 함께 이끕시다."

알라라깔라마는 보살을 자신과 동등하게 대우하였다. 무소유처의 선정에 들면 모든 것이 고요하고 평안하였다. 그러나 선정에서 깨어나면 늙음과 질병과 죽음 앞에 여전히 무기력하고 나약한 존재가 되었다. 영원히 사라진 것으로 여겼던 우울과 슬픔과 공포가 찾아들었다. 보살은 다시 생각에 잠겼다.

'이 가르침에 의지하면 무소유처의 선정에 이를 수 있다는 것은 틀림없는 사실이다. 그러나 이 선정으로는 결코 고뇌와 탐착을 떨쳐버릴 수 없다. 이 선정은 모든 고뇌가 소멸된 것이 아니고, 진정한 고요

함도 아니며, 수승한 지혜와 원만한 깨달음도 아니다. 이 가르침으로
는 진리의 세계에 이를 수 없다.'

완전한 가르침이 못된다고 판단한 보살은 알라라깔라마의 만류를
뿌리치고 다시 길을 떠났다. 스승을 찾아 남쪽으로 길을 나선 보살은
드넓은 강가(Gaṅgā)*강을 건너 마가다(Māgadhā)국으로 향했다.

빔비사라왕의 제안

마가다국으로 들어선 보살은 새로운 문물과 사상의 도시 라자가하
(Rājagaha, 王舍城)로 들어섰다. 왕성을 에워싼 다섯 개의 산 가운데
하나인 빤다와(Pāṇḍava) 동쪽 기슭 동굴에 거처를 마련하고, 출가 사
문의 법식에 따라 아침 일찍 거리로 탁발하러 나섰을 때였다. 사람들
은 깜짝 놀랐다. 그의 몸짓에는 위엄이 서렸고, 눈동자와 얼굴은 빛나
고 있었다. 수없이 지나친 수행자들 가운데 이처럼 거룩하고 겸손하
며 온화한 인물은 본 적이 없었기 때문이다. 사람들은 소곤거렸다.

"저 분은 신일까, 신이 보낸 사자일까, 독수리봉의 산 깃자꾸따
(Gijjhakūṭa, 靈鷲山)의 신이 아닐까?"

신비한 사문에 대한 소문은 순식간에 라자가하에 퍼졌다. 마가다국
의 젊은 빔비사라(Bimbisāra)왕도 높은 누각에서 기품이 넘치는 보살
의 모습을 내려다보고 있었다. 빔비사라왕은 신하에게 명하였다.

"저분은 틀림없이 훌륭한 가문 출신이다. 저분 뒤를 따라가 어디에
머무는지 알아오라."

보살의 거처를 알아낸 빔비사라왕은 직접 수레를 몰고 빤다와산으로 찾아갔다. 작은 오솔길 앞에서 수레를 멈춘 왕은 수레에서 내려 직접 걸어 산을 올랐다. 그리고 정중하게 인사를 나누었다.

　"당신은 젊고 기품이 넘치는군요. 당신은 누구십니까?"

　"대왕이여, 히말라야 기슭에 풍부한 재력과 기술을 갖춘 꼬살라의 백성들이 살고 있습니다. 저는 태양의 후예인 사꺄족의 왕자였습니다."

　북방 히말라야 기슭의 사꺄족 왕자 중에 재능과 지혜가 뛰어난 자가 있다는 소문을 익히 들었던 빔비사라왕이었다. 그는 서른두 가지 대장부의 상호를 갖췄고 전륜성왕이 될 운명을 타고난 이라는 소문이 있었다. 첫눈에 범상치 않음을 알아본 빔비사라왕은 호의를 보이며 말하였다.

　"사꺄족 왕자여, 만약 생존해 계신 부왕 때문에 왕위를 이어받지 못해 출가한 것이라면 제 땅을 나눠드리겠습니다."

　"말씀은 감사하지만 그건 제가 바라는 것이 아닙니다."

　몇 마디로도 소문이 헛되지 않은 사람임을 빔비사라왕은 알아차렸다.

　"작아서 싫다면 제 나라 전부를 당신께 드리겠습니다. 제가 당신의 재상이 되어 받들겠습니다. 제 나라가 싫다면 군사를 동원해 다른 나라를 정복해 그 땅을 드리겠습니다."

　"저는 이미 왕의 자리를 버리고 출가한 사람입니다. 무엇 하러 다시 나라를 다스리려 하겠습니까. 대왕께서 순수한 마음으로 저에게 나라를 주신다 해도 싫은데 어찌 군사를 동원해 다른 나라를 빼앗겠습니까?"

　"사꺄족 왕자여, 당신처럼 귀한 신분에 훌륭한 재능을 갖춘 분이 사문이 된다는 건 매우 애석한 일입니다. 제가 도와드리겠습니다. 제가 가진 것이면 무엇이든 드릴 테니 이곳에서 삶을 즐기십시오."

"욕망에는 근심이 따른다는 것을 알고 저는 검푸른 머리카락을 잘랐습니다. 쾌락은 쉽게 사라진다는 것을 알고 저는 참다운 행복을 찾아 사문의 길로 들었습니다. 제가 원하는 것은 오욕의 즐거움이 아니라 완전한 깨달음입니다. 지금 이곳에 온 까닭도 해탈의 길을 일러줄 스승을 찾기 위해서입니다. 대왕의 청을 거절했다고 섭섭하게 생각지는 마십시오. 대왕께서는 고귀한 신분과 젊은 나이에도 불구하고 온화하고 현명하십니다. 부디 올바른 법으로 나라를 다스려 백성들의 시름을 덜어주는 훌륭한 왕이 되어주시길 바랄 뿐입니다."

빔비사라왕은 두 손을 내밀며 부탁하였다.

"소원대로 완전한 깨달음을 성취하시거든 가장 먼저 이 도시를 찾아주십시오. 제일 먼저 저를 깨우쳐주십시오."

37년 동안 이어진 빔비사라왕과의 우정은 이렇게 시작되었다.

사문들의 도시 라자가하

라자가하는 진보적이고 혁신적인 사상가들로 북적이고 있었다. 그들은 웨다의 전통과 사상에 의문을 제기하고 새로운 사상을 주장하였다. 직접적인 체험과 자유로운 사고로 무장한 그들을 사람들은 사문(沙門)이라 불렀다. 그러나 바라문들은 자신들의 권위를 비판하는 그들을 '발뒤꿈치에서 태어났다'며 천시하였고, 그들을 후원하는 사람들을 바라따까(Bhāratakā) 즉 짐꾼이라며 경멸하였다.

수행자들을 환대하던 마가다국의 젊은 빔비사라왕 덕분에 라자가하는 사문들의 도시가 되었고, 그들 가운데서도 뿌라나깟사빠(Purāṇakassapa) · 빠꾸다깟짜나(Pakudhakaccāna) · 아지따께사깜발라(Ajitakesakambala) · 막칼리고살라(Makkhaligosāla) · 산자야벨랏티뿟따(Sañjayabelaṭṭhiputta) · 니간타나따뿟따(Niganthanātaputta) · 웃다까라마뿟따(Uddakarāmaputta)* 등은 대중들로부터 상당한 존경과 주목을 받고 있었다.

뿌라나깟사빠는 노예의 아들로 태어난 사문이었다. 그를 혐오하고 비판한 이들은 나체 수행자였던 그를 '도망치다가 주인에게 붙잡혀 옷을 빼앗기고는 평생 발가벗고 사는 자'라며 비하하였다. 그는 웨다에 근거한 제사의 공덕과 도덕, 바라문들의 권위를 부정하였다. 도덕이란 특정 사회의 일시적 관념일 뿐 영원한 규칙도 진리도 될 수 없다며 신랄하게 비판하였다. "살생이나 사음 · 음주 · 강도 등의 행위도 악업이 아니며, 또 악업에 의한 과보도 존재하지 않으며, 제사 · 보시 · 극기 · 절제 등도 선을 쌓는 것이 아니며 선의 과보도 없다"는 극단적 발언도 서슴지 않았다.

빠꾸다깟짜나는 변화하지 않는 일곱 가지 요소 즉 흙 · 물 · 불 · 바람 · 괴로움 · 즐거움 · 영혼으로 세계는 구성되어 있으며, 이 외에 인격적 주체는 달리 없다고 주장하였다. 즉 이 일곱 가지 요소는 파괴되지도 않고 상처받지도 않는 것이므로 예리한 칼로 사람의 머리를 베어도 그 사람의 생명을 빼앗는 것이 아니며, 단지 칼이 일곱 가지 요소들 틈으로 비집고 들어가는 것에 불과하다고 주장하였다. 행위와 인격의 주체를 인정하지 않는 그는 도덕과 윤리를 불필요한 덕목으로 보았다.

아지따께사깜발라는 흙·물·불·바람의 네 가지 요소만 실재로 인정하였다. 몸과 감각기관과 감각의 대상 등이 모두 이 네 가지 요소로 구성된 것이며, 의식 역시 누룩에서 술이 생기듯 물질에서 생성된 것이라고 보았다. 그는 현명한 자건 어리석은 자건 죽으면 몸과 감각기관이 파괴되어 사대 외에는 아무것도 남지 않는다는 단멸론(斷滅論)을 주장하였다. 따라서 현세에서의 선악은 어떤 과보도 없고 수행이라는 것 역시 무의미하며, 오직 육신이 살아 있는 동안 감각적 쾌락을 누리는 것이 최고의 선(善)이라고 부르짖었다.

막칼리고살라는 한때 니간타나따뿟따와 함께 수행한 적이 있었고, '단식과 고행으로 완벽한 자기 억제를 얻었다고 신들의 칭찬을 받았다' 는 명성을 누린 사상가였다. 그 역시 나체로 생활하였으며, 마가다와 꼬살라 등지에 많은 지지자들을 확보하고 있었다. 그는 인간을 포함한 모든 생명체들이 현실적으로 경험하는 고통과 즐거움은 주어진 운명(運命)과 그들이 속한 종(種), 그리고 그들의 천성(天性)에 의해 결정된다고 보았다. 따라서 정해진 기간 동안 이미 결정된 고통과 즐거움을 감내해야만 하며, 인위적인 노력이나 행위는 여기에 어떤 영향도 미칠 수 없다고 주장하였다. 해탈이란 그 정해진 기간이 끝나는 것을 말하므로 어리석은 자건 현명한 자건 던져진 실타래처럼 실이 다 풀릴 때까지 840만 대겁을 윤회해야 고통이 소멸될 수 있다고 하였다. 그는 인간의 의지적 노력을 부정한 운명론자였다. 막칼리고살라를 따르는 이들을 아지위까(Ājīvika)라 불렀다.

산자야벨랏티뿟따는 "저 세상이 있는가?" 하고 물으면 "만약 내가 저 세상이 있다고 생각한다면 그렇다고 말하겠지만 나는 그렇게 말하지 않는다. 나는 이렇게도 생각하지 않고 저렇게도 생각하지 않으며, 나는 남과 다르게 생각하지도 않고 그것을 부정하지도 않는다. 나는 다른 세상이 있다고도 생각하지 않고 없다고도 생각하지 않는다"고 대답하였다. 사람들은 그를 미끈거리는 뱀장어가 이리저리 빠져나가듯 갈피를 못 잡게 하는 사람이라며 아마라윅케삐까(Amarāvikkhepika, 捕鰻論者)라 불렀다.

니간타나따뿟따는 나따(Nāta)족 출신의 니간타 교도인 와르다마나(Vardhamāna)를 지칭한다. 니간타는 '속박에서 벗어났다'는 뜻이다. 니간타는 몸과 마음의 속박에서 벗어나려는 목적으로 고행하던 사람들로서 오랜 전통을 가지고 있었다. 이 무렵 지나(Jina, 勝者)의 전통을 잇는 새로운 지나가 등장하게 되었다. 상업 도시로 번창한 웨살리 북부에서 태어난 왕족 출신 와르다마나가 30세 때 니간타에 출가하여 고행으로 깨달음을 얻은 것이다. 그는 위대한 영웅 즉 마하위라(Mahāvīra)로 칭송되며 웨살리와 라자가하에서 존경받고 있었다. 그는 웨다의 권위를 부정하였으며, 바라문들의 제사 의식을 무의미하고 무가치한 것으로 보았다. 또한 제사를 지내기 위해 짐승을 죽이는 것은 도리어 죄가 된다며 배척하였다. 그는 살생·도둑질·음행·거짓말을 금하는 윤리 강령을 제정하고 철저한 무소유를 생활방식으로 채택하였다. 또한 현실을 고통이 가득 찬 곳으로 보고 이런 고통이 반복되는 윤회에서 벗어나라고 주문하였으며, 또 그 길도 제시하였다. 그는 모든 생명체들이 무한한 지혜와 힘을 가지고 있고 본래 안락한 순수영

혼, 즉 지와(Jīva)를 가지고 있음에도 불구하고 신업(身業)·어업(語業)·의업(意業)의 속박에 갇혀 자유롭지 못하므로 고통스러운 삶을 계속하게 되는 것이라고 보았다. 따라서 지와가 업의 속박으로부터 자유로워지기 위해서는 도덕적 행위를 하고 감각기관의 활동을 제어함으로써 새로운 업의 유입을 차단해야 하고, 고행(苦行)을 통해 내재된 업을 정화시켜야 한다고 주장하였다.

웃다까라마뿟따 역시 수많은 사람들로부터 존경받으며 칠백 명의 제자를 가르치고 있었다. 보살은 새로운 스승을 찾아 라자가하의 수많은 수행자들을 편력하다가 드디어 그를 찾아갔다.

"당신의 스승은 누구십니까?"

"나는 스승 없이 스스로 깨달았습니다."

"당신은 어떤 분입니까?"

"수행자여, 나는 실로 환히 아는 자입니다. 나는 실로 일체를 이긴 자입니다. 굽은 뿌리를 뽑아버린 자입니다."

"당신은 무엇을 가르치십니까?"

"나는 모든 고통으로부터의 해탈을 가르칩니다."

"당신이 가르치는 해탈이란 어떤 것입니까?"

"해탈이란 생각이 있는 것도 아니고 없는 것도 아닌 경지인 비상비비상처정(非想非非想處定)*을 말합니다. 그것이 곧 모든 고통으로부터의 해탈입니다."

보살은 생각하였다.

'웃다까라마뿟따가 가지고 있는 신념이라면 내게도 있다. 그가 가진 노력과 집중과 선정의 힘과 지혜라면 나 역시 갖추고 있다. 그가 스스로 알고 터득한 것이라면 나 역시 알고 터득할 수 있다. 좋다, 노력하자. 그가 성취한 최고의 진리를 나 역시 실현하리라.'

열심히 수행한 보살은 오래지 않아 비상비비상처정을 경험하고 그 전모를 파악하였다. 그러나 여전히 의문은 남았다. 웃다까라마뿟따의 가르침은 고뇌로부터의 완전한 해탈도 해탈에 이르는 길도 아니었다. 웃다까라마뿟따는 분명히 알지 못하면서 '나는 분명히 아는 자다'라고 하고, 일체를 극복하지 못했으면서 '나는 일체를 이긴 자다'라고 하고, 굽이진 뿌리들을 뽑아버리지 못했으면서 '나는 굽이진 뿌리를 다 뽑아버렸다'라고 말하고 있었다. 보살은 웃다까라마뿟따에게 다시 물었다.

"이것보다 더 높은 경지와 지혜는 없습니까?"

"이것보다 더 높은 경지와 지혜는 없습니다. 이것이 완전한 깨달음이고 해탈입니다."

"생각이 있는 것도 아니고 생각이 없는 것도 아닌 경지에 '나'라는 것이 있습니까? 그렇지 않으면 '나'라는 것이 없습니까? 만약 내가 없다고 말한다면 '생각이 있는 것도 생각이 없는 것도 아니다'라고 말할 수도 없어야 합니다. 만약 '내가 있다'고 말한다면 그건 여전히 분별하고 있는 것입니다. 그렇다고 분별이 전혀 없다고 말한다면 그 사람은 목석과 다름없게 됩니다. 만약 분별함이 있다면 아직도 번뇌에 물들고 매달림이 있다는 것이니, 해탈이라고 할 수 없지 않습니까?"

웃다까라마뿟따는 입을 열지 못했다. 한참을 머뭇거리던 그가 입을 열었다.

"내가 터득한 최고의 선정과 지혜는 이것뿐입니다. 그대의 수행력과 지혜는 놀랍습니다. 벗이여, 우리 둘이 이 교단을 함께 이끕시다."

보살은 만족할 수 없었다.

"당신은 거친 번뇌는 끊었지만 아직 미세한 번뇌가 남아 있다는 것을 알지 못합니다. 그런데도 궁극적인 문제를 해결했다고 스스로 생각하고 있습니다. 미세한 번뇌는 보이지 않게 다시 자라나 비참한 삶으로 이끌 것입니다. 당신은 영원한 안락의 땅으로 건너간 것이 아닙니다. '나'라는 관념을 남김 없이 모두 없애야만 진정한 해탈이라 할 수 있습니다."

자리의 반을 비우며 앉기를 권하는 웃다까라마뿟따의 호의를 뿌리치고 보살은 다시 남쪽으로 향했다. 라자가하에 더 이상 의지할만한 스승은 없었다.

고행의 길

지고의 선과 최상의 진리를 찾아 보살의 발길은 남쪽 가야(Gayā, 伽耶)로 향했다. 그 뒤를 꼰단냐 · 왑빠 · 밧디야 · 마하나마 · 앗사지 다섯 사람이 따랐다. 가야산 꼭대기에 오른 보살은 나무 아래 풀을 깔고 깊은 생각에 잠겼다.

'길고 긴 고통의 원인인 번뇌와 속박을 어떻게 하면 태워버릴 수 있을까? 번뇌와 속박을 태워버릴 불은 어떻게 지필 수 있을까?'

그때 맑고 선명한 생각이 떠올랐다.

'물에 축축하게 젖은 나무토막으로는 불을 피울 수 없다. 그런 나무토막을 주워 불을 피우려고 부싯돌을 켜는 사람이 있다면 그는 결코 불을 얻을 수 없다. 그 사람은 소득도 없이 피곤할 뿐이다. 사문 바라문들 가운데 현재 몸과 마음을 오욕(五欲)의 강물에 내던지고 사는 사람들이 있다. 그들은 오욕에 목말라하고, 오욕에 욕심을 내고, 오욕에 열을 내고, 오욕을 추구한다. 그들은 오욕으로 향한 마음을 버리지 못하고 정화하지도 못하고 있다. 그런 수행자는 격렬하고 모진 고행을 하더라도 진리를 보고 알고 깨닫는 것이 불가능하다. 뿐만 아니라 고행을 하지 않더라도 진리를 보고 알고 깨닫는 것이 불가능하다. 물 속에 던져진 나무토막에 부싯돌을 켜는 것처럼 소득이 없다.

물에서 건졌지만 물기가 마르지 않은 나무토막으로는 불을 피울 수 없다. 그런 나무토막을 주워 불을 피워야지 라고 생각하며 부싯돌을 켜는 사람이 있다면 그는 결코 불을 얻을 수 없다. 그 사람은 소득도 없이 피곤할 뿐이다. 사문 바라문들 가운데 오욕의 강물에서 빠져나와 생활하지만 마음속으로는 여전히 오욕에 목말라하고, 오욕에 욕심을 내고, 오욕에 열을 내고, 오욕을 추구하는 이들이 있다. 그들은 오욕으로 향한 마음을 버리지 못하고 정화하지도 못하고 있다. 그런 수행자는 격렬하고 모진 고행을 하더라도 진리를 보고 알고 깨닫는 것이 불가능하다. 뿐만 아니라 고행을 하지 않더라도 진리를 보고 알고 깨닫는 것이 불가능하다. 물기가 마르지 않은 나무토막에 부싯돌을 켜는 것처럼 소득이 없다.

땅 위의 바짝 마른 나무토막으로는 불을 피울 수 있다. 그런 나무토막을 주워 불을 피워야지 하고 마음먹고 부싯돌을 켜는 사람이 있다면 그는 반드시 불을 얻을 수 있다. 사문 바라문들 가운데 오욕의 강물에서 빠져나와 생활하면서 마음속으로도 오욕에 목말라하지 않고, 오욕에 욕심을 내지 않고, 오욕에 열을 내지 않고, 오욕을 추구하지 않는 자들이 있다. 그들은 오욕으로 향한 마음을 버리고 정화한 것이다. 그런 수행자가 격렬하고 신랄한 고행을 한다면 진리를 보고 알고 깨닫는 것이 가능하다. 뿐만 아니라 고행을 하지 않더라도 진리를 보고 알고 깨닫는 것이 가능하다. 바짝 마른 나무토막에 부싯돌을 켜는 것처럼 분명 소득이 있다.'

더 이상 스승은 필요치 않았다. 보살은 올바른 고행을 통해 최고의 깨달음에 도달할 수 있다는 믿음을 갖고 고행자들이 머무는 숲 우루웰라(Uruvelā)의 세나니(Senānī)에서 발길을 멈췄다. 아름다운 네란자라(Nerañjarā)강이 굽이치는 그곳은 땅이 기름지고 숲이 깨끗했으며 경관이 수려하였다. 농가 주변에는 온갖 꽃들이 만발하고 과일나무가 무성했으며, 마을 사람들은 편안하고 고요한 생활을 즐기고 있었다. 수행하기 더없이 좋은 곳이었다.

숲 속 고행자들의 수행법은 다양했다. 어떤 이는 하루에 한 끼를 먹었고, 어떤 이는 이틀에 한 끼, 어떤 이는 반달이나 한 달에 한 끼만 먹었다. 어떤 이는 하루에 보리 한 알이나 깨 한 알, 쌀 한 톨밖에 먹지 않았다. 쇠똥을 핥아먹는 이, 물만 마시는 이, 굶어 죽으면 하늘나라에 태어난다고 믿는 이도 있었다. 소나 양의 가죽을 입은 이, 나무껍질을 걸친 이, 재를 몸에 바른 이, 시커먼 검댕이나 똥을 바른 이, 아예 벌거벗은 이들도 있었다. 씻지 않는 이, 추운 밤에도 몇 번씩 강물에 들어가 목욕하는 이, 해나 달을 응시하는 이, 주문을 외우고 웨다를 읽는 이, 갖가지 신들과 귀신들에게 비는 이, 칼과 창 등 무기에 제사 지내며 해탈을 구하는 이들도 있었다.

숲 속에서의 외로운 삶에는 두려움과 공포가 도사리고 있었다. 보살은 생각하였다.

'두려움은 어디서 오는 것일까? 몸과 말과 마음의 행위가 깨끗하지 못한 이, 생활이 깨끗하지 못한 이, 탐욕으로 심한 애욕을 느끼는 이, 원한을 품은 이, 악의를 품은 이, 마음이 침울하고 무거운 이, 마음이 들뜬 이, 의혹에 휩싸인 이, 자신을 칭찬하고 남을 비난하는 이, 불안으로 몸이 굳은 이, 이익과 존경과 명성을 추구하는 이, 게으르고 나태한 이, 산만한 이, 어리석은 이, 그런 이라면 숲 속의 고독한 삶이 두려울 것이다. 하지만 나는 그렇지 않다.'

보살은 공포의 실상을 확인하기 위해 깊고 어두운 숲으로 걸어 들어갔다. 그리고 머리카락이 곤두설 만큼 두려운 자리에서 발길을 멈췄다. 산발한 여인처럼 가지를 흔드는 커다란 나무 아래 앉아 있을 때, 공포와 전율이 찾아왔다. 보살은 밀려드는 두려움을 억누르고 찬찬히 주위를 살폈다. 사슴이 다가오고 공작이 풀잎을 흔들고 바람에 낙엽이 떨어지고 있었다. 헛된 두려움에 휩싸였던 자신을 확인한 보살은 시시각각 갖은 형태로 찾아드는 공포와 전율을 피하지 않고 그대로 극복하였다.

보살은 몸과 마음의 선하지 못한 업을 태워버리기 위해 고독하고 처절한 고행을 시작하였다. 식사 초대를 받아들이지 않았고, 머물러 달라는 청도 받아들이지 않고, 가져온 음식도 받지 않고, 문간에 준비된 음식도 받지 않았다. 병이나 접시에 담긴 음식물을 직접 받지 않고, 집 안에 들어가 받는 일도 없었다. 생선이나 고기를 먹지 않고, 곡식으로 빚은 술도 과일로 빚은 술도 쌀로 끓인 미음도 마시지 않았다. 오로지 야채만 먹기도 하고, 쭉정이만 먹기도 하고, 숲 속 나무뿌리나 과일만 먹기도 하고, 혹은 떨어진 열매만 주워 먹기도 하였다. 거친 베옷을 입고, 쓰레기 더미에서 주어온 누더기를 입고, 풀이나 나무껍질 또는 부엉이의 깃털을 엮어 입고, 아예 나체로 지내기도 하였다. 머리카락과 수염을 뽑기도 하고, 항상 서서 생활하기도 하며, 항상 웅크린 자세로 지내기도 하고, 가시 방석에 눕기도 하였다. 몸에 낀 때가 이끼처럼 덕지덕지 쌓인 보살은 숲에서 가장 남루한 사람이 되었다. 한 방울의 물을 버릴 때도 작은 벌레를 죽이지나 않을까 조심하는 보살은 숲에서 살생을 가장 싫어하는 사람이 되었다. 목동이나 나무꾼이라도 다가오면 놀란 사슴처럼 달아나는 보살은 숲에서 가장 고독한 사람이 되었다.

보살은 호흡을 멈추는 고행을 실천하기로 마음먹었다. 이빨을 앙다물고 혀끝을 세워 목구멍을 막아 몸과 마음을 압박했다. 그러자 힘센 장정이 힘없는 사람을 짓밟는 듯 극심한 고통이 찾아왔다. 겨드랑이에서 땀이 흘렀다. 고행에 압도당한 몸은 안절부절못하고 편안하지 못하였다. 그러나 통증을 이겨내며 부지런히 노력하고, 집중력을 기울여 의식을 잃지 않으려고 애썼다.

숨을 쉬지 않고 멈추었다. 입과 코를 막아 바람이 통하지 못하게 하였다. 그러자 귀에서 폭발하는 듯한 소리가 터져 나왔다. 대장간에서 풀무질할 때처럼 큰 바람소리가 귀에서 울렸다. 고행에 압도당한 몸은 안절부절못하고 편안하지 못하였다. 그러나 통증을 이겨내며 부지런히 노력하고, 집중력을 기울여 의식을 잃지 않으려고 애썼다.

입과 코뿐 아니라 귀까지 막았다. 그러자 강렬한 바람이 머리끝을 뚫고 분출하였다. 마치 힘센 사람이 날카로운 칼로 머리를 찌르듯이 강렬한 바람이 머리끝을 뚫고 분출하였다. 고행에 압도당한 몸은 안절부절못하고 편안하지 못하였다. 그러나 통증을 이겨내며 부지런히 노력하고, 집중력을 기울여 의식을 잃지 않으려고 애썼다.

보살은 숨쉬지 않는 고행을 더 강렬하게 해야겠다는 생각에 입과 코와 귀뿐만 아니라 모든 구멍을 막고 숨쉬기를 멈췄다. 그러자 힘센 사람이 거친 가죽끈으로 머리를 싸고는 칼로 도려내는 듯한 통증이 찾아왔다. 능숙한 도살자가 날이 시퍼런 칼로 소의 배를 가르듯 강렬한 바람이 배를 갈랐으며, 힘센 사람 둘이서 약한 사람을 잡아 손발을 묶은 채 숯불 아궁이에 던지듯 강렬한 불길이 온몸을 휘감으며 타올랐다. 고행으로 짓눌린 몸은 안절부절못하고 편안하지 못하였다. 그러나 통증을 이겨내며 부지런히 노력하고, 집중력을 기울여 의식을 잃지 않았다.

호흡을 멈추는 고행을 통해 만족스런 결과를 얻지 못한 보살은 음식을 먹지 않는 고행을 실천하기로 마음먹었다. 음식을 줄여나가던 보살은 강낭콩 또는 완두콩으로 만든 죽을 한 방울씩만 먹게 되었다. 점점 야위어가던 몸은 결국 피로와 굶주림을 이기지 못해 쓰러지고 말았다. 그러나 보살은 멈추지 않았다. 마른 넝쿨처럼 뼈마디가 불거지고, 엉덩이는 낙타의 발처럼 말라버렸다. 등뼈가 쇠사슬처럼 드러나고, 갈비뼈는 낡은 건물의 서까래처럼 울퉁불퉁 모습을 드러냈다. 뱃가죽을 만져보려고 손을 뻗으면 등뼈가 만져지고, 등뼈를 만져보려

고 손을 뻗으면 뱃가죽이 만져졌다. 보살은 소변을 보러 일어서다 넘어지기 일쑤였다. 기력이 없으니 스스로 일어서지도 못했다. 늙은 노인처럼 숨길이 가늘어지고, 손발이 마음대로 움직여지지 않았다. 저린 팔다리를 쓰다듬으면 뿌리가 썩어버린 털들이 후드득 떨어지고, 황금빛으로 빛나던 피부는 익기 전에 딴 조롱박처럼 바람과 햇살에 까맣게 타들어갔다. 오직 깊은 우물 속 반짝이는 물처럼 움푹 팬 눈두덩 깊숙이에서 눈동자만 빛나고 있었다.

바라문 수행자들은 그런 보살을 보고 손가락질하였다.

"사문 고따마(Gotama, 瞿曇)는 검둥이였구먼."

어린 목동들까지 다가와 침을 뱉고 오줌을 싸고 흙을 뿌렸다.

"에이, 더러운 녀석아."

고행을 버리다

죽음의 문턱을 넘나들던 고행이었다. 수행을 함께하던 다섯 수행자는 감히 흉내 낼 수 없는 처절한 고행에 감탄하며 곁에서 보살을 보호하였다. 숲의 고행자들 역시 내심 존경의 눈빛을 감추지 못했다. 그러나 보살은 만족할 만한 결과를 얻지 못하고 생각에 잠겼다.

'과거의 어떤 고행자도 나보다 격렬하고 모질고 찢는 듯한 고통은 맛보지 못했을 것이다. 미래의 어떤 고행자도 나보다 격렬하고 모질고 찢는 듯한 고통은 맛보지 못할 것이다. 현재의 어떤 고행자도 나보다 격렬하고 모질고 찢는 듯한 고통은 맛보지 못하고 있을 것이다. 이토록 격렬하고 모질고 찢는 듯한 고행에도 불구하고 해탈은 찾아오지 않았다. 해탈은커녕 성스럽고 거룩한 진리의 실마리조차 얻지 못하였다. 깨달음을 위한 다른 길이 있음에 틀림없다.'

육신을 학대하는 수행은 기대와 달리 극심한 고통만 남겼다. 고행은 깨달음의 방편이 될 수 없었다. 어떤 스승이나 가르침도 더 이상 보살의 의지처가 될 수 없었다. 보살은 문득 어린 시절 기억 하나를 떠올렸다. 부왕과 함께 참석한 농경제에서 잠부나무 그늘에 앉아 선정에 잠긴 일이었다.

'그때 나는 애욕과 선하지 못한 것들을 떠나 깊은 사색에 잠겼었지. 바르고 차분하게 사유를 하며 애욕을 떠났을 때 나에게 기쁨과 즐거움이 찾아왔었지. 바로 그것이 깨달음으로 향한 입구가 아닐까?'

지난날을 낱낱이 기억하고 사유한 끝에 판단을 내렸다.

'그렇다. 그것이 깨달음의 입구다.'

잠부나무 아래에서의 선정은 지금까지의 그 무엇과도 비교할 수 없는 기쁨이었던 것이다.

'그런 즐거움조차 두려워해야 할까?'

보살은 깊은 사유를 통해 결심하였다.

'애욕과 선하지 못한 것들을 떠나면 즐거움이 일어난다. 나는 그 즐거움을 두려워해서는 안 된다.'

누구도 걷지 않은 새 길이 보였다. 보살은 고행으로 뼈만 앙상한 몸을 돌아보았다. 오랜 시간 극심한 고통을 겪은 몸으로는 선정의 즐거움을 감당할 수 없을 것이 분명했다. 보살은 나지막이 중얼거렸다.

"죽을 먹어야겠구나."

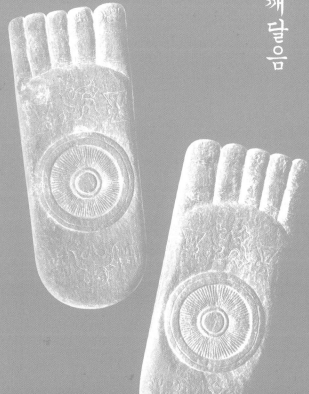

제 3 장

가장 높고 바른 깨달음

수자따의 우유죽

동녘이 밝아올 무렵, 보살은 새 길의 첫걸음을 내딛었다. 걸식하기 위해서는 옷부터 바꾸어 입어야 했다. 몸을 가리던 누더기는 너무 낡아 속살도 채 가리지 못했다. 묘지에 버려진 옷들을 주워 우루웰라의 연못으로 갔다. 빨래터 여인들이 힘겹게 다가와 옷감을 물에 적시는 보살의 모습을 안쓰러운 눈길로 바라보았다.

"옷을 제게 주십시오. 빨아 드리겠습니다."

보살은 손을 저으며 낮은 목소리로 말했다.

"아닙니다, 스스로 할 일입니다."

보살은 시체의 피고름이 묻은 옷을 빤 뒤 언덕으로 올라가려고 했다. 고행으로 야윈 다리는 낮은 언덕을 오르기도 버거웠다. 물의 여신이 발목을 붙잡기라도 한 듯 휘청거렸다. 때마침 불어온 훈훈한 바람에 언덕 위 나무가 가지를 드리웠다. 나뭇가지를 붙잡고 언덕을 오른 보살은 강변 그늘에서 분소의(糞掃衣)를 말렸다. 그러자 출가자에게 어울리는 옷이 되었다. 아침을 지으러 여인들이 연못을 모두 떠나고

난 뒤, 보살은 천천히 일어나 마을로 들어갔다.

그 무렵, 장군의 딸 수자따(Sujātā, 善生)는 심상치 않은 꿈을 꾸었다.

"수자따, 세상에서 가장 훌륭하신 분에게 최초의 공양을 올릴 기회를 놓치지 말라."

토지신의 목소리는 수자따의 귓전에 쟁쟁했다. 수자따는 정성스럽게 소젖을 짜 일곱 번을 끓인 다음, 정수만 골라 새 그릇에 새 쌀과 함께 다시 끓여 죽을 만들었다. 죽이 만들어지자 깨끗한 발우에 담고 향수와 꽃으로 장식한 좌대 위에 올려놓았다. 그리고 시녀에게 말했다.

"문 앞에 있다가 걸식하는 수행자가 나타나거든 집으로 모셔라."

조용한 거리 저쪽에서 볼품없는 천을 두른 한 수행자가 나타났다. 토지신의 말이 거짓이 아니었음을 안 수자따는 무릎을 꿇고 준비했던 우유죽을 올렸다. 수행자의 손에는 흔한 진흙 발우 하나 없었다. 보살이 말하였다.

"식사가 끝나면 이 발우를 누구에게 돌려줘야 합니까?"

"발우를 드리겠습니다. 뜻대로 하소서."

보살은 우유죽이 담긴 발우를 들고 우루웰라 마을을 나와 네란자라의 샛강 숩빠띳티따(Suppatiṭṭhita)로 갔다. 강기슭에 발우를 내려놓고는 오랜 세월 다듬지 않은 머리와 수염을 말끔히 자르고, 강에 들어가 몸을 씻었다. 기슭으로 올라와 나무 아래 자리 잡은 보살은 우유죽을 맛있게 먹었다. 우유죽을 먹는다는 것은 숲 속 최고의 고행자에게는 있을 수 없는 일이었다. 위없는 지혜를 기대하고 경외심을 품었던 다섯 수행자는 크게 실망했다.

"고따마는 죽을 만큼 고행하고도 최고의 지혜를 얻지 못하더니, 이제는 좋은 음식까지 탐내는구나. 고따마는 고행을 버렸다. 고따마는 게으른 사람이다. 고따마는 타락했다."

그들은 손가락질하며 북쪽으로 떠나갔다.

보리수 아래에서

수자따의 우유죽으로 기운을 차린 보살은 가장 높고 바른 깨달음을 성취할 자리를 찾아 향기로운 숲으로 걸어 들어갔다. 삡팔라(Pipphala)나무가 가벼운 바람에 잎을 나부끼고 있었다. 나무 아래 그늘이 시원해 보였다. 보살은 앉을 자리를 찾았다. 때마침 길 오른쪽에서 풀을 베고 있는 사나이의 모습이 눈에 띄었다. 한 다발씩 묶인 것은 공작의 깃털처럼 부드럽고 향기로운 꾸사(Kusa)풀이었다. 보살이

18 꾸사 풀을 보시하는 솟티야 1-2세기, 라호르박물관, 파키스탄

가까이 다가갔다.

"당신의 이름은 무엇입니까?"

"솟티야(Sotthiya, 吉祥)입니다."

"솟티야여, 저에게 그 풀을 줄 수 있겠습니까?"

사나이는 곱고 깨끗한 여덟 다발을 골라주었다.

시원하게 넓은 그늘을 드리운 뻽팔라나무, 그 나무는 보살이 깨달음을 이룰 보리수였다. 보살은 나무 주위를 오른쪽으로 세 바퀴 돌았다. 그런 뒤 나무에게 공손히 합장하고 반석 위에 고르게 풀을 깔고는 동쪽을 향해 앉았다. 몸을 바르게 세우고 호흡을 고른 보살은 맹세하였다.

여기 이 자리에서

내 몸은 말라버려도 좋다

가죽과 뼈와 살이

없어져도 좋다

어느 세상에서도 얻기 어려운

저 깨달음에 이르기까지

이 자리에서 죽어도

결코 일어서지 않으리라

마라의 유혹과 위협

보살은 호흡을 가다듬고 주의력을 모았다.

그때 수행을 방해하는 자, 마라(Māra)*가 다가와 위로의 말을 던지며 측은한 목소리로 말했다.

"바싹 마른 데다 얼굴마저 일그러진 것을 보니 죽을 때가 다 되었군요. 당신이 죽지 않고 살 가능성은 희박합니다. 살아야 합니다. 세상에 목숨보다 소중한 것은 없습니다. 목숨이 있어야 좋은 일도 할 수 있지 않습니까? 완전한 해탈의 길은 참으로 힘들고 통달하기도 어렵습니다. 마음을 다스리고 번뇌를 끊으려는 수행은 애초부터 무리였습니다. 그만두십시오. 손쉬운 방법이 얼마든 있지 않습니까? 웨다를 공부하고 불을 섬겨 제물을 바치면 얼마든지 공덕이 쌓일 것입니다."

눈앞에 어슬렁거리는 마라에게 보살이 대답하였다.

"그대 게으른 자여, 사악한 자여, 그대는 무엇하러 여기 왔습니까? 나에겐 세간의 복락을 구할 까닭이 조금도 없습니다. 그대는 세간의 복락을 찾는 자에게나 찾아가 말하십시오. 나에게는 확신이 있고, 노력이 있고, 지혜가 있습니다. 최선을 다하는 나에게 어찌 죽음을 이야기합니까? 목숨은 언젠간 죽음으로 끝납니다. 나는 죽음을 두려워하지 않습니다. 최선을 다하는 내 열정의 바람은 흐르는 강물도 말려버릴 것입니다. 피가 마르면 쓸개도 가래도 마를 것입니다. 살이 빠지면 내 마음은 더욱 맑아질 것입니다. 나의 집념과 지혜와 마음의 집중은 더욱 견고해질 것입니다. 극심한 고통마저 감내한 나에겐 어떤 욕망도 없습니다. 보십시오, 내 몸과 마음의 깨끗함을."

마라는 끊임없이 속삭였다.

"전 당신이 정말 걱정돼 하는 소립니다. 당신은 지금 잘못 생각하고 있습니다. 헛된 일에 애쓰고 있습니다."

"나는 당신을 알고 있습니다. 당신의 첫째 군대는 욕망(慾望)이요, 둘째는 혐오(嫌惡)며, 셋째는 기갈(飢渴)이요, 넷째는 갈애(渴愛)며, 다섯째는 나태(懶怠)요, 여섯째는 공포(恐怖)며, 일곱째는 의혹(疑惑)이요, 여덟째는 위선(僞善)과 고집(固執)입니다. 그대가 가진 이익ㆍ명성ㆍ존경ㆍ명예는 거짓으로 얻은 것입니다. 그대가 가진 무기라고는 남을 경멸하는 오만함뿐입니다. 마라여, 용기 없는 자라면 사방을 포위한 코끼리 부대와 같은 그대에게 맞서지 않을 것입니다. 하지만 나는 생각을 굳건히 하고 그대에게 대항할 것입니다. 내가 문자 (Muñja)풀*을 잎에 물고 항복할 것 같습니까? 패배하여 비굴하게 사는 것보다 차라리 용기 있게 싸우다 죽음을 맞이하겠습니다."

마라는 맛있는 비곗덩이라 여기고 쏜살같이 내려앉았던 까마귀가 단단한 차돌을 씹은 것처럼 씁쓸한 표정을 지으며 사라졌다. 죽음을 부르는 자, 사악한 자, 마왕 빠삐요(Pāpīyo, 波旬)*는 천궁으로 돌아와 시름에 잠겼다. 튼튼하고 웅장한 궁전이 무너질 듯 진동하였다. 마라의 아들들이 몰려왔다.

"아버지, 무슨 일입니까?"

"사문 고따마가 지금 보리수 아래에서 선정에 들었다. 그의 신념과 노력과 지혜라면 가장 높고 바른 깨달음을 성취할 것이 분명하다. 그가 바르고 원만한 깨달음을 성취하면 나의 궁궐 또한 온전하기 힘들 것이다."

천 명의 아들은 두 무리로 의견이 나뉘었다. 오른쪽 무리는 도저히 이길 수 없으니 포기하자고 하고, 왼쪽 무리는 수많은 병사와 무기를 자랑하며 승리를 장담했다. 좀처럼 결론이 나지 않자 마라의 세 딸 땅하(Taṇhā, 渴愛)·아라띠(Aratī, 嫌惡)·라가(Ragā, 貪欲)가 나섰다.

"아버지, 저희에게 맡기세요. 그깟 까까머리 하나 타락시키지 못하겠습니까."

보리수 아래로 내려간 마왕의 딸들은 갖가지 아양을 떨며 보살의 귓전에 속삭였다.

"보셔요, 봄이랍니다. 나무와 풀도 꽃망울을 터뜨린 한창 때랍니다. 사람도 젊은 시절이 즐거운 거죠. 청춘은 다시 돌아오지 않는답니다. 당신은 젊고 멋지군요. 자, 저희를 보셔요. 어여쁜 이 자태 좀 보아주셔요. 저희와 함께 어울리지 않으시겠어요? 좌선해서 깨닫겠다는 건 당치도 않은 생각이죠."

보살은 부드럽게 타일렀다.

"육체의 쾌락에는 고뇌가 따릅니다. 그런 욕망이라면 저는 오래전에 버렸습니다. 세상 사람들은 그 사실을 깨닫지 못해 욕정에 빠져 살아가지만 하늘을 지나는 바람처럼 자유로운 나는 붙잡지 못합니다."

마라의 딸들은 짐짓 우러르는 눈빛으로 슬며시 다가가 보살의 몸을 쓰다듬었다.

"당신은 참 굳건하고 당당한 사내군요. 거룩한 당신 곁을 저희가 지키겠습니다. 항상 곁에서 저희의 젊음과 아름다움으로 당신을 장식하겠습니다."

"몸은 아름답지만 마음은 정숙하지 못하군요. 견고한 수행자의 의지를 꺾는 건 큰 죄입니다. 자그마한 선행의 공덕으로 천녀의 몸을 받았지만 악행이 쌓이면 다시 축생의 몸을 받을 것입니다. 저는 여러분의 시중이 필요치 않습니다. 물러가십시오."

19 마라의 유혹 2-3세기, 페샤와르박물관, 파키스탄

세 딸의 미모와 교태는 일순간 허물어졌다. 그녀들의 곱던 피부가 검게 변하더니 푸석푸석 주름이 지고, 온몸 구멍마다 오물이 흘러나와 퀴퀴한 악취를 풍겼다. 마라의 딸들은 통곡하며 보살 앞에서 사라졌다. 의기소침한 노파의 모습으로 돌아온 딸들은 아버지에게 말하였다.

"저희는 보았습니다. 보름달처럼 맑고 환한 얼굴, 진흙 속에서 솟아오른 연꽃 같은 모습, 아침 햇살처럼 산뜻하고 수미산처럼 의젓하며 타오르는 불길처럼 매서운 위엄, 그분은 분명 생사의 속박을 벗어나 모든 중생을 구제할 것입니다. 아버지, 그분에게 대항할 생각은 그만두세요. 수미산이 무너지고 해와 달이 떨어진다 해도 그분은 꿈쩍도 하지 않으실 겁니다."

마라의 분노는 극에 달했다. 보리수 아래 앉은 보살을 굴복시키기 위해 마라는 타화자재천(他化自在天)*의 모든 군대와 무기를 동원하였다. 악마의 군사들은 살쾡이처럼 날카로운 이빨을 드러내며 달려들었다. 그러나 보살은 어떤 적의도 품지 않았다. 마라는 폭풍과 회오리 바람을 일으켰지만 보살의 옷자락도 흔들지 못했고, 폭우를 퍼부었지만 이슬방울만큼도 보살의 옷을 적실 수 없었다. 바윗덩이도 불덩이도 보살 앞에서는 꽃다발로 변했으며, 쏘는 화살마다 꽃송이가 되고, 내려치는 예리한 칼과 창은 꽃잎이 되어 흩어졌다. 재와 모래와 진흙을 퍼부었지만 향기로운 전단향 가루가 되어 보살의 몸을 단장할 뿐이었다. 어둠과 공포는 밝은 태양 아래 아무런 위협도 되지 못했다. 분을 이기지 못하는 마라에게 보살은 도리어 연민을 느끼고 있었다. 협박과 폭력도 효과가 없자 마라는 큰 아량이라도 베푼다는 표정으로

20 마라를 물리치는 부처님
1-2세기
대영박물관
영국

거만하게 말했다.

"인간이 누리는 즐거움이 싫다면 하늘나라로 올라오시오. 내가 누리는 이익과 즐거움을 그대와 함께하리다."

"마라여, 그대가 누리는 즐거움은 대단한 것이 아닙니다. 그대는 과거에 보시한 공덕으로 욕계의 지배자가 된 것에 지나지 않습니다. 그복은 한계가 있습니다. 당신도 언젠가는 다시 삼악도에 떨어져 두려움과 고통 속에서 울부짖을 것입니다."

마라는 눈을 크게 치뜨며 말했다.

"좋소, 나의 공덕을 우습게 여기는 그대는 대체 어떤 공덕을 쌓았단 말이오. 내가 과거에 보시하여 쌓은 과보가 있다는 것은 지금 그대가 말하였소. 그대 입으로 직접 증언해 주었소. 하지만 그대가 쌓은 공덕을 증언할 자는 아무도 없지 않소."

보살의 얼굴에는 조금도 긴장하는 기색이 없었다. 보살은 천천히 오른손을 뻗어 머리를 쓰다듬고 다리를 어루만지다 조용히 말하였다.

만물이 의지하는 이 대지
움직이는 것이건 움직이지 않는 것이건
모든 것에게 공평한 이 대지가
나를 위해 진실한 증인이 될 것입니다
대지여, 나를 위해 증언해 주십시오

손가락 끝으로 가볍게 땅을 누르자 대지가 동서남북과 상하로 크게 진동하였다. 그러자 보석으로 장식한 화병에 연꽃을 담은 대지의 여신이 땅을 뚫고 솟아올랐다.

"제가 증인이 되겠습니다. 당신이 말씀하신 그대로입니다. 인간세계는 물론 하늘나라에도 당신만큼 공덕을 많이 쌓은 분은 계시지 않습니다."

대지의 여신은 준엄한 목소리로 마라를 꾸짖었다.

"헤아릴 수 없는 긴긴 세월, 보살께서는 목숨을 보시하며 중생들을 보호하셨습니다. 보살께서 중생들을 위해 흘린 피는 이 대지를 적시고도 남을 것입니다. 하물며 재물이겠습니까? 이제 그 과보로 가장 높고 바른 깨달음을 얻고자 하는 것입니다. 마라여, 그대는 보살을 괴롭힐 만한 위력도 능력도 가지고 있지 못합니다."

마라의 그림자가 사라진 뒤 대지의 여신은 보살에게 연꽃을 바쳤다.

깨달음

깨달음을 이룰 자리, 보리수 아래에서 보살은 독이 있는 가시를 뽑아 버리고 진리의 깃발을 당당히 올렸다. 보살은 애욕과 선하지 못한 생각들을 떠나 사색과 사려를 갖추었다. 그러자 애욕을 떠남에서 생긴 기쁨과 즐거움이 가득한 선정의 첫 단계에 도달하였다. 이어 사색과 사려마저 고요히 하자 안으로 깨끗해지고 마음이 하나가 되었다. 그리하여 삼매에서 생긴 기쁨과 즐거움이 가득한 선정의 두 번째 단계에 도달하였다. 이어 기쁨에 대한 탐착마저 떠나 담담히 바라보고 빛을 돌이켜 반추하자 몸이 가볍고 편안해졌다. 선정의 세 번째 단계에 도달하였다. 이어 즐거움도 버리고 괴로움도 버렸다. 그러자 괴롭지도 즐겁지도 않은 상태가 되었다. 보살은 담담히 바라보고 반조하여 청정한 선정의 네 번째 단계에 도달하였다.

보드가야 성도지의 보리수 인도

보살은 맑고, 고요하고, 더러움이 없고, 부드럽고, 무엇에도 장애를 받지 않아 자유로워졌다. 보살의 마음은 흔들리지 않았다. 밤이 찾아왔다.

'삶의 모든 고통과 즐거움은 원인이 있다. 원인이 된 지난 삶은 어떠했을까?'

보살은 전생의 삶을 기억하는 앎을 얻기 위해 자유롭고 흔들림 없는 마음을 쏟고 기울였다. 그러자 지난 생애가 기억났다. 보살은 맑고 고요한 마음을 기울여 하나의 생애, 둘 셋 넷 다섯 열 스물 서른 마흔 쉰 백 천의 생애, 우주가 생성되던 시기까지의 무수한 생애를 기억해 냈다.

'저곳에 태어났을 때 내 이름은 무엇이었고, 성은 무엇이었으며, 종족은 이러했고 인종은 이러했구나. 어떤 음식을 먹었고, 수명은 얼마였으며, 어디서 얼마큼 머물렀고, 이러저러한 즐거움과 괴로움을 겪었구나. 나는 그곳에서 죽어 이러이러한 곳에 다시 태어났고, 또 거기에서 죽어 이러이러한 곳에 태어났었구나.'

갖가지 모습으로 갖가지 능력을 발휘하며 갖가지 행태로 살았던 지난 삶들이 선명히 눈앞에 펼쳐졌다. 열심히 노력하고 게으르지 않았던 까닭에 어둠이 사라지고 첫 번째 빛이 밝았다. 보살은 초저녁에 마음을 자유자재로 움직여 자기와 다른 중생들의 무수한 과거 생애를 아는 숙명통(宿命通)을 얻었다.

밤이 깊었다.

'모든 삶에는 결과가 있다. 중생들은 죽어 어떻게 될까?'

죽음 너머는 인간의 영역을 뛰어넘는 세계였다. 보살은 하늘의 눈으로 중생들의 죽음 너머를 살펴보았다. 그들은 다시 태어나고 있었다. 어떤 이는 지금보다 아름다운 모습으로 어떤 이는 지금보다 추한 모습으로, 어떤 이는 지금보다 안락한 곳에, 어떤 이는 지금보다 괴로운 곳에, 어떤 이는 지금보다 부유하고 귀한 집안에, 어떤 이는 지금보다 가난하고 천한 집안에, 저마다 자기가 지은 업의 힘에 끌려 괴로움과 즐거움의 과보를 받고 있었다.

'저 중생은 온갖 악행을 저지르고, 험한 말과 못된 마음씨를 쓴 까닭에 힘든 삶을 받는구나. 저 중생은 선한 행동을 하고, 곧고 부드러운 말씨로 따뜻하게 마음을 쓴 까닭에 좋은 삶을 받는구나.'

어둠이 사라지고 두 번째 빛이 밝았다. 보살은 한밤중에 맑은 거울에 비친 자신의 얼굴을 들여다보듯 중생계의 죽고 태어나는 모습을 낱낱이 아는 천안통(天眼通)을 얻었다.

날이 희끗희끗 새고 있었다.

'고통스런 생사의 굴레에서 끝없이 윤회하며 중생들이 벗어나지 못하는 까닭은 바로 번뇌 때문이구나.'

보살은 번뇌를 없애는 앎을 얻기 위해 맑고, 고요하고, 더러움이 없고, 부드럽고, 자유롭고, 흔들림 없는 마음을 쏟고 기울였다. 그리하여 '이것은 괴로움이다'라고 사실 그대로 바르게 알고, '이것은 괴로움의 일어남이다'라고 사실 그대로 바르게 알고, '이것은 괴로움의 사라짐이다'라고 사실 그대로 바르게 알고, '이것은 괴로움의 사라짐에 이르는 길이다'라고 사실 그대로 바르게 알았다. '이것은 번뇌다'라고 사실 그대로 바르게 알고, '이것은 번뇌의 일어남이다'라고 사실 그대로 바르게 알고, '이것은 번뇌의 사라짐이다'라고 사실 그대로 바르게 알고, '이것은 번뇌의 사라짐에 이르는 길이다' 라고 사실 그대로 바르게 알았다. 그리하여 애욕의 번뇌에서 마음이 해탈하고, 존재의 번뇌에서 마음이 해탈하고, 어리석음의 번뇌에서 마음이 해탈하고, 모든 번뇌에서 해탈했다는 것을 스스로 알았다.

어둠이 사라지고 세 번째 빛이 밝았다. 모든 번민과 고통은 사라졌다. 청정한 삶은 완성되었다. 깨달음을 완성한 보살에게 더 이상 번뇌는 남아 있지 않았다. 보살은 다시는 고뇌의 생존으로 뛰어들지 않게 되었음을 스스로 알고 스스로 보게 되었다. 보살은 모든 더러움이 말끔히 사라진 누진통(漏盡通)을 얻었다.

눈을 떴다. 샛별이 마지막 빛을 사르는 동녘 하늘로 붉은 태양이 솟아오르고 있었다.

"나는 가장 높고 바른 깨달음을 성취하였다."

이 땅에 오신 지 35년, 진리를 찾아 집을 나선 지 6년째인 기원전 589년 12월 8일의 일이었다.

천인들의 축복

깨달음을 이룬 자리, 보리수 아래로 수많은 천인들이 찾아왔다. 천인들은 웅성거렸다.

"자, 꽃을 뿌립시다. 새로운 부처님께서 출현하셨습니다."

과거 부처님들이 성도하시던 때를 목격했던 천인들이 손을 저었다.

"아직 꽃을 뿌리기는 이릅니다. 저분이 상서로운 모습을 나타낼 때까지 기다려봅시다. 과거 부처님도 모두 상서로운 모습을 보였으니까요."

깨달음을 얻으신 부처님은 아침 햇살로 붉게 물든 대지 위에서 사자처럼 당당하게 선언하셨다.

번뇌는 모두 사라졌다
번뇌의 흐름도 사라졌다
더 이상 태어나는 길을 따르지 않나니
이것을 고뇌의 최후라 하노라

온 세상이 작은 그늘마저 사라지고 찬란한 빛으로 가득 찼다. 대지와 강물은 기쁨으로 요동쳤고, 구름처럼 모여든 천인들은 일제히 꽃을 뿌렸다. 부처님 머리 위에는 천상의 일산이 드리워지고, 흩날린 꽃이 무릎까지 쌓였다. 허공에는 미묘한 향기가 감돌았다. 천인들이 음악을 연주하며 노래하였다.

깊으신 지혜, 음성마저 아름다워라
가장 높고 바른 깨달음 얻어
최고의 가르침 말씀하시니
저희들이 공손히 예배합니다
이 세상을 위해 자비심 일으켜
등불이 되고 의지할 곳 되시고자
깊이 박힌 독화살을 스스로 빼고
다시 이 세상 훌륭한 의사 되셨네

먼 옛날 디빵까라 부처님을 뵙고

큰 자비심 일으켜 일체를 위하시니

세존은 세상의 연꽃과 같아

삼계의 진흙에도 물들지 않으셨네

마라도 견고한 마음 훼방하지 못했네

높고 넓은 수미산 같으셨네

금강과도 같아 부술 수 없어라

가을날 보름달처럼 깨끗하셔라

삼천대천세계를 비추는 지혜의 빛을 쫓아 강가강의 모래알처럼 많은 보살과 천인들이 몰려들었다. 그들은 환희에 넘쳐 새로 출현하신 부처님을 찬탄하였다.

끝없고 평등한 오묘한 법계

모두 여래의 몸으로 가득 찼건만

취함도 없고 일어남도 없는 영원한 적멸에서

모든 생령 귀의케 하고자 세상에 출현하셨네

진리의 왕 부처님 세간에 출현하시어

가장 높고 바른 교법 세우시나니

여래의 경계는 끝이 없고

세간에도 자재하시니 위없다 하리

부처님 공덕은 견줄 이 없으며

그 상호와 광명 시방을 비추시나니

위대한 성인 세존의 가르침은
맑은 눈으로 밝은 구슬 보는 것 같아라
어떤 세계 어떤 중생도
부처님의 공덕은 헤아릴 수 없나니
무명의 온갖 어둠 단숨에 없애버리고
가장 높은 지혜의 단으로 뛰어오르셨네

항복을 권하던 마라의 일족들도 여러 보살들 사이에 섞여 부처님께 경의를 표하였고, 사천왕과 허공의 신들, 대지의 신들도 꽃과 향을 바치며 거룩한 분께 예배드렸다. 공포에 떨며 어둠과 그늘로 숨어들던 작은 벌레들마저 나른한 기지개를 펴며 광명을 쫓아 다가왔다.

성도 후 49일

천인들과 보살들의 찬탄을 받은 부처님은 보리수 아래에서 칠 일 동안 움직이지 않은 채 해탈의 즐거움을 누리셨다. 마지막 밤이 끝날 무렵, 부처님은 일어나는 것을 일어나는 그대로, 사라지는 것을 사라지는 그대로 명료하게 사유하셨다.

'이것이 있으므로 저것이 있고, 이것이 일어나므로 저것이 일어난다. 이것이 없으므로 저것이 없고, 이것이 사라지므로 저것이 사라진다. 사실 그대로 알지 못하는 무명(無明)으로 인해 행(行)이 있다. 의욕을 일으키고 조작하는 행으로 인해 식(識)이 있다. 분별하는 인식 작용인 식으로 인해 명색(名色)이 있다. 관념과 물질인 명색으로 인해 육입(六入)이 있다. 외부 대상을 받아들이는 육입으로 인해 촉(觸)이 있다. 외부 대상과 만나는 촉으로 인해 수(受)가 있다. 좋고 싫은 느낌인 수로 인해 애(愛)가 있다. 애타는 욕망인 애로 인해 취(取)가 있다. 고집하고 집착하는 취로 인해 유(有)가 있다. 삼계를 윤회하는 존재인 유로 인해 생(生)이 있다. 태어남인 생으로 인해 늙음 · 죽음 · 슬픔 · 눈물 · 고통 · 근심 · 갈등이 한꺼번에 있게 된다. 이와 같이 괴로움의 무더기가 모두 일어나는 것이다.

사실 그대로 알지 못하던 것에서 탐착을 떠나 어리석음이 남김없이 사라지면 끊임없이 일어나던 의욕과 조작이 사라진다. 의욕과 조작이 사라지면 분별하던 인식 작용이 사라진다. 분별하던 인식 작용이 사라지면 관념과 물질은 사라진다. 관념과 물질이 사라지면 외부 대상을 받아들이던 기능은 사라진다. 외부 대상을 받아들이는 기능이 사라지면 외부 대상과의 접촉도 사라진다. 외부 대상과의 접촉이 사라지면 좋고 싫은 느낌 등이 사라진다. 좋고 싫은 느낌 등이 사라지면 애타는 욕망이 사라진다. 애타는 욕망이 사라지면 고집과 집착이 사라진다. 고집과 집착이 사라지면 삼계를 윤회하던 존재가 사라진다. 삼계를 윤회하는 존재가 사라지면 태어남이 사라진다. 태어남이 사라지면 늙음 · 죽음 · 슬픔 · 눈물 · 고통 · 근심 · 갈등이 모두 사라진다. 이와 같이 괴로움의 무더기가 모두 사라지는 것이다.'

두 번째 칠 일, 자리를 옮겨 아자빨라(Ajapāla)나무 아래에서 법의 즐거움을 누릴 때였다. 한 바라문이 다가와 웨다의 시구를 콧노래로 흥얼거리며 거만하게 물었다.

"고따마. 어떤 사람이 바라문이고, 바라문의 특징은 무엇이라고 봅니까?"

"스스로 악을 멀리하고, 신분을 뽐내는 콧노래를 부르지 않으며, 번뇌에서 벗어나 자기를 다스릴 줄 아는 사람, 그가 바라문입니다. 청정한 삶을 살며 웨다를 깊이 공부하는 사람, 그가 바라문입니다. 그런 사람이라야 바라문이라 할 수 있고, 세상 어디를 가도 비난받지 않을 것입니다."

네 번째 칠 일, 마라가 다시 나타나 부처님에게 속삭였다.

"세존이여, 길고 긴 세월 고행하다 부처님이 되셨으니 이제 편히 반열반에 드소서. 지금이 바로 그때입니다. 부처님, 반열반에 드소서. 부처님, 반열반에 드소서."

부처님이 마라에게 말씀하셨다.

"마라여, 그대는 열반의 뜻을 잘못 알고 있습니다. 혹시 그대는 중생을 교화하지 않고 침묵하는 것을 열반이라 생각하는 것은 아닙니까? 더 이상 아무것도 하지 않고 죽음을 맞이하는 것을 열반에 드는 것이라고 생각하는 것은 아닙니까? 마라여, 일체중생이 아직 나의 법 가운데서 이익을 얻지 못했는데 그대는 왜 나에게 반열반에 들라고 합니까?"

다섯 번째 칠 일, 무짤린다(Mucalinda)나무 아래에서 법의 즐거움을 누릴 때였다. 때 아닌 폭풍이 불고 폭우가 쏟아졌다. 그러자 나무에 의지해 살던 무짤린다(Mucalinda)용왕이 나타났다. 무짤린다는 자신의 몸으로 부처님의 온몸을 감싸고 머리를 부채처럼 폈다. 거센 비바람과 추위도 철갑 같은 무짤린다의 비늘은 뚫지 못했고, 빈틈없이

21 부처님을 보호하는 무짤린다 용왕 3세기, 나가르주나콘다고고박물관, 인도

살피는 매서운 눈매에 짐승과 벌레들이 얼씬도 못했다. 이레 동안의
폭풍우가 그치자 무짤린다는 부처님을 감쌌던 몸을 풀었다. 여전히
염려와 경계의 눈빛을 놓지 않는 무짤린다에게 부처님이 따스한 목소
리로 말씀하셨다.

"법을 깨달아 마음이 기쁜 자는 홀로 있어도 행복하단다. 이 세상
어떤 생명에게도 적의를 품지 않고 자비로운 마음을 갖는 자는 행복
하단다. 모든 욕망의 굴레에서 벗어나 '나'라는 교만한 마음을 던져
버릴 때, 그 누구보다 행복하단다."

여섯 번째 칠 일, 다시 자리를 옮겨 라자야따나(Rājāyatana)나무 아
래에서 법의 즐거움을 누릴 때였다. 땁뿟사(Tappussa)와 발리까
(Bhallika)라는 두 상인이 소 수레에 물건을 싣고 근처를 지나고 있었
다. 오백 대의 수레를 앞장서 이끌던 두 마리 소가 갑자기 멈추더니

꼼짝도 하지 않았다. 당황하여 주위를 살피던 두 상인은 숲 속 나무 아래에서 햇빛처럼 찬란한 성자를 발견하였다. 두 상인은 양식으로 사용하던 곡물 가루와 꿀을 존경의 뜻으로 바치며 귀의했다.

"성자시여, 저희가 올리는 곡물 가루와 꿀을 받으소서."

부처님은 수자따의 우유죽을 드신 후 처음으로 두 상인의 공양을 받으셨다.

일곱 번째 칠 일을 다시 아자빨라나무 아래에서 보내시던 그때, 범천의 권청이 있었다.

범천의 권청

부처님은 중생들의 실상을 보고 진리를 설파하려던 마음을 조금 주저하셨다.

'어렵게 도달한 이 깨달음은 완벽하고 결함이 없다. 깊은 선정에 들어 수없이 재고해 보아도 완전하고 원만한 최고의 진리이다. 그러나 이 진리는 깊고, 보기 어렵고, 깨닫기 어렵고, 섬세하고, 고상하고, 단순한 사려를 넘어서는 것이다. 오직 지혜로운 이라야 알 수 있는 것이다. 과연 받아들일 사람이 있을까? 세상 사람들은 자기가 가진 견해에만 매달리고, 자기가 바라는 것만 좋아하고, 자기가 배우고 익힌 것만 고집한다. 그런 그들은 이 깊고 미묘한 인연의 법을 이해하지 못할 것이다. 세상 사람들은 집착을 즐기고, 집착을 좋아하고, 집착을 기뻐한다. 그런 그들은 집착을 떠나고, 집착을 없애고, 집착이 사라진 진리의 세계를 이해하지 못할 것이다. 집착을 넘어선 열반을 가르쳐주어도 탐욕과 분노와 어리석음에 물든 그들은 혼란스러워하고 번거롭게만 생각할 것이다. 그건 그들에게도 이익이 되지 못한다. 세상사와 반대되는 나의 가르침을 그들은 도리어 비방할 것이다.'

부처님의 의도를 알아차린 제석천이 급히 부처님 앞에 나타나 간청

23 부처님께 설법을 권하는 범천
1세기, 국립베를린인도미술관, 독일

하였다.

　악마의 군대를 물리치신 그 마음
　월식을 벗어난 달과 같습니다
　자, 어서 일어나십시오
　지혜의 빛으로 세상의 어둠 비추소서

　부처님은 제석천의 말을 듣고도 침묵하셨다. 지켜보던 대범천은 답답하였다. 그 정도 말로 움직일 세존이 아니었다. 다급해진 범천은 힘센 장정이 팔을 굽혔다 펴듯 재빠르게 자신의 세계에서 사라져 부처님 앞에 나타났다. 그는 한쪽 어깨에 상의를 걸치고 오른쪽 무릎을 꿇은 다음 합장하고 간청하였다.
　"부처님이시여, 법을 설하소서. 여래시여, 법을 설하소서. 세존께서 법을 설하지 않으시면 탐욕의 강물에 떠밀리고 분노의 불길에 휩싸인 이 세상은 결국 파멸로 치닫고 말 것입니다. 세존이시여, 이 세상에는 그래도 때가 덜 묻은 이들이 있습니다. 여래시여, 이 세상에는 그래도 선과 진리 앞에 진실한 이들이 있습니다. 그들을 버리지 마소서. 그들마저 기회를 놓치는 건 참으로 슬프고 애석한 일입니다."
　여전히 침묵을 지키는 부처님 앞에서 범천은 간절한 마음으로 노래하였다.

　높은 바위산에 올라
　사방의 사람들을 둘러보듯

보드가야 대탑
인도

가장 현명한 분이시여

모든 것을 보는 분이시여

슬픔을 없앤 분이시여

그와 같이 진리의 누각에 올라

태어남과 늙음에 정복당하고

슬픔에 빠져 있는 사람들을 굽어보소서

영웅이시여

승리자시여

일어나소서

이 세상을 누벼주소서

진리를 설파하소서

분명 이해하는 이가 있을 것입니다

범천의 간절한 요청과 중생들에 대한 깊은 연민을 이기지 못해 부처님은 다시 세상을 살펴보았다. 중생들에게는 차이가 있었다. 먼지와 때가 적은 중생, 먼지와 때가 많은 중생, 두뇌가 총명한 중생, 두뇌가 무딘 중생, 품성이 좋은 중생, 품성이 나쁜 중생, 가르치기 좋은 중생, 가르치기 나쁜 중생이 있었다. 다음 세상의 과보를 두려워하며 자신의 허물을 살피는 중생도 있고, 그런 것을 무시하는 중생도 있었다. 마치 붉고 푸르고 새하얀 갖가지 연꽃들이 같은 연못 같은 진흙에서 싹을 틔워 같은 물에서 자라는 것과 같았다. 그중에는 물속에서 썩어버리는 것도 있고, 수면에서 위태로운 것도 있고, 물 위로 솟아올라 꽃을 피우고 열매를 맺는 것도 있었다. 솟아오른 연꽃은 진흙도 묻지 않고 물에도 젖지 않은 채 화려한 빛깔과 은은한 향기로 주변을 아름답게 가꾸고 있었다.

　부처님께서는 마침내 세상을 향해 사자처럼 늠름하게 선언하셨다.

내 이제 감로의 문을 여나니
귀 있는 자는 들어라!
낡은 믿음을 버리고.

제
4
장

전법의 길

와라나시로 가는 길

'누구에게 먼저 이 진리를 설해야 할까? 누가 재빨리 믿고 받아들여 이해할 수 있을까?'

부처님은 예전의 스승이었던 알라라깔라마를 떠올렸다.

'알라라깔라마는 현명하고 지혜로우며 오랜 세월 청정한 삶을 살아온 사람이다. 진실한 수행자 알라라깔라마라면 나의 깨달음을 쉽게 이해할 것이다.'

그때 천인이 다가와 일러주었다.

"세존이시여, 알라라깔라마는 칠 일 전에 죽었습니다."

천인의 귀띔에 따라 하늘의 눈으로 살펴본 부처님은 그가 칠 일 전에 죽었다는 사실을 알았다. 부처님은 다시 생각하였다.

'웃다까라마뿟따는 식견이 풍부하고 총명한 사람이다. 웃다까라마뿟따라면 나의 가르침을 쉽게 이해할 것이다.'

그때 또 천인이 다가왔다.

"세존이시여, 웃다까라마뿟따는 어젯밤에 죽었습니다."

역시 하늘의 눈으로 살펴본 부처님은 웃다까라마뿟따가 전날 밤에 죽었다는 것을 알게 되었다.

'험난한 수행의 길을 함께 걸은 다섯 수행자는 오랜 세월 나에게 많은 도움을 주었다. 그들에게 제일 먼저 법을 설하리라. 다섯 수행자는 지금 어디에 있을까?'

부처님은 인간의 영역을 뛰어넘는 신통한 하늘의 눈으로 다섯 수행자가 있는 곳을 살폈다. 그들은 와라나시(Vārāṇasī)의 선인들이 머무는 사슴동산[鹿野苑, Migadāya]에서 여전히 고행하고 있었다.

"와라나시 녹야원으로 가리라."

드디어 부처님은 자리에서 일어나셨다. 큰 고통과 아픔을 이겨냈던 땅 우루웰라, 가장 높고 바른 깨달음과 해탈의 기쁨을 가져다준 그곳을 떠나 북쪽으로 걸음을 옮겼다. 가야(Gayā)를 지날 무렵이었다. 맞은편에서 한 수행자가 걸어오고 있었다. 초췌한 얼굴에 실오라기 하나 걸치지 않은 그는 아지위까 교도 우빠까(Upaka)였다. 걸음을 멈추고 휘둥그런 눈길로 바라보던 우빠까가 물었다.

"당신의 모습은 맑고 얼굴은 환히 빛납니다. 당신은 누구십니까?"

"나는 모든 속박에서 벗어난 사람, 모든 것을 아는 사람입니다. 나는 무엇에도 더럽혀지지 않고 모든 욕심과 애착에서 해탈한 사람입니다."

"당신의 스승은 누굽니까, 당신은 어떤 법을 배웠습니까?"

"스스로 깨달음을 얻었는데 누구를 가리켜 스승이라 하겠습니까? 나에게는 스승이 없습니다. 또한 나와 같은 사람도 없습니다. 내가 곧 성자요 최고의 스승이니, 홀로 깨달음을 얻은 나는 마음이 고요하고 평화롭습니다."

벌린 입을 다물지 못하고 한참을 멍하니 쳐다보던 우빠까가 다시 물었다.

"그럼, 어디로 가는 길입니까?"

"진리의 왕국을 세우고자 와라나시로 가는 길입니다. 그곳에서 어두운 세상에 진리의 북을 울릴 것입니다."

"최고의 승리자라도 된 것처럼 말씀하시는군요."

"벗이여, 나에게 번뇌는 남아 있지 않습니다. 나와 같은 승리자는 세상에 없습니다. 나는 모든 사악한 세력에 대항하여 승리하였습니다. 벗이여, 내가 바로 승리자[Jina]입니다."

우빠까는 입을 삐죽거렸다.

"흠, 그럴지도 모르지요."

그는 머리를 절레절레 흔들며 가던 길을 재촉했다. 부처님의 가르침을 받아들이지 못한 안타까운 인연이었다. 부처님은 가야에서 서북쪽 로히따왓뚜(Rohitavattu), 아날라(Aṇāla), 사라티뿌라(Sārathipura)를 지나 강기슭에 다다랐다. 강은 깊고 넓었다.

"강을 건네줄 수 있겠습니까?"

부처님의 초라한 옷차림을 한참이나 훑어보던 뱃사공이 말하였다.

"뱃삯만 준다면 얼마든지 건네 드리지요."

"저는 가진 돈이 없습니다."

"뱃삯이 없다면 태워줄 수 없습니다."

부처님은 눈 깜짝할 사이에 허공을 날아 반대편 강기슭으로 건너갔다. 깜짝 놀란 뱃사공은 기절하고 말았다. 강을 건너 옷감과 향료

의 도시, 고색이 창연한 바라문들의 도시, 와라나(Vārāna)강과 아시 (Asi)강이 에워싼 와라나시로 들어섰다. 제자를 찾는 고단하고 먼 길 이었다.

녹야원의 다섯 수행자

"저기 오는 이는 고따마 아닌가?"

멀리서 부처님의 모습을 본 다섯 수행자는 고개를 돌리며 서로 다 짐하였다.

"맛있는 음식을 탐한 고따마는 타락자다. 신성한 고행을 버린 저 수 행자에게 우리가 뭘 기대하겠는가? 저런 수행자는 일어나 맞이할 필요도 없고, 예배하고 공경할 필요도 없다. 여기로 오건 말건 자리를 펴건 말건 상관 말자."

그런데 맑고 환한 얼굴빛과 몸에서 뿜어 나오는 금빛 광채에 다섯 수행자는 놀라지 않을 수 없었다. 부처님이 가까이 다가오자 그들은 불붙은 조롱 속에 갇힌 새처럼 안절부절못하였다. 다섯 수행자는 각각 자신도 모르게 일어나 발우를 받아 들고, 앉을 자리를 준비하고, 발 씻을 물을 가져오며 반갑게 맞이하였다.

"어서 오십시오. 고따마, 먼 길에 얼마나 고생이 많았습니까? 벗이여, 이 자리에 편히 앉으십시오."

"그대들은 여래(如來)를 고따마라 불러서는 안 된다. 완전히 깨달은 부처님을 벗이라 불러서는 안 된다."

다섯 수행자는 믿을 수 없었다.

"고따마, 당신은 지독한 고행을 했지만 선인의 법을 얻지 못했습니다. 마을로 나가 공양이나 받는 등 타락하지 않았습니까?"

"나는 타락하지도 않았고, 선정을 잃지도 않았다. 나는 가장 높고 바른 깨달음을 얻었고, 불사(不死)를 성취했다."

다섯 수행자는 말이 없었다. 부처님이 다시 말씀하셨다.

"그대들은 내가 거짓말을 하거나 같은 말을 반복하는 걸 본 적 있는가? 그대들은 나의 얼굴이 지금처럼 빛나는 걸 본 적이 있는가?"

누구보다 진실한 삶을 살아온 분이라는 걸 잘 아는 그들이었다. 다섯 수행자는 부처님의 위엄에 꼼짝도 하지 못했다. 오랜 침묵이 흐른 뒤 저녁이 찾아왔다. 그들의 눈빛에 조금씩 믿음의 등불이 타올랐다. 보름달이 하늘 한가운데서 온 세상을 환히 비출 때였다. 부처님은 진

리의 수레바퀴를 굴리기 시작하였다.

"수행자들이여, 귀 기울여 들어라. 여래의 가르침에 따라 수행하면 머지않아 그대들도 출가한 목적을 완수할 것이다. 수행자들이여, 세상에 두 가지 극단이 있다. 수행자는 그 어느 쪽에도 기울어서는 안 된다. 두 가지 극단이란 무엇인가? 하나는 욕망이 이끄는 대로 관능의 쾌락에 빠지는 것이다. 그것은 천박하고 저속하며 어리석고 무익하다. 또 하나는 자기 자신을 괴롭히는 데 열중하는 것이다. 그것은 피로와 고통만 남길 뿐 아무런 이익이 없다.

수행자들이여, 이 두 가지 극단을 떠난 중도(中道)가 있다. 그것은 눈을 밝게 하고, 지혜를 증진시키며, 번뇌를 쉬고 고요하게 한다. 신통을 이루며, 평등한 깨달음을 얻어 미묘한 열반에 이르게 한다. 수행자들이여, 중도란 무엇인가? 그것은 지혜롭고 성스러운 팔정도(八正道)다. 정견(正見)·정사유(正思惟)·정어(正語)·정업(正業)·정명(正命)·정정진(正精進)·정념(正念)·정정(正定)이 바로 그 길이다."

부처님의 말씀은 끝없이 이어졌고, 다섯 수행자의 가슴은 환희로 넘쳐났다.

"수행자들이여, 네 가지 성스러운 진리[四聖諦]가 있다. 그것은 괴로움에 관한 성스러운 진리, 괴로움의 발생에 관한 성스러운 진리, 괴로움의 소멸에 관한 성스러운 진리, 괴로움의 소멸에 이르는 길에 관한 성스러운 진리이다.

괴로움이란 무엇인가? 태어남은 괴로움이고, 늙음도 괴로움이며, 질병도 괴로움이고, 죽음도 괴로움이다. 미운 사람과 만나는 것도 괴로움이고, 사랑하는 사람과 헤어지는 것도 괴로움이며, 구하는 것을 얻지 못하는 것도 괴로움이다. 요컨대 오온(五蘊)*에 대한 집착은 괴로움이다. 괴로움의 발생이란 무엇인가? 온갖 괴로움은 원인에 의해 생겨난다. 끊임없이 윤회하며 온갖 괴로움을 받게 하는 원인은 바로 기쁨과 즐거움을 추구하는 욕망이다. 감각적인 욕망과 생존하려는 욕망과 죽음에 대한 욕망이다. 괴로움의 소멸이란 무엇인가? 그릇된 욕망을 남김없이 없애고 단념하고 내던지고 해탈하여 집착이 없는 것을 말한다. 괴로움의 소멸에 이르는 길이란 무엇인가? 그것은 곧 팔정도이다. 이 네 가지 성스러운 진리는 일찍이 누구도 가르친 적 없는 법이니 바르게 사유해야 한다. 그러면 눈·지혜·밝음·깨달음이 생길 것이다.

이것이 괴로움이다.

이것이 괴로움의 발생이다.

이것이 괴로움의 소멸이다.

이것이 괴로움의 소멸에 이르는 길이다.

'이것이 괴로움이다' 라고 나는 알아차렸다.

'이것이 괴로움임을 완전히 알아야만 한다' 라고 나는 알아차렸다.

'이것이 괴로움임을 완전히 알았다' 라고 나는 알아차렸다.

'이것이 괴로움의 발생이다' 라고 나는 알아차렸다.

'괴로움의 발생은 끊어 없애야만 한다' 라고 나는 알아차렸다.

'괴로움의 발생을 완전히 끊어 없앴다' 라고 나는 알아차렸다.

'이것이 괴로움의 소멸이다' 라고 나는 알아차렸다.

'괴로움의 소멸을 똑똑히 보아야만 한다' 라고 나는 알아차렸다.

'괴로움의 소멸을 이미 똑똑히 보았다' 라고 나는 알아차렸다.

'이것이 괴로움의 소멸에 이르는 길이다' 라고 나는 알아차렸다.

'괴로움의 소멸에 이르는 길을 닦아야만 한다' 라고 나는 알아차렸다.

'괴로움의 소멸에 이르는 길을 완전히 닦았다' 라고 나는 알아차렸다.

수행자들이여, 이것은 일찍이 누구도 가르친 적 없는 법이니 바르게 사유해야 한다. 그러면 눈·지혜·밝음·깨달음이 생길 것이다."

부처님의 말씀은 끝없이 이어졌다.

"수행자들이여, 내가 만약 네 가지 성스러운 진리를 각각 세 차례씩 열두 가지 양상[三轉十二行相]*으로 바르게 사실 그대로 완벽하게 알고 보지 못했다면 나는 모든 하늘의 신들과 인간들 가운데서 '가장 높고 바른 깨달음을 얻었다' 고 선언하지 못했을 것이다. 네 가지 성스러운 진리를 각각 세 차례씩 열두 가지 양상으로 바르게 사실 그대로 완벽하게 알고 보았기 때문에 가장 높고 바른 깨달음을 얻고, 해탈하여 흔들림이 없는 것이다."

그때였다. 꼰단냐의 눈동자가 반짝였다. 진리를 보는 눈이 맑고 깨끗하게 열린 것이었다.

"아! 알았습니다."

꼰단냐의 탄성에 부처님이 조심스레 물으셨다.

"법을 알겠는가?"

"알았습니다, 세존이시여."

"정말 법을 알겠는가?"

"알았습니다, 선서시여*."

대지가 진동하고 끝없는 광명이 비쳤다. 천인들이 기쁨의 함성을 터트렸다. 부처님 역시 기쁨을 감추지 않으셨다.

"꼰단냐가 깨달았다. 안냐따꼰단냐(Aññātakoṇḍañña, 阿若憍陳如)."

부처님의 발아래 꼰단냐가 머리를 조아렸다.

"세존이시여, 제가 세존께 출가하여 구족계를 받을 수 있도록 허락하소서."

"오라, 비구여. 나의 가르침 안에서 청정한 범행을 닦아 괴로움에서 완전히 벗어나도록 하라"

진리에 먼저 눈을 뜬 꼰단냐는 동료들을 위해 마을을 드나들며 여섯 사람이 먹을 음식을 얻어왔다. 네 수행자를 위한 부처님의 설법은 밤낮없이 계속되었다.

"이 세상에 존재하는 모든 것은 생성된 것이다. 생성된 모든 것은 소멸하는 법이다."

"저도 알았습니다, 세존이시여."

"저도 알았습니다, 선서시여."

왑빠와 밧디야가 연이어 탄성을 터트렸다.

"세존이시여, 저희도 세존께 출가하여 구족계를 받을 수 있도록 허락하소서."

"오라, 비구여."

이제는 꼰단냐와 왑빠와 밧디야가 음식을 얻어왔고, 나머지 두 수행자를 위해 설법하셨다. 같은 질문에도 부처님은 조금도 싫증내지 않으며 또 다시 설명하셨다.

"이 세상에 존재하는 모든 것은 생성된 것이다. 생성된 모든 것은 소멸하는 법이다."

고개를 갸우뚱거리며 묻고 또 묻던 마하나마와 앗사지마저 소리쳤다.

"저희도 알았습니다. 세존이시여, 저희도 세존께 출가하여 구족계를 받을 수 있도록 허락하소서."

"오라, 비구여."

부처님께서 다섯 비구에게 말씀하셨다.

"비구들이여, 물질[色]은 '나[我]'가 아니다. 만약 물질이 영원불변한 '나'라면 물질은 병에 걸리지 않아야 한다. 또한 물질이 자유자재한 '나'라면 '나의 몸은 이렇게 되라, 나의 몸은 이렇게 되지 말라'고 할 수 있어야 한다. 하지만 물질은 그렇지 못하다. 물질은 영원불변한 '나'가 아닌 까닭에 병들고, 물질은 자유자재한 '나'가 아닌 까닭에 '나의 몸은 이렇게 되라, 나의 몸은 이렇게 되지 말라'고 할 수도 없는 것이다. 비구들이여, 어떻게 생각하는가? 물질은 영원한가, 무상한가?"

"물질은 무상합니다, 세존이시여."

"무상한 것은 괴로움인가, 즐거움인가?"

"괴로운 것입니다."

"무상하고 괴롭고 파괴되는 본성을 가지고 있는 그것을 두고 과연 '이것은 나다', '이것은 나의 것이다'라고 할 수 있는가?"

"그럴 수 없습니다."

"비구들이여, 느낌[受]·생각[想]·의지[行]·의식[識]은 '나'가 아니다. 만약 느낌·생각·의지·의식이 '나'라면 파괴되지 않아야 하고, '이렇게 되라, 이렇게 되지 말라'고 할 수 있어야 한다. 하지만 그렇지 못하질 않는가. 느낌·생각·의지·의식은 영원불변한 '나'가 아닌 까닭에 파괴되고 '이렇게 되라, 이렇게 되지 말라'고 할 수 없는 것이다.

비구들이여, 어떻게 생각하는가? 느낌·생각·의지·의식은 영원한가, 무상한가?"

"느낌·생각·의지·의식은 무상합니다."

"무상한 것은 괴로움인가, 즐거움인가?"

"괴로운 것입니다."

"무상하고 괴롭고 파괴되는 본성을 가진 그것을 두고 과연 '이것은 나다', '이것은 나의 것이다' 라고 할 수 있는가?"

"그럴 수 없습니다."

꼰단냐를 비롯한 다섯 비구의 얼굴에 깨달은 이의 평온함이 넘쳐흘렀다.

부처님께서 선언하셨다.

"이제 세상에는 여래·응공·정변지와 더불어 여섯 사람의 아라한이 존재한다."

부처님이 법륜을 굴리신 지 오 일째 되는 날이었다.

야사의 귀의

"아, 싫다. 괴롭다. 정말 비참하구나."

이른 새벽, 어둠이 가시지 않은 녹야원에 낯선 절규가 메아리쳤다. 한 젊은이가 술이 깨지 않은 채 헝클어진 머리로 옷깃을 풀어헤치고 숲 속을 휘젓고 있었다. 황금 신발을 신고 비단옷을 입은 것으로 보아 부유한 집안의 젊은이였다. 이슬이 마르지 않은 숲길을 따라 조용히 거닐던 부처님이 멀리서 젊은이의 모습을 지켜보고 있었다. 휘청거리는 젊은이가 가까이 다가왔을 때, 부처님이 나직하게 부르셨다.

"젊은이, 이곳에는 괴로움이 없다네. 비참함도 없다네."

인기척에 놀란 그는 사슴처럼 달아날 기세였다. 부처님의 목소리는 아침 공기처럼 상큼했다.

"놀라지 말게. 마음을 가라앉히고 잠시 여기에 앉게."

젊은이가 다가왔다. 그의 눈길에는 경계심이 가득했다.

"그대 이름은 무엇인가?"

"저는 야사(Yasa)라고 합니다."

"무엇이 그토록 싫고 비참한가?"

젊은이는 고개를 숙인 채 한참동안 말이 없었다. 이윽고 젊은이가 혼잣말처럼 중얼거렸다.

"스스로 행복한 사람이라고 아무리 되뇌어보아도 제 삶은 너무나 비참합니다. 이젠 지긋지긋합니다."

"무슨 일이 있었는지 차근차근 얘기해 줄 수 있겠는가?"

젊은이가 고개를 들었다.

"사람들은 절 부러워할 겁니다. 여름과 겨울 그리고 장마철에 지내는 세 채의 집, 아름다운 아내와 시녀들. 부자 아버지를 둔 덕이지요. 제가 하는 일이라곤 기녀들과 뒤엉켜 춤과 노래를 즐기고, 친구들과 취기 속에서 우정을 나누는 일뿐입니다. 한때, 그걸 행복이라고 생각한 적도 있습니다. 불꽃처럼 타오르는 쾌락의 기쁨에 젖어 밤을 낮처럼 밝히기도 하고요. 하지만 참 쉽게 사라지는 기쁨이더군요. 취기가 가신 아침이면 영락없이 허전함이 찾아오지요. 빈 가슴을 채우려 다시 술을 마시고, 기녀들과 어울리고, 또 술을 마시고. 어젯밤도 친구들과 어울려 집에서 연회를 벌였습니다. 얼마나 잤을까요. 목이 타는 갈증에 눈을 뜬 저는 소스라치게 놀랐습니다. 주위를 둘러보니 술잔과 음식이 뒤엉켜 있고 여인들이 바닥에 흩어져 있더군요. 어떤 이는 북을 껴안은 채, 어떤 이는 악기를 내던진 채, 어떤 이는 서로를 부둥켜안고 잠들어 있더군요. 밝은 낮엔 단정하고 조심스럽던 그녀들이 어깨와 허벅지를 가리지도 않고 어지럽게 널브러져 있었습니다. 바라보는 것만으로 들뜨게 하던 그녀들의 윤택한 피부는 고운 화장이 지워진 채 추하고 창백했습니다. 아름다운 노래와 웃음으로 저를 매혹시키던 두 입술은 더 이상 붉지도 달콤해 보이지도 않았습니다. 피로와 숙취에 절어 허옇게 백태가 낀 입가에선 썩은 냄새가 풍기더군요, 버려진 시체처럼 흉측하고 혐오스럽더군요. 그곳은 무덤이었습니다. 이런 생활을 즐기고, 또 즐겼던 저 자신이 역겨워 견딜 수 없습니다."

"젊은이, 그대가 살고 있는 삶은 끝없는 허전함과 고통을 안겨주고 결국 파멸로 이끌 것이네. 지금 이대로라면 그대에게 행복은 영원히 찾아오지 않을 것이네. 그대가 서 있는 곳은 위험하고 불안해. 젊은이, 내가 있는 자리로 오게. 이곳은 안전하고 평온한 곳이네."

눈을 동그랗게 뜬 야사가 황금 신발을 벗고 부처님께 예를 올렸다.

"성자시여, 평온하고 안전한 곳은 어디입니까?"

부처님은 야사를 위해 차근차근 가르침을 설해 주셨다. 선한 마음으로 보시를 베푼 공덕에 대해, 올바른 계율을 지키는 삶이 가져다주는 행복에 대해, 욕심에 따른 행동이 얼마나 위험하고 큰 재앙을 가져오는지, 욕심을 버린 생활이 얼마나 평온한지, 그 행위와 결과의 엄정한 인과에 대해 하나하나 설명해 주셨다. 그리고 부처님은 야사의 얼굴에서 취기가 가시고 기쁨의 화색이 도는 것을 보고는 괴로움과 괴로움의 발생과 괴로움의 소멸과 괴로움의 소멸에 이르는 길에 대해 말씀해 주셨다. 부처님의 말씀은 끝없이 이어졌다. 총명한 야사는 깨끗한 천이 곱게 물들듯 법을 받아들였다. 진리를 보는 그의 눈이 맑고 깨끗해졌다. 환희에 넘친 야사는 시간이 흐르는 것마저 잊었다.

그 무렵 사라진 아들을 찾아 야사의 아버지가 사방을 헤매고 있었다. 숲까지 다다른 아버지는 달아나는 사슴들의 뜀박질 사이에서 아들의 황금빛 비단옷을 발견하였다. 온갖 상상 속에서 불안해하던 아버지는 부처님과 마주앉은 아들의 모습에 안도했다. 야사의 얼굴에는 기쁨이 가득했다. 야사의 아버지는 기쁨과 노여움이 뒤엉켜 고함이 터져 나오려 했지만 너무도 평화롭고 성스러운 모습에 감히 대화를 방해할 수 없었다. 조용히 다가가 부처님께 예를 올리고 자신도 곁에서 법문을 들었다. 부처님은 야사의 아버지에게도 갖가지 법을 설해 주셨다. 부처님의 말씀이 끝나자 야사의 아버지는 부처님의 두 발에 예배하고 합장하였다.

"기쁜 일입니다. 부처님, 마치 넘어진 이를 일으켜 세워주듯, 가려진 것을 벗겨주듯, 길 잃은 사람에게 길을 가리켜주듯, 눈 있는 사람은 보라며 어둠 속에서 등불을 비쳐주듯, 부처님은 여러 가지 방법으로 법을 설해 주셨습니다.

저는 이제 부처님께 귀의합니다.

저는 이제 법에 귀의합니다.

저는 이제 승가(僧伽)에 귀의합니다.

부처님께서 저를 받아주신다면 오늘부터 이 목숨이 다하는 날까지 우바새(優婆塞)*가 되겠습니다."

오계(五戒)를 지킬 것을 당부하시는 부처님께 예배드리고, 야사의 아버지는 아들의 손을 끌었다.

"야사야, 너무 늦었다. 이제 돌아가자."

야사는 꿈쩍도 하지 않았다. 부처님이 아버지에게 설법하는 동안 이미 세속의 욕망으로부터 해탈했던 것이다.

"아버지, 저는 평화롭고 안온한 삶을 살겠습니다. 저의 행복은 아버지의 희망이기도 할 것입니다. 저는 출가하겠습니다."

"야사야, 너의 어머니는 슬픔과 절망에 빠져 널 기다리고 있다. 제발 너의 어머니를 절망에서 구해다오."

눈물로 매달리는 아버지의 모습에 부처님께서 야사에게 말씀하셨다.

"집에 돌아가 화려한 장신구와 비단옷을 입고 산다고 곧 타락한 삶을 사는 건 아니다. 비단옷을 입고 집에서 살더라도 모든 욕망의 근원을 잘 다스려 오욕에서 떠난다면 그걸 진정한 출가라 할 수 있다. 설사 깊은 산속에서 지내며 누더기를 걸치고 걸식한다 해도 마음이 오욕에 얽혀 있다면 그건 출가라 할 수 없다. 선과 악은 모두 마음속 생각에 따라 생기는 것이다. 진정한 출가는 마음가짐에 있는 것이다."

진실을 두 눈으로 직접 목격한 야사의 의지는 누구도 꺾을 수 없었다. 야사는 부처님께 출가를 허락해 주실 것을 간청하였다. 결국 야사는 계를 받고 출가 사문의 길로 들어서 여섯 번째 비구가 되었다. 야사의 아버지는 우바새로서 부처님과 제자들을 집으로 초대하였다. 다음 날, 눈물로 아들을 맞이한 야사의 어머니는 부처님의 법문을 듣고 기쁨에 넘쳐 삼보에 귀의하였다. 그녀는 오계를 받은 최초의 우바이(優婆夷)*가 되었다. 파르스름하게 깎은 남편의 머리를 기둥 뒤에서 숨어보며 한숨짓던 야사의 아내도 기쁜 마음으로 예배하고 귀의하였다.

"저는 이제 부처님께 귀의합니다. 저는 이제 법에 귀의합니다. 저는 이제 승가에 귀의합니다."

법을 전하라

남부러울 것 없던 야사였다. 살림은 풍족했고 부모님은 인자했다. 아름다운 아내를 둔 젊고 총명한 야사를 모든 이들이 부러워하였다. 그런 그가 거친 베옷에 진흙 발우를 들고서 와라나시 거리를 당당한 걸음으로 거닐었다. 재산과 권력을 과시하며 사치스런 나날을 함께했던 친구들은 충격에 빠졌다. 뭐가 잘못된 것이라고 이해하기에는 야사의 집안이나 야사가 너무나 멀쩡했다. 절친한 벗 위말라(Vimala) · 수바후(Subāhu) · 뿐나지(Puṇṇaji) · 가왕빠띠(Gavaṃpati)는 야사를 설득하러 숲으로 찾아갔다.

"자네 왜 이러나?"

친구들의 안타까운 눈빛에도 야사의 얼굴은 평온했다. 그의 눈동자에는 기쁨과 확신이 가득했다. 말솜씨는 전보다 더욱 조리 있고 행동은 강물처럼 부드럽고 온화하였다. 찰나의 쾌락을 좇던 야사라고는 도저히 믿기지 않았다. 세속의 삶으로 돌아오라고 설득하기 위해 숲을 찾았던 야사의 친구들은 부처님의 설법을 듣고 도리어 비구의 삶을 선택하였다. 다시 친구의 친구를 찾는 발길들이 녹야원으로 이어졌고, 결국 오십여 명의 젊은이들이 부처님의 설법을 듣고 마음의 해탈을 얻어 출가를 간청하였다. 어느새 사슴동산에 머무는 비구는 육십 명이 되었다.

깨달음을 이루신 첫해, 빗방울이 흩날리는 우기를 부처님의 자비로운 설법을 듣고 보낸 녹야원의 비구들은 모두 아라한이 되었다. 어느새 세상에는 61명의 아라한이 있게 되었다. 비가 그치고 맑은 하늘이 드러나기 시작했다. 퍼붓는 폭우 속에서 불안해하던 대지의 작은 생명체들이 제자리를 찾아갈 무렵, 부처님께서 제자들에게 선언하셨다.

"비구들이여, 나는 신과 인간의 굴레에서 해방되었다. 그대들 역시 신과 인간의 굴레에서 해방되었다. 이제 법을 전하러 길을 떠나라. 많은 사람들의 이익을 위해, 많은 사람들의 행복을 위해, 세상을 불쌍히 여겨 길을 떠나라. 마을에서 마을로, 두 사람이 같은 길을 가지 말고 혼자서 가라.

비구들이여, 처음도 좋고 중간도 좋고 끝도 좋은 법, 조리와 표현이 잘 갖추어진 법을 설하라. 원만하고 완전하며 청정한 행동을 보여주라. 세상에는 때가 덜 묻은 사람들이 있다. 그들은 법을 듣지 못하면 퇴보하겠지만 들으면 분명 진리를 깨달을 것이다.

비구들이여, 나도 법을 전하러 우루웰라의 세나니(Senānī)마을로 갈 것이다."

비구들이 여쭈었다.

"세존이시여, 저희들의 설법을 듣고 출가를 희망하는 사람이 생겼을 때는 어떻게 해야 합니까?"

"구족계를 받고자 하는 사람들이 있을 때는 머리를 깎고 가사를 입게 하라. 신발을 벗고 오른쪽 무릎을 땅에 꿇고는 합장하고 이렇게 말하게 하라.

'저 아무개는 거룩한 부처님께 귀의합니다. 거룩한 법에 귀의합니다. 거룩한 승가에 귀의합니다. 이제 여래가 계신 곳에서 출가해 여래 · 응공 · 정등각을 제가 받들어 모시고자 합니다.'

이렇게 세 번을 말하게 한 다음 구족계를 주도록 하라."

고향 도나왓뚜(Doṇavattu)로 향한 꼰단냐를 필두로 60명의 비구들은 진리를 전하기 위해 각기 인연 있는 도시와 마을로 흩어졌다. 부처님도 깨달음을 얻기 위해 찾아갔던 네란자라 강기슭 마을인 우루웰라로 깨달음을 전하기 위해 떠났다. 남쪽으로 가던 도중, 깝빠시까(Kappāsika) 숲 속의 어느 나무 아래에서 휴식을 취하고 있을 때였다. 화려하게 차려입은 남녀들이 숲 속을 헤매고 있었다. 허둥지둥 달려온 젊은이들이 부처님께 다짜고짜 물었다.

"한 여자가 지나가는 것을 보지 못했습니까?"

젊은이들의 눈동자는 잠시도 가만있지를 못했다.

"여자는 왜 찾는가?"

"그 여자는 도둑입니다."

"차근차근 얘기해 줄 수 있겠는가?"

"저희는 모처럼 아내들과 함께 숲으로 나들이를 나왔습니다. 저 친구는 아내가 없어 기녀를 데려왔는데, 노는 데 정신이 팔린 사이 기녀가 귀한 보석을 몽땅 훔쳐 달아났지 뭡니까. 그 도둑을 빨리 잡아야 합니다."

부처님이 말씀하셨다.

"젊은이들이여, 그 여자를 찾는 일과 자기 자신을 찾는 일 중 어느 것이 더 중요한가?"

"물론 자신을 찾는 일이 더 중요하지요."

"좋다, 그러면 거기 앉으라. 내가 그대들에게 자신을 찾아주겠다."

웅성거리던 젊은이들이 하나 둘 부처님 주위로 몰려들었다. 부처님은 덕을 베푸는 나눔의 삶이 얼마나 아름답고 훌륭한 것인지, 도덕을 어기지 않는 청정한 삶이 얼마나 당당하고 고귀한 것인지, 그런 삶에 얼마나 좋은 과보가 따르는지를 차근차근 설명해 주셨다. 초조하던 그들의 눈동자가 초점을 되찾았다. 마음을 열고 설법에 귀를 기울이는 젊은이들에게 부처님은 네 가지 성스러운 진리를 가르쳐주셨다. 그리고 모든 고뇌의 뿌리인 탐욕과 분노와 어리석음을 뽑아버리도록 권하셨다. 보석을 잃어버리고 헤매던 젊은이들은 더없이 행복한 삶을 발견하였다. 진리에 눈을 뜬 그들의 얼굴에 기쁨이 넘쳤다. 서른 명의 젊은이는 자리에서 일어나 부처님의 두 발에 예배하였다.

"거룩하신 분이여, 저희도 세존께 출가하겠습니다. 받아주소서."

"오라, 그대들이여."

깟사빠 삼형제의 제도

가야에 다다른 부처님은 우루웰라의 깟사빠를 찾아갔다. 그에게는 오백 명의 제자가 있었다. 소라처럼 상투를 튼 그들은 바라문의 전통에 따라 웨다를 읽으며 성스러운 불이 꺼지지 않도록 지키고 있었다.

"깟사빠여, 당신의 처소에서 쉬어갈 수 있겠습니까?"

바라문의 권위를 자부하는 깟사빠는 곁눈질로 부처님을 바라보았다.

"이곳엔 이미 많은 수행자들이 머물고 있습니다. 그대가 쉴만한 곳은 없습니다."

"깟사빠여, 지장이 되지 않는다면 당신의 사당에서라도 하룻밤 자고 갈 수 있겠습니까?"

"내게 지장이 될 건 없지만 사당 안에는 사나운 독룡(毒龍)이 있습니다. 당신을 해치지 않을까 걱정이군요."

"걱정하지 마십시오. 하룻밤 쉴 수 있게만 해주십시오."

"사당은 넓습니다. 뜻대로 하십시오."

사당에는 그들이 섬기는 세 개의 불꽃이 타오르고 있었다. 부처님은 풀을 깔아 자리를 만든 뒤 가부좌하고 삼매에 들었다. 한밤중에 독룡이 나타났다. 경배하지도 않고 자신의 처소를 차지한 부처님에게 화가 난 독룡은 독 기운이 가득한 연기를 뿜었다. 사나운 독룡의 신통력을 빼앗기 위해 부처님 역시 신통력으로 독룡에게 연기를 뿜었다. 화가 난 독룡은 불꽃을 뿜기 시작했다. 부처님 역시 화광삼매(火光三昧)에 들어 독룡에게 불꽃을 토하였다. 사당은 불이라도 난 것처럼 연기와 붉은 불꽃에 휩싸였다. 멀찍이서 지켜보던 바라문들은 저마다 한마디씩 던졌다.

"가엾어라. 저 사문도 독룡에게 죽는구나."

이튿날 아침, 웅성거리며 사람들이 몰려들었다. 아무 일 없었다는 듯 부처님이 사당에서 걸어 나오셨다. 부처님은 믿지 못하겠다는 표정을 짓고 있는 깟사빠에게 발우를 내밀었다.

"이것이 당신이 말하던 독룡입니까?"

발우 안에는 작은 뱀이 똬리를 틀고 있었다. 깟사빠는 말이 없었다. 그는 속으로 생각했다.

'독룡을 굴복시키다니 사문 고따마의 신통력은 대단하구나. 하지만 나와 같은 아라한은 아니다.'

신비한 일은 끊이지 않았다. 부처님은 그들과 떨어져 가까운 숲에 머무셨다. 그러자 그 숲은 가끔씩 칠흑 같은 어두운 밤에도 휘황하게 빛났다. 깟사빠의 제자들은 하나둘씩 부처님을 '위대한 사문'이라 부르기 시작했다.

마가다국과 앙가국 두 나라에서 많은 신자들이 찾아오는 큰 제삿날이 다가왔다. 깟사빠는 성대한 축제와 공양물에 대한 기대보다 걱정이 앞섰다. 매일 아침 탁발하러 오는 부처님이 이날만큼은 성가시기 그지없었다. 깟사빠는 속으로 생각하였다.

'저 사문이 사람들 앞에서 신통력을 보이면 내 위신이 떨어질 텐데. 내일만큼은 제발 오지 않았으면 좋겠구먼.'

다행히 제사를 지내는 날 부처님은 찾아오지 않았다. 그리고 다음 날 아침, 발우를 든 부처님이 어김없이 나타났다. 깟사빠는 짐짓 반색하며 맞이하였다.

"어제는 공양물도 많았는데 왜 오지 않았습니까?"

부처님은 가볍게 미소 지으며 말씀하셨다.

"제가 오지 않았으면 하고 생각하지 않으셨습니까?"

그날 이후, 깟사빠와 깟사빠의 제자들은 부처님을 위대한 사문으로 존경하며 감히 함부로 대하지 않았다. 그러던 어느 날 갑자기 폭우가 쏟아졌다. 한밤중에 넘친 강물은 언덕 위에 자리한 깟사빠의 처소까지 넘실거렸다. 깟사빠는 강기슭에 머무는 부처님이 걱정되었다. 깟사빠와 제자들은 배를 타고 횃불을 밝혀 부처님을 찾았다. 강기슭의 숲은 이미 거센 강물이 삼켜버린 뒤였다. 깟사빠는 소리쳤다.

"고따마여, 어디 계십니까? 위대한 사문이여, 어디 계십니까?"

"깟사빠여, 저는 여기 있습니다."

그와 그의 제자들은 벌린 입을 다물지 못했다. 짙은 어둠 속 강물 위를 누군가 걸어오고 있었다. 마치 마른 땅 위를 걷듯이. 배에 오른 부처님의 두 발에는 한 방울의 물도 묻어 있지 않았다. 먼지가 날릴 것 같은 그 발아래 깟사빠는 머리를 조아렸다. 오랫동안 때를 기다린 부처님께서 말씀하셨다.

"깟사빠여, 그대는 아라한이 아닙니다. 아라한의 길에도 이르지 못했습니다."

"그렇습니다. 저는 아라한이 아닙니다. 아라한의 길에 이르지도 못했습니다. 당신이 진정한 아라한이십니다."

우루웰라깟사빠는 교만과 권위를 버리고 합장한 채 말을 이었다.

"세존이시여, 제가 당신을 따르도록 허락하소서."

잠시 침묵하던 부처님께서 말씀하셨다.

"당신은 오백 명이나 되는 바라문들의 지도자입니다. 나의 제자가 되고자 한다는 뜻을 그들에게 먼저 알려야 합니다. 당신의 제자들에게 각자의 길을 선택하도록 기회를 주어야 합니다. 그것이 당신이 먼저 해야 할 일입니다."

처소로 돌아온 깟사빠는 제자들을 빠짐없이 모으고 큰 소리로 말하였다.

"여러분, 나는 아라한이 아닙니다. 나의 가르침 역시 아라한의 길이 아닙니다. 진정한 아라한은 오직 한 분, 세존뿐입니다. 진정한 아라한의 길 역시 세존의 가르침뿐입니다. 저는 오늘부터 그분의 제자가 될 것입니다. 여러분은 여러분의 길을 가십시오."

제자들은 한목소리로 말하였다.

"저희도 스승의 뒤를 따르겠습니다."

깟사빠와 그의 오백 제자는 땋았던 머리를 자르고 부처님께 간절히 청하였다.

"세존이시여, 당신께 출가하여 구족계를 받을 수 있도록 허락하소서."

"오십시오, 비구들이여. 나의 가르침 안에서 청정한 범행을 닦아 괴로움에서 완전히 벗어나도록 하십시오."

밤낮없이 타오르던 사당의 불은 꺼졌다. 제사 도구들은 성스러운 네란자라강에 던져버렸다. 강물은 북쪽 가야로 흘렀다.

"여러 생에 지은 온갖 죄업, 이제 강물에 씻어버립시다."

이른 봄, 냉기가 가시지 않은 강물에 하루 세 차례씩 몸을 담그고 기도하던 강 하류의 수행자 나디깟사빠(Nadīkassapa)는 머리카락으로 뒤덮인 강물을 보고 깜짝 놀랐다. 뭉텅뭉텅 잘려진 머리카락에는 소라처럼 많았던 흔적이 역력했다. 떠내려오는 제사 도구들은 형님이 목숨보다 소중히 간직하던 것들이었다. 상류에 머무는 형님에게 변고가 생긴 것이 분명했다. 둘째는 삼백 명의 제자들을 이끌고 허겁지겁 우루웰라로 달려갔다. 나디깟사빠는 다시 한 번 놀랐다. 기상과 위엄이 넘치던 형이 바라문의 권위와 수행자의 자존심을 상징하던 머리카락을 자르고 한 젊은 사문의 발아래 예배하고 있었다.

"대체 이게 어찌된 일입니까?"

우루웰라깟사빠는 그간에 있었던 일들을 낱낱이 동생에게 들려주었다. 눈을 감고 한참이나 생각에 잠겼던 둘째 동생이 입을 열었다.

"어떻게 하는 것이 좋겠습니까?"

우루웰라깟사빠가 잘라 말했다.

"이렇게 하는 것이 좋다."

둘째 동생과 그의 제자들 역시 미련 없이 머리카락을 자르고 사문이 되었다. 가야에 머물던 셋째 동생 가야깟사빠(Gayākassapa) 역시 형들의 출가 소식을 듣고 그의 제자 이백 명과 함께 찾아와 부처님의 제자가 되었다.

불에 제사를 지내 공덕을 쌓고 물로 죄업을 씻으려던 삼형제 우루웰라깟사빠・나디깟사빠・가야깟사빠와 그들의 제자들은 보시로 공덕을 쌓고 팔정도로 죄업을 씻는 열반의 강에 몸을 담갔다.

25 나란자라 강을 건너는 부처님
1세기
산치 1탑
인도

26 깟사빠 삼형제의 귀의
1세기
산치 1탑
인도

가야산 꼭대기에서

마가다국의 가장 큰 교단이 부처님께 귀의하여 개종하는 큰 사건이었다. 부처님은 천 명의 제자와 함께 마가다의 수도 라자가하로 향했다. 우루웰라에서 가야로 넘어가는 길목, 코끼리 머리처럼 평평한 바위가 있는 가야산(伽倻山) 정상에서 잠시 쉬던 때였다. 아래를 굽어보던 부처님께서 말씀하셨다.

"온 세상이 불타고 있다."

평생 불을 섬기며 관찰해 온 깟사빠 삼형제였다. 그들은 누구보다 불의 성질을 잘 알고 있었다. 우루웰라깟사빠가 때를 놓치지 않고 자리에서 일어나 합장하고 여쭈었다.

"온 세상이 불타고 있다는 말씀이 무슨 뜻입니까?"

모든 시선이 부처님에게 쏠렸다. 부처님이 제자들에게 말씀하셨다.

"비구들이여, 눈이 불타고 있다. 눈에 보이는 빛깔과 형상이 불타고 있다. 눈의 분별이 불타고 있다. 눈과 그 대상의 접촉이 불타고 있다. 눈과 대상의 접촉에서 생기는 즐겁고 괴로운 느낌들이 불타고 있다.

비구들이여, 무엇 때문에 불타는 것인가? 탐욕의 불·분노의 불·어리석음의 불 때문이다. 그 까닭에 늙음의 불길·질병의 불길·죽음의 불길·걱정의 불길·슬픔의 불길·고통의 불길·고뇌의 불길이 치솟고 있는 것이다. 귀에서도 코에서도 혀에서도 몸에서도 나아가 마음에서도 불길이 훨훨 타오르고 있다.

비구들이여, 이와 같이 관찰할 수 있는 현명한 제자는 눈에 대해서도, 눈으로 보는 빛깔과 형상에 대해서도, 눈과 대상의 접촉에 대해서도, 그 접촉에서 생기는 즐겁고 괴로운 느낌에 대해서도 집착하지 않는다. 그들은 집착을 벗어나 마음의 해탈을 얻는다.

탐욕의 불·분노의 불·어리석음의 불에서 벗어나 마음이 해탈한 이는 '나는 이미 해탈했다'고 자각하게 될 것이다. 그럴 때 그는 '나의 생은 이미 다했고, 청정한 수행은 이미 완성되었으며, 해야 할 일을 다 마쳤다. 이제는 더 이상 윤회의 굴레에 속박되지 않는다'고 스스로 알게 될 것이다."

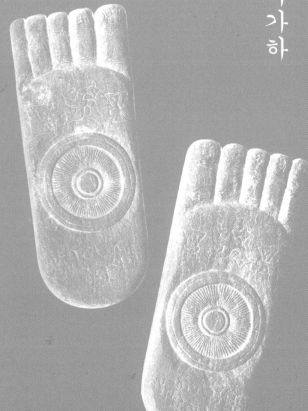

제
5
장

고화의 터전 라자가하

죽림정사

"완전한 깨달음을 성취하시거든 가장 먼저 이 도시로 돌아와 주십시오. 가장 먼저 저를 깨우쳐주십시오."

마가다국의 빔비사라왕과 약속을 지키기 위해 부처님은 라자가하로 돌아왔다. 산마루를 넘은 부처님과 제자들은 서남쪽 교외의 평화롭고 한적한 랏티와나(Laṭṭhivana)숲의 사당에 머물렀다. 앙가와 마가다국 백성들의 성소인 그곳에는 종파와 상관없이 수행자들이 머물 수 있도록 편의가 제공되고 있었다. 사꺄족의 성자가 우루웰라깟사빠와 함께 왔다는 소식은 순식간에 라자가하에 퍼졌다.

"정말로 고따마가 위대한 삼마삼붓다가 되어 라자가하를 찾아주셨구나. 부처님이 되신 고따마를 만나게 되다니 참으로 행복하구나."

빔비사라왕은 대신과 호위병을 거느리고 랏티와나로 향했다. 수많은 바라문과 백성들이 그 뒤를 따랐다. 사당 입구에 도착해 수레에서 내린 왕은 왕관·일산·부채·보검·황금신 등 권위를 상징하는 것들을 모두 떨치고 맨발로 걸어 들어갔다. 그는 부처님 앞에 다가가 발

27 라자가하를 방문한 부처님 2-3세기, 라호르박물관, 파키스탄

아래 머리를 조아렸다.

빔비사라왕을 따라온 대신과 바라문들 역시 부처님 두 발에 예배하고 한쪽에 앉았다. 그러나 그중에는 손을 들어 안부를 묻고 앉는 사람, 합장만 하고 앉는 사람, 자기 이름만 밝히고 앉는 사람, 아무 말 없이 앉는 사람도 있었다.

우루웰라깟사빠는 마가다국과 앙가국 백성들에게 오래전부터 존경받아온 인물이었다. 그런 그가 명성과 권위를 버리고 누군가의 제자가 되었다는 소문은 놀라운 일이 아닐 수 없었다. 게다가 그의 스승이 너무도 젊다는 사실에 사람들은 의혹의 눈초리를 거두지 않았다. 라자가하 백성들은 나란히 앉은 깟사빠와 부처님을 보고 누구에게 먼저 예배해야 할지 머뭇거렸고, 나이 많은 깟사빠와 젊은 고따마를 번갈아 쳐다보며 수군거렸다.

"저 젊은 사문이 우루웰라깟사빠 밑에서 수행한다는 것인가, 우루

28 부처님을 방문한 빔비사라왕
1세기, 산치 1탑, 인도

웰라깟사빠가 저 젊은 사문 밑에서 수행한다는 것인가? 도대체 누가
스승이고 누가 제자란 말인가?"

부처님께서 조용히 깟사빠에게 말씀하셨다.

"우루웰라 숲에서 살던 사람이여, 그대는 불을 섬기고 불에 제사 지
내던 사람입니다. 그대 깟사빠에게 묻겠습니다. 무슨 법을 보았기에
불을 섬기는 제사를 그만두었습니까?"

부처님의 뜻을 알아차린 우루웰라깟사빠가 자리에서 일어났다. 웅
성거림이 잦아들고 사방이 숨을 죽였다. 깟사빠는 가사를 고쳐 입고
공손히 합장한 채 큰 소리로 말했다.

"제사는 보이는 것·들리는 것·맛있는 것·향기로운 것을 찬탄하
고, 아름다운 여인을 칭송하는 것입니다. 많은 공물과 정성을 바치며
신들을 찬탄한 이유는 그 보답으로 그런 것들을 얻기 위해서였습니

다. 그러나 저는 오욕의 즐거움이 몸에 묻은 때와 같다는 걸 알았습니다. 그런 감각적 기쁨이 부질없다는 걸 알았습니다. 그래서 저는 지금 크고 작은 제사 지내는 걸 좋아하지 않습니다."

"깟사빠여, 그대의 마음이 오욕을 좋아하지 않게 되었다면 지금은 무엇을 좋아합니까?"

"부처님, 열반은 고요합니다. 열반에는 욕심의 근거가 되는 몸도 없고, 대상도 없습니다. 저는 오욕의 즐거움에 집착하지 않습니다. 다시 태어나 늙고 병들어 죽는 것을 걱정할 필요도 없습니다. 저는 모든 집착에서 벗어난 부처님의 가르침에서 만족을 찾았습니다. 열반으로 향한 길 외에 다른 법은 전 모릅니다. 열반을 알게 된 지금 제자의 마음은 크고 작은 제사를 즐거워하지 않습니다."

우루웰라깟사빠는 젊은 부처님 발아래 예배하였다.

"세존은 저의 스승이시고, 저는 제자입니다."

흰머리가 뽀얗도록 신들을 섬기며 살아온 깟사빠의 고백을 듣고 라자가하 사람들은 충격에 휩싸였다. 찬물을 끼얹은 듯 고요한 대중에게 부처님께서 차례에 따라 보시에 관한 이야기, 계율에 관한 이야기, 천상에 태어나는 올바른 길에 대해 말씀하셨다. 그리고 법문을 듣는 사람들의 마음이 편안하고 조용해졌을 때, 네 가지 성스러운 진리를 말씀해 주셨다.

"이것은 괴로움입니다. 이것은 괴로움의 발생입니다. 이것은 괴로움의 소멸입니다. 이것은 괴로움의 소멸에 이르는 길입니다."

수많은 백성들이 참된 말씀에 기뻐하였고, 빔비사라왕을 비롯한 많은 대신들이 그 자리에서 부처님의 지혜에 눈을 뜨고 삼보에 믿음을 일으켰다. 부처님의 지혜로써 바른 것을 보고 바른 것을 존경할 수 있게 된 빔비사라왕은 말하였다.

"저는 태자 시절 다섯 가지 소원이 있었습니다. 첫째는 제가 국왕이 되는 것, 둘째는 왕이 되었을 때 제가 다스리는 나라에 부처님께서 오시는 것, 셋째는 그 부처님을 섬기고 받들 기회를 제가 얻는 것, 넷째는 부처님께서 설하시는 법을 제가 듣는 것, 다섯째는 부처님께서 설하시는 법을 제가 이해하고 깨닫는 것입니다.

부처님, 저는 다섯 가지 소원을 모두 이루었습니다. 당신의 법은 너무도 거룩하고 훌륭합니다. 저를 제자로 기억해 주십시오. 목숨이 다하는 날까지 의지하고 삼보를 받들겠습니다. 내일 아침에는 비구들과 함께 이 제자의 공양을 받아주십시오."

다음 날, 부처님과 천 명의 제자들이 가사를 입고 발우를 손에 들고서 라자가하 거리로 들어섰다. 백성들은 물을 뿌리며 궁으로 향한 길을 쓸었고, 기러기 떼처럼 정연한 비구들의 행렬에 꽃을 뿌리며 환영하였다. 밤새 맛있는 음식을 장만한 왕은 부처님과 제자들을 맞아 손수 황금주전자를 들고 물을 돌렸다. 품위 있고 고요한 비구들의 식사 모습을 지켜보며 왕은 생각하였다.

'부처님과 비구들께서 어디에 머무시면 좋을까? 존귀하신 분들이 일반인들과 섞여 지내는 것은 좋지 않다. 낮에도 사람들과 섞이지 않고, 밤에도 시끄러운 소리가 수행을 방해하지 않는 곳이어야 적당하다. 그렇다고 너무 먼 곳도 좋지 않다. 부처님을 뵈려는 이들, 법을 들으려는 이들이 쉽게 갈 수 있는 곳이 필요하다. 오가는 길이 좋은 그런 장소가 어디 없을까? 아, 나의 죽림(竹林, Veḷuvana)이 적당하겠구나!'

죽림정사 인도

식사를 마치고 발우를 거두자 왕이 부처님께 말씀드렸다.

"세존이시여, 저에게 깨끗하고 조용한 숲이 있습니다. 그곳을 세존께 바치겠습니다. 제자들과 그곳에 머무십시오."

"보시하는 사람은 탐욕을 끊게 되고, 인욕하는 사람은 분노를 떠나며, 선행을 쌓는 사람은 어리석음을 벗어나게 됩니다. 이 세 가지를 갖추어 실천하면 빨리 열반에 이르게 될 것입니다. 가난하여 남들처럼 보시할 수 없더라도 다른 사람이 보시하는 것을 보고 칭찬하고 기뻐하면 그 복은 보시하는 사람과 다를 것이 없습니다."

빔비사라왕의 청을 수락한 부처님은 제자들과 죽림으로 향하셨다. 먹이를 주어 다람쥐를 기르던 울창한 대나무 숲, 교단 최초의 도량 죽림정사(竹林精舍, Veḷuvanārāma)는 이렇게 탄생하였다.

부처님께서 성도하신 후 첫해, 빔비사라왕의 나이 31세 때 일이다.

사리뿟따와 마하목갈라나의 귀의

라자가하로 모여든 수행자들의 물결을 멀찌감치 바라보는 이가 있었다.

"한때는 나도 저들처럼 새로운 것을 찾아 헤맸지……."

새로운 볼거리를 찾아 서성이는 사람들, 물건을 팔지 못해 안달인 사람들, 웃고 떠드는 소리가 가득한 라자가하 거리에서 홀로 웃음을 잃은 그는 우빠띳사(Upatissa)였다. 시들한 눈빛으로 우빠띳사는 생각에 잠겼다.

"벌써 오래전 일이 되었구나……."

어린 시절 둘도 없는 단짝 꼴리따(Kolita)와 함께 축제에 참여한 적이 있었다. 라자가하 최대의 축제, 산꼭대기에서 칠 일 동안 열리는 제사인 기락가사맛자(Giraggasamajja)로 도성은 북적거렸다. 휘장을 친 유곽마다 무희들의 춤과 노래가 끊이지 않고, 광장에서는 연극이 공연되었으며, 광대들은 골목마다 곡예를 뽐냈다. 앙가국과 마가다국의 각지에서 사람들이 몰려들었다. 그때만큼은 신분과 계급의 장벽을 넘어 함께 떠들며 즐기고 기쁨을 만끽하곤 하였다. 그런데도 즐거워하지도 웃지도 않는 두 소년이 있었다.

"축제에 참여해 기뻐하고 즐거워하는 저들도 백 년 후엔 한 사람도 남아 있지 않겠지. 저 환희와 웃음은 흔적도 없이 사라지겠지."

"저런 축제를 즐기는 게 무슨 의미가 있을까?"

시간의 강물에 쓸려버리는 꿈같은 환희가 아닐까. 염증을 느낀 두 소년은 도심을 벗어나 한적한 들녘을 거닐었다.

"두려운 죽음을 벗어날 방법은 없을까? 영원한 삶은 없을까?"

"어머니 배 속에서 태어난 사람은 모두 죽어야만 하지 않는가."

"죽음이 있듯 죽지 않는 법 또한 있지 않을까? 벗이여, 죽지 않는 법을 가르쳐줄 만한 스승을 우리 한번 찾아보자."

"그래, 우리가 모르고 있을 뿐 분명 죽음을 초월하는 법이 있을 거야. 좋아, 찾으러 떠나자."

두 소년은 라자가하의 명사인 산자야(Sañjaya)의 제자가 되었다. 총명한 두 소년은 오래지 않아 스승의 가르침을 모두 암기하고 이해하며 구분해 설명할 수 있게 되었다.

"스승께서 알고 있는 가르침은 이것뿐입니까, 아니면 이것 말고 또 있습니까?"

"이것이 전부다."

귀의할 만한 스승이라 여겨 제자가 됐지만 만족할 수 없었다. 산자야의 경지는 미련이 남는 불완전한 가르침이었다. 불사(不死)의 길, 영원한 삶을 찾아 두 사람은 여러 곳을 떠돌았다. 이 마을에서 저 마을로, 이 도시에서 저 도시로 옮겨가며 열변을 토하는 학자와 사상가들을 만났다. 그러나 확신을 주는 스승은 어디에도 없었다. 참되고 영원한 삶을 찾는 두 젊은이는 좌절을 맛볼 때마다 서로에게 다짐하곤 하였다.

"불사의 길을 발견하면 꼭 서로에게 알려주도록 하자."

그들의 다짐은 가물거리는 추억이 되려고 하였다.

"결국 불사의 길을 찾지 못하는 건가……."

탄식을 흘리며 거리를 바라보던 우빠띳사의 공허한 눈길에 걸식하는 한 사문의 모습이 들어왔다. 그 순간, 주변의 산만함이 순식간에 사라지고 시간이 멈춰버린 듯하였다. 시선을 송두리째 빼앗아버린 사문의 얼굴은 편안했다. 그의 표정에서는 두려움과 초조함을 조금도 찾아볼 수 없었다. 손에 든 발우를 응시하며 한 발 한 발 옮기는 그의 걸음걸이는 너무도 평화롭고 고즈넉했다.

'세상에 아라한이 있다는 얘기는 들었지만 나는 한 번도 아라한을 본 적이 없다. 만약 아라한이 있다면 바로 저런 분이 아닐까.'

탁발을 방해할 수는 없었다. 홀린 듯 사문의 뒤를 따르던 우빠띳사는 한적한 곳에 다다라 손에 든 좌구를 내려놓았다.

"사문이여, 여기 앉으십시오."

그가 식사를 마치기를 기다렸다가 가지고 온 병의 물을 따라 드렸다. 우빠띳사는 예의를 갖춰 정중히 인사를 드렸다.

"사문이여, 당신은 참으로 침착하고 얼굴이 밝게 빛납니다. 도대체 당신은 누구십니까? 당신의 스승은 누구고, 무엇을 배웠습니까?"

사문은 말하였다.

"벗이여, 사꺄족 출신의 위대한 사문이 있습니다. 저는 그분에게 출가하여, 그분을 스승으로 삼고, 그분을 존경하며, 그분을 따라 배우는 앗사지입니다."

"당신의 스승, 위대한 사문께선 어떤 법을 가르치십니까?"

"벗이여, 저는 이제 막 출가한 사람입니다. 스승의 가르침을 들어온 지 얼마 되지 않습니다. 스승의 넓고 깊은 가르침을 온전히 이해하지 못하기에 당신에게 제대로 말할 수 없습니다."

앗사지는 말문을 닫고 가만히 시선을 낮추었다. 이해할 수 있었다.

세 치 혀를 칼과 방패 삼아 싸우는 사람들이 넘쳐나고 있었다. 말을 위한 말, 상처만 남기는 헛된 논쟁을 우빠띳사는 수도 없이 겪었던 터였다.

우빠띳사는 몸가짐을 바로 하고 앗사지의 발아래 이마를 조아렸다.

"저는 우빠띳사입니다. 많은 말씀은 바라지 않습니다. 저를 가엾이 여겨 요점만이라도 일러주십시오."

천천히 눈을 뜬 앗사지는 우빠띳사를 한참을 바라보더니 게송을 읊었다.

일체는 원인이 있어 생기는 것
여래는 그 원인을 설하시네
그리고 또 그 소멸까지도
위대한 사문은 이와 같이 가르치네

앗사지의 눈동자는 빛이 났다. 우빠띳사는 그의 게송을 듣자마자 번민의 열기가 가시고 눈이 시원해졌다. 눈앞이 열렸다. 열반의 강물에 몸을 담근 우빠띳사는 기쁨에 넘쳐 소리쳤다.

"대덕이여, 이것으로 충분합니다. 우리들의 스승은 지금 어디 계십니까?"

"죽림정사에 계십시다."

"대덕이여, 그곳으로 찾아가겠습니다."

우빠띳사는 앗사지의 발아래 거듭 이마를 조아린 다음 급히 떠나갔다. 그에겐 꼭 지켜야 할 약속이 있었던 것이다. 산자야의 수도원에 있던 꼴리따가 가깝게 다가온 우빠띳사를 보고 물었다.

"벗이여, 오늘은 그대의 얼굴이 유난히 빛나는구려. 무슨 경사라도 있는 것인가?"

"기뻐하게. 드디어 불사의 길을 찾았네."

우빠띳사는 앗사지와의 만남을 이야기하고, 그가 들려준 게송을 꼴리따에게도 전하였다. 꼴리따 역시 게송을 듣는 순간 소리쳤다.

"드디어 길을 찾았다."

기쁜 소식을 둘만 누릴 수 없었다. 우빠띳사와 꼴리따는 스승 산자야를 찾아갔다.

"스승님, 드디어 불사의 길, 영원한 자유의 길을 찾았습니다."

기쁨에 들뜬 우빠띳사와 꼴리따의 설명에도 산자야는 곁눈질을 거두지 않았다. 산자야가 말했다.

"나는 평생 수많은 수행자들을 만나보았다. 일체의 고뇌를 벗어났다는 이, 모든 것을 안다는 이, 모든 것을 가능하게 한다는 이. 다들 자신의 말이 진리라고 주장하지만 나는 그들의 말이 참이라고도 생각지 않고 거짓이라고도 생각지 않는다. 그렇다고 내가 그들과 다르게 생각하는 것도 아니고, 그들의 주장을 부정하는 것도 아니다. 나는 영원한 자유의 길이 있다고도 생각하지 않고 없다고도 생각하지 않는다."

산자야는 자신이 누리고 있는 명성과 권위를 버리고 낯선 길로 들어서는 것을 내켜하지 않았다. 뛰어난 두 제자 역시 잃고 싶어 하지 않았다. 우빠띳사와 꼴리따는 함께 교단을 이끌자는 스승의 만류를 뿌리치고 산자야의 동산을 나섰다. 이백오십 명의 수행자가 두 사람을 뒤따랐다.

세존께서는 수많은 비구들에게 에워싸여 법을 설하고 계셨다. 먼 길을 걸어온 우빠띳사와 꼴리따가 이백오십 명의 동료와 함께 죽림정사로 들어섰다. 부처님은 설법을 멈추고 환한 웃음을 지으며 비구들에게 말씀하셨다.

"길을 열어주어라. 저기 훌륭한 나의 두 제자가 찾아오고 있다."

두 사람은 부처님께 예배하며 간청하였다.

"세존이시여, 저는 날라까(Nālaka) 촌장 방간따(Vaṅganta)의 아들이며, 어머니는 루빠사리(Rūpasārī)입니다. 세존이시여, 당신께 출가하여 구족계를 받을 수 있도록 허락하소서."

"세존이시여, 저는 꼴리따(Kolita)촌장의 아들이며, 어머니는 목갈리(Moggalī)입니다. 세존이시여, 당신께 출가하여 구족계를 받을 수 있도록 허락해 주소서."

부처님께서 따스한 미소를 지으며 손을 내미셨다.

"오라, 비구들이여. 나의 가르침 안에서 청정한 범행을 닦아 괴로움에서 완전히 벗어나도록 하라."

어머니의 성을 따라서 이 두 사람은 사리뿟따(Sāriputta, 舍利弗)와 마하목갈라나(Mahamogallāna, 大目健連)로 불렸다. 그리고 그들은 부처님 교단을 지탱하는 튼튼한 두 기둥이 되었다.

시기와 질투

라자가하 사람들은 놀라움을 금치 못했다. 혜성처럼 나타난 젊은 사문 주위에 눈 깜짝할 사이 수행자들이 몰려들어 뭇별처럼 빛나고 있었다. 죽림정사에 터전을 둔 부처님 교단은 깟사빠 삼형제가 이끈 천 명의 비구와 사리뿟따와 마하목갈라나가 이끈 이백오십 명의 비구가 더해져 천이백오십 명의 비구로 구성된 큰 승가로 변모하였다. 더구나 사리뿟따와 마하목갈라나의 출가에 힘입어 긴 손톱을 기르고 자자한 명성을 누리던 사리뿟따의 외삼촌 꼿티따(Koṭṭhita), 사리뿟따의 동생인 우빠세나(Upasena)와 쭌다(Cunda)와 레와따(Revata) 등 라자가하의 상류층 자제들이 줄지어 부처님께 귀의하였다. 또한 소나단다(Soṇadaṇḍa)는 빔비사라왕으로부터 앙가국의 수도였던 짬빠(Campā)를 영지로 하사받을 만큼 학식과 명성이 높던 바라문이었다. 마가다국 제일의 바라문이었던 그는 각가라(Gaggarā) 호숫가에서 오백 명의 바라문들이 보는 가운데 권위와 명성을 버리고 부처님께 귀의하였다. 마가다국 상류사회의 한 축을 이루고 있던 바라문들에게는 크나큰 충격이었다. 빔비사라왕으로부터 카누마따(Khāṇumata)를 영지로 하사받은 바라문 꾸따단따(Kūtadanta), 예인인 마을의 촌장 딸라뿌따(Tālapuṭa), 전사들의 마을 촌장 요다지와(Yodhājīva), 코끼리부대 마을 촌장 핫타로하(Hattāroha), 기병들의 마을 촌장 앗사로하(Assāroha), 창병(槍兵)들의 마을 촌장 아시반다까뿟따(Asibandhakaputta) 등 마가다국의 수많은 지도자들이 권위를 버리고 부처님의 발아래 예배하였다. 거기에 더해 빔비사라왕은 칙령을 내려 마가다국 사람이면 지위와 신분을 막론하고 누구나 출가할 수 있도록 허락하였다.

출가하고 귀의하는 이들이 많아지면서 비난하고 원망하는 소리 또한 높아졌다. 자식을 잃은 사람들, 남편을 잃은 사람들, 하인을 잃은 사람들의 원성에 시기와 질투까지 더해졌다. 비구들이 걸식을 위해 거리로 나서면 너도나도 손가락질하며 노래를 불렀다.

마가다국의 수도 라자가하에
시골뜨기 사문 하나 나타나더니
산자야의 제자 모조리 빼앗아갔네
다음은 또 누구 차례일까

동요하는 비구들에게 부처님께서 말씀하셨다.

"근거 없는 소문은 오래가지 않는다. 그런 소문은 오래가야 이레를 넘기지 않을 것이다. 염려하지 말라. 아들을 빼앗아간다고, 남편을 빼앗아간다고, 제자를 빼앗아간다고 불평하거든 이렇게 대답하라.

세상의 빛, 영웅이신 여래
그분께서 법으로 인도하시니
지혜로운 사람이라면
무엇을 걱정할까

과연 이레가 지나자 비난과 악담은 자취도 없이 사라졌다. 죽림정사에는 진리를 찾는 사람들의 발길이 끊이지 않았고, 라자가하 거리에는 부처님과 제자들의 지혜와 덕을 칭송하는 소리가 드높았다. 빔비사라왕을 비롯한 라자가하의 우바새들은 부처님 교단의 한 구성원으로서 신행과 수행을 겸비하며 승가에 지원을 아끼지 않았다. 또한 한때 모두 이교도였던 그들은 부처님께 귀의한 다음부터는 이교도들로부터 승가를 보호하는 역할을 담당하였다. 날란다에 살던 우빨리는 부처님과 대론하도록 니간타나따뿟따가 직접 파견할 만큼 지혜로운 사람이었다. 그러나 신업·구업·의업의 경중에 대해 부처님과 대론하고 귀의한 우빨리는 그 후 외도들로부터 교단을 옹호하는 데 적극 앞장섰다. 자신들에게서 멀어지는 대중의 눈길에 외도들은 위기의식을 느꼈다. 그들은 승가의 불화를 조장하기 위해 사람을 몰래 잠입시켜 음해하기도 하였다.

시기와 질투는 승가 외부만의 일이 아니었다. 사리뿟따와 마하목갈라나에 대한 부처님의 관심과 애정은 남달랐다. 부처님께서 두 비구에게 계경(戒經, Pāṭimokkha)을 암송하는 일을 맡도록 지목하자 동요가 일었다. 먼저 출가한 비구들이 그런 중요한 일을 신참에게 맡길 수 없다며 반발하였다. 관심을 독차지한 두 비구에 대한 불만은 쉽게 가시지 않았다. 늦게 출가하고도 교단을 지도하고 관리하는 역할을 담당하는 두 비구에 대해 동료들은 끊임없이 불만을 터뜨렸다. 부처님은 한량없는 세월을 정진한 두 비구의 전생 이야기를 들려주며 그들을 신뢰하고 따르도록 독려하셨다.

사리뿟따와 마하목갈라나는 늘 현명하고 겸허하게 처신하였다. 진리의 길로 인도한 앗사지의 은혜를 잊지 못해 항상 예배하고 그가 머무는 곳을 향해 머리를 두고 눕는 사리뿟따, 자신의 안위에 앞서 늘 대중의 이익과 안락을 살피는 마하목갈라나의 모습에 동료들의 불만은 서서히 사그라졌다. 새로 출가한 비구들 중에서 두 비구의 지도에 불만을 품는 이들이 나타날 때마다 부처님은 말씀하셨다.

"비구들이여, 사리뿟따와 마하목갈라나를 따르고 가까이하라. 그들은 청정한 삶을 돕는 훌륭한 벗이다. 사리뿟따는 그대들에게 생모와 같고, 마하목갈라나는 그대들에게 양모와 같은 사람이다. 비구들이여, 사리뿟따와 마하목갈라나를 따르고 가까이하라."

마하깟사빠의 귀의

라자가하 거리에는 진리를 전파하고 진리를 배우는 비구들이 나날이 늘어갔다. 그러던 어느 날이었다. 부처님이 발우와 가사를 들고 조용히 죽림정사를 나와 누구에게도 알리지 않은 채 북쪽으로 향했다. 라자가하를 벗어나 날란다로 향한 큰길을 따라 한참이나 걸은 부처님은 길가 커다란 니그로다나무 아래 자리를 잡으셨다. 눈에 띄는 모습과 행동을 좀처럼 보이지 않던 부처님이었다. 그런 분이 수많은 사람들과 수레가 지나는 길목에서, 그것도 보란 듯이 눈부신 빛을 발하며 선정에 드셨다. 한낮의 태양이 기울고 대지가 석양으로 물들 무렵이었다. 한 나그네가 다가와 두 발 아래 예배하였다.

"당신은 저의 스승이십니다."

마가다국 마하띳타(Mahātittha)의 부유한 바라문 아들 삡빨리(Pippali)였다. 여덟 살부터 네 가지 웨다를 비롯한 다양한 학문을 통달하였던 그는 일찍이 출가수행에 뜻을 둔 청년이었다. 하지만 외동아들 하나만 바라보는 부모님을 두고 차마 떠날 수 없었다. 스무 살 되던 해, 결혼을 권유하는 부모님의 성화를 견디다 못해 삡빨리는 말씀드렸다.

"아버지 어머니께서 살아계시는 동안에는 제가 정성껏 모시겠습니다. 그러나 그 후에는 출가할 생각입니다."

그는 며느리를 맞아 손자를 보려는 부모님의 뜻도 거역할 수 없었다. 결국 아버지의 결정에 따라 맛다(Madda)국 사갈라(Sāgala)의 꼬시야(Kosiya)종족 장자의 딸 밧다까삘라니(Baddākāpilānī)와 결혼할 수밖에 없었다. 그런데 다행스럽게도 하늘이 도왔는지 그녀 역시 어려서부터 출가수행에 뜻을 둔 여인이었다. 서로의 뜻을 확인한 두 사람은 매일 밤 꽃다발을 사이에 두고 잠을 잤다. 몇 해 동안 다정한 부부로 살았지만 한 번도 꽃다발은 헝클어지지 않았다. 세월이 흘러 부모님도 돌아가시자, 세속 생활을 '불난 초가' 처럼 여겼던 삡빨리와 밧다까삘라니는 약속이나 한 듯 서로의 머리를 깎아 주었다. 궁궐처럼 커다란 집과 재산을 모두 버리고 흙으로 빚은 발우 하나만 들고서 조용히 집을 나섰다. 토지를 나눠주고 신분까지 해방시켜 준 자애로운 주인을 하인들이 막아서며 울부짖었지만 두 사람 얼굴에는 아쉬운 기색조차 없었다. 세 걸음을 사이에 두고 걷던 부부는 갈림길에 접어들었다. 걸음을 멈춘 삡빨리가 조용히 돌아섰다.

"밧다여, 우리는 이제 수행자가 되었습니다. 예전처럼 함께 길을 걷는 것은 적당치 않습니다. 이젠 그대와 헤어질 시간입니다. 먼저 길을 고르십시오."

"당신은 남자니 오른쪽 길을 가십시오. 저는 여자니 왼쪽 길을 가겠습니다."

마지막 인사를 나누고, 멀어지는 아내의 뒷모습을 삡빨리는 한참이나 바라보았다. 그런 뒤 그는 다짐하였다.

'완전한 지혜를 가진 성자를 꼭 만나리라. 청정한 삶을 반드시 성취하리라.'

뻽빨리는 발길을 돌렸다. 그쪽은 라자가하로 가는 길이었다. 날란다(Nālandā)를 지나 한참을 갔을 때였다. 길가 나무 아래에 한 수행자가 보였다. 저무는 햇살에 온몸이 황금빛으로 찬란하고, 얼굴에는 평온함이 가득했다.

'저분이시다.'

오랜 세월 마음속에 그리던 성자를 뻽빨리는 한눈에 알아보았다. 그는 조심스레 다가가 연꽃 같은 두 발에 머리를 조아렸다.

"당신은 저의 스승이십니다."

지그시 눈을 뜬 부처님은 미소 지으며 손짓하셨다.

"가까이 오라. 그대를 기다렸다."

뻽빨리는 가슴 깊은 곳에서 솟는 환희를 주체할 수 없었다. 그는 예배하며 말씀드렸다.

"저는 까뻴라(Kapila)와 수마나데위(Sumanādevī)의 아들, 깟사빠(Kassapa, 迦葉)종족 뻽빨리입니다. 당신은 저의 스승이십니다. 저는 당신의 제자입니다. 당신은 진정 저의 스승이십니다. 저는 영원히 당신의 제자입니다."

"아는 척하거나 본 척하는 거짓된 스승이 그대처럼 진실한 마음을 가진 사람의 예배를 받는다면 그의 머리는 일곱 조각으로 깨어질 것이다. 나는 모르면서 아는 척하거나 보지 못했으면서 본 척하는 사람이 아니다. 보아라, 그대의 예배를 받고도 터럭 하나조차 움직이지 않는다. 사실대로 알고 사실대로 보았기에 알고 본다고 말하는 나는 그대의 예배를 받을 자격이 있다. 그렇다, 나는 그대의 스승이고 그대는 나의 제자다.”

부처님은 깟사빠에게 훌륭한 가문 태생이 가지기 쉬운 자존심과 교만을 지적하고 스스로를 한없이 낮추도록 일러주셨으며, 아름다운 얼굴과 몸에 대한 자신감과 기쁨을 떨쳐버리기 위해 낱낱의 부위를 하나하나 관찰해 그 실상을 파악하도록 일러주셨다. 부처님은 일주일 동안 식사와 잠자리를 함께하며 오직 깟사빠를 위해 법을 설하셨다.

“깟사빠, 그대는 신분의 우월함을 버리고 선배와 후배와 동료들 사이에서 항상 신중함을 보여야 한다. 깟사빠, 그대는 식견의 우월함을 떨치고 어떤 법을 듣건 귀를 기울이고 마음에 새기며 깊이 사유해야 한다. 깟사빠, 그대는 탁월한 재능에 대한 자만심을 버리고 항상 게으르지 말며 즐거운 마음으로 부지런히 수행해야 한다.”

팔 일째 되던 날, 마하깟사빠(Mahākassapa)는 모든 번뇌와 집착에서 벗어나 아라한이 되었다.

함께 라자가하로 돌아오던 길이었다. 두 아라한은 따가운 햇살을 피해 잠시 휴식을 취하러 숲으로 들어갔다. 깟사빠는 재빨리 가사를 벗어 네 겹으로 접은 다음 잎이 무성한 나무 아래에 깔았다.

“세존이시여, 이곳에 앉으십시오.”

미소를 보이고 자리에 앉은 부처님이 가사의 끝자락을 매만지며 말씀하셨다.

“그대의 가사가 참 부드럽구나.”

마하깟사빠는 기다렸단 듯이 합장하고 말씀드렸다.

"이 가사를 세존께 바치고 싶습니다. 받아주소서."

"그대는 어찌하려고?"

"부처님께서 입으신 가사를 제게 주십시오."

부처님은 웃음을 보이며 당신의 가사를 마하깟사빠에게 건넸다. 그건 묘지에 버려진 헝겊을 기워 만든 분소의였다.

계율의 제정

녹야원의 다섯 수행자, 깟사빠 삼형제, 사리뿟따와 마하목갈라나 그리고 마하깟사빠, 이들이 교단에 참여하는 데는 부처님의 한마디면 충분했다.

"오라, 비구여."

그 후 라자가하의 죽림정사에 터전을 잡고 수많은 출가자와 재가자들이 교단에 들어오면서 그들은 다음과 같이 맹세했다.

"거룩한 부처님께 귀의합니다. 거룩한 법에 귀의합니다. 거룩한 승가에 귀의합니다."

그런데 승가의 규모가 커지면서 시끄러운 문제들이 승가 내부에서 새로이 생겨나기 시작했다. 큰 소리로 거리를 누비며 음식을 구걸하고, 걸식한 음식을 두고 찬탄하거나 타박하며, 승방으로 돌아와 잡담으로 시끄럽게 떠드는 이들이 생겨났다. 가사를 입은 모양이 단정치 않고, 걷고 서고 앉고 눕는 모양새를 제멋대로 하는 이들도 있었다. 비구의 자질이 부족한 이, 수행자의 기본예절조차 지키지 않는 이들이 나타났다. 또한 물과 젖처럼 화합하며 서로를 보살피라는 당부에도 불구하고 종족과 출신을 따지고 관습에 따라 행동하는 일들이 벌어졌다. 부처님께서는 승가의 위계와 질서를 유지하고, 당신의 눈과 귀가 미치지 않는 곳에서 출가하는 이들의 자질을 염려해 입단 절차를 제도화하지 않으면 안 되었다. 따라서 비구가 되기 위해선 구족계(具足戒)를 받도록 하고, 계의 조목을 하나하나 정비해 나가셨다.

구족계를 받으려는 자는 먼저 자신의 화상(和尙)을 선택해 평생 스승으로 모시고, 세속의 아버지와 아들처럼 서로를 보살피고 돌보게 하셨다. 화상은 제자에게 필요한 덕목들을 가르치고 행동 하나하나를 지도하며 필요한 물품들을 마련해주게 하였고, 제자가 병들면 그의 신변을 보살피고 식사까지 돌보게 하셨다. 제자는 화상을 섬기고 의식주 모두에 걸쳐 마음을 써서 불편이 없도록 하며, 세수와 목욕에서부터 식사·청소·빨래에 이르기까지 화상의 일을 거들어 주도록 하셨다. 화상을 정해 수학한 이만이 스승인 화상의 보증 아래 비구가 될 자격을 가지게 하셨다. 또한 승가의 한 사람으로서 완전한 자격을 인정받기 위해서는 승가의 동의를 구하게 하셨다. 승가 구성원이 모두 모인 자리에서 출가하려는 당사자와 그의 보증인이 될 화상의 이름을 거론하며 대중의 뜻을 묻게 하셨다. 대중에게 세 번을 물어 이의를 제기하는 사람이 없을 경우에만 승가가 동의한 것으로 인정하고 비구가 지켜야 할 계목들을 일러주며 출가를 허락하셨다.

화상을 정한 다음에도 문제는 발생하였다. 그의 화상이 다른 고장으로 떠나버려 홀로 남겨지거나 환속하거나 죽거나 다른 종교로 전향하는 경우가 발생하였다. 이럴 때를 대비해 아사리(阿闍梨)* 제도를 만들었다. 아사리는 화상이 곁에 없는 이들을 가르치고 지도하는 것은 물론 일상생활에서도 스승과 제자로서 서로를 돕고 보살피게 하였다.

부처님은 출가의 조건이나 출가 후 생활에 있어서 계급과 재능의 차별을 인정하지 않으셨다. 비구는 같은 복장에 같은 규율을 지키며 생활하도록 하셨다. 따라서 승가 안에서 위계와 질서의 기준, 즉 좌석의 차례를 정하는 방법은 한 가지 뿐이었다. 그것은 바로 구족계를 받은 순서였다. 따라서 구족계를 받을 때는 당사자와 화상의 이름은 물론 장소와 의식을 집행하던 상황, 날짜와 시간까지 정확히 기억하도록 하셨다.

구족계가 제도로서 확립되자 그에 따른 세부 규정들도 보완되었다. 라자가하에서 우빨리(Upāli)라는 청년이 열여섯 명의 친구와 함께 마하목갈라나에게 출가하였는데, 나이가 어렸던 탓에 시도 때도 없이 추위와 굶주림을 호소하였다. 그들 열일곱 명은 추위와 굶주림, 사람들의 모욕을 견디기에는 아직 어린 나이였다. 이를 아신 부처님은 성년, 즉 만 스무살이 넘은 사람에게만 구족계를 주도록 정하셨다. 미성년자도 출가는 허락되었지만 그들은 정식 비구로 인정되지 않았다. 비구들의 지도와 보살핌을 받도록 한 그들을 사미(沙彌)라 불렀다.

지켜야 할 계의 조목 또한 끊임없이 정비되었다. 초기에는 출가생활의 기본 방침으로 4의지(依止)를 일러주셨다. 즉 출가 수행자는 걸식하는 생활에 의지하고, 출가 수행자는 분소의를 입는 생활에 의지하고, 출가 수행자는 나무 아래에서 좌선하는 생활에 의지하고, 출가 수행자는 동물의 대소변을 이용해 만든 진기약(陳棄藥)을 사용하는 생활에 의지한다는 정도였다. 또한 초기의 제자들은 일일이 규제하지 않아도 마땅히 지켜야 할 것과 하지 말아야 할 것을 잘 알고 있었다. 그러나 출가자가 늘어감에 따라 마땅히 지켜져야 할 것들이 지켜지지 않는 상황이 발생했다. 범행(梵行), 즉 일체의 성행위를 금하는 것은 부처님 교단은 물론 니간타를 비롯한 다른 교단의 출가 수행자들도 기본적으로 지키던 의무사항이었다. 그러나 이런 기본 사항들조차 지켜지지 않는 일이 교단 내부에서 발생하게 되었다. 갖가지 사건들을 계기로 살생·거짓말·도둑질 등의 사회윤리부터 부처님 교단의 특수성을 반영한 세부 조항까지 구족계의 항목들은 점차 늘어나게 되었다. 승원 생활을 터전으로 구족계는 끝없이 정비되었고, 계를 지킴으로써 교단의 구성원으로 인정받게 되었다. 또한 보름에 한 번씩 일정 지역에 거주하는 승가 구성원들은 의무적으로 한자리에 모여 계경(戒經)을 낭송하고 잘못을 고백하며 참회하는 포살(布薩)의식을 행하게 하셨다.

그 외에도 승가에는 많은 규정들이 생겨났다. 그중 대표적인 것이 안거(安居)이다. 삼 개월에서 사 개월 동안 비가 지속되는 우기(雨期)에는 한곳에 정착해 생활하며 외출과 유행(遊行)을 삼가는 풍습이 인도 대부분 지역에 있었다. 다른 교단들 역시 초목을 밟거나 동물에게 피해를 주기 쉬운 이 시기에는 일정한 곳에 머물게 하였다. 라자가하를 중심으로 교단이 성립되던 무렵 비구들은 우기에 구애되지 않고 포교를 위해 분주히 여러 곳을 다녔다. 그러자 이를 비난하는 목소리가 높아졌다. 이에 부처님께서 안거 제도를 마련하셨다. 우기 동안에는 한곳에 거주하며, 질병과 재난 등 어쩔 수 없는 경우를 제외하고는 외출하는 일이 없도록 금하셨다. 그 기간을 스승과 장로들로부터 가르침을 듣고 수행에 매진하는 시기로 삼게 하신 것이다. 우기가 끝날 무렵이면 다음 포교 활동을 위해 신자들로부터 옷감을 보시 받아 가사를 만들고, 발우가 깨어졌으면 새 발우도 마련하였다. 안거 마지막 날에는 안거를 함께한 이들이 모두 모여 그동안 보고 듣고 의심한 허물들에 대해 토로하고 참회하는 자자(自恣)의식을 행하였다.

제
6
장

고
향
에
서
의
전
법

부왕의 초대

깨달음을 이루신 후 2년, 부처님께서 라자가하 죽림정사에 머무실 때 일이다. 아들 싯닷타가 위대한 성자가 되고, 마가다국 빔비사라왕의 존경을 한 몸에 받는다는 소식이 멀리 까삘라까지 전해졌다. 허전한 가슴을 기약 없는 눈물로 채우던 까삘라 사람들은 기뻐하였다. 아버지의 기쁨은 더할 수 없었다. '나의 아들이 친족과 나라를 버렸다'는 생각에 누구보다 괴로워하던 숫도다나왕이었다. 마냥 기다릴 수는 없었다. 사까족의 명예를 세상에 드날린 아들을 한시라도 빨리 보고 싶었다. 모든 이들에게 찬탄과 존경을 받는 자랑스러운 모습으로 돌아와 가슴속 응어리진 슬픔을 풀어주길 고대하였다. 숫도다나왕은 라자가하로 사신을 파견하였다.

"아비는 네가 돌아오기만 기다리고 있다. 뜻을 이루었으니 이젠 까삘라로 돌아오라."

기대와 달리 자랑스러운 아들은 한걸음에 달려오질 않았다. 파견한 사신조차 돌아오지 않았다. 기다리다 지쳐 다시 사신을 아홉 차례나 파견하였지만 남쪽에서는 소식이 없었다.

북쪽을 등지고 앉은 부처님은 좀처럼 돌아앉지 않으셨다. 사꺄족의 태자 싯닷타를 초청하러 간 사신들은 위대한 성자 부처님을 만나고 나서는 모두들 출가해버렸다. 그들은 거친 베옷과 진흙 발우만으로 행복해하는 비구가 되었던 것이다. 기대가 절망으로 바뀐 숫도다나왕은 사명을 잊지 않을 믿음직한 사람을 찾았다.

'사꺄족의 안위를 누구보다 염려하는 깔루다이(Kāludāyī)라면 이 일을 충분히 수행하리라. 어린 시절 흙장난하며 자란 친구의 말이라면 태자도 귀를 기울이겠지.'

숫도다나왕은 깔루다이를 불러 명하였다.

"그대는 태자와 형제나 다름없다. 이 일을 할 사람은 그대밖에 없다. 나에게 약속해다오. 태자를 꼭 데려오겠다고."

누구보다 왕을 잘 아는 깔루다이였다. 슬픔이 가득한 왕의 눈빛은 명령이 아니라 애원이나 다름없었다. 처진 어깨에서 흘러내리는 숫도다나왕의 옷자락을 받쳐 들며 깔루다이는 맹세하였다.

"제가 꼭 모셔오겠습니다."

라자가하에 도착한 깔루다이는 강물처럼 성을 드나드는 비구들의 행렬에서 옛 친구의 모습을 확인하였다. 그를 쫓아 죽림정사로 들어섰지만 에워싼 비구들은 좀처럼 부처님에게 다가갈 기회를 주지 않았다. 칠 일 동안 꼬박 멀리서 바라보아야 했다. 부처님의 모습은 커다란 코끼리처럼 위엄이 넘치고, 부처님의 목소리는 보름달처럼 밝고 상쾌했다. 깔루다이는 어느새 자신도 모르게 합장하고 있었다. 그제야 부처님은 옛 친구에게 손짓하셨다.

"가까이 오라, 깔루다이. 부왕께서는 안녕하신가?"

"부왕께서는 늘 아들 걱정만 하십니다."

"그대는 나의 가르침이 마음에 들지 않는가?"

"아닙니다. 저 또한 기뻐하고 있습니다."

깔루다이 역시 비구가 되었다. 세간의 즐거움과는 비교도 할 수 없는 평화롭고 행복한 삶을 몸소 맛보고 즐기게 되었다. 그러나 숫도다나왕과의 약속도 잊지 않았다. 늘 남쪽을 향해 앉던 부처님이 간간히 북쪽을 향해 돌아앉기 시작했다. 기회를 엿보던 깔루다이는 한가한 시간에 부처님께 다가가 가슴에 담아두었던 말을 조심스럽게 꺼냈다.

"드릴 말씀이 있습니다. 발아래 예배하고 여쭈오니 허락하여 주십시오."

"말하라, 깔루다이."

시 쓰는 재능이 뛰어난 깔루다이는 간절한 소망을 담아 노래하였다.

태어나 태를 묻은 곳
승리의 땅 까삘라
낳아주신 아버지 숫도다나
황금 같은 야소다라와 심장 같은 라훌라
한 줄에 꿰어진 꽃목걸이처럼
목을 길게 늘이고 기다리는 이들
너무나 보고 싶은 당신을
오래 오래 그리워하다
저더러 전하라 하셨습니다

뜬눈으로 당신을 기다린다고
겨울이 가고 여름은 오기 전
모두가 즐거워하는 아름다운 계절
어린 새잎들은 불꽃처럼 반들거리고
색색의 꽃들이 숲을 단장합니다
시원한 산들바람 향기 나르고
벌들이 분주히 꿀을 나르는 시간
당당하신 분이여, 유행을 떠나소서
친족에게 그 향기 전해 주소서
천둥과 먹구름 모두 숨어버리고
사방 가득히 찬란한 햇빛
아침이면 달콤한 이슬 맺히고
저녁이면 시원한 북풍이 부는 때
당당하신 분이여, 로히니강을 건너소서
사꺄족과 꼴리야족이 당신 모습 보게 하소서

부처님은 말이 없었다. 깔루다이는 애달픈 곡조로 거듭 노래하였다.

농부들 밭을 갈고 씨앗 뿌리며
풍성한 수확을 꿈꾸는 계절
거친 물살 헤치고 바다로 가는 상인들
항아리 가득 보석을 담고 돌아올 꿈을 꿉니다
지혜의 주인이여, 자비를 베푸소서

부디 저의 꿈을 이뤄주소서

노래는 끝없이 이어졌다. 촉촉해진 깔루다이의 눈가를 바라보던 부처님께서 말씀하셨다.

"까삘라로 가리라."

깔루다이의 두 눈에서 눈물이 흘렀다.

삼계에서 가장 높은 우리 부처님
붉은 연꽃 같은 두 발을 옮기시면
울퉁불퉁 먼지 나던 험한 저 길도
우리 님 편히 가시게 고운 모래 깔리리라

깔루다이는 곧장 까삘라로 향했다. 그는 맨발로 달려 나오는 숫도다나왕에게 기쁜 소식을 전했다.

"칠 일 뒤 부처님께서 까삘라로 오십니다."

"오, 내 아들이 드디어 돌아오는구나. 싯닷타는 어떻게 지내고 있더냐?"

"완전한 깨달음을 얻으신 분, 천이백오십 명의 제자를 거느린 그분의 위엄과 지혜는 누구와도 견줄 수 없습니다. 마가다국의 빔비사라왕은 그분을 위해 시원한 대나무 숲에 정사를 지었고, 라자가하 백성모두가 그분께 예배하며 공경합니다."

안도의 한숨을 돌린 숫도다나왕은 이내 깔루다이의 달라진 모습을 보았다.

"깔루다이, 너도 사문이 되었느냐?"

"저도 부처님의 가르침을 따르기로 했습니다."

　못마땅한 표정을 거두지 않는 숫도다나왕과 사꺄족 사람들에게 깔루다이는 생기 있는 음성으로 노래하였다.

　인간세계에서 온전한 깨달음 얻으신 부처님

　바른 선정에 들어 평안을 즐기시는 분

　일체법을 초월한 집착 없는 참된 분

　사람들은 물론 신들조차 예배하는 분

　일체의 탐욕에서 해탈을 즐기시네

　금광의 암석에서 황금을 만들어내듯

　온갖 속박 벗어나 평안을 즐기시네

　번뇌의 가시숲 거침없는 코끼리처럼

　허공에 뜬 태양처럼, 우뚝 솟은 봉우리처럼

　커다란 권능 지니고도 모든 생명 해치지 않는

　위대하고 신비로운 용과 같은 코끼리

　내 여러분에게 그분을 자랑하렵니다

　온화함과 자비로움은 그분의 앞발

　고행과 범행은 그분의 뒷발

　믿음의 코로 진리를 탐구하고

　지혜와 평정이 상아처럼 빛납니다

　온갖 가르침 가득 담긴 두둑한 배

　외떨어진 꼬리처럼 고독을 즐기는 분

가건 서건 앉건 눕건 그 코끼리는

늘 몸과 마음이 선정에 든답니다

청정하고 맑은 공양 따뜻하게 받아주고

순수하지 않은 공양 받지 않으시며

구차하게 목숨에 집착하지 않으시니

어떤 허물도 그분에게선 찾아볼 수 없답니다

온갖 번뇌 끊어 없애고 일체 속박 벗어나

자유롭게 노닐며 구속되지 않는 분

세상에 태어나 이 세상에 살면서도

어떤 욕심에도 물들지 않는 분

새하얀 저 연꽃과 같답니다

부드러운 향기에 사랑스런 빛깔

더러운 물에서 나고 그 물에서 자라도

물과 진흙의 더러움에 물들지 않는답니다

다시 찾은 까삘라왓투

라자가하에서 까삘라왓투까지 60유순(由旬), 부처님은 멍에를 건 황
소 걸음으로 꼬박 두 달 만에 까삘라왓투에 도착하셨다. 사꺄족 영웅
의 귀환에 백성들은 왕궁으로 난 길을 청소하고 꽃을 뿌리며 환호하
였다. 그러나 부처님은 그 길을 벗어나 성 밖 니그로다숲으로 향했다.
성대한 연회를 준비하고 왕궁에서 기다리던 숫도다나왕과 대신들은

29 까뻴라왓투에 귀향한 부처님 2-3세기, 인도박물관, 인도

당황하였다. 모두에게 마음의 상처를 덧나게 하였다. 하지만 숫도다
나왕은 아들이 돌아왔으니 그것으로 되었다며 스스로를 위로하였다.

"나름대로 까닭이 있겠지요. 자, 다들 니그로다숲으로 가봅시다."

할아버지뻘 · 삼촌뻘 · 형뻘 되는 친족들을 두 걸음하게 한 것도 이
해할 수 있었다. 그러나 당황스러움은 곧 불쾌감으로 바뀌었다. 종족
의 원로들이 몸소 왔건만 부처님은 숲 속 나무처럼 우두커니 앉아 있
을 뿐이었다. 반색은커녕 자리에서 일어나지도 않았다. 게다가 따가
운 햇볕에 검게 그을리고 기나긴 여정에 지친 부처님과 제자들의 행
색은 초라하기 그지없었다. 화려한 의복과 장신구로 예의를 갖추고
앞장서 달려갔던 원로들은 못마땅한 표정으로 고개를 돌렸다.

"밤하늘의 별처럼 수행자들이 태자를 호위한다더니, 저들은 거지
떼나 다름없지 않은가? 깔루다이가 그 잘난 헛바닥으로 우리를 속였
다. 너희들이나 저 사람에게 인사해라."

고요한 숲 속이 소란스러워졌다. 젊은 왕자들의 등을 떠밀며 원로

들이 뒤로 물러서던 참이었다. 숫도다나왕이 도착하였다. 말에서 내
려서다 비구들의 행색을 본 늙은 왕은 다리를 휘청거렸다. 눈매가 일
그러지고 고삐를 잡은 손이 부들거렸다. 숫도다나왕은 일산을 당겨
얼굴을 가렸다. 안타까운 한숨이 흘러나왔다.

"아, 아들아……"

선 채로 한참을 움직이지 못하던 숫도다나왕이 일산을 물렸다. 머
리를 높이 세우고 입을 굳게 다문 숫도다나왕은 루비로 장식한 보검
을 풀었다. 그런 뒤 불만이 가득한 원로들의 눈길을 애써 외면하며 천
천히 걸음을 옮겼다. 이상한 일이었다. 아들에게 가까이 다가갈수록
숫도다나왕의 가슴에 쌓인 원망과 분노가 봄눈처럼 녹아내렸다. 조용
히 다가와 초라한 행색으로 고향을 찾은 아들의 발아래 머리를 조아
렸다. 일순간 숲에 무거운 정적이 감돌았다.

"네가 태어나던 날, 전륜성왕의 운명을 타고났다는 선인들의 예언
에 나는 너의 발아래 예배하였다. 어린 시절, 잠부나무 아래에 앉은
거룩한 너의 모습을 보고 나는 또 너의 발아래 예배하였다. 오늘, 만
개한 꽃처럼 밝고 깨끗한 너의 얼굴을 보니 내 마음 기쁘기 그지없어
또 이렇게 발아래 절을 하는구나."

숫도다나왕의 예배에 놀란 장로들이 앞다퉈 다가가 꽃을 바치고 옛
태자의 발아래 머리를 조아렸다. 자부심 강한 사꺄족의 정수리에서
부처님 발바닥에 묻었던 흙먼지가 날렸다. 수많은 대신과 장수, 백성
들도 차례로 절을 하고 자리에 앉았다. 사꺄족이 교만을 꺾고 순백색
믿음의 천을 마련하자 부처님은 환한 미소를 보이며 고운 빛깔의 가
르침으로 차례차례 그들의 마음을 염색하셨다. 보시하고 계율을 지키

고 욕됨을 참아내는 삶에 아름다운 과보가 기다리고 있음을 일러주고, 출가의 공덕을 찬탄하고, 모든 고뇌와 속박에서 벗어나는 법을 설하셨다. 사꺄족의 마음이 부드러워지고 나서야 부처님은 갖가지 방편으로 사성제를 설하셨다. 오랜 시간 이어진 설법에도 사람들은 싫증내지 않았다. 본 적 없던 광경을 목격하고, 들은 적 없던 희유한 말씀을 들은 사꺄족은 모두 기쁨이 넘치는 얼굴로 그들의 영웅을 찬탄하였다. 부처님께서 말씀을 거두고 조용히 선정에 드신 다음에도 사람들은 일어설 줄 몰랐다.

시간이 흐르자 사람들이 하나 둘 자리를 떠나고 숲에 다시 정적이 찾아들었다. 이젠 숫도다나왕도 떠나야 할 시간이었다. 다시 찾아온 이별의 순간, 애써 군왕의 위의를 지키던 아버지는 사문이 된 아들의 두 발에 허물어지고 말았다. 폭풍처럼 휘몰아치는 슬픔과 오열이 조용한 숲을 휘저었다.

"아들아, 사랑하는 내 아들아!"

왕은 아들의 파르스름하게 깎은 머리와 이슬과 햇살에 거칠어진 얼굴을 바라보고 해진 옷자락을 쓰다듬으면서 끝없이 눈물지었다.

"보관도 버리고, 검푸른 머리카락도 자르고, 볼품없는 모양새가 되었구나. 화려한 궁전에서 위엄을 떨치던 너에게 이런 남루한 누더기가 다 뭐냐."

"마음속 교만을 버리기 위해, 감로법을 증득하기 위해 보관과 비단옷을 버린 것입니다. 언젠간 바래버릴 검푸른 머리카락을 자르고 저는 가장 높고 바른 깨달음을 증득하였습니다."

"네가 태어나던 날부터 나의 소원은 오직 하나, 네가 전륜성왕이 되

는 것이었다. 대지와 산천을 호령하며 천 명의 아들을 둔 위대한 왕이
되길 바랐었다."

"전륜성왕이 되어 만 가지를 얻는다 해도 마음에 만족이란 없습니
다. 오래오래 살며 온갖 영화를 누린다 해도 마음은 자유롭지 못합니
다. 지금 제 마음은 만족스러우며 자재하기 끝이 없습니다. 눈물을 거
두십시오. 자식이 전륜성왕이 되길 바라는 것은 어리석은 일입니다."

숫도다나왕의 음성에 노기가 서렸다.

"가진 것이라곤 밥그릇 하나뿐인 이런 꼴이 자랑스럽기라도 하다
는 것이냐. 사내대장부가 부끄럽지도 않느냐. 아비에게 보일 모습이
고작 이것이냐."

부처님은 눈길을 낮추고 부왕의 거친 숨결이 가라앉기를 기다렸다.
이윽고 조용히 말씀하였다.

지혜와 삼매는 저의 대지
천 명의 제자는 저의 아들
깨달음을 여는 일곱 가지 보석
왕이여, 저는 이미 모두 얻었습니다

무거운 침묵이 흐르고, 늙은 아버지의 슬픔과 분노도 잦아들었다.
숫도다나왕은 주위를 둘러보며 물었다.

"저들은 누구냐?"

"이 사람은 빔비사라왕의 존경을 받으며 오백 명의 제자를 거느리
던 우루웰라깟사빠입니다. 이 사람은 우빠띳사 마을 촌장의 아들 사

리뿟따입니다. 이 사람은 꼴리따 마을 촌장의 아들 마하목갈라나입니다. 이들 모두 마가다국의 바라문 출신으로 학문이 출중한 인물들입니다."

숫도다나왕은 말에 올라 숲을 떠나며 혼잣말로 중얼거렸다.

"내 아들 싯닷타는 순수 혈통의 찰제리(刹帝利, Kṣatriya)*이다. 찰제리인 나의 아들을 저런 바라문들이 감싸고 있다니……."

궁으로 돌아온 숫도다나왕은 사꺄족들을 대전으로 불러들였다.

"나의 아들은 아누다라삼먁삼보리(阿耨多羅三藐三菩提, Anuttara-sammāsambodhi)를 성취하여 신들과 인간의 존경을 한 몸에 받고 있다. 싯닷타는 우리 사꺄족의 자랑이고 우리 왕족의 긍지이다. 나의 아들은 바라문이 아닌 찰제리의 호위와 시중을 받아야 마땅하다. 태자가 출가하지 않았다면 분명 전륜성왕이 되었을 것이고, 그대들은 모두 태자의 신하가 되었을 것이다. 그대들은 모두 부처님께 귀의하여 부처님의 가르침을 받들도록 하라."

고향에서의 걸식

고요한 아침이 찾아왔다. 니그로다숲에는 꽃만 무성할 뿐 공양을 가지고 오는 사람도 공양에 초청하는 사람도 없었다. 해가 제법 높이 솟았을 때, 부처님께서 자리에서 일어나 가사를 갖추어 입고 숲을 나섰다. 그 뒤를 비구들이 조용히 따랐다. 성의 문턱을 밟으며 잠시 생각에 잠겼던 부처님은 곧 집집마다 돌며 대문을 두드리셨다. 모든 이들을 초대해 음식을 베풀던 분, 누구의 집에서도 음식을 먹지 않던 분이 한 끼의 음식을 베풀어주십사 하고 청한 것이다. 성안에 소동이 일었다.

"숫도다나왕의 아들 싯닷타가 이집 저집 밥을 얻으러 다닌다."

입에서 입으로 전해진 소문은 걸음보다 빨랐다. 라훌라의 어머니 야소다라가 누각의 창문을 열어젖혔다. 거리에 늘어선 구경꾼들 사이로 부처님과 제자들의 행렬이 다가오고 있었다. 야소다라는 쓰러질 듯 긴 한숨을 내쉬었다.

"황금 수레를 타고 위용을 자랑하며 거리를 누비던 분, 저분이 이젠 맨발로 다니는구나. 흙으로 만든 그릇을 들고 집집마다 밥을 빌러 다니는구나."

자존심 강한 사꺄족에게 있을 수 없는 일이었다. 소식을 들은 숫도다나왕은 흘러내리는 옷자락을 거둘 새도 없이 달려 나갔다. 길을 막아선 왕의 얼굴에는 원망과 비애가 가득했다.

"아비에게 이런 창피를 주어도 되는 것이냐. 내 집에서 너와 비구들에게 공양하지 못할 것 같아 이러느냐."

"왕이시여, 들으십시오. 집집마다 차례로 걸식하는 것은 왕께 수모를 드리려는 것이 아닙니다. 왕께서 저와 비구들에게 공양하지 못할 것이라 생각해서도 아닙니다. 이것은 우리 사문의 전통입니다."

부처님의 손목을 거머쥔 숫도다나왕이 목소리를 높였다.

"우리는 찰제리이다. 명예로운 우리 가문에 너처럼 밥을 얻으러 다닌 자는 한 사람도 없었다."

부처님은 고개를 숙이고 목소리를 낮췄다.

"찰제리는 당신의 종족입니다. 저희는 부처님의 종족입니다. 과거에 출현하셨던 높고 거룩하신 부처님들도 한결같이 걸식으로 생명을 이어가셨습니다."

"당신의 종족이라고? 아······."

움켜쥐었던 숫도다나왕의 손아귀가 맥없이 풀렸다. 나의 아들, 사랑스러운 나의 아들, 그래서 더없이 원망스러웠던 나의 아들은 이미 아버지의 손이 닿지 않는 곳에 있었다. 당신의 종족과 나의 종족을 이야기하는 그는 이미 숫도다나왕의 아들이 아니었다. 숫도다나왕은 주저앉고 말았다. 뿌옇게 흐려지는 눈길 너머의 태자는 이제 사문일 뿐이었다. 부처님이 조용히 말하였다.

일어나 방일치 말고
선행을 닦으십시오
법을 행하면 안락합니다
이승에서나 저승에서나

부처님의 음성은 담박하고 진실했다. 부처님의 눈빛은 흔들림 없고 당당했다.

선행을 닦고
악행을 짓지 말아야 합니다
법을 행하면 안락합니다
이승에서나 저승에서나

숫도다나왕이 부처님에게 다가갈 방법은 이제 한 가지 뿐이었다. 숫도다나왕은 일어나 옷깃을 가다듬었다. 그리고 성자가 된 아들을 정중히 초청하였다.

"비구들께 공양을 올리고자 합니다. 오늘은 저희 집에서 공양을 받으소서."

야소다라와의 재회

궁중은 분주했다. 음식을 준비한 여인들이 모두 달려 나와 경의를 표하고 환대하였다. 그들은 능숙한 솜씨로 음식과 과일을 올리며 부지런히 시중을 들었다. 부처님은 한쪽에 앉아 조용히 합장하였다. 오직 한 사람, 라훌라의 어머니만은 그 자리에 보이지 않았다. 아버지 숫도다나왕과 어머니 마하빠자빠띠는 부처님이 공양하는 동안 내내 곁을 떠나지 않았다.

"네가 우루웰라에서 고행하다 굶주림에 지쳐 죽었다는 소문이 돈 적 있단다."

"그때 그 말을 믿으셨습니까?"

"믿지 않았지. 내 아들 싯닷타가 목적을 성취하기도 전에 죽을 리가 없지. 절대 그럴 리 없지."

부처님은 공양을 마치고 부모님과 궁중의 여인들을 위해 법을 설하셨다. 악을 경계하고 바른 법을 닦는 집안에 제 수명을 누리지 못하는 자는 없다고 말씀하셨다. 그런 집안에는 젊어서 비운에 죽는 사람이 결코 없음을 힘주어 말씀하셨다.

　처음으로 숫도다나왕의 얼굴에 흐뭇한 미소가 감돌았다. 흐르는 눈물을 거두지 못하던 마하빠자빠띠도 기쁨이 가득한 얼굴로 아들의 두 발을 쓰다듬었다.

　"궁궐 안에서 수많은 사람들의 호위를 받던 네가 산속에서 혼자 어떻게 지냈느냐?"

　"두려움을 떨치면 숲도 궁궐과 다를 것이 없습니다."

　"늘 호화로운 까시산 비단옷을 입었는데……. 분소의가 불편하지는 않느냐?"

　"탐욕이 가득했던 옛이야기입니다. 새털이나 양모나 목면이나 비단으로 만든 옷보다 지금은 이 분소의가 더 좋습니다."

　"걸식한 음식들을 어떻게 먹었느냐?"

　"세상 사람들 다 먹는 음식입니다. 어찌 싫다 할 수 있겠습니까."

　대중을 둘러본 부처님께서 게송으로 말씀하셨다.

　　홀로 살면서 방일하지 않는 성자

　　비난과 칭찬에 흔들리지 않나니

　　소리에 놀라지 않는 사자처럼

　　그물에 걸리지 않는 바람처럼

　　진흙에 물들지 않는 연꽃처럼

　　남에게 이끌리지 않고 이끄는 이

　　현명한 이들은 그를 성자로 압니다

궁중의 모든 사람들이 사꺄족 성자를 자랑스러워하며 환희의 찬가를 불렀다. 우렁찬 찬탄의 노래는 야소다라의 방까지 울렸다. 두꺼운 휘장으로 사방을 가린 그녀의 방에는 햇빛 한 줌 들지 않았다. 궁중의 여인들이 달려와 조심스레 말했다.

"태자비님, 그토록 기다리던 태자님이 오셨습니다. 이제 그만 나오세요."

휘장 너머에서 무겁고 차가운 야소다라의 음성이 방 안을 울렸다.

"그가 나를 떠나갔다……. 그가 나에게 다시 와야 한다. 내가 왜 그에게 가야 한단 말인가."

그녀에게 두 번 권할 수 없었다. 공양과 설법이 끝나고 숲으로 돌아가기 위해 부처님께서 자리에서 일어나셨다. 그때였다. 방을 나서는 아들 앞을 숫도다나왕이 막아서며 두 손을 내밀었다. 아들의 발우를 소중히 받아든 숫도다나왕은 낮지만 분명한 목소리로 말했다.

"꼭 가야할 곳이 있다."

말없이 따라나서는 부처님을 사리뿟따와 마하목갈라나가 뒤따랐다. 화려한 문양을 새긴 긴 회랑을 지나 새소리도 들리지 않는 궁중 깊은 곳에서 숫도다나왕이 걸음을 멈추었다.

"들어가 보거라."

잠시 눈을 감았던 부처님이 조용히 말했다.

"그녀가 원하는 대로 하도록 그냥 두십시오. 누구도 그녀를 막아서는 안 됩니다."

부처님은 무거운 문을 열고 두꺼운 휘장을 천천히 걷으셨다. 방 한 구석 울음을 삼키는 어두운 그림자가 보였다. 사리뿟따와 마하목갈라나를 물린 부처님은 조용한 걸음으로 다가가 침상 가까이 놓인 자리에 앉으셨다. 한참 후 무거운 침묵을 뚫고 흐느낌이 새어나왔다. 작은 흐느낌은 이내 통곡이 되어 궁전 회랑을 휘감았다.

꿈에 그리던 그이의 발아래 야소다라는 쓰러졌다. 붉은 연꽃같은 두 발에 얼굴을 묻고 울었다. 보고 싶었다고, 왜 이리 늦었냐는 말을 한마디도 꺼내지 못한 채 목에 걸린 울음만 토했다. 시간이 흐르기만 기다릴 뿐 아무도 막지 않았다. 야소다라의 슬픔을 누구도 막을 수 없었다. 당신의 두 발이 홍건히 젖도록 부처님 역시 말씀이 없었다. 숫도다나왕이 다가가 며느리의 두 어깨를 가만히 다독였다.

"네가 거친 베옷을 입는다는 소리를 듣고 야소다라는 비단옷을 버렸단다. 네가 장신구를 걸치지 않는다는 소리를 듣고 야소다라는 화장을 그만두었단다. 네가 맨땅에서 잔다는 소리를 듣고 야소다라는 방 안의 이불을 모두 치워버렸단다. 네가 출가한 후 다른 왕실에서 패물을 보내왔지만 야소다라는 모두 거절했단다. 야소다라는 늘 너를 믿고 사랑하고 그리워했단다."

야소다라의 눈물을 말없이 바라보던 부처님이 고개를 끄덕이더니 나지막이 말씀하셨다.

"야소다라가 저를 보살피고 절개를 지켰던 것은 금생만이 아닙니다."

난다의 출가

까삘라에 온 지 사흘 째 되던 날, 떠들썩한 잔치가 벌어졌다. 마하빠자빠띠가 낳은 동생 난다와 석가족 최고의 미녀 자나빠다깔랴니 (Janapadakalyāṇī)가 결혼식을 올리는 날이었다. 더불어 부왕의 왕위를 잇는 대관식이 준비되고 있었다. 최고의 음식을 준비한 자리인 만큼 초대받은 이들 역시 화려한 비단과 보석으로 치장하고 있었다. 농담과 찬사가 어우러져 들뜬 잔칫집에 한 사문이 나타났다. 부처님이었다. 친족들은 애써 예를 갖추었지만 거친 베옷을 입은 옛 태자의 출현에 당황하고 있었다. 음악이 멈추고 어색한 침묵이 감돌았다. 놀라기는 난다도 마찬가지였다. 그립던 형님이었다. 그런 형님이 고작 밥그릇 하나만 들고 동생의 잔칫집을 찾은 것이었다. 난다는 얼굴이 화끈거렸다. 문으로 내쳐 걷는 걸음걸이가 난다의 속내를 말하였다. 말없이 발우를 빼앗아 든 난다는 음식이 놓인 곳으로 걸어가 음식을 담기 시작했다. 볼품없는 발우에 불만이라도 토로하듯 덥석덥석 집은 음식을 그릇 속으로 내던졌다. 속이 상했다. 누구도 감히 바로 쳐다볼 수 없던 형님이었다. 그 위엄과 기상 앞에 저절로 머리를 숙이게 하던 형님이었다. 자신이 아우라는 걸 자랑스럽게 하던 형님이었다. 그런 형님이 수많은 사람들의 조롱 속에 내동댕이쳐지고 있었다. 넘치도록 음식을 담고 돌아선 난다는 깜짝 놀랐다. 형님이 보이지 않았다. 보고 싶던 형님이 문밖 너머의 거리로 멀어지고 있었다. 난다는 가슴이 무너져 내렸다. 잠시나마 형을 수치스럽게 여긴 자신이 밉고 싫었다. 눈물이 떨어지는 발우를 두 손으로 받쳐 들고 난다는 오래오래 담아두었던 말을 외쳤다.

"형님."

형님의 걸음을 쫓아 문턱을 넘을 때였다. 난다의 발길을 어여쁜 아내의 목소리가 붙잡았다.

"여보."

고개를 돌린 난다에게 자나빠다깔랴니는 애써 미소를 지어보였다. 그녀의 웃음 속에는 두려움이 가득했다.

"제 이마의 화장이 마르기 전에 돌아오셔요."

떨리는 그녀의 목소리가 화살처럼 날아와 심장에 꽂혔다.

"제가 잘못했습니다."

부처님은 걸음을 멈추지도, 돌아보지도, 한마디 말도 하지 않았다. 초라한 사문이 되어버린 옛 태자와 밥그릇을 들고 뒤를 따르는 새로운 태자, 우스꽝스런 그 광경을 백성들이 의혹의 눈길로 바라보았지만 부처님은 전혀 아랑곳하지 않았다. 태양이 머리 꼭대기에 다다르도록 숲으로 향하지 않고 까삘라 거리를 구석구석 누볐다. 그 뒤를 따르며 난다는 끊임없이 애원했다.

"형님, 용서하십시오. 그만 노여움을 풀고 발우를 받으십시오."

뜨겁던 태양이 서쪽으로 기울고 난다의 마음을 채웠던 원망과 수치심도 서서히 가라앉았다. 말을 잊고 뒤를 따르는 난다의 걸음은 어느새 씩씩해져 있었다. 문틈에서 수군거리는 백성들에게 난다는 속으로 크게 외쳤다.

'보라, 자랑스러운 나의 형님을. 이처럼 당당한 눈빛과 걸음걸이를 그대들은 본 적 있는가.'

석양이 붉게 물들고 부처님은 니그로다숲으로 향하셨다. 숲의 수행자들은 돌아오시는 부처님을 침묵으로 맞이할 뿐 누구 하나 수선떨지 않았다. 난다는 숲의 수행자에게 발우를 내밀었다.

30 난다의 출가 3세기, 나가르주나콘다고고박물관, 인도

"이건 우리 형님의 발우입니다. 받으십시오."

수행자는 눈빛을 낮출 뿐 발우를 받으려 하지 않았다. 누구도 손을
내밀지 않았다. 난다는 어쩔 수 없이 부처님의 처소까지 발우를 들고
가야만 했다. 숲 한가운데 마련된 넓고 깨끗한 자리, 그곳에 부처님이
앉아 계셨다. 그 얼굴에는 조금의 원망도 노여움도 찾아볼 수 없었다.
일찍 드리운 숲의 어둠에도 얼굴은 횃불처럼 빛나고 있었다. 앞으로
다가간 난다가 공손히 발우를 내려놓았다.

"난다야, 앉아라."

얼마나 듣고 싶던 따스한 음성인가. 공손히 합장한 아우에게 부처
님은 말씀하셨다.

"난다야, 내가 부끄러운가?"

"아닙니다. 이 세상 어느 사내도 형님처럼 당당하지 못할 겁니다.

제가 잠시 어리석었습니다. 지금 전 세상 누구보다 형님이 자랑스럽습니다."

"난다야, 모든 탐욕을 떨쳐버린 삶은 당당하단다. 난다야, 모든 분노와 원망을 떨쳐버린 삶은 안온하단다."

부처님은 출가의 공덕과 과보를 난다에게 차근차근 설명해 주셨다. 밝게 웃는 난다에게 나지막이 물으셨다.

"난다야, 너도 비구가 될 수 있겠느냐?"

이마의 화장이 마르기 전에 돌아오라던 아내의 목소리가 난다의 귓전에 맴돌았다. 말없이 고개를 숙인 난다에게 재차 물으셨다.

"난다야, 너도 비구가 될 수 있겠느냐?"

부처님의 말씀 속에는 거역할 수 없는 위엄이 서려 있었다. 난다는 기어들어가는 소리로 대답했다.

"네, 할 수 있습니다."

라훌라의 출가

까삘라에 오신 지 칠 일째 되는 날이었다. 왕궁에 들어와 공양하는 부처님의 거동을 남몰래 살피는 한 여인이 있었다. 야소다라였다. 그녀는 곱게 단장한 아이의 눈을 바라보며 다부진 목소리로 말했다.

"라훌라야, 어미의 말을 잘 들어라. 저분이 바로 너의 아버지시란다. 저분은 엄청난 재산을 가진 분이란다. 아버지에게 가서 너에게 물려줄 재산을 달라고 청하여라. 유산을 받기 전엔 절대 물러나선 안

31 부처님과 라홀라의 만남
2세기, 아마라와띠고고박물관, 인도

된다."

공양을 마치고 왕궁을 나서는 부처님 앞에 한 소년이 나타났다.

"아버지."

비구들의 행렬이 멈췄다.

"아버지, 아버지의 그늘은 행복합니다."

부처님은 잠시 멈췄던 걸음을 다시 옮겼다. 소년은 가사 자락을 붙들고 뒤따랐다.

"아버지, 저에게 물려줄 재산을 주세요. 아버지, 저에게 물려줄 재산을 주세요."

돌아보지도, 걸음을 멈추지도 않는 아버지를 따라 라훌라는 니그로 다숲까지 따라왔다.

"아버지, 저에게 물려줄 재산을 주세요."

숲으로 들어선 부처님은 걸음을 멈추고 사리뿟따를 찾았다.

"사리뿟따여, 이 아이가 아버지의 유산을 원하는구나. 라훌라를 사미로 받아주거라."

"예, 부처님."

마하목갈라나가 라훌라의 머리를 깎고 가사를 입혀 주었으며, 사리뿟따는 보살피고 지도해 줄 스승이 되어 주었다. 니그로다숲의 수행자들이 모두 우물가로 모여 머리에 물을 뿌려주며 법왕의 계위를 이은 라훌라를 축복해주었다. 그때, 라훌라가 사라진 것을 안 숫도다나왕이 니그로다숲으로 달려왔다. 허겁지겁 달려오는 할아버지에게 머리를 깎은 손자는 자랑스럽게 발우를 들어보였다. 숫도다나왕은 쓰러지고 말았다. 아들의 무릎에서 정신을 차린 숫도다나왕은 끝없이 흐느꼈다.

"태자인 네가 숲으로 떠났을 때 내 가슴은 찢어질 듯 아팠단다. 너의 빈자리를 채우려던 난다마저 출가하자 그 아픔은 더했단다. 하지만 살을 뚫고 뼛속까지 저리는 지금의 아픔만은 못하였단다. 저 어린 것마저 데려가 버리면 이 늙은이는 누굴 바라보고 누굴 의지하란 말이냐."

숫도다나왕은 애원하였다.

"한 가지 꼭 부탁할 것이 있다. 나에겐 돌이킬 수 없는 일이 되었지만 앞으로 부모의 허락을 받지 않은 아이는 출가시키지 말아다오."

숫도다나왕이 돌아간 뒤, 부처님은 비구들에게 말씀하셨다.

"비구들이여, 지금부터 부모가 동의하지 않은 소년의 출가를 금지하겠다. 부모가 동의하지 않은 소년을 출가시키는 비구가 있다면 그 허물을 묻겠다."

부처님은 팔 일간의 고향 방문을 마치고 새로 출가한 비구들과 함께 까삘라를 떠나셨다.

왕자들의 출가

까삘라왓투를 떠나 말라족이 사는 아누삐야의 망고숲에 잠시 머무실 때였다. 아름다운 동산으로 나들이 가듯 코끼리를 타고 성문을 나서는 무리가 있었다. 사꺄족 왕자 아누룻다(Anuruddha)·밧디야 (Bhaddiya)·데와닷따(Devadatta)·아난다(Ānanda)·바구(Bhagu)·

낌빌라(Kimbila)·우빠난다(Upananda)와 이발사 우빨리(Upāli)였다. 그들은 굳은 결심으로 권력과 재산을 버리고 부처님을 뒤쫓고 있었다. 말라족 경계에 다다른 일행은 코끼리를 돌려보내고 몸에 걸친 장신구를 풀어 모두 우빨리에게 주었다.

"우빨리야, 이것을 가지고 돌아가거라. 이것이면 앞으로 살아가는 데 어려움이 없을 것이다."

머뭇거리는 우빨리를 뒤로하고 아누삐야의 망고숲 가까이 다다랐을 때였다. 숨 가쁘게 달려오는 이가 있었다. 우빨리였다.

"왜 고향으로 가지 않았느냐?"

턱에 차는 숨을 고르며 우빨리가 말하였다.

"왕자님들의 장신구를 가지고 저 혼자 돌아가면 성미 급한 사꺄족이 절 가만두지 않을 겁니다. 분명 제가 나라를 떠나도록 왕자님들을 유인하거나 죽였다고 생각할 것입니다. 많은 보석을 가지고 고향으로 돌아가도 전 편히 살 수 없습니다."

아난다가 가여운 눈빛으로 바라보았다. 늘 순종하며 궂은 일을 마다하지 않은 그에게 의지할 곳을 찾아주고 싶었다.

"우빨리야, 그럼 말라족 왕에게 너를 보살펴주도록 부탁해보마."

우빨리는 고개를 저었다.

"귀한 집안에 태어나 부귀영화를 누리던 왕자님들도 세상의 영화를 버리고 수행자의 길을 택하셨습니다. 저 같은 하인이 뭐가 아쉬워 출가를 망설이겠습니까? 저도 왕자님들을 따라 비구가 되고 싶습니다."

우빨리는 빈손이었다.

"우리가 준 보석과 비단옷은 어떻게 했느냐?"

"길가 나뭇가지에 걸어 놓았습니다. 누구든 먼저 보는 사람이 가져 가겠지요."

한바탕 웃음을 터트린 왕자들이 우빨리의 등을 두드렸다.

"좋다, 함께 가자."

망고숲에 도착한 일행은 부처님께 예배드리고 간청하였다.

"세존이시여, 저희도 부처님의 가르침 안에서 바른 법과 율을 닦도록 허락해주소서."

반갑게 맞이하는 부처님께 아누룻다가 나서서 말했다.

"세존께서는 저희 사꺄족에게 자존심의 깃발을 꺾으라고 여러 차례 당부하셨습니다. 사꺄족의 교만과 오만 무례함을 저희부터 뉘우치겠습니다. 이발사 우빨리는 오랫동안 저희 시중을 들어온 벗입니다. 이 친구를 먼저 비구로 만들어주십시오. 이젠 저희가 우빨리를 받들고 존경하며 갖춰야 할 도리를 빠뜨리지 않겠습니다."

부처님은 왕자들을 칭찬하고 우빨리를 먼저 출가시켰다. 사꺄 왕자들은 자신들의 출가에 앞서 하인이었던 우빨리의 발아래 차례차례 머리를 조아렸다. 그 모습을 지켜보는 부처님의 얼굴에 환한 미소가 어렸다. 부처님이 새롭게 출가한 우빨리와 왕자들에게 당부하셨다.

"나의 법은 바다와 같다. 바다는 수많은 강물을 거부하지 않고 모두 받아들이며, 바다의 물맛은 언제나 하나이다. 우리 승가도 신분을 가리지 않고 모두 받아들이며, 평등한 그들에게는 올바른 법과 율이라는 한맛이 있을 뿐이다. 명심하라. 계를 받은 순서에 따라 예를 다할 뿐 신분과 귀천의 차별은 여기에 없다. 인연에 따라 사대(四大)*가 합해져 몸이라 부르지만 이 몸은 무상하고 텅 비어 '나'라고 고집할만한 것이 없다. 진실하고 성스러운 법과 율을 따르고 절대 교만하지 말라."

부처님의 가르침 안에서 사꺄족 왕자들은 수행자로 다시 태어났다. 가장 먼저 부처님의 가르침을 깨달은 사람은 밧디야였다. 그는 부처님께서 까삘라를 방문했을 당시 연로한 숫도다나왕을 대신해 국정을 총괄했던 사람이었다. 아누삐야숲에 머물던 어느 날, 외진 곳에서 홀로 선정에 잠기던 밧디야가 숲이 쩌렁쩌렁 울리도록 큰 소리로 외쳤다.

"아, 좋구나. 아, 좋구나."

부처님이 밧디야를 불러 물으셨다.

"밧디야, 뭐가 그리 좋은가?"

"저는 지난날 겹겹이 둘러쳐진 높은 성벽과 칼과 창으로 무장한 병사들의 보호를 받고도 편히 잠들 수 없었습니다. 인적 없는 나무 아래, 깊은 밤 홀로 있어도 두려울 것 하나 없는 지금의 저는 너무 행복합니다."

부처님은 흐뭇한 미소를 보이며 같이 기뻐하셨다.

"그렇다, 밧디야. 나의 법은 실로 행복하단다. 열반은 실로 안온하단다."

그러나 모두가 밧디야만큼 빠르게 가르침을 이해하고 열반의 기쁨을 누린 것은 아니었다. 더구나 유독 곱게 자란 마하나마의 동생 아누룻다는 게으르고 나태하기까지 했다. 부유한 그의 부모님은 한번도 아누룻다에게 '없다'는 말을 한 적이 없을 만큼 그가 원하는 것이면 무엇이든 들어주었다. 그런 아누룻다에게 숲 속 생활은 불결하고 고단한 일상의 연속이었다. 모든 일에 태만하고 법문을 듣는 자리에서 졸기까지 하는 아누룻다를 부처님은 대중이 모인 자리에서 호되게 꾸짖으셨다. 그 후 자신의 게으름을 자책한 아누룻다는 누구보다 열심히 정진하였다. 지나친 정진을 삼가라며 부처님이 만류하였지만 아누룻다는 잠을 자지 않고 강행했다. 결국 극심한 피로와 수면 부족으로 아누룻다는 시력을 잃고 말았다. 그러나 세상 사람들이 보지 못하는 것을 보는 천인의 눈을 얻고, 열반의 기쁨을 누리게 되었다. 어느 날, 떨어진 가사를 손질하던 아누룻다가 벗들에게 외쳤다.

"공덕을 쌓고 싶은 분이 계십니까? 어느 분이 저를 위해 바늘에 실을 꿰어주시겠습니까?"

말없이 다가와 그 바늘을 받아든 분이 계셨다. 부처님이었다.

사꺄족 왕자들과 함께 출가한 이발사 우빨리는 매우 진중한 사람이었다. 우빨리는 모든 비구들의 모범이 될 만큼 계율을 칼날처럼 지켰다. 거기에 깊은 사려까지 갖춘 그는 계율로 인한 논란이나 마찰이 생겼을 때 계율을 제정하신 부처님의 뜻을 면밀히 살펴 현명하게 판단해주곤 하였다. 그런 우빨리를 부처님은 승가의 규율을 제일 잘 알고, 제일 잘 지키는 비구라며 칭찬하셨다. 수많은 사꺄족 왕자들이 출가할 때 홀로 남았던 마하나마는 그 후 사꺄족의 왕이 되어 까삘라를 방문하는 비구들에게 공양을 끊지 않았다. 특히 병든 비구들은 언제든 찾아와 약재를 가져가도록 허용할 만큼 승가를 극진히 공경하고 봉양하였다.

제
7
장

교단의 성장

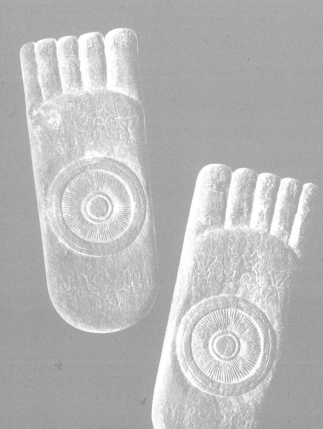

사왓티의 상인 수닷따

부처님께서 고향 방문을 마치고 라자가하로 돌아와 시따와나(Sī tavana)에 머무실 때였다. 샛별이 반짝이는 초저녁에 라자가하 거리로 들어선 사왓티(Sāvatthī)의 한 상인이 라자가하 부잣집의 문을 두드렸다. 그 집은 그 상인의 아내 뿐냘락카나(Puññalakkhaṇā)의 오라버니 집이었다. 여러 차례 문을 두드렸지만 한참이나 지나서 문이 열렸다. 이상했다. 방문할 때마다 즉시 두 팔을 벌리며 달려 나오던 처남이었다. 그런데 이날은 여느 때처럼 마중 나오지도 않고, 무슨 일이 바쁜지 찾아온 누이의 남편에게 얼굴도 보이지 않았다. 전에 없던 처남의 태도에 상인은 놀랍기도 하고 섭섭하기도 하였다. 그만 그런 것이 아니었다. 온 집안사람이 눈길도 주지 않았다. 부엌에서는 음식 준비로 분주하고, 하인들은 구석구석 청소하느라 정신이 없었다. 여기저기 기웃거리던 그는 사람들 틈에 끼인 처남을 발견하였다. 그는 손수 전단나무로 짠 평상을 펴고 색동방석을 깔고 있었다.

"얼마나 거창한 잔치가 있기에 이리 법석을 떠십니까?"

"오, 자네 왔는가?"

말로만 반기고 있었다. 얼굴은 먼 길을 온 손님은 뒷전이었다. 손에 든 방석만 들었다 놓았다 하며 고개를 갸웃거렸다. 처남은 한참만에 흐뭇한 미소를 짓고 손을 털며 돌아섰다.

"누구 결혼식입니까, 아니면 마가다국의 왕이라도 초대하신 겁니까?"

"결혼식이 있는 것도 아니고 임금님을 초대한 것도 아닐세."

"그럼 이렇게 큰 잔치는 도대체 뭡니까?"

"내일 부처님과 부처님 제자들을 공양에 초대했거든."

"부처님이라고요?"

"그래, 부처님."

"방금 부처님이라고 하셨어요?"

"그래, 부처님."

"정말 부처님이시라고요?"

"허허, 이 사람. 부처님이시라니까."

완전한 지혜를 깨달으신 분, 번뇌에 물들지 않고 온갖 고뇌를 해결해주시는 성자가 세상에 출현하셨다니, 그는 자신의 귀를 의심하지 않을 수 없었다.

"그분이 어디 계십니까?"

"부처님은 성 밖 시따와나에 머물고 계신다네."

"지금 찾아뵐 수 있습니까?"

"이 사람 참 성미하고는. 날이 저물어 오늘은 늦었네. 내일 공양에 오시면 뵙든지 정 기다리기 힘들면 날이 밝거든 찾아뵙게."

달그락거리는 그릇 소리와 분주한 발걸음도 잦아들고 마당에 별빛
이 내려앉았다. 눈을 감고 누웠지만 사왓티 상인은 잠을 이룰 수 없
었다.

'아, 내가 부처님을 뵙게 되다니…….'

그는 선잠에서 깨어 세 차례나 방문을 열어보았다. 멀리 동쪽 하늘
끝으로 희끗한 기운이 감도는 듯도 했다. 더 이상 기다릴 수 없었다.
그는 처남 집을 나와 시따와나로 향했다. 성문 밖은 칠흑처럼 어두웠
다. 간간이 새어나오던 인가의 불빛마저 끊기자 길은 고사하고 코앞
에 무엇이 있는지조차 알 수 없었다. 숲에 들어서자 등골이 오싹해지
고 두려움이 엄습했다. 발밑에서 마른 뼈다귀가 나뒹굴고 사방에 시
체가 널브러져 있었다. 시따와나숲은 야차들이 출몰하는 곳이었다.
후들거리는 다리를 옮기지 못하고 있을 때 머리 위에서 이상한 소리
가 들렸다.

"지금 내딛는 한 걸음은 온갖 보배보다 귀합니다. 앞으로 나아가십
시오. 물러서지 마십시오."

그는 마음을 다잡았다.

'부처님이 세상에 출현하시는 일은 매우 드문 일이다. 그런 분을 직
접 뵌다는 건 좀처럼 오기 힘든 기회야.'

용기를 내어 한 걸음 더 내딛자 누가 햇불이라도 비춘 듯 길이 환히
보였다. 몇 번이나 머뭇거리며 스스로를 다그치는 사이 어느새 여명
이 밝아오고 맑은 새소리가 숲을 깨우기 시작했다. 그때였다. 새벽이
슬을 밟으며 누군가 소리 없이 다가오고 있었다. 사왓티 상인은 움직
일 수 없었다. 넋 놓고 바라볼 뿐 한마디 인사말도 건넬 수 없었다. 합

장조차 할 수 없었다. 부처님이 아침 햇살처럼 눈부신 모습으로 다가왔다.

"어서 오십시오, 수닷따."

처음 보는 이의 이름을 어떻게 아셨을까? 밝게 웃으며 자신의 이름을 부르는 성자의 모습에 상인은 깜짝 놀랐다. 정신을 차린 상인은 무릎을 꿇고 합장하였다.

"저는 사왓티의 상인 수닷따(Sudatta, 須達多)입니다."

"수닷따. 당신을 기다렸습니다."

험난한 국경을 넘나들며 수많은 이들과 교분을 쌓아온 수닷따였다. 생사를 함께하며 맺은 교분 덕에 어디를 가건 친형제나 다름없이 맞이하는 벗을 둔 그였다. 그러나 오늘처럼 따스하고 편안한 환대는 처음이었다. 부처님은 마음의 문을 열고 부드러운 손길로 당신의 자리에 초대해주셨다. 깨끗하고 향기로운 그 자리는 숲 속 오솔길 나무 아래였다.

숲의 주인은 찾아온 나그네를 위로하고, 먼 길을 마다 않은 그의 정성에 칭찬을 아끼지 않으셨다. 또한 두려움을 떨친 노고에 보답하듯 진리의 보물을 한 아름 안겨주셨다. 위험과 재난이 도사린 세상에서 어느 길이 행복으로 가는 길인지 일러주고, 그 길 끝에 기다리고 있는 좋은 결과들에 대해 알려주셨다. 수많은 장삿길에서 이보다 큰 이익을 얻은 적은 없었다. 마음 가득 기쁨이 차올랐다. 수닷따는 자리에서 일어나 지혜가 부유한 주인에게 예배하였다.

"거룩한 부처님께 귀의합니다. 거룩한 법에 귀의합니다. 거룩한 승가에 귀의합니다. 세존이시여, 제가 당신의 제자가 되어 목숨이 다하는 날까지 받들고 모실 수 있도록 허락해주소서."

부드러운 미소로 허락하시는 부처님께 수닷따는 청하였다.

"넘치도록 베풀어주신 은혜에 보답할 기회를 주소서. 세존이시여, 당신을 위해 정사를 짓겠습니다. 제자가 살고 있는 사왓티를 방문해 주소서."

부처님은 세 번이나 간절히 청하는 수닷따에게 눈을 감은 채 허락의 표정을 보이지 않으셨다. 중요한 거래에서 포기해본 일이 없는 수닷따였다. 그는 예의에 벗어난 일이란 것을 잘 알지만 물러서지 않았다. 수닷따는 네 번째로 간청하였다.

"세존이시여, 당신을 위해 정사를 짓겠습니다. 사왓티로 오셔서 안거를 보내십시오."

감았던 눈을 뜨고 부처님께서 조용히 말씀하셨다.

"나는 시끄럽지 않고 조용한 곳을 좋아합니다."

수닷따는 기뻐하며 처남의 집으로 돌아갔다.

해가 높이 뜨고 조용하고 온화한 수행자들이 줄을 지어 찾아오셨다. 온 집안사람들은 예의를 다해 성스러운 이들을 맞이하고 정성을 다해 준비한 음식을 공손히 올렸다. 부처님과 제자들은 두 손으로 발우를 들어 음식을 받고 말없이 앉아 음식을 잡수셨다. 공양이 끝나고, 부처님은 집안사람들에게 법문을 설하셨다. 법문 끝 무렵에 수닷따가 자리에서 일어나 합장 예배하고 부처님께 여쭈었다.

"세존이시여, 저는 다시 사왓티로 돌아가야 합니다. 세존께서 머무시기 알맞은 장소를 물색할 비구를 저와 동행하게 해주십시오."

좌중을 둘러보신 부처님께서 말씀하셨다.

"사리뿟따, 이 일을 그대가 맡아주겠는가"

"그렇게 하겠습니다, 세존이시여."

기원정사의 건립

사왓티로 돌아온 수닷따는 곧바로 적당한 장소를 찾아 나섰다. 사왓
티성에서 가깝지도 멀지도 않고, 가고 오는 데 불편이 없어야 하며, 더
욱이 조용한 곳이어야 했다. 사리뿟따와 함께 여기저기 물색하던 수
닷따가 드디어 적당한 곳을 찾았다. 그곳은 꼬살라국의 태자인 제따
(Jeta) 소유의 동산이었다. 수닷따는 제따태자를 찾아가 부탁하였다.

"태자님의 동산을 저에게 파십시오."

"팔 생각이 없습니다."

돈이 아쉽지 않은 태자는 큰 나무들이 즐비하고, 맑은 샘과 연못이
시원한 자신의 동산을 팔 이유가 없었다. 태자가 고개를 돌리자 수닷
따는 다급해졌다.

"태자님, 부디 그 동산을 저에게 파십시오."

"팔 생각이 없대도 그러십니다."

"값은 원하는 대로 쳐 드리겠습니다. 제발 저에게 파십시오."

제따태자는 웃음을 흘렸다. 꼬살라국의 거상이 겨우 동산 하나를
갖지 못해 안달인 모습이 우스웠다. 태자는 장난삼아 한마디 던지고
자리를 일어섰다.

"돈이 많은가 봅니다. 동산을 황금으로 덮기라도 한다면 모를

까……."

"그럼, 거래가 성사된 겁니다."

걸음을 멈춘 태자가 돌아보았다.

"거래가 성사되다니요?"

"동산을 황금으로 덮으면 팔겠다고 방금 말씀하지 않으셨습니까?"

태자는 노기 가득한 얼굴로 소리쳤다.

"난 당신에게 동산을 팔 생각이 없으니 썩 물러가시오."

그러나 사왓티 최고의 장사꾼 수닷따는 물러서지 않았다. 그는 곧 재판을 신청했고, 확대된 분쟁은 꼬살라국 최고 법정의 판결을 기다리게 되었다. 꼬살라국의 원로와 현인들이 모여 오랜 상의 끝에 결론을 내렸다.

"말에는 신의가 있어야 합니다. 누구든 자신이 한 말에 책임을 져야 합니다. 농담이었다고는 하나 만인의 존경과 신망을 받는 태자님이 자신의 말을 번복한다는 건 있을 수 없습니다. 내뱉은 말은 주워 담을 수 없습니다. 약속은 반드시 지켜져야 합니다."

수닷따는 환호하며 황금을 가져다 동산에 깔기 시작했고, 제따태자는 못마땅하게 그 광경을 지켜보았다. 마차들이 종일 엄청난 양의 황금을 날랐지만 동산은 반에 반도 덮이지 않았다. 기우는 석양빛에 쭈그려 앉아 땅바닥을 긁적거리는 수닷따에게 태자가 비웃으며 다가갔다.

"장자여, 후회되면 지금이라도 말하시오."

자리에서 일어선 수닷따의 얼굴에는 한 점 그늘도 없었다.

"저는 후회하는 것이 아닙니다. 어느 창고의 금을 꺼내올까 생각한 것입니다."

"많은 재물을 낭비하면서까지 동산을 사려는 까닭이 도대체 무엇이오?"

"부처님과 제자들을 위해 정사를 세우기 위해섭니다."

"정말 그럴만한 가치가 있다고 생각하는 겁니까?"

"태자님, 저는 이익을 쫓는 장사꾼입니다. 저는 부처님을 만나 어느 거래에서보다 큰 이익을 얻었습니다. 지금 제가 들이는 밑천은 앞으로 얻을 이익에 비하면 아무것도 아닙니다. 정사가 건립되면 매일같이 부처님을 뵙고 진리의 말씀을 들을 수 있기 때문입니다."

수닷따의 눈동자는 확신과 기쁨으로 빛났다. 자신의 전부를 던질 만큼 존경하는 사람이 있다는 건 행복한 일이었다. 제따태자는 감격했다. 횃불을 밝히고 창고에서 더 많은 황금을 가져오도록 지시하는 수닷따에게 제따태자가 말하였다.

"그만하면 충분합니다. 이 동산을 당신에게 드리겠습니다. 하지만 한 가지 부탁이 있습니다."

"무엇입니까, 태자님."

"이토록 당신이 정성을 다하는 분이라면 훌륭한 성자임에 틀림없습니다. 이 동산의 입구만은 저에게 돌려주십시오. 성자들이 머물 이 동산에 화려한 문을 세우고 제따와나라마(Jetavanārāma, 祇園精舍)라는 이름을 새길 수 있도록 허락해주십시오."

권력과 큰 재산을 손에 쥔 태자가 부처님께 호의를 가진다는 것은 더없이 좋은 일이었다. 수닷따는 정중히 고개를 숙였다.

"감사합니다, 태자님."

큰 공사가 시작되었다. 수닷따는 정사 한가운데 부처님이 머물 향실(香室, Gandhakuṭī)을 짓고, 그 둘레에 장로들이 기거할 방을 만들었다. 이어 대중 비구들의 처소와 거대한 강당을 짓고 휴식을 취할 장소와 경행할 길을 차례차례 정비하였다. 비구들이 목욕할 연못에는 여러 빛깔의 아름다운 연꽃을 심었으며, 정사 주위에는 달콤한 열매와 그늘을 제공할 망고나무도 심었다. 또한 큰길 가까운 곳에는 시원한 물이 솟는 샘을 여러 개 파서 비구들은 물론 오가는 사람들이 모두 이용할 수 있도록 하였다. 제따태자는 수닷따에게 목재를 지원하는 한편 땅값으로 받은 돈으로 동산 입구에 아름다운 정문을 세웠다.

오랜 노력 끝에 정사가 완성되고, 부처님과 제자들이 낙성식에 참석하셨다. 부처님 앞에 무릎을 꿇은 수닷따는 환희에 찬 목소리로 말하였다.

"제자가 이 정사를 부처님께 바칩니다."

부처님은 손바닥을 펴 수닷따의 말을 가로막으셨다.

"장자여, 이 정사를 이미 교단에 들어온, 현재 들어오는, 미래에 들어올 사방의 모든 비구들에게 보시하십시오."

"그렇게 하겠습니다, 부처님."

수닷따는 황금 주전자로 물을 부으며 큰 소리로 외쳤다.

"제따태자께서 보시한 숲에 수닷따가 세운 이 정사를 과거·현재·미래의 사방승가*에 보시합니다."

운집한 사왓티 백성들이 자리에 앉자 부처님께서 말씀하셨다.

"정사는 추위와 더위를 막아주고, 쇠파리·모기·전갈 등 벌레의 위험에서 보호해주며, 뱀과 사나운 짐승들의 위협도 막아줍니다. 또

32 기원정사를 보시한 수닷따 기원전 1세기, 인도박물관, 인도

한 정사는 거센 폭풍우와 비바람과 뜨거운 햇빛도 막아줍니다. 정사는 거룩한 승가 대중이 머물며 수행을 키우도록 도와줍니다. 이렇게 좋은 이익을 가져다주는 정사를 보시한 것은 크나큰 공덕이라고 나 여래가 말합니다.

이롭고 좋은 결과를 원한다면 지혜로운 이들이 머물 정사를 짓고, 알고 본 법을 거짓 없이 설해주는 비구들에게 깨끗한 마음으로 옷·음식·약·침구를 보시해야 합니다. 정사에서 지내는 비구들은 부끄러움 없는 수행자의 모습을 가꿔나가야 하며, 자기를 믿고 따르는 신자들에게 고통에서 벗어나는 법을 설해줄 수 있어야 합니다. 그리하여 시주와 비구 모두 참다운 진리를 구현해 현재 이곳에서 고요한 열반에 도달할 수 있어야 합니다."

사왓티 사람들은 수닷따를 고독한 이들에게 물자를 공급해주는 사람 즉 아나타삔디까(Anāthapiṇḍika, 給孤獨) 장자라 부르고, 제따태자의 숲에 세운 정사를 기수급고독원(祇樹給孤獨園, Anāthapiṇḍikārāma)이라 불렀다.

빠세나디왕의 귀의

여러 무역로가 교차하는 사왓티는 강력한 세력을 가진 부유한 도시였다. 남쪽 길은 꼬삼비와 쩨띠를 거쳐 아완띠와 앗사까로 연결되었고, 마두라를 거쳐 간다라와 깜보자로 이어지는 서북쪽 길로는 말 장수들과 함께 서역의 문물이 드나들었다. 또한 동쪽 길은 까삘라왓투·꾸시나라·빠와·웨살리를 거쳐 마가다국의 수도 라자가하로 연결되었고, 남로와 동로 사이에는 아욧자(Ayojjhā)를 거쳐 와라나시로 이어지는 길이 있었다. 그 한 가운데 교단의 새로운 거점이 마련되자 부처님의 가르침은 길을 오가는 수많은 상인과 사신들에 의해 인도 전역으로 급속히 전파되었다.

꼬살라국과 마가다국은 남북의 맹주였다. 영토를 확장해가던 꼬살라국의 국왕 마하꼬살라(Mahākosala)는 남쪽의 강력한 경쟁자인 마가다국의 군주 빔비사라왕에게 자신의 딸 웨데히(Vedehī)를 시집보냄으로써 정치적 동맹관계를 맺었다. 그는 딸의 지참금으로 최고급 비단 산지인 까시를 빔비사라왕에게 주었고, 빔비사라왕의 누이를 자신의 아들 빠세나디(Pasenadi)와 결혼시켰다.

마하꼬살라의 뒤를 이은 빠세나디는 태자 시절 간다라의 딱까실라로 유학을 다녀온 명민한 왕이었다. 딱까실라는 인도·중앙아시아·서아시아를 잇는 상업과 교통의 요충지였으며 북인도 최고의 학문 도시였다. 그곳에서 릿차위족의 왕자 마할리(Mahāli), 말라족의 왕자 반둘라(Bandhula) 등과 돈독한 친분을 쌓고 전통 학문은 물론 요나(Yonā)*라 불린 그리스의 문물까지 두루 섭렵하였다. 빠세나디는 국제적 감각을 지닌 실력자였다.

왕권을 잡은 빠세나디왕은 관리들의 부정부패를 근절시키고 법질서를 바로 세우는 데 힘썼으며, 곳곳에 역참을 설치해 자신의 명령이 신속하게 전달되도록 체계를 세웠다. 군사와 행정을 정비하는 한편 마가다국의 빔비사라왕에게 억만장자 멘다까(Meṇḍaka)의 아들 다난자야(Dhanañjaya)를 꼬살라국의 사께따(Sāketa)로 이주하도록 요청해 새로운 상업 도시를 건설하는 등 자국의 부국강병을 위해 혼신의 노력을 경주하였다. 또한 바라문 뽁카라사띠(Pokkharasāti)와 바라문 짱끼(Caṅkī)에게 봉토를 하사하는 등 기존 종교 지도자들과도 폭넓게 친분을 쌓았으며, 니간타와 아지위까 등 신흥종교에도 후원을 아끼지 않았다.

빠세나디왕에게는 빔비사라왕의 누이 외에도 사왓티 명문가의 딸 웁비리(Ubbirī), 제따태자의 어머니 와르시까(Varsikā), 사왓티 정원사의 딸 말리까(Mallikā, 末利) 등 여러 명의 왕비가 있었다. 그중 빠세나디왕이 가장 사랑한 여인은 아름답고 총명한 말리까였다. 일찍이 부처님께 귀의한 말리까는 틈만 나면 빠세나디왕에게 권하였다.

"최고의 지혜를 성취하신 분, 삼마삼붓다를 뵐 기회는 흔치 않습니다. 대왕이여, 때를 놓치지 마소서."

아내가 말하는 부처님은 이웃 사꺄족 왕자 싯닷타였다. 자신의 보호 아래 있는 사꺄족 왕자에게 직접 찾아간다는 것은 썩 내키지 않는 일이었다. 그러나 사랑하는 아내 말리까의 청을 들어주지 못할 이유도 없었다. 일국의 왕으로서 자신의 나라를 방문한 종교 지도자에게 예의를 갖추고 아량을 베푸는 것도 나쁘지 않았다. 빠세나디왕은 하얀 코끼리에 황금으로 장식한 안장과 일산을 갖추고 왕의 위엄을 드날리며 기원정사로 향했다. 그러나 정작 소문이 무성하던 부처님을 만나자 예의를 갖추고 싶은 생각이 한순간에 사라졌다. 아무리 존경받는 수행자라고 하지만 꼬살라국의 대왕이 찾아왔는데 일어나 맞이하지도 않는 것이었다. 게다가 그는 나이도 자기 또래밖에 되지 않았다. 삶을 온전히 이해하기에도 아직은 젊은 사람이 완전한 지혜를 갖춘 부처님이 된다는 것은 있을 수 없는 일이었다. 빠세나디왕 역시 머리를 숙이지 않고 육중한 몸을 땅에 던지듯 털퍼덕 앉으면서 한마디 던졌다.

"가장 높고 바른 깨달음을 성취한 분이라고 온 나라에 칭송이 자자하더군요. 고따마께서는 스스로를 삼마삼붓다라고 인정하십니까?"

존경받는 수행자를 씨족의 이름으로 부르는 건 모욕이었다. 부처님은 한 치의 머뭇거림도 없이 곧바로 대답했다.

"대왕이여, 나는 가장 높고 바른 깨달음을 얻었다고 사실대로 말합니다."

부처님의 얼굴에는 당황하는 기색도 노여움도 없었다. 노련한 빠세나디왕은 웃음을 흘렸다.

"고따마여, 뿌라나깟사빠·빠꾸다깟짜나·아지따께사깜발라·막칼리고살라·산자야벨랏티뿟따·니간타나따뿟따 이 여섯 분은 온 세상이 칭송하는 훌륭한 스승들이십니다. 제가 직접 그분들을 만나 지금처럼 물었을 때, 오랜 세월 수행한 그분들도 누구 하나 자신을 삼마삼붓다라고 말하진 않더군요. 고따마께서는 그들보다 나이도 젊고 수행자로 지낸 시간도 길지 않은데 어떻게 그리 자신합니까?"

부처님 역시 미소를 보이셨다.

"대왕이여, 이 세상에 아무리 작아도 가볍게 볼 수 없는 것이 네 가지 있습니다. 왕자·독사·불씨·수행자 이 네 가지는 아무리 작아도 가벼이 보아서는 안 됩니다."

빠세나디왕은 뻗은 다리를 얼른 당겼다. 부처님의 눈빛과 목소리에는 결코 가볍게 여기지 못할 당당함과 위엄이 서려 있었다. 빠세나디

33 부처님을 방문한 빠세나디왕 기원전 1세기, 인도박물관, 인도

왕은 뻣뻣한 말투를 누그러트리며 자세를 낮추었다.

"자세히 설명해 주실 수 있겠습니까?"

"대왕이여, 임금의 아들은 아무리 어려도 존중하지 않을 수 없습니다. 나이가 어리고 권능을 온전히 갖추지 못했더라도 왕자를 예우하지 않고 핍박하는 일은 있을 수 없습니다. 만일 그렇다면 그가 왕이 되었을 때 크나큰 형벌로 보복할 것입니다.

대왕이여, 독사는 아무리 작아도 주의하지 않을 수 없습니다. 맹독을 지닌 독사는 한 뼘 길이의 새끼도 거대한 코끼리를 쓰러뜨릴 수 있습니다. 그런 뱀을 가벼이 여겨 함부로 만진다면 그는 목숨을 보장하기 힘들 것입니다.

대왕이여, 불씨는 아무리 작아도 조심하지 않을 수 없습니다. 손톱만한 불씨라도 바람이 도우면 산과 들을 모조리 태웁니다. 그런 불씨를 가벼이 여긴다면 그에게는 재앙과 커다란 손실이 기다릴 뿐입니다.

대왕이여, 수행자는 아무리 어려도 무시할 수 없습니다. 청정한 계율을 갖추고 부지런히 지혜를 갈고 닦으면 그는 반드시 아라한이 됩니다. 번뇌의 뿌리를 모조리 뽑아버린 아라한은 공손한 예배를 받기에 충분합니다."

왕권을 두고 백여 명의 이복형제들과 살육을 벌인 빠세나디였다. 수없이 살해의 위협을 겪어야만 했던 빠세나디였다. 왕권의 강화를 위해 아버지의 신하들을 죽이고, 반역의 기미가 보이면 자신을 옹립한 권신까지 용서하지 않던 빠세나디였다. 그는 세상의 위험과 두려움을 누구보다 잘 알고 있었다. 앞뒤 말에서 빈틈을 찾아볼 수 없는 부처님에게 빠세나디왕은 간단히 예의를 갖추고 서둘러 자리를 빠져나왔다.

그러던 어느 날 사왓티에 이상한 소문이 돌았다.

"사문 고따마를 믿지 말라. 그는 사람들을 헷갈리게 하는 궤변만 늘어놓는다."

사건의 전말은 이러했다. 한 바라문이 늘그막에 아들을 하나 얻었다. 그 어린 아기가 그를 세상에서 제일 행복한 사내로 만들어주었다. 그렇게 귀하고 사랑스러운 아들이 일곱 살에 갑자기 병이 들었다. 온 재산을 바쳐 살려보려고 했지만 아이는 허망하게 죽고 말았다. 늙은 아버지의 슬픔은 이루 말할 수 없었다. 비탄과 눈물로 잠을 이루지 못하며 나날을 술로 보내던 그는 '모든 고뇌를 해결해주는 분이 기원정사에 계신다'는 소문을 듣고 부처님을 찾아갔다. 바라문은 자초지종을 이야기하고 가슴이 찢어지는 자신의 고통을 호소하였다. 그때 부처님께서 말씀하셨다.

"바라문이여, 사랑스럽고 은혜로운 일이 있으면 따라서 근심하고 슬퍼할 일이 생깁니다."

바라문은 이해할 수 없었다. 사랑과 은혜가 넘치는 일이 있으면 행복이 찾아와야 마땅했다. 세 번을 되물었지만 부처님은 '사랑과 은혜가 비탄과 눈물의 씨앗이다'는 말씀만 되풀이하셨다. 고개를 갸웃거리며 돌아오던 바라문은 길가에서 도박하는 사람들을 만났다. 머리가 좋기로 도박꾼만 한 이들도 없다고 생각한 바라문이 물었다.

"당신들은 어떻게 생각합니까? 사랑과 은혜가 행복의 씨앗입니까, 근심과 슬픔의 씨앗입니까?"

도박꾼들이 손뼉을 치며 큰 소리로 웃었다.

"그런 바보 같은 말이 어디 있습니까? 누군가를 사랑하고 누군가의 사랑을 받고, 누군가에게 은혜를 베풀고 누군가의 은혜를 받는 일보다 더한 행복이 이 세상에 어디 있습니까?"

"그렇지요, 그런데 사문 고따마는 사랑과 은혜가 곧 근심과 슬픔의 씨앗이 된다 합디다."

"세상 사람들이 다 아는 사실을 뒤집어 말하는군요. 사람을 혼란스럽게 하는 그런 말은 믿지 마십시오."

소문은 궁전까지 퍼졌다. 이를 두고 빠세나디왕이 말리까를 조롱하였다.

"당신이 존경하는 고따마는 엉뚱한 말로 사람을 헷갈리게 하더군요."

말리까가 정색을 하고 말하였다.

"대왕이여, 이 꼬살라국을 다른 나라 왕이 침범해 빼앗는다면 대왕께선 어떻겠습니까?"

"나의 부와 행복은 모두 이 나라가 있기 때문이지 않소, 그런 일이 생긴다면 무척 괴롭겠지요."

"대왕이여, 대왕께서 사랑하시는 왕자와 공주가 병들어 죽는다면 대왕께선 어떻겠습니까?"

빠세나디왕이 화를 내며 소리쳤다.

"그런 일은 상상하기도 싫소."

"대왕께서는 못난 저를 아끼고 사랑하며 지금껏 넘치는 은혜를 베풀어주셨습니다. 제가 만일 갑자기 병들어 죽게 된다면 대왕께선 어떻습니까?"

"당신을 갑자기 잃는다면 슬픔을 가누지 못해 미쳐버리고 말 것이오."

말리까가 왕에게 합장하고 말하였다.

"대왕이여, 이것이 사랑과 은혜가 근심과 슬픔의 씨앗이 된다고 말씀하신 부처님의 뜻입니다."

깜짝 놀란 빠세나디왕은 평상에서 일어나 계단 아래로 내려섰다. 빠세나디왕은 멀리 기원정사를 향해 무릎을 꿇었다. 그리고 사꺄족 왕자 싯닷타가 아닌 진리의 구현자 부처님에게 예배하였다.

"꼬살라국의 왕 빠세나디가 세존께 귀의합니다. 거룩하신 부처님의 발아래 예배합니다."

부처님이 사왓티에 계실 때면 빠세나디왕은 늘 찾아뵙는 일을 게을리하지 않았고 제자의 예를 다하였다. 좋은 벗이자 스승으로 섬기며 남들에게 얘기치 못할 속사정과 아픔을 털어놓고, 국가의 중대사를 의논하며, 국왕의 도리를 묻기도 하였다. 그런 빠세나디왕에게 부처님은 항상 말씀하셨다.

"대왕이여, 자비로운 마음으로 백성들을 외아들처럼 보살펴야 합니다. 그들을 핍박하거나 해쳐서는 안 됩니다. 그릇된 견해를 멀리하고 올바른 길을 걸으십시오. 교만하지 말고 남을 얕보지 마십시오. 간신들의 소리에 귀를 기울이지 말며, 왕이라 해도 법을 어기지 마십시오.

대왕이여, 법답지 못한 것은 항복 받으십시오. 단 열매를 따려면 반드시 좋은 나무를 심어야 합니다. 심지 않으면 열매를 딸 수 없습니다. 선행을 닦지 않으면 훗날 즐거움을 기대할 수 없으니 스스로 반성하고 악행을 삼가십시오. 자기가 지은 것은 반드시 자기가 거두어야 합니다. 과보는 세상 어딜 가도 피할 수 없다는 것을 명심하셔야 합니다.

대왕이여, 권력만 믿고 세월을 허비하지 마십시오. 목숨이 있는 한 죽음은 피할 수 없습니다. 항상 바른 법을 닦아야 죽음이 다가왔을 때 두려움에 떨지 않을 수 있습니다. 이 세상은 잠시도 멈추지 않고 변합니다. 더없이 나를 행복하게 하던 부귀와 권력도 돌아보면 그땐 아침 이슬과 같을 것입니다."

꼬살라국의 빠세나디왕은 살라나무숲에 작은 정사를 지어 부처님께 바치고, 왕비 말리까와 함께 교단의 든든한 후원자가 되었다. 또한 빠세나디왕의 대신 이시닷따(Isidatta)와 뿌라나(Purāṇa) 형제도 부처님께 귀의해 삼보를 후원하고 불법을 홍포하는 데 혼신의 힘을 바쳤다.

웨살리 재앙의 퇴치

깨달음을 이루신 후 4년, 부처님께서 라자가하의 죽림정사에 머무실 때였다. 화려한 저택과 동산이 즐비한 도시 웨살리에 재앙이 찾아들었다. 가뭄이 계속되더니 여름이 됐는데도 비는 한 방울도 내리지 않았다. 파종한 씨앗들은 싹도 틔워보지 못한 채 말랐고 나무도 열매를 맺지 못했다. 굶주림에 지친 사람들은 구걸할 기력조차 잃어버렸고, 역병까지 창궐해 썩어가는 시체들이 거리를 메웠다. 웨살리 사람들은 악취에 시달리며 갑자기 찾아든 병마의 공포에 떨어야 했다.

"웨살리를 수호하던 신들이 떠나고 악귀가 도시를 점령했다."

죽음의 공포에 휩싸여 민심은 흉흉하기 그지없었다. 대중의 공의를 중시하던 릿차위족 사람들은 공회당에 모여 대대적인 회의를 열었다.

"기근과 질병으로 백성들이 죽어가고, 살아남은 이들마저 공포에 떨고 있습니다. 이 일을 어떻게 해야겠습니까?"

많은 이들이 의견을 제시하였다. 바라문의 방식에 따라 신들에게 제사를 지내자는 의견도 있었지만 공의는 지혜와 권능을 가진 성자를 초빙해 그분의 힘으로 재앙을 극복하자는 쪽으로 기울었다. 성인으로 추앙받는 많은 이들이 물망에 올랐지만 대중들은 혜성처럼 나타난 마가다국의 젊은 성자에게 기대를 걸었다.

릿차위족 사람들은 젊은 시절 딱까실라에 유학한 국사의 아들 마할리를 대표로 선출하였다. 그리고 왕실의 바라문과 왕자들로 사절단을 구성해 마가다국으로 파견하였다. 마할리는 꼬살라국의 빠세나디왕은 물론 빔비사라왕과도 돈독한 교분이 있었다. 학덕이 우러나는 지혜로운 풍모를 가진 마할리는 선물을 준비하여 빔비사라왕을 찾아갔다.

"웨살리가 재난에 빠졌습니다. 위대한 성자의 감화가 아니면 이 재앙은 물러나지 않을 것입니다. 대왕이여, 자비를 베푸소서. 당신의 땅에 머무는 부처님을 웨살리로 보내주소서."

빔비사라왕은 부처님이 자신의 나라를 떠나는 것을 원치 않았다. 더구나 정치적으로 적국이나 다름없던 웨살리의 재앙은 그에게 기회나 다름없었다. 그렇다고 격식을 갖추고 간청하는 오랜 친구의 얼굴을 마냥 외면할 수도 없었다.

"부처님은 저의 신하가 아닙니다. 웨살리로 가고, 가지 않고는 그분께서 직접 결정할 일입니다."

자존심을 내세울 처지가 아니었다. 마할리는 탐탁치 않은 표정의 빔비사라왕에게 깊이 머리를 숙이고 죽림정사로 향했다.

"세존이시여, 성인께서는 중생의 고통과 아픔을 외면하지 않는다고 들었습니다. 풍요롭던 웨살리가 지금은 기근과 역병으로 시달리고 있습니다. 넘쳐나는 시체들을 치우지 못해 화려하고 향기롭던 거리에 악취가 진동하고 있습니다. 세존이시여, 악귀가 점령한 웨살리를 구해주소서."

잠시 침묵하던 부처님께서 말씀하셨다.

"저는 지금 빔비사라왕의 초대로 이곳에 머물고 있습니다. 빔비사라왕께서 허락한다면 웨살리로 가겠습니다."

빔비사라왕도 더 이상 어쩔 수 없었다. 그는 라자가하에서 강가에 이르는 닷새 동안의 여정을 빈틈없이 준비하고, 마가다국을 떠나는 부처님과 오백 명의 비구들을 강기슭까지 직접 전송하였다. 강 건너에서는 릿차위족 사람들이 마중하였다. 강을 건넌 부처님께서 왓지연맹의 땅에 발을 디디는 순간, 기다렸다는 듯 천둥 번개를 동반한 폭우가 쏟아졌다. 웨살리에 이르는 사흘 동안 빗줄기는 가늘어지지 않았고, 먼지가 날리던 왓지의 대지에 파란 싹들이 돋아나기 시작했다. 단비에 기운을 차린 백성들은 거리에 쌓인 시체들을 치웠고, 숲의 나무들도 새순을 틔우고 성자를 맞이하였다. 웨살리의 성문에 도착하신 부처님께서 아난다에게 당신의 발우를 건네며 말씀하셨다.

"왕자들과 함께 깨끗한 물을 담아 거리마다 뿌리며 이렇게 말하라."

이곳에 모인 모든 존재들

지상에 있건 공중에 있건

모든 존재들은 기뻐하소서

마음을 가다듬고 제 말을 들으소서

모든 존재들은 귀를 기울이소서

밤낮으로 그대들에게 제물을 바치는

인간의 자손에게 자비를 베푸소서

방일하지 말고 그들을 수호하소서

이 세상과 내세의 그 어떤 재물이나

하늘나라 뛰어난 보배라 할지라도

우리들의 여래와 견줄만한 것은 없습니다

깨달으신 부처님이야말로 훌륭한 보배이니

이러한 진실로 인해 모두 행복하소서

사꺄족 성자께서 삼매에 들어 성취한

지멸과 소멸과 불사(不死)와 승묘(勝妙)

이러한 열반과 견줄만한 것은 없습니다

거룩한 가르침이야말로 훌륭한 보배이니

이러한 진실로 인해 모두 행복하소서

확고한 마음으로 욕망을 없애고

부처님의 가르침을 실천하는 사람들

그들은 희열을 얻고 적멸을 즐깁니다

참다운 승가야말로 훌륭한 보배이니

이러한 진실로 인해 모두 행복하소서

이렇게 칠 일 동안 계속하자 질병으로 죽는 사람이 더 이상 발생하지 않았으며, 골목골목을 메웠던 악취와 질병의 기운이 씻은 듯 가셨다. 신통과 감화에 감복한 릿차위족 사람들은 세존과 비구들을 공회당에 모시고 공양을 올리며 극진히 대접하였다. 또한 부처님의 은혜에 감사하며 웨살리 근교의 큰 숲에 이층 강당 꾸따가라살라(Kūṭāgārasālā)를 건립해 부처님과 제자들에게 기증하였다. 웨살리는 니간타 나따뿟따의 본향인 만큼 수많은 왕족과 백성들이 니간타 교도들이었다. 그러나 이 사건을 계기로 웨살리를 비롯한 왓지연맹의 땅에 부처님의 가르침이 널리 퍼지게 되었고, 수많은 니간타 교도들이 개종하게 되었다. 그들 중 대표적인 사람이 웨살리의 총사령관 시하(Sīha) 장군이다. 그는 무위법(無爲法)에 대해 부처님과 논의한 뒤 니간타와 웨살리 왕족들의 비난을 감수하고 과감히 개종하였다. 죽는 날까지 우바새로 살도록 허락해달라고 간청하는 시하 장군에게 부처님은 조

웨살리의 꾸따가라살라 유적지와 아쇼카 석주　인도

용히 만류하셨다.

"시하 장군이여, 다시 한 번 잘 생각해 보십시오. 당신처럼 명망 있는 사람은 신중하게 행동해야 합니다."

장군은 놀랐다. 다른 사람이었다면 깃발을 들고 시내를 돌아다니며 자신의 개종 사실을 선전했을 것이다. 이기심과 교만이라고는 눈을 씻고 보아도 찾아볼 수 없었다. 시하 장군은 더욱 깊이 머리 숙이며 맹세하였다.

"오늘부터 저는 부처님과 부처님의 제자들에게만 공양을 올리겠습니다."

부처님은 그 다짐마저 만류하셨다.

"그 말씀을 거두십시오. 당신의 집은 오랫동안 니간타들의 우물이었습니다. 그들에게도 평등하게 공양해야 합니다."

사꺄족과 꼴리야족의 물싸움

깨달음을 이루신 후 5년, 숫도다나왕의 병환이 심상치 않다는 전갈을 받고 웨살리의 꾸따가라살라에서 까삘라왓투 교외의 큰 숲으로 거처를 옮기셨을 때였다. 그해 여름, 로히니(Rohiṇī)강을 사이에 둔 사꺄족과 꼴리야족 땅에 극심한 가뭄이 계속되었다. 농부들은 한 바가지 물이라도 더 대기 위해 아침부터 저녁까지 물을 날랐지만 바닥이 드러난 강물은 턱없이 부족했다. 논바닥은 갈라지고 태양의 열기를 견디지 못해 모가 누렇게 탔다. 불만은 꼴리야족 쪽에서 먼저 터져 나왔다.

"친구들, 얼마 되지도 않는 강물을 양쪽에서 사용하면 그쪽이나 이쪽이나 한 해 농사를 망치고 말 것이오. 그쪽이야 어차피 한 뼘 남짓한 모지만 일찌감치 파종한 우린 한 번만 물을 흠뻑 대면 제대로 수확할 수 있소. 우리가 먼저 물을 댑시다."

속이 타들어가긴 사꺄족도 마찬가지였다.

"거 무슨 섭섭한 말씀이신가. 그럼 당신들 곳간이 그득해질 때 우린 금은보화를 싸들고 당신들에게 양식이나 구걸하러 다니란 말이요. 늦게 파종했다고 물을 쓰지 말라는 게 말이나 되는 소린가."

"이러다 둘 다 죽게 되었으니 하는 말 아니오. 당신들이야 어차피 망친 농사, 우리에게 양보하라는 게 뭐 그리 잘못되었소."

"어차피 망친 농사라고? 그럼, 우리가 강물을 모두 써도 농사를 망칠 것 같은가? 양보를 하려면 너희가 해라."

삿대질하며 언성을 높이던 농부들은 결국 분노를 참지 못해 주먹질이 오가고 말았다. 타들어가는 가슴에 분풀이할 곳을 찾던 주변의 농부들이 싸움에 뛰어들었다. 소란의 원인이 무엇인지도 모른 채 싸움은 점점 격렬해졌다. 피투성이가 되고서야 농부들은 양쪽 언덕으로 갈라서 길길이 날뛰며 소리쳤다.

"개나 돼지처럼 제 누이와 사는 놈들. 너희들하곤 싸우기도 싫다, 이 더러운 놈들아. 썩 꺼져버려라."

"어이 문둥이들. 당장 니 자식들까지 데리고 멀리 꺼져버려라. 살 곳이 없어 짐승처럼 대추나무 위에서 사는 놈들아."

오랜 결속과 우의가 타들어가는 논바닥 앞에서 순식간에 사라졌다. 사꺄족과 꼴리야족은 같은 옥까까왕의 후손으로서 친족 관계를 유지하고 있었지만 자부심 강한 두 종족은 내심 서로를 문둥이와 개돼지라 부르며 깔보고 있었다. 거기에는 전설이 있다. 옥까까왕에게는 여러 아내에게서 낳은 옥까무카(Okkāmukha) · 까란다(Karaṇḍa) · 핫티니까(Hatthinika) · 시니뿌라(Sinipura) · 잔뚜(Jantu)라는 다섯 아들과 삐야(Piyā) · 숩삐야(Suppiyā) · 아난다(Ānanda) · 윗지따(Vijjitā) · 윗지따쎄나(Vijjitasenā)라는 다섯 딸이 있었다. 옥까까왕은 가장 나중에 얻은 왕비를 너무도 사랑해 그가 낳은 어린 아들 잔뚜를 태자로 지목하였다. 그리고 나머지는 모조리 국외로 추방해버렸다. 네 왕자는 그들의 어머니와 누이들, 수많은 군사와 기술자들을 거느리고 아버지의 나라를 떠났다. 북쪽 히말라야를 향해 가던 그들은 사방이 탁 트인 평원을 발견하고 그곳에 새로운 터전을 잡았다. 왕자들이 결혼할 나이가 되자 왕자의 어머니들이 모여 상의하였다.

"옥까까왕의 순수한 혈통을 유지하기 위해 서로의 딸을 서로의 아들에게 줍시다."

누이들과 결혼한 네 왕자의 마을은 나날이 번창하였고, 기술자와 물자가 풍부한 그곳으로 사람들이 몰려들었다. 자그마하던 마을은 몇 년 사이 번화한 도시로 성장하였다. 여러 해가 지나 옥까까왕은 자신의 과오를 뉘우치고 신하에게 물었다.

"떠나간 왕자와 공주들 소식을 알고 있는가?"

"네 왕자님은 공주님들과 결혼해 북쪽 히말라야 기슭에서 살고 계십니다. 높고 튼튼한 성곽이 있는 그 도시는 백성들이 많고 토지가 비옥하며 곡식이 풍족하다고 합니다."

옥까까왕은 기뻐하며 소리쳤다.

"역시 나의 아들은 능력이 있구나."

이후 '능력이 있는 자' 라는 뜻에서 그들을 사꺄족이라 부르게 되었다. 그러나 첫째 딸 삐야는 결혼을 할 수 없었다. 그녀는 나병환자였다. 삐야는 깊은 숲으로 숨어들어 혼자 살았고, 그곳에서 같은 나병환자였던 와라나시의 왕 라마(Rāma)를 만났다. 라마의 도움으로 병을 치료한 삐야는 그와 결혼해 왕국을 세우게 되었다. 그들이 사는 곳은 호랑이가 많아 피해가 심했으므로 호랑이를 막기 위해 가시가 많은 꼴리야나무를 줄지어 심었다. 그래서 그들이 사는 곳을 꼴리야 마을이라 하고, 그 종족을 꼴리야족이라 부르게 되었다.

불화의 씨앗은 일파만파로 번졌다.

"짐승처럼 대추나무에 둥지를 튼 놈들아. 네놈들이 코끼리를 몰고 쳐들어온다 해도 우린 눈도 깜짝 않는다, 이놈들아."

"그럼 우리라고 눈 하나 깜짝할 줄 아느냐. 개돼지들처럼 자기네 누이와 동침하는 놈들이 칼과 창을 들 줄이나 아는지 모르겠다."

강을 사이에 두고 분노와 조롱이 뒤섞인 험악한 말들로 서로를 할퀴던 두 종족은 함성을 지르며 뒤돌아섰다. 꼴리야족이 내뱉은 말은 곧 사꺄족 땅에 퍼지고, 사꺄족이 내뱉은 말들은 곧 꼴리야족 땅에 퍼졌다. 사꺄와 꼴리야의 왕족과 젊은이들은 분노하였다.

"여러분, 대추나무에 둥지를 틀고 사는 사나이들의 기상을 보여줍시다."

"여러분, 누이와 동침하는 사나이의 주먹맛을 보여줍시다."

코끼리부대와 기마부대, 칼과 창으로 무장한 용감한 병사들이 함성을 지르며 까삘라왓투의 성문을 나섰다. 그 모습을 지켜보던 부처님이 혼자 조용히 숲을 빠져나가셨다. 작은 강을 사이에 두고 양쪽 언덕에서는 술에 취한 코끼리들이 줄지어 늘어서고, 재갈을 물린 말들이 금방이라도 뛰쳐나갈 듯 앞발을 쳐들었다.

　그때였다. 팽팽히 시위를 당겼던 양쪽의 궁수들이 활을 내려놓고 길 위에 엎드리기 시작했다. 대지에 휘몰아치던 함성과 먼지가 한순간 가라앉았다. 강둑을 거슬러 전장으로 한 비구가 걸어 들어오고 있었다. 부처님이셨다. 그분 주위에는 강물보다 짙은 푸른빛이 감싸고 있었다. 사꺄와 꼴리야의 왕족들 역시 칼과 창을 내려놓았다. 진영의 한가운데 자리한 부처님은 발아래 예배하는 양쪽의 왕족들에게 조용히 물으셨다.

　"왕이여, 친족 간에 왜 싸우는 것입니까?"

　"저들이 우리를 개돼지라고 모욕했습니다."

　"대추나무에 둥지를 튼 문둥이라고 한 건 당신들이요."

34 사꺄족과 꼴리야족의 물싸움을 중재하는 부처님 2-3세기, 찬디가르박물관, 인도

높아지는 언성을 가로막으며 부처님께서 물으셨다.

"왜 그런 말을 하게 된 겁니까?"

한 사람씩 돌아가며 왕족들에게 물었으나 누구도 그 이유는 알지 못했다. 부처님은 장군들을 불러 그 연유를 물었으나 그들도 모르고 있었다. 그렇게 물어물어 가던 부처님은 싸움의 발단이 논에서 물을 대던 농부들에게서 시작되었음을 알았다.

부처님은 위엄이 가득한 목소리로 왕족들에게 물으셨다.

"이 강물과 사람 중에 어느 쪽이 더 소중합니까?"

"물보다 사람이 훨씬 소중합니다."

"그런데도 물을 위해 소중한 사람의 목숨을 버리겠단 말입니까? 말라버린 로히니 강바닥을 피로 채우겠단 말입니까?"

사꺄와 꼴리야 왕족들이 머리를 숙였다. 부처님은 목소리를 누그러뜨리고 사람들을 가까이 불러 모으셨다. 칼과 창을 던지고 몰려든 군사들에게 부처님께서 말씀하셨다.

"여러분에게 재미난 이야기를 하나 들려 드리지요. 어느 종려나무 숲에 한 그루 도토리나무가 있었습니다. 그 나무 아래 살던 토끼 한 마리가 문득 이런 생각을 하게 되었답니다.

'저 하늘이 무너지면 어쩌지.'

바로 그때, 도토리 하나가 종려나무 잎사귀에 털썩 소리를 내며 떨어졌답니다. 겁 많은 토끼는 깜짝 놀라 이렇게 외치며 달렸답니다.

'큰일 났다. 하늘이 무너진다.'

옆에 있던 토끼가 이 말을 듣고 함께 뛰기 시작했습니다. 두 마리가 세 마리 네 마리로 점점 늘어나더니, 마침내 수천 마리 토끼가 도망치기 시작했습니다. 토끼들의 소란에 온 숲은 벌집을 건드린 듯 들썩거렸습니다.

'다들 왜 저러지? 무슨 일인가?'

'큰일 났어, 하늘이 무너졌대.'

노루도 멧돼지도 물소도 코끼리도 모두 두려움에 떨며 덩달아 달리기 시작했습니다. 높은 언덕에서 이 광경을 지켜보던 사자는 생각했습니다.

'하늘이 무너졌다고? 그럴 리가 없지.'

그들이 달리는 길목 끝에는 벼랑이 기다리고 있었습니다. 그대로 내버려두면 다들 죽을 게 뻔했습니다. 숲의 동물들을 가엾게 여긴 사자는 행렬 앞으로 달려가 큰소리로 포효하였습니다. 사자의 기세에 놀라 동물들이 멈춰 서자 사자가 물었습니다.

'왜 도망가는가?'

'큰일 났습니다. 하늘이 무너지고 있습니다.'

'누가 그것을 보았는가?'

코끼리, 물소, 멧돼지, 노루 누구도 하늘이 무너지는 걸 본 적이 없었습니다. 까닭을 추궁하던 사자는 그 말이 겁쟁이 토끼에게서 나온 것임을 알았습니다.

'네가 하늘이 무너지는 걸 직접 보았느냐?'

'네, 제가 직접 보았습니다.'

사자는 숲 속 동물들과 함께 두려움에 떠는 토끼를 앞세워 하늘이 무너지는 걸 봤다는 곳으로 찾아갔습니다. 그 자리에는 굵은 도토리 한 알만 뒹굴 뿐 무너진 하늘은 어디에도 없었습니다. 사자는 도토리를 주워 토끼에게 보였답니다.

'이것이 네가 보았다는 하늘인가?'"

사꺄족과 꼴리야족 군사들이 깔깔대며 웃었다. 부처님은 미소를 보이며 말씀하셨다.

"친족들은 서로 화목해야 합니다. 친족이 화목하면 어떤 적들의 침략도 막아낼 수 있습니다. 저 히말라야의 숲을 보십시오. 거센 태풍이 불어도 저 숲은 온전합니다. 수많은 나무와 잡초, 덤불과 바위가 서로 뒤엉켜 의지한 저 숲은 무엇 하나 다치지 않습니다. 하지만 넓은 들판에 홀로 선 나무를 보십시오. 굵은 가지와 무성한 잎을 자랑하지만 태풍이 휩쓸고 가면 뿌리째 뽑힙니다. 감정이 없는 풀과 나무도 함께 어울려야 위험에서 벗어날 수 있다는 걸 아는데 하물며 사람이겠습니까?

두 부족의 여러분에게 말하겠습니다. 부디 싸우지 말고 한마음이 되십시오. 하나가 되어 화목할 때 여러분은 행복할 수 있습니다. 서로 미워하면 결국 파괴와 상처만 남습니다. 이제 다같이 평화를 배워야 합니다. 평화는 모든 성자들이 찬탄하는 것입니다. 평화와 정의를 사랑하는 부족만이 번영할 수 있다는 것을 명심하십시오."

합장하고 귀 기울이는 군중에게 부처님께서 게송을 설하셨다.

원한을 품은 사람들 속에서
원한을 버리고 즐겁게 삽시다
원한을 품은 사람들 속에서
우리는 원한에서 벗어납시다
고뇌하는 사람들 속에서

고뇌에서 벗어나 즐겁게 삽시다

고뇌하는 사람들 속에서

우리는 고뇌에서 벗어납시다

탐욕이 가득한 사람들 속에서

탐욕에서 벗어나 즐겁게 삽시다

탐욕이 가득한 사람들 속에서

우리는 탐욕에서 벗어납시다

사꺄족과 꼴리야족 사람들은 칼과 창을 던지고 게송을 소리 높여 따라 불렀다. 바닥난 로히니강에 다시 깊고 푸른 신뢰와 관용의 강이 흐르기 시작했다. 일촉즉발의 위기 상황으로 치달았던 사꺄족과 꼴리야족의 분쟁은 모두에게 부끄러운 과거로 기억되었다. 원한과 증오를 털어버린 두 종족은 출가하지 않았으면 분명 전륜성왕이 되셨을 부처님의 덕을 찬탄하며 각각 이백오십 명의 귀공자를 선발해 부처님을 시중들도록 하였다. 오백 명을 신하가 아닌 제자로 받아들인 부처님은 세간의 왕이 아닌 진리의 왕으로써 법을 굴리며 사꺄족과 꼴리야족 거리를 누비셨다.

숫도다나왕의 임종과 비구니 승가의 탄생

부처님이 머물던 까삘라왓투 교외 큰 숲으로 왕궁의 사자가 달려왔다.

"부왕께서 위독하십니다. 마지막으로 부처님과 난다, 아난다와 라훌라를 보고 싶어하십니다."

부처님은 난다를 먼저 보내고 당신도 뒤를 따르셨다. 번조증(煩燥症)으로 고통스러워하던 숫도다나왕은 에워싼 친족들을 헤치고 아들에게 손을 내밀었다.

"좀 어떠십니까?"

"돌을 눌러 기름을 짜듯 고통이 짓누르는군요. 하지만 당신을 보니 아픔도 사라지는 것 같습니다."

부처님은 말없이 부왕의 다리를 주물렀다.

"편안합니다."

숫도다나왕의 눈가에 눈물이 고였다.

"당신은 부처가 되겠다는 꿈도 이루었고, 중생들을 제도하겠다는 꿈도 이루었는데……. 나는 이룬 것 하나 없이 죽음을 맞이하는군요. 부처님, 두렵습니다……."

숫도다나왕의 형제들이 눈물을 훔치며 위로하였다.

"형님, 지혜와 신통을 겸비한 부처님이 당신의 아들인데 무슨 걱정입니까. 아들 난다와 손자 라훌라, 그리고 아난다가 모두 이 자리에 있는데 악마의 그물인들 무엇이 두렵겠습니까."

조용히 걸음을 옮긴 부처님이 부왕의 이마에 손을 얹었다.

"아버지, 걱정하지 마십시오. 당신의 덕은 청정하며 마음의 때도 없습니다. 근심하거나 괴로워하지 마십시오. 지금까지 들은 진리를 다시 생각하고, 지금까지 쌓아온 선행을 믿으십시오. 마음을 편히 가지십시오."

"나를 고통에서 벗어나게 해주십시오."

"제가 수없는 생애 동안 쌓은 공덕과 보리수 아래에서 얻은 이익이 아버지를 모든 고통에서 벗어나게 할 것입니다."

숫도다나왕은 아들의 손을 잡아 가슴에 얹고 환한 미소를 보였다.

"이제 내 소원도 이루어졌습니다. 부처님을 보고 가는 마지막 길이 행복합니다."

숫도다나왕은 누워서 합장한 채 조용히 눈을 감았다. 사꺄족 의사가 향수로 왕의 몸을 씻고, 솜과 털과 명주로 시신을 감싸 관에 안치하였다. 시신을 다비장의 사자좌로 옮길 때였다.

"제가 앞쪽에서 관을 들겠습니다."

친족들이 말리고 나섰다.

"부처님은 하늘 위 하늘 아래 가장 존귀한 분입니다. 아무리 숙세의 인연이 깊다지만 인간의 상여를 지게 할 수는 없습니다."

"제가 상여를 들지 않으면 비구는 부모의 은혜도 모른다고 비난하는 자들이 생길 것입니다."

실랑이가 벌어지는 사이 천인들이 인간의 몸으로 나타나 숫도다나왕의 관을 메었다. 부처님은 향로를 들고 다비장으로 앞장섰고, 꽃을 뿌려 공양하고는 쌓아놓은 땔감에 불을 붙였다. 타오르는 불길 앞에서 달려들듯 울부짖는 사람들에게 부처님은 말씀하셨다.

"이 세상은 무상하고, 고통만 가득합니다. 영원한 것이란 어디에도 없으니, 몸뚱이란 본래 덧없는 것입니다. 한세상을 산다는 것, 환상과 같고 타오르는 불꽃과 같고 물에 비친 달그림자와 같습니다. 모두가 잠시 그렇게 있는 것처럼 보일 뿐입니다. 무상한 몸으로 잠시 살다가는 것이 인생입니다.

여러분, 모든 것을 앗아가 버리는 저 사나운 불길을 보십시오. 이 불길을 뜨겁다 여길지 모르지만 욕심의 불길은 이보다 더 뜨겁습니다. 그러니 게으르지 말고 부지런히 수행하여 생사의 괴로움에서 벗어나 해탈의 즐거움을 얻으십시오."

정성을 다해 숫도다나왕의 장례를 치르고 유골을 수습하여 탑을 세운 후였다. 마하빠자빠띠가 궁중의 여인들과 함께 숲으로 찾아왔다. 그의 두 손에는 황금빛의 고운 가사가 한 벌 들려 있었다.

"이 옷을 받아주십시오."

그녀의 쓸쓸한 미소를 한참이나 바라보던 부처님이 다정하게 말했다.

"그 옷은 제게 주시는 것보다 승가에 보시하는 것이 좋겠습니다."

마하빠자빠띠는 고개를 떨어뜨리고 힘겨운 목소리로 말했다.

"당신을 위해 솜을 타고 직접 베틀에 짠 가사입니다. 세존께서 직접 받아주십시오."

"그 옷은 제게 주시는 것보다 승가에 보시하는 것이 좋겠습니다."

"이 어미의 간청입니다. 불쌍히 여겨 받아주십시오."

뒤에서 부처님을 모시고 있던 아난다가 합장하고 말하였다.

"세존이시여, 오랜 세월 정성을 다해 길러주고 보살펴주신 은혜를 생각해서라도 부디 가사를 받아주십시오. 길러주신 인연이 아니더라도 마하빠자빠띠께서는 신심이 돈독하고 청정한 우바이입니다. 부디 외면하지 마소서."

그러나 부처님에게서 돌아온 대답은 마찬가지였다.

"그 옷은 제게 주시는 것보다 승가에 기증하는 것이 좋겠습니다."

승가의 물품이 되어 다른 비구의 손에 전해지는 가사를 마하빠자빠띠는 눈물로 바라보았다. 부처님께서 굳이 가사를 받지 않으신 까닭은 다음에 이어질 마하빠자빠띠의 애원 때문이었다.

"선왕의 그늘에 의지해 저는 몸과 마음이 편안할 수 있었습니다. 이제 그 그늘이 사라졌군요. 이 왕궁에는 혼자 남은 여자들이 많습니다. 곁을 떠난 사람들로 가슴 아파하며 눈물짓는 여자들입니다. 세존이시여, 불쌍한 저희들이 세존의 그늘에 의지하게 하소서."

"고따미여, 이 교단에 여자들이 들어오는 것을 청하지 마십시오."

부처님의 한마디는 마하빠자빠띠의 심장을 쥐어짰다. 마하빠자빠띠는 부처님의 발등에 볼을 부비며 애원하였다.

"여자는 태어나 아버지에게 의지하다가 결혼하면 남편에게 의지합니다. 나이가 들어 남편이 세상을 떠나면 자식을 의지해 살아가야 합니다. 선왕도 떠나고 두 아들도 떠나고, 귀여운 손자마저 떠난 지금 제겐 의지할 곳이 없습니다. 가련한 저를 부처님의 그늘에서 쉬게 하소서."

"고따미여, 이 교단에 여자들이 들어오는 것을 청하지 마십시오."

여인들이 소리 내어 울었다.

"세존이시여, 아버지를 잃고 남편을 잃고 아들을 잃은 여인들이 출가할 수 있도록 허락해주소서."

"고따미여, 이 교단에 여자들이 들어오는 것을 청하지 마십시오."

마하빠자빠띠는 소리 내어 통곡하며 숲을 떠났다. 거센 바람이 숲을 뒤흔든 다음 날, 까삘라 거리에서 걸식을 마친 부처님은 새롭게 출가한 오백 명의 사꺄와 꼴리야 비구를 이끌고 웨살리로 향하셨다.

사랑하는 남편과 자식의 그림자조차 볼 수 없게 된 사꺄족과 꼴리야족 여인들은 눈물로 나날을 보냈다. 그러던 어느 날 까삘라 거리에 놀랄 만한 광경이 벌어졌다. 국모 마하빠자빠띠가 손수 머리를 깎고는 거친 베옷을 입고 나타났다. 화려한 비단과 보석을 마다하지 않던 그녀가 화장을 지우고 맨발로 거리에 나서자, 약속이라도 한 듯 여인들이 하나 둘 그 뒤를 따랐다. 꼴리야를 지나 말라의 땅으로 들어섰을 때 여인의 행렬은 오백 명이나 되었다. 남편과 아들을 그리워하며 잠을 이루지 못하던 여인들은 아무런 준비도 없이, 가진 것 하나 없이 고따미를 따라 웨살리의 큰 숲으로 향했다.

까삘라에서 웨살리까지는 50유순, 간절한 마음 하나만으로 나서기에는 결코 가까운 거리가 아니었다. 웨살리 교외의 큰 숲에 도착했을 때, 그녀들의 몰골은 처참했다. 머리부터 발끝까지 온통 먼지투성이에 얼굴은 초췌하였다. 곱고 부드러운 천으로 보호하던 여인들의 피부는 여기저기 긁힌 상처가 심했고, 먼 길을 걸은 발바닥은 피범벅이었다. 늦은 시각 여인들의 울음소리에 놀라 정사의 문을 연 아난다는 얼어붙은 듯 꼼짝도 할 수 없었다. 귀족의 부녀자였다고는 도저히 믿기지 않는 모습이었다. 마하빠자빠띠는 아난다의 옷자락에 매달려 하염없이 눈물만 흘렸다. 말하지 않아도 알 수 있었다. 인정 많은 아난다는 그녀의 어깨를 다독였다.

"눈물을 멈추셔요. 제가 가서 부처님께 여쭙겠습니다. 이곳에서 잠시만 기다리십시오."

아난다가 다급하게 방문을 두드리며 부처님께 말씀드렸다.

"부처님, 마하빠자빠띠께서 사꺄족과 꼴리야족의 여인 오백 명과 함께 정사로 찾아오셨습니다. 부처님, 저 여인들이 교단에 들어와 수행자로 살도록 허락하소서."

부처님은 단호하였다.

"아난다, 여자들이 교단에 들어오는 것을 청하지 말라."

아난다가 무릎을 꿇고 애원하였다.

"스스로 머리를 깎고 험한 길을 맨발로 걸어온 여인들입니다. 부르튼 발에선 피가 흐르고, 때와 먼지 가득한 얼굴에는 눈물 자국만 선명합니다. 부처님, 간청합니다. 저 딱한 여인들이 교단에 들어와 수행자로 살도록 허락하소서."

"아난다, 여자들이 교단에 들어오는 것을 청하지 말라."

아난다는 부처님의 옷자락을 붙들고 애원하였다.

"세존이시여, 마하빠자빠띠는 젖을 먹여 당신을 기른 어머니십니다."

아난다의 눈에 눈물이 맺혔다. 그러나 부처님의 대답은 한결같았다.

35 여성의 출가 2-3세기, 라호르박물관, 파키스탄

"아난다, 여자들이 교단에 들어오는 것을 청하지 말라."

고개를 숙이고 한참을 눈물짓던 아난다가 옷깃을 바로 하고 여쭈었다.

"세존이시여, 여자도 수행하면 남자와 같이 수행의 효과를 얻을 수 있습니까?"

"물론 그럴 수 있다."

"수다원과를 얻고, 사다함과를 얻고, 아나함과를 얻고, 아라한과를 현생에서 중득할 수 있습니까?"

"물론이다, 아난다."

"부처님, 만일 여자도 아라한이 될 수 있다면 그 첫 번째 기회를 마하빠자빠띠께 주십시오."

눈을 감고 말씀이 없던 부처님께서 조용히 입을 여셨다.

"아난다, 마하빠자빠띠 고따미가 비구를 공경하는 여덟 가지 법을 받아들인다면 출가 수행자로 교단에 들어오는 것을 허락하리라."

아난다의 도움으로 여인의 출가가 허락되었다. 다만 부처님께서는 비구니들에게 항상 비구들을 공경하며 비구들의 보호와 가르침 속에서 생활하라고 말씀하셨다. 깊은 샘이 만들어지자 기다렸다는 듯 맑은 물들이 고이기 시작했다. 마하빠자빠띠의 뒤를 이어 까삘라에 남아 있던 야소다라와 난다의 아내 자나빠다깔랴니, 난다의 여동생 순다리난다(Sundarinanda)도 잇따라 출가하여 비구니가 되었다. 마하깟사빠의 아내였던 밧다까삘라니 역시 비구니 승가가 생기자 교단에 합류하였다. 이후 새의 두 날개처럼 부처님 교단의 한 축을 이루게 된 비구니 승가는 보석처럼 빛나는 훌륭한 비구니들로 채워지게 되었다. 케마(Khemā) 비구니 역시 빛나는 보석 가운데 한 분이었다.

왕비 케마의 출가

깨달음을 이루신 후 6년, 부처님께서 라자가하 죽림정사에 머무실 때였다. 발길이 닿는 곳마다 영광을 안고 돌아오는 모습에 라자가하 사람들은 찬사와 공경을 아끼지 않았다. 특히 마가다국의 빔비사라왕의 신심은 더욱더 깊어졌다. 꼬살라국에서는 왕비 말리까가 왕과 친족들을 불법으로 이끌었다면 마가다국에서는 그 반대였다. 부처님을 만나는 것이 행복한 일이라며 빔비사라왕은 틈이 날 때마다 친족과 대신들을 거느리고 정사를 찾았으며, 왕비와 왕자들에게도 부처님께 귀의할 것을 늘 권유하였다. 마가다국의 빔비사라왕에게는 세 명의 왕비가 있었다. 첫째 왕비는 마하꼬살라의 딸이자 빠세나디왕의 누이인 웨데히였다. 빔비사라왕과 웨데히 사이에서 태어난 왕자가 아자따삿뚜(Ajātasattu)였다. 둘째 왕비는 웨살리를 중심지로 한 왓지연맹 릿차

36 라자가하 죽림원에 모여든 대중
1세기
산치 1탑
인도

위족의 쩨따까(Ceṭaka)왕의 딸 쩰라나(Cellanā)였고, 셋째 왕비는 맛다국 사갈라의 공주 케마였다. 그 외에도 빔비사라왕 주위에는 아름다운 여인들이 많았다. 특히 빠두마와띠(Padumavatī)는 아완띠의 수도 웃제니의 기녀였는데, 절세미인이었던 그녀의 소문을 듣고 빔비사라왕이 라자가하로 데려왔다. 그녀와 빔비사라왕 사이에서 태어난 아들이 아바야(Abhaya)왕자였기 때문에 그녀는 아바야의 어머니로도 불렸다. 또 웨살리의 기녀 암바빨리(Ambapālī)와의 사이에서 태어난 위말라꼰단냐(Vimalakoṇḍañña)라는 아들도 있었다.

끊임없는 왕의 권유에도 죽림정사를 찾지 않는 한 왕비가 있었다. 그녀는 황금빛 피부를 가진 셋째 왕비 케마였다. 빼어난 미모만큼 교만했던 케마는 사랑스런 아내 야소다라를 버리고, 아리따운 여인을 더러운 종기나 피고름 덩어리처럼 비유하는 부처님을 싫어했다. 사랑스러운 것들이 주변에 찬란히 빛나고 있고, 자신에게 향하는 사랑이 영원하리라 믿었던 케마에게 인생은 즐겁기만 할 뿐이었다. 그런 케마였지만 화려한 봄날 죽림정사를 다녀온 여인들의 노랫소리에 마음이 동했다.

어서 가보셔요 대나무 숲으로
너무도 아름다운 대왕의 동산
상큼하고 부드러운 것 좋아하는 당신
대숲 꽃동산에 지금 빨리 가보셔요
가지가지 꽃송이에 기묘한 나무들
아름답게 수를 놓고 조화를 이룬 곳

죽림정사의 연못 인도

다음에 가보리라 미루지 마셔요
때가 지나면 다시 기회 있을까요
사랑스런 케마 당신 혼자 남았네요
하늘나라 동산처럼 아름다운 그곳
지금 빨리 가보셔요 대나무 숲으로
그곳에 가면 천녀처럼 즐거우리
천상에서 꽃놀이하던 아리따운 천녀들도
향기 쫓아 내려오는 인간의 동산
어서 가보셔요 그 대숲으로
기쁨에 취해 돌아올 줄 모르리

케마는 슬그머니 죽림정사가 궁금해졌다. 그러나 부처님을 만나고
싶은 생각은 추호도 없었다. 꾀를 낸 케마는 승가의 대중이 모두 걸식

을 나간 아침 시간에 몰래 동산을 찾았다. 꽃과 과일나무, 연못과 풀들이 조화를 이룬 죽림정사는 평화로웠다. 바람이 실린 꽃향기와 새들의 지저귐에 취해 정사 깊이 들어갔을 때였다. 케마는 뜻밖의 장면에 깜짝 놀랐다. 라자가하 거리로 걸식을 나갔으리라 여겼던 부처님이 정사 한가운데 앉아계셨다. 여인의 몸을 종기와 피고름 주머니로 생각한다는 그런 분의 발밑에 숨을 쉴 수 없을 만큼 아름다운 한 여인이 예배하고 있었다. 케마는 넋이 나간 채 가까이 다가갔다. 그 여인은 케마에게 눈길도 주지 않은 채 부처님께 다가가 공손히 부채질을 해드리고 있었다. 날마다 거울 앞에서 화장을 하던 케마였다. 그러나 그녀 앞에 서자 자신은 늙은 원숭이에 불과했다.

"어쩜 저리 아름다울까?"

눈을 뗄 수 없었다. 그러나 진짜 놀랄 만한 일은 다음에 벌어졌다. 고운 비단 같던 그녀의 살결에 금이 가기 시작하더니 삼베처럼 거칠어지고, 도톰하던 눈두덩이 꺼지면서 별빛처럼 초롱초롱하던 눈동자가 뭍에 올려진 생선처럼 백태가 끼기 시작했다. 잘 익은 복숭아처럼 볼그스름하던 얼굴은 점점 주름이 잡히더니 늙은 원숭이 피부처럼 늘어지고, 윤기가 자르르 흐르던 까만 머리카락은 늙은 돼지의 털처럼 뻣뻣해지더니 뚝뚝 부러져나갔다. 허리가 굽고, 뼈마디가 불거지고, 이가 빠지고, 성글성글한 흰 머리카락을 겨우 추스르는 할머니가 되어 몸도 채 가누지 못하고 있었다. 케마는 가슴이 철렁 내려앉았다. 엄습하는 두려움에 그 노파처럼 몸을 가누지 못했다. 휘청거리는 케마에게 부처님께서 조용히 말씀하셨다.

"왕비여, 자세히 보십시오. 케마여, 자세히 들으십시오. 지혜의 눈이 없는 장님 같은 이들은 이 육체의 아름다움을 아끼고 찬탄하지만, 보십시오. 이 몸은 쉽게 늙고 병들며 무너집니다. 화려한 옷과 향기로운 분으로 덮고 가리지만 아홉 개의 구멍으로 고약한 냄새를 풍기는 오물들이 끊임없이 흘러내리고 있습니다.

왕비여, 돌아보십시오. 케마여, 생각해보십시오. 무너지지 말라고 아무리 애써도 그것은 무너지는 것입니다. 아름답다고 아무리 되뇌어도 그것의 본성은 아름답지 않은 것입니다. 그와 나의 육체를 사랑해 보듬지만 그 다음에 기다리는 것은 슬픔과 두려움과 고통입니다."

대왕의 사랑을 독차지하고는 빳빳이 목을 세우고 왕궁을 거닐던 케마였다. 그러나 늘어가는 속살의 주름이 늘 두려웠던 케마였다. 왕비는 무릎을 꿇었다.

"어떻게 해야 합니까?"

"왕비여, 그곳에 휴식은 없습니다. 케마여, 이곳에서 쉬십시오. 있는 그대로의 진실을 알아 육체에 대한 집착과 갈애를 버릴 때, 마음은 고요해지고 편안해집니다."

케마는 일어나 부처님의 두 발에 예배하였다.

"어리석은 저는 말씀을 충분히 이해하지 못했습니다. 저를 가엾이 여겨 자세히 설명해 주십시오."

부처님께서 말씀하셨다.

"왕비여, 벗어날 길을 찾으십시오. 케마여, 지혜를 닦으십시오. 당신이 아름답다고 여기는 것, 보기 좋다고 여기는 것, 거기에 아름다움은 없습니다. 원래 없습니다. 탐욕과 분노와 어리석음을 떨치고 자세히 보십시오. '나'와 '너'가 실재하는 것이라 생각해선 안 됩니다.

'나'와 '너'를 비교해서도 안 됩니다. 그로 인해 교만심을 일으켜서는 더더욱 안 됩니다. 행동과 말씨와 마음가짐을 조용히 가라앉히고 예의를 갖추십시오. 공손하고 부드러운 자세로 마음 속 교만을 버리십시오. 그러면 고요하고 편안한 열반에 곧바로 도달할 것입니다."

케마는 자신의 교만을 참회하고 붉은 연꽃 같은 부처님의 두 발에 진심으로 머리 숙였다. 죽림정사를 떠나는 그녀의 뒷모습은 평화로웠다. 왕궁으로 돌아온 케마는 낯선 집을 찾은 손님의 발걸음으로 조심조심 왕 앞으로 나아가 말하였다.

"대왕이여, 대왕께서 허락하시면 저는 부처님 교단에 들어가 비구니가 되고 싶습니다."

예전 같지 않은 모습에 놀란 빔비사라왕은 왕좌에서 내려와 왕비의 손을 잡았다. 철부지 아이처럼 응석을 부리고 대신들 앞에서도 언성을 높이던 케마였다. 그런 그녀가 하녀처럼 고개를 숙이고 낮은 소리로 말하고 있었다. 빔비사라왕은 걱정이 앞섰다.

"무슨 일이 있었소?"

왕비 케마는 죽림정사를 찾았던 일을 왕에게 자세히 말하였다. 그런 뒤 재차 무릎을 꿇고 간청하였다.

"대왕께서는 저의 주인이십니다. 주인님이 허락하시면 저는 부처님 교단에 들어가 비구니가 되고 싶습니다."

빔비사라왕은 왕좌로 돌아가 말없이 눈을 감았다. 한참 후 빔비사라왕은 대왕의 위엄을 갖추고 말하였다.

"케마여, 당신의 출가를 허락합니다. 당신이 비구니가 되는 일을 내가 준비하겠습니다."

빔비사라왕은 사랑하고 아끼던 케마왕비를 황금으로 만든 가마에 태우고 음악을 연주하며 라자가하 거리를 돌았다. 꽃과 향을 뿌리며 환호하는 백성들의 축복 속에 케마왕비는 비구니 스님들이 머무는 정사로 찾아가 머리를 깎고 구족계를 받았다. 그리고 다시 비구 승가로 찾아가 출가를 허락받았다. 영특했던 그녀는 부처님의 가르침을 빨리 성취할 수 있었다. 날카로운 지혜를 지닌 케마를 부처님은 '비구니 제자 가운데 제일가는 지혜를 가진 사람'이라며 대중 앞에서 칭찬하셨다.

최고의 세력을 자랑하던 마가다국의 왕비가 비구니가 됨으로써 부처님 교단의 위상은 한층 높아졌다. 또한 그녀의 출가로 라자가하 여인들의 출가가 잇따르게 되었다. 담마딘나(Dhammadinnā)는 라자가하의 부호 위사카(Visākha)의 아내였다. 독실한 불교신자였던 남편에게 감화되어 담마딘나는 출가를 결심하게 되었고, 위사카는 그런 아내를 위해 케마가 출가할 때 사용한 가마를 빔비사라왕에게 빌려왔다. 담마딘나는 출가 후 곧 깨달음을 성취하였고 어려운 법문을 쉽게 설명하는 탁월한 능력을 갖춘 법사가 되었다. 수많은 라자가하 사람들이 담마딘나의 법문을 들으러 몰려들었고, 옛 남편 위사카 장자도 그 자리를 채웠다. 담마딘나 비구니는 꿀벌처럼 부지런히 진리의 꿀과 향기를 날랐다. 설법에 뛰어났던 숙까(Sukkā) 비구니 역시 그들 가운데 한 수행자였다. 담마딘나 비구니의 법문을 듣고 출가한 그녀 곁에는 항상 오백 명의 비구니들이 머물렀다.

비자야(Vijaya) 비구니는 왕비 케마의 친구였다. 아름다운 미모에 부와 권력을 한 손에 쥐었던 친구의 출가 소식에 비자야도 용기를 내어 출가하였다. 부처님의 가르침을 성취한다는 것이 쉬운 일은 아니었다. 갖은 유혹을 떨치지 못해 비자야는 몇 번이나 머리를 기르고 다시 깎기를 반복하였다. 그러던 비자야도 어느 날 대중 앞에서 당당히 말하였다.

"네 번인가 다섯 번인가 저는 정사를 뛰쳐나갔습니다. 평안을 얻지 못하고 마음을 다스릴 수 없었기 때문입니다. 저는 어느 비구니 스님을 찾아가 공손히 예배드리고 길을 여쭈었습니다. 그 비구니 스님은 저를 탓하지 않고 자세히 가르쳐주시더군요.

'비자야, 마음을 가다듬고 잘 관찰해보세요.'

여섯 가지 감각기관[六根]과 그 인식 대상[六境]을 합한 열두 영역[十二處], 그리고 인식 작용[六識]을 합한 열여덟 가지 요소[十八界], 네 가지 존엄한 진리[四聖諦]와 다섯 가지 훌륭한 선근[五善], 다섯 가지 능력과 깨달음을 얻는 일곱 가지 방법, 여덟 가지 바른길에 대해 자세히 설명해주셨습니다. 비구니 스님의 말씀에 따라 가르침을 실천한 저는 그날 초저녁에 전생의 일을 모두 알았습니다. 한밤중에는 천안(天眼)을 얻었습니다. 그리고 새벽이 밝아올 무렵 무명의 암흑덩이를 산산이 부수었습니다. 온몸에 환희심과 안락함이 충만한 채, 나날을 보냈습니다. 그리고 이레 만에 고단한 두 다리를 풀었습니다."

꼬삼비의 세 정사

부처님의 명성을 들은 꼬삼비(Kosambī)의 세 거상이 오백 대의 수레에 공양물을 싣고서 멀리 사왓티를 찾아왔다. 보름 동안 설법을 들으며 부처님과 비구들에게 공양을 올린 세 장자는 사왓티를 떠나며 청하였다.

"세존이시여, 꼬삼비로 오셔서 안거하십시오. 제자들이 당신을 위해 정사를 마련하겠습니다."

그 세 명의 장자는 고사까(Ghosaka)·꾹꾸따(Kukkuṭa)·빠와리까(Pāvārika)였다. 꼬삼비로 돌아온 세 장자는 부처님과 제자들이 머물 정사를 각각 하나씩 건립하였다. 고사까가 세운 정사는 고시따라마(Ghositārāma)이고, 꾹꾸따가 세운 정사는 꾹꾸따라마(Kukkuṭārāma)이며, 빠와리까가 망고동산에 세운 정사는 빠와리까암바와나(Pāvārika Ambavana)였다.

꼬삼비는 마가다국의 서쪽에 위치한 왐사의 수도였다. 기원전 8세기 웨다의 권위를 신봉하던 빠우라와(Paurava)제국이 대홍수로 몰락

부처님 재세 시 강가강 유역

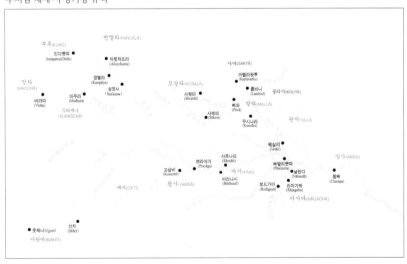

하면서 아리야인의 땅으로 불렸던 꾸루·빤짤라·맛차·수라세나는 점차 세력을 잃게 되었고, 강가강 중류에 새로운 국가들이 흥성하게 되었다. 그 가운데 하나가 꾸루(Kurū)족 일파가 이주하여 새롭게 건설한 도시 꼬삼비였다. 꼬삼비는 서쪽으로 수라세나의 마두라(Madhurā)와 야무나(Yamunā)강으로 연결되고, 남쪽으로 아완띠의 웃제니(Ujjenī)와 육로로 연결되었으며, 동쪽으로 강가강의 뱃길을 따라 와라나시와 마가다국 그리고 앙가로 연결되는 교통의 요충지에 위치한 도시국가였다. 또한 꼬삼비는 꾸루·빤짤라·맛차·수라세나에서 쇠퇴해가던 바라문 문화의 새로운 중심지로 부상하고 있었다. 세 장자의 귀의로 꼬삼비에 터전을 마련하게 된 부처님 교단은 바라문교의 본토 사람들에게 본격적으로 가르침을 전할 수 있는 계기를 마련하게 되었다. 그러나 신흥종교에 배타적 자세를 견지하고 있던 이 지역 사람들의 저항은 만만치 않았다. 부처님과 제자들은 갖가지 모욕과 멸시를 감수해야만 했고, 부처님의 가르침에 새롭게 귀의하는 이들에게도 남다른 신심과 의지가 요구되었다. 그런 척박한 토양에서도 부처님의 가르침은 싹을 틔웠고, 또 고결한 꽃을 피웠다. 랏타빨라(Raṭṭhapāla) 역시 눈부신 꽃다발 가운데 한 송이였다.

랏타빨라는 꾸루의 툴라꼿티까(Thullakoṭṭhika) 출신이다. 출가를 허락지 않는 부모님에게 자신의 신념을 관철하기 위해 랏타빨라는 물 한 모금 마시지 않고 일주일 동안 땅에 누워 꼼짝하지 않는 시위를 해야만 했다. 그의 부모님은 결국 아들의 죽음이 두려워 출가를 허락하였다. 그러나 그의 부모는 아들이 출가한 후에도 부처님 교단에 대한 적대 감정을 감추지 않았다. 세월이 흐른 후 아라한이 된 랏타빨라는

고향으로 돌아가 부모님을 교화하고, 온갖 시련을 극복하며 꾸루에
부처님의 가르침을 전하였다.

승가가 새로운 지역에 정착하기 위해서는 그 지역 세력가들의 후원
과 보호가 필요했다. 꼬삼비의 우데나(Udena)왕의 호의를 이끌어내
는 데 크게 공헌한 사람은 첫째 왕비 사마와띠(Sāmāvatī)였다. 사마와
띠는 왕궁에 꽃을 나르는 시녀 쿳줏따라(Khujjuttarā)가 전한 부처님
말씀만 듣고 귀의하였다. 그날 이후 왕비는 자기의 시녀를 스승처럼
섬기며 부처님의 가르침을 매일같이 전해 들었다. 왕비는 부처님을
직접 뵙고 싶었지만 질투심 강한 우데나가 허락할 리 없었다. 사마와
띠는 궁전 담벼락에 구멍을 뚫고 지나가는 부처님을 향해 남몰래 합
장해야만 했다. 이를 안 셋째 왕비 마간디야(Māgandiyā)가 부처님과
사마와띠가 내통하고 있다며 우데나에게 거짓말을 하였다.

마간디야는 꾸루의 깜마사담마(Kammāsadamma) 출신 미녀였다.
그녀는 왕의 사랑을 두고 경쟁한 사마와띠도 미웠지만 부처님과는 더
욱 좋지 않은 인연이 있었다. 부처님께서 언젠가 깜마사담마를 방문
하셨을 때, 부처님의 당당한 모습에 반한 바라문 내외가 자기의 딸을
데려와 아내로 삼아달라고 청한 적이 있었다. 부처님은 눈이 부실만
큼 아름다운 딸을 앞에 두고 보리수 아래에서 악마의 딸들이 유혹했
던 이야기를 들려주셨다. 아름다운 여인도 결국은 똥오줌으로 가득
찬 가죽주머니에 불과하다며 거절하신 것이다. 부처님의 법문에 감복
한 바라문 부부는 동생에게 딸을 맡기고 비구와 비구니가 되었다. 그
때 부부가 동생에게 맡겼던 딸이 바로 셋째 왕비 마간디야였다.

'똥오줌 가득한 가죽주머니' 라는 말을 모욕으로 받아들였던 마간

37 부처님을 만난 마간디야 2-3세기, 페샤와르박물관, 파키스탄

디야는 옛날의 상처를 잊지 않고 있었다. 마간디야의 끈질긴 음해에 성질 급한 우데나는 사마와띠와 궁녀들의 죄를 추궁하고 나섰다. 시기심에 불탄 왕은 화살 끝에 독을 바르고 시위를 팽팽히 당겨 위협했지만 사마와띠와 궁녀들은 조금도 동요하지 않았다. 담장 너머 법문만으로 그들은 이미 수다원과를 성취하였던 것이다. 평온한 여인들의 모습에 더욱 화가 치민 우데나는 군사들에게 활을 쏘도록 명령하였다. 그러나 원한과 증오심을 떨친 그녀들 앞에서 화살은 낙엽처럼 떨어졌다. 감복한 우데나는 왕비와 궁녀들에게 잘못이 없음을 알고 용서를 구하였다. 이 일을 계기로 우데나는 왕비의 청에 따라 부처님과 비구들을 궁궐로 초대해 공양을 올리고 설법을 듣게 되었다. 부처님께서는 쿳줏따라를 '우바이 가운데 가장 박식한 사람'이라 칭찬하고,

사마와띠를 '우바이 가운데 가장 따뜻한 마음을 가졌던 사람'이라며
칭찬하셨다.

남쪽 아완띠까지

부처님이 출현하였다는 소식은 남쪽 멀리 아완띠까지 전해졌다. 아완
띠국 짠다빳조따(Caṇḍapajjota)왕은 부처님을 초청하기 위해 깟짜나
(Kaccāna, 迦栴延)와 일곱 사람을 사신으로 파견하였다. 깟짜나는 웃
제니 출신으로 국사의 아들이었으며 흑인이었다. 빳조따의 요청을 전
달하기 위해 사왓티를 방문한 여덟 사신은 부처님의 설법을 듣고 자
신들의 임무를 잊어버렸다. 그들은 모두 비구가 되었다. 그들 가운데
깟짜나가 수행의 과위를 가장 빨리 성취하였다. 논리적 사유와 언변
이 뛰어났던 깟짜나는 부처님의 간단한 설법을 자세히 분석해 설명하
고 논의함에 있어 최고의 능력을 가졌다고 칭찬받았다. 출가의 목적
을 완수한 후에야 깟짜나는 부처님께 간청하였다.

"부처님, 아완띠의 왕 짠다빳조따가 부처님을 초청하였습니다. 아
완띠국을 방문해 주십시오."

잠시 침묵하신 부처님께서 말씀하셨다.

"그대가 가도 충분합니다."

부처님의 허락을 받은 깟짜나는 고향 웃제니로 돌아와 왕의 동산에
머물렀다. 그의 귀국으로 부처님의 가르침이 아완띠국에 널리 퍼지게
되었고, 수많은 사람들이 제자가 되어 출가를 원하게 되었다. 사람들

을 출가시켜 구족계를 주려면 3사(師) 7증(證), 즉 최소 열 명의 비구가 필요하였다. 당시 변방이나 다름없던 아완띠국에서는 열 명의 비구를 모으기가 쉽지 않았다. 그렇다고 출가를 원하는 이들을 다른 승가에 보내자니 가장 가까운 승가도 멀고 먼 꼬삼비국에 있었다. 비구들은 부처님이 제정한 계율을 생명처럼 여겼다. 부처님 한 분 외에는 누구도 계율을 제정할 수 없었고, 함부로 고칠 수도 없었다. 깟짜나는 부처님을 뵙기 위해 사왓티의 기원정사로 떠나는 제자 소나꼬띠깐나(Soṇakoṭikaṇṇa)에게 아완띠국의 사정을 말씀드리게 하였다. 그리고 지역의 특성을 고려해 계율의 적용을 적절히 가감할 수 있도록 요청하였다.

부처님께서는 아완띠국의 사정을 고려해 3사 2증만으로 구족계를 줄 수 있도록 예외 규정을 만들었다. 또한 검고 딱딱한 아완띠의 토질을 고려해 두꺼운 신발을 신도록 허락하였으며, 더위가 심한 지역임을 고려해 보름에 한 번으로 정해진 목욕을 보다 자주 할 수 있도록 허용하고, 양이나 염소나 사슴 등의 가죽으로 만든 이불을 사용할 수 있도록 하였다. 이처럼 계율의 조항이 편의에 맞춰 수정됨으로써 아완띠에 새로운 승가가 쉽게 정착할 수 있었다.

제 8 장

지혜와 자비의 가르침

붉은 옷을 입은 찐짜

비구 · 비구니 · 우바새 · 우바이의 불교 공동체가 확립되고 라자가하에 이어 웨살리 · 사왓티 · 꼬삼비에 차례로 정사들이 건립되자 비구와 비구니의 숫자는 급속도로 늘어났다. 또한 부처님의 가르침을 찬탄하며 그 제자들에게 예배하고 보시하는 이들도 거리마다 증가하게 되었다. 그러나 예전에는 없던 새로운 문제들도 안팎에서 발생하였다. 지혜와 덕행을 배우기보다 명성을 탐하는 비구와 비구니가 생겨나고, 종족과 계급으로 우열을 논하며 무리를 짓는 이들도 생겨났다. 강가(Gaṅgā) · 야무나(Yamunā) · 사라부(Sarabhū) · 아찌라와띠(Aciravatī) · 마히(Mahī) 다섯 개의 강이 하나의 바다로 흐르듯 오직 열반을 추구하며 물과 젖처럼 화합해야 한다고 끊임없이 타일렀지만 교단 안에는 좋은 옷과 맛있는 음식, 교만을 탐하는 이들이 늘어만 갔다.

깨달음을 이루신 후 7년, 사왓티에 머무시던 부처님은 제자들의 나태함을 경책하기 위해 누구에게도 알리지 않은 채 조용히 가사와 발우를 들고 사라졌다. 즐거움이 가득한 하늘나라 삼십삼천으로 올라간 부처님은 그해 우기를 제석천과 어머니 마야부인 그리고 천녀들에게 설법하며 지내셨다. 우기가 끝날 무렵 지난 과오를 반성한 대중의 요청에 의해 마하목갈라나가 도리천으로 올라가 부처님을 다시 청하였다. 부처님께서 물으셨다.

"사부대중이 수행에 게으르지 않도록 하십시오. 마하목갈라나, 사부대중을 교화하기에 힘들지는 않습니까? 서로 다투지는 않습니까? 외도들이 소란스럽게 하지는 않습니까?"

"모든 비구와 비구니들이 자신의 오만과 게으름을 뉘우치고 있습니다. 모든 우바새와 우바이들이 부처님을 뵐 날만 손꼽아 기다리고 있습니다. 두 뿔을 자른 소처럼 온유한 그들에게 외도의 비방과 소란은 조금도 문제 되지 않습니다."

"사리뿟따는 지금 어디에 있습니까?"

상깟사의 전경 인도

38 도리천에서 내려오는 부처님
기원전 1세기, 인도박물관, 인도

"세존이시여, 사리뿟따는 새로 출가한 오백 명의 비구들과 함께 상
깟사(Saṅkassa)에서 안거하고 있습니다."

"전하십시오. 이레 뒤에 상깟사로 돌아가겠습니다."

소식을 들은 수많은 비구와 비구니들이 상깟사로 향하였다. 라자가
하에 머물던 수부띠(Subhūti, 須菩提) 역시 그들 가운데 하나였다. 그
러나 수부띠는 걸음을 옮기다 부처님은 형상으로 뵙는 것이 아님을
깨닫고 발길을 돌렸다.

칠 일 후 부처님은 상깟사 성문 밖에 하강하셨고, 기다리던 대중들
이 부처님을 맞이하였다. 부처님은 그곳에서 사리뿟따와 수부띠의 지
혜로움을 칭찬하고 사왓티의 기원정사로 돌아오셨다. 지난 잘못을 참
회하며 스스로를 가다듬는 승가의 모습에 부처님과 제자들의 명성은

더욱 높아졌다. 사왓티 사람들의 마음이 아지위까와 니간타를 떠나 불교에 쏠리게 되자, 시기와 질투로 이성을 잃은 외도들은 부끄러운 줄도 모르고 거리에서 떠들었다.

"사문 고따마가 고행을 통해 깨달음을 얻었다면 우리도 고행을 했으니 고따마처럼 부처님이 아니겠는가? 왜 사문 고따마에게만 보시하는가? 우리에게 보시하는 자도 큰 과보를 받을 것이니 우리에게 보시하라."

외도들은 더 이상 참지 못했다. 어떤 방법으로든 부처님과 제자들의 명예를 실추시켜야 했다. 외도들이 모여 대책을 강구하고 있을 때였다. 젊고 아름다운 바라문 소녀 찐짜(Ciñcā)가 외도들의 사원을 찾았다. 공손히 세 번이나 인사하는 찐짜에게 그들은 아는 체도 하지 않았다. 당황한 찐짜가 물었다.

"저에게 무슨 잘못이라도 있나요?"

"누이여, 당신에게 잘못이 있어 이러는 것이 아니요. 우리는 고따마 때문에 지금 골치가 아파 죽을 지경이요."

외도 수행자들의 관심과 칭찬을 목마르게 기다리고 있는 찐짜였다.

"무슨 일로 곤란을 겪으시는 겁니까? 혹시 제가 도울 수는 없을까요?"

한 외도가 귀찮다는 듯이 얼굴을 찌푸렸다.

"고따마 때문에 사왓티 사람들이 우리에겐 관심도 없소. 그대가 정우릴 돕고 싶다면 저 고따마의 명성을 한번 떨어뜨려 보시오."

"그런 것이라면 제가 얼마든지 할 수 있습니다. 너무 걱정하지 마십시오."

39 설법을 듣기 위해 모여든 사람들 1세기, 산치 1탑, 인도

찐짜의 큰 소리에 외도들은 기뻐하며 칭찬을 아끼지 않았다. 그날 이후 찐짜가 기원정사에 모습을 나타내곤 하였다. 곱게 화장을 한 그녀는 화려한 옷차림으로 향과 꽃다발을 들고 해질 무렵 기원정사로 향했다. 설법을 듣고 기원정사를 나오던 사람들은 눈길을 끄는 그녀에게 물었다.

"이 늦은 시각에 어딜 갑니까?"

"내가 어딜 가든 당신들이 알아 무엇하게요?"

퉁명스럽게 시치미를 떼고는 사람들이 보이지 않는 곳에서 발걸음을 돌려 부근의 외도 수행자들의 처소에서 잠을 잤다. 그리고 아침이면 설법을 들으러 오는 사람들을 기다렸다가 기원정사 문 앞에서 마을을 향해 걸어갔다.

"이른 시각에 어디서 자고 오는 길입니까?"

"내가 어디서 자든 당신들이 알아 무엇하게요?"

매일같이 이렇게 하다 한 달쯤부터는 비밀이라도 알려주듯 작은 소리로 속삭였다.

"사실 기원정사에 있는 고따마 방에서 자고 오는 길이에요."

삼 개월쯤 지나 찐짜는 천을 배에 감고 임신한 여자처럼 붉은 옷을 입었다. 그녀는 기원정사를 오가는 사람들에게 자랑스럽게 말했다.

"여러분, 나는 사문 고따마의 아기를 가졌답니다."

배에 감은 천을 두껍게 늘리던 찐짜는 여덟 달이 지나고 아홉 달이 되자, 둥근 나무그릇을 끈으로 동여맨 뒤, 산달이 가까웠다는 표를 내기 위해 소의 턱뼈로 피부를 문질러 거칠게 하였다. 이윽고 어느 화창한 오후, 당당한 걸음으로 기원정사로 들어가 설법하는 부처님 앞에

섰다. 수많은 신자들의 웅성거림을 즐기기라도 하듯 찐짜는 갖은 표정을 지어보이며 말했다.

"대사문이여, 많은 사람들 앞에서 설법하고 계시는군요. 그렇지요, 당신의 속삭임은 참 아름답지요. 당신의 입술은 또 얼마나 달콤합니까. 그런 당신이 나에게 준 선물이 이 아이지요……."

사정을 모르는 이라면 누구나 동정을 느낄만했다. 웃고 울기를 마음대로 하는 찐짜의 무서운 연극은 계속되었다.

"하지만 이렇게 달이 차서 배가 부르도록 당신은 나에게 음식은커녕 다리 펴고 누울 방 한 칸도 마련해주질 않는군요. 저야 어차피 버린 여자라지만 배 속의 애가 무슨 죄입니까? 당신 아이가 불쌍하지도 않은가요. 사람들 눈 때문에 직접 할 수 없다면 다른 사람을 시킬 수도 있지 않나요? 국왕이 당신의 제자이고 수닷따 장자가 당신 제자인데 그것 하나 마련해 줄 수 없나요. 당신은 참 몹쓸 사람이군요."

땅을 치며 울부짖다가 고함을 치고 머리를 쥐어뜯는 그녀를 부처님은 그저 물끄러미 바라만 보셨다. 웅성거리던 신자들의 눈길이 모두 부처님에게 쏠렸다. 부처님의 얼굴에는 조금의 변화도 찾아볼 수 없었다. 부처님이 조용히 말씀하셨다.

"여인이여, 그대의 말이 진실인지 거짓인지는 오직 그대와 나만이 알 것이다."

"그렇지요, 당신과 저만 알지요. 그 비밀스런 짓거리 때문에 오늘 이렇게 되지 않았습니까?"

그때였다. 몸부림이 지나쳤는지 동여매었던 끈이 풀어지면서 옷 속에 감추었던 나무그릇이 발등에 떨어졌다. 설법을 들으러 기원정사를 찾았던 사람들은 찐짜에게 침을 뱉었다. 지옥에 떨어질 가증스런 죄를 지은 찐짜는 사왓티 사람들이 던지는 욕과 흙덩어리를 뒤집어쓰고 기원정사 밖으로 쫓겨났다. 이 사건으로 외도들은 더욱 비난받게 되었고, 사왓티 사람들은 잠시나마 부처님을 의심한 자신을 책망하며 믿음을 더욱 견고히 하였다.

악기를 연주하듯

온몸에 황금빛 털이 가득한 소나꼴리위사(Soṇakolivīsa)라는 비구가 있었다. 라자가하에서 부처님의 게송을 듣고 출가한 그는 짬빠의 부유한 장자의 아들이었다. 그는 낮밤을 가리지 않고 정진했지만 수행의 결과가 좀처럼 체득되지 않았다.

'배운 대로 실천하자. 뒤로 물러서지 말자. 열심히 노력해 반드시 평안을 얻으리라.'

피가 맺히도록 노력해도 보람이 없자 마음 한구석에 회의가 찾아들었다.

'아무리 노력해도 나는 속세의 미혹에서 벗어나지 못하고 있다. 아무런 소득도 없이 헛된 행만 거듭하고 있다. 수행의 결과를 증득하기에는 아무래도 자질이 부족한가 보다. 차라리 집으로 돌아가 세속 생활에 만족하며 살까? 가난한 사람들에게 널리 보시하고 공덕을 쌓는 것이 낫지 않을까?'

그의 마음을 안 부처님께서 직접 소나꼴리위사를 찾아오셨다.

"소나꼴리위사, 그대에게 묻겠다. 그대는 집에서 지낼 때 악기를 잘 연주했다고 들었는데 사실인가?"

"예, 부처님."

"그대가 악기를 연주할 때 현을 너무 팽팽히 조이면 소리가 듣기 좋던가?"

"좋지 않습니다."

"그럼, 지나치게 느슨하면 듣기 좋던가?"

"좋지 않습니다. 부처님, 악기를 연주할 때 현의 완급을 적당히 조율하지 않으면 좋은 소리가 나지 않습니다."

부처님께서 말씀하셨다.

"진리의 길을 걷는 것도 마찬가지다. 의욕이 지나쳐 너무 급하면 초조한 마음이 생기고, 열심히 하려는 뜻이 없으면 태만으로 흐르는 것이다. 그러니 극단적으로 생각지 말고 항상 가운데 길로 걸어가야 한다. 그러면 머지않아 이 속세의 미혹을 벗어나게 될 것이다."

부처님의 가르침으로 마음을 다잡은 소나꼴리위사는 오래지 않아 중도를 체득하였다.

과거생의 부모님

깨달음을 이루신 후 8년, 부처님께서는 그해 안거를 숭수마라기리(Suṃsumāragiri) 근처의 베사깔라(Bhesakalā)동산에서 보내셨다. 왓지연맹의 일원인 박기(Bhaggi)족의 수도였던 숭수마라기리는 당시

왐사에게 정복된 상태였으며, 우데나의 아들 보디(Bodhi)가 총독으로 파견되어 있었다. 보디왕자는 연꽃 모양의 아름다운 궁전 꼬까나다(Kokanada) 낙성식에 부처님을 초청한 인연으로 부처님께 귀의하고 삼보를 받드는 우바새가 되었다.

야생동물들을 보호해 사냥을 금지하던 베사깔라숲에서 지내던 어느 날이었다. 걸식하러 성안으로 들어섰을 때, 다정히 손을 잡고 걸어오던 칠순의 노부부가 부처님을 보고 소리쳤다.

"아들아!"

그들의 두 눈에 눈물이 고였다. 두 팔을 벌리고 달려드는 노부부를 곁의 비구들이 막아서자 부처님께서 조용히 밀치셨다.

"방해하지 말라."

다가선 그들은 앞뒤로 껴안고 얼굴을 부비며 반가워하였다.

"아들아, 집으로 가자. 여러분도 같이 갑시다. 오늘 식사는 저희 집에서 하세요."

부처님의 발우를 빼앗아 든 노인은 앞장섰고, 손을 잡아끈 부인은 문을 밀치며 소리쳤다.

"우리 아들이 왔다, 자리를 깔아라."

공양하는 동안 갖가지 음식을 집어 그릇에 놓아주고 발아래 엎드려 울기도 한 노부부는 부처님 곁을 떠나지 못했다. 부처님께서 음식을 드시고 발우를 거두시자 노인이 말하였다.

"우리는 결혼을 하고 바로 아들을 하나 얻었지. 날다람쥐처럼 재빠르고 영리하라며 나꿀라(Nakula)라고 이름을 지었는데……. 어찌나 닮았는지 나는 그대가 나꿀라인 줄 알았어."

"아드님은 지금 어디에 있습니까?"

"결혼해서 멀리 가 살고 있지, 딸자식들도 마찬가지고. 무슨 일인지 몇 해나 통 소식들이 없구먼."

거칠고 주름진 피부에 휑한 눈동자가 그들의 외로움을 말해주고 있었다. 부처님은 노부부를 위해 차근차근 법을 설하셨다. 노부부는 합장한 손을 내려놓지 못했다. 노인은 부처님의 발을 쓰다듬으며 청하였다.

"우린 그대가 꼭 우리 아들 같구면. 그대를 아들이라 불러도 되겠는가?"

부처님은 웃음을 보이며 노인의 손을 잡으셨다.

"예, 그렇게 부르십시오."

"지금 어디에 머무는가? 이 도시 가까이에 머물면 날마다 우리 집으로 와서 공양하게."

부처님은 정중히 거절하셨다. 성을 나설 무렵 아난다가 여쭈었다.

"세존이시여, 노부부가 부처님을 보자마자 아들이라 부른 것은 무슨 인연입니까?"

"아난다, 저 부부는 과거 오백 생 동안 나의 부모님이었단다."

그날 이후 그들은 노인들에게는 결코 가깝지 않은 길을 걸어 날마다 베사깔라숲을 찾았다. 달콤한 과일이라도 생기는 날이면 들고 오는 일도 빠뜨리지 않았다. 늙은 부부는 공작새보다 조심스러운 걸음으로 다가와 앉는 자리와 경행하는 오솔길을 청소하고, 마실 물이 없으면 항아리에 물을 길어다 놓았다. 또 풀이 우거지면 호미와 괭이로 깨끗이 뽑고, 나뭇잎이 어지러우면 한 사람은 빗자루를 들고 한 사람은 소쿠리를 들었다. 노인들의 손놀림은 느리고 온화했다. 때를 가리지 않는 방문에도 숲 속에 자리한 비구들은 누구나 불평하지 않았다. 도리어 서쪽으로 해가 기울 때면 자비로운 늙은 부부의 방문을 은근히 기다리곤 하였다. 지팡이를 짚고도 손을 놓지 않는 노부부의 사랑은 숲 속 앵무새도 부러워하였다. 어느 날 아내의 손을 꼭 잡은 노인이 부처님께 말하였다.

"부처님, 저희 두 사람은 젊은 나이에 결혼해 근 육십 년을 함께 살았답니다. 그날부터 이때까지 서로를 속인 적이 한 번도 없답니다. 서로의 뜻에 어긋나는 일이면 몸은 고사하고 마음으로도 짓지 않았답니다. 이제 남은 소원이라면 지금까지도 그랬듯 죽는 날까지 늘 함께하는 거랍니다. 아니, 다음다음 생에도 언제나 함께하는 게 소원이랍니다. 부처님."

부처님께서 자애롭게 말씀하셨다.

"아내와 남편 두 사람이 한평생 웃으며 함께 가고, 다음 생에도 언제나 손을 잡고 함께 가기를 원하신다면 두 분이 같은 믿음을 가지셔야 합니다. 훌륭한 덕목들을 같이 지키고, 훌륭한 이들에게 같이 보시하고, 지혜 역시 같아지도록 함께 노력해야 합니다. 그렇게 하신다면 소원이 이루어지실 겁니다."

그런데 부처님과 숲 속 비구들을 친아들처럼 여기며 자비심을 아끼지 않던 부부가 며칠째 모습을 보이지 않았다. 그러던 어느 날 휘청거리는 몸을 지팡이에 의지하고 노부부가 다시 숲을 찾았다. 노인은 부적 쇠약해져 있었다. 입가에 흐르는 침을 닦아가며 한마디 한마디를 또렷이 말하려고 애쓰는 기색이 역력했다.

"부처님을 뵙고 싶고, 마음을 편안하게 해주는 스님들을 날마다 모시고 싶지만, 제가 늙고 병들어 기력이 없군요. 이젠 하루하루가 다릅니다. 자꾸 자리에 눕게 되는군요. 마음은 그렇지 않은데……. 어디한 군데 아프지 않은 곳이 없군요."

부처님이 허리를 숙이고 노인의 손을 잡았다.

"그렇습니다. 이 몸은 끊임없이 병들고 있습니다. 스치기만 해도 깨어지는 새알의 껍질처럼 우리 몸을 보호하고 있는 살결은 얇고 연약합니다. 이런 몸을 가지고 '나는 건강하다, 나는 튼튼하다, 나는 병이없다'고 말하는 이가 있다면 그는 그 순간이 지난 다음 언젠가는 '내가 제정신이 아니었군' 하고 후회할 날이 올 겁니다."

"이렇게 아프고, 서글프고, 두려워질 땐 어떻게 수행해야 합니까?"

부처님께서 말씀하셨다.

"늘 이렇게 생각하십시오. '몸이란 무너지고 아프기 마련이다. 몸은 아프지만 나의 마음만은 아프지 말자.'"

노인의 얼굴에 환한 미소가 피어났다. 부처님 앞에서 물러난 노인은 숲을 나오다 사리뿟따를 만났다. 사리뿟따는 숲을 들어서던 얼굴과 전혀 다른 노인을 보고 다가가 물었다.

"얼굴이 보름달처럼 빛나고 깨끗하시군요. 좋은 가르침을 들으신 겁니까?"

노인은 사리뿟따의 손을 잡으며 밝게 웃었다.

"부처님이 제 아들인데 무슨 법인들 듣지 못하겠습니까?"

노인은 부처님에게 여쭌 말과 들은 법문을 자랑스럽게 사리뿟따에게 말해주었다. 늘어진 그의 주름이 웃음으로 펴졌다. 사리뿟따 역시 기뻐하며 덧붙여 물었다.

"그럼, 몸과 마음이 둘 다 아픈 것과 몸은 아프지만 마음은 아프지 않은 것의 차이도 물으셨습니까?"

"아차, 그걸 여쭈지 못했네요. 그건 우리 사리뿟따께서 말씀해 주십시오."

"예, 그러겠습니다. 그럼, 천천히 말씀드릴 테니 마음으로 잘 들으십시오. 지혜가 밝지 못한 사람들은 오온이 뭉쳐진 이 몸을 '나'라고 생각하거나 '나의 것'이라고 생각합니다. 그렇게 생각하기 때문에 이 몸을 집착하고 붙들려고 애씁니다. 집착하고 붙들기 때문에 이 몸이 변하고 무너지고 파괴되면 통곡하고 탄식합니다. 차가운 슬픔과 뜨거운 번민에 마음이 괴로워합니다. 이것이 몸과 마음이 둘 다 아픈 모습입니다.

그러나 부처님의 가르침에 따라 밝은 지혜를 갖춘 제자들은 오온이 뭉쳐진 이 몸을 '나'라고 생각하거나 '나의 것'이라고 생각하지 않습니다. 그렇게 생각하지 않기 때문에 이 몸에 집착하지 않고 붙들려고 애쓰지도 않습니다. 이렇게 집착하고 붙들지 않기 때문에 이 몸이 변하고 무너지고 파괴되어도 통곡하거나 탄식하지 않습니다. 차가운 슬픔과 뜨거운 번민으로 마음이 괴로워할 필요가 없습니다. 이것이 몸은 아프지만 마음은 아프지 않은 모습입니다."

노인이 합장하고, 사리뿟따의 발에 머리를 조아렸다.

"오, 사리뿟따. 당신은 참 지혜롭군요."

우기가 끝나고 부처님께서 숭수마라기리를 떠나 여러 곳을 유행하신 뒤 다시 사왓티로 가셨을 때, 노인이 돌아가셨다는 연락이 왔다. 부처님께서는 장례식에 직접 참석하시어 모인 사람들에게 말씀하셨다.

"사람의 목숨은 짧아 백 년도 살지 못합니다. 아무리 오래 산다 해도 결국 늙고 죽음을 피할 수 없습니다. 사람들은 '내 것'이라 여겨 슬퍼하지만 참으로 '내 것'이란 영원한 것이 아닙니다. 그런 것은 존재하지 않는 것임을 알고 소유하는 삶에 머물지 마십시오. 사람들은 '이것이 내 것이다'라고 생각하지만 죽음으로 그것을 잃게 됩니다. 현명한 나의 벗들이여, 이와 같이 알고 '내 것'이라는 것에 경도되지 말아야 합니다. 꿈에서 만난 사람을 잠에서 깨어난 사람이 다시 볼 수 없듯, 사랑하는 사람이 죽어 세상을 떠나면 다시는 그를 볼 수가 없습니다. 살아서 이름을 부르던 그 사람은 눈으로 보기도 하고 목소리를 듣기도 했지만 그들이 죽으면 이름만 불려질 뿐입니다.

'내 것'에 탐욕을 부리면 걱정과 슬픔과 인색함을 버리지 못합니다. 그러므로 안온을 보는 성자는 소유를 버리고 유행하는 것입니다. 모든 탐욕을 떠나 자기를 내세우지 않고 홀로 명상하며 유행하는 것이 수행자에게 어울리는 삶입니다. 성스러운 삶을 사는 사람은 어디에도 머무르지 않고, 결코 사랑하거나 미워하지 않습니다. 물이 연잎을 더럽히지 못하듯, 슬픔도 인색함도 그런 사람은 더럽히지 못합니다. 연잎에 물방울이 묻지 않듯, 연잎이 물방울에 더럽혀지지 않듯, 보이는 것과 들리는 것과 생각한 것에 의해 성자는 더럽혀지지 않습니다. 보이는 것과 들리는 것과 생각한 것으로부터 청정한 사람은 그것에 매몰되지 않으며, 다른 것에 의해 청정해지기를 원하지도 않습니다. 탐착하지 않고, 따라서 탐착을 떠나려 하지도 않습니다."

훗날 부처님은 말씀하셨다.

"나의 재가 제자 가운데 나를 보자마자 귀의한 사람은 나꿀라의 아버지와 어머니였다."

꼬삼비 분쟁

깨달음을 이루신 후 9년, 꼬삼비에서 그해 우기를 보내신 다음이었다. 두 패로 갈라선 비구들이 서로를 욕하고 심지어는 주먹질까지 하는 큰 분쟁이 꼬삼비 승가에서 일어났다. 사건의 발단은 사소하기 그지없었다.

　어느 날 경전을 가르치는 장로가 화장실에 갔다가 쓰고 남은 물을 버리지 않고 그냥 남겨두게 되었다. 마침 다음에 화장실을 사용한 사람이 계율을 가르치는 장로였다. 계율을 가르치는 장로는 경전을 가

꼬삼비의 고시타 아라마 유적 인도

르치는 장로에게 말했다.

"스님께서 바가지 물을 버리지 않고 그냥 남겨 두셨습니까?"

"예, 제가 남겨두었습니다."

"화장실에서 사용하던 물을 남기면 참회해야 될 허물이란 건 아십니까?"

"아, 제가 미처 생각지 못했습니다."

"일부러 그런 것이 아니라면 뭐 허물이랄 것도 없지요."

장로들끼리 서로를 낮춤으로써 그냥 지나갈 수도 있는 일이었다. 하지만 계율을 가르치던 장로는 경전을 가르치던 장로의 허물을 자신의 제자에게 말해버렸다. 이야기는 순식간에 대중에 퍼졌고, 무리 속에서 자신을 보호하려는 나약한 이들의 교만이 고개를 들게 되었다. 계율을 배우던 이들은 경전을 배우던 이들을 비아냥거렸다.

"스님들의 스승은 자기가 저지른 허물조차 모르나 봅니다."

스승을 욕하는 소리에 경전을 배우던 이들 역시 발끈하였다.

"허물이 되지 않는다고 말했다가 이제와 허물을 들먹거린단 말이오? 이렇게 말했다 저렇게 말했다 하는 걸 보니, 당신들 스승은 믿을 수 없는 사람이군요."

두 장로의 사소한 실수는 걷잡을 수 없는 분노의 불길로 번졌다. 부처님께서 양쪽의 장로를 찾아가셨다. 그리고 계율을 가르치던 장로에게 "계율의 적용에 앞서 교단의 화합을 중시해야 한다"고 타이르고, 경전을 가르치던 장로에게 "아무리 사소한 허물이라도 참회하지 않고 묻어두어서는 안 된다"고 간곡히 타이르셨다. 하지만 소란은 좀처럼 가라앉지 않았다. 동조하는 세력을 규합한 두 무리는 거처를 달리하고, 포살을 비롯한 갖가지 승가의 행사까지 달리 행하였다. 일정 지역에 거주하는 승가가 두 곳에서 포살을 시행한다는 것은 있을 수 없는 일이었다. 정사 안과 정사 밖에서 부딪칠 때마다 서로를 비난하고 욕하던 그들은 급기야 폭력까지 행사하게 되었다. 게다가 각기 지지하는 우바새와 우바이들까지 합세해 꼬삼비의 정사는 고함 소리가 그치지 않았다.

"비구들이여, 싸움을 그만두라. 다투지 말라. 논쟁하지 말라. 원한은 원한에 의해 풀어지지 않는다. 원한은 원한을 버림으로써만 풀어진다."

나라를 빼앗고, 아버지와 어머니를 죽이고, 자신까지 죽이려한 브라흐마닷따(Brahmadatta)왕을 용서한 디가우(Dīghāvu)왕자 이야기를 들려주며 부처님은 간곡하게 타일렀다. 그러나 분노와 교만에 들뜬 양쪽 비구들은 똑같은 말로 부처님의 권유를 무시하였다.

"세존이시여, 조금만 참아주십시오. 걱정 마시고 잠시 물러나 계십시오. 이 문제는 저희들끼리 해결하겠습니다."

물러설 줄 모르는 비구들을 찾아가 부처님은 또 타일렀다.

"수족을 자르고, 목숨을 빼앗고, 소와 말과 재산을 훔치고, 나라를 약탈하는 도둑패거리도 뭉칠 줄 아는데 너희들은 왜 그렇지를 못하느냐."

세 번의 간곡한 타이름에도 꼬삼비 비구들은 멈추지 않았다. 부처님은 말없이 그곳을 떠나셨다. 시자에게도 알리지 않고 홀로 길을 떠나셨다. 부처님은 꼬삼비 근처의 발라깔로나까라(Bālakaloṇakāra) 마을에서 왁꿀라(Vakkula)를 만나 홀로 떨어져 수행에 매진하는 공덕을 칭찬하셨다. 그리고 다시 아누룻다 · 낌빌라 · 난디야(Nandiya) 세 사람이 함께 머무는 쩨띠의 빠찌나왐사다야(Pācīnavaṃsadāya)동산으로 가셨다. 그곳에 머무는 세 비구의 삶은 청정하고 아름다웠다. 이른 아침 가사를 단정히 입고 걸식을 나가고, 걸식에서 먼저 돌아온 사람이 공양할 방을 쓸고, 자리를 펴고, 발 씻을 물과 앉을 자리를 준비하였다. 공양이 많으면 깨끗한 그릇에 여분의 밥을 덜어 놓고, 마실 물과 그릇 씻을 물을 준비한 다음 혼자서 조용히 공양하고 방을 나갔다. 다음에 돌아온 비구는 자기 발우의 밥이 적으면 앞 비구가 담아놓은 밥을 덜어먹고, 앉는 자리와 발 씻는 자리를 거두고, 빗자루로 깨끗이 쓸고, 마실 물과 씻을 물과 화장실 물을 채워놓았다. 혼자서 하지 못할 일이 있을 때는 소리 내지 않고 손짓으로 도움을 청하였다. 그들은 숲의 짐승보다 조심스런 움직임으로 선정 속에서 나날을 보내고 있었다. 서로를 방해하지 않고 도우며 의지하는 그들은 닷새마다 한자리에 모여 진솔하게 법을 논하였다. 그런 세 비구를 보고 부처님은 큰소리로 칭찬하셨다.

"훌륭하구나, 훌륭하구나."

깨달음을 이루신 후 10년, 세 비구와 헤어진 부처님은 빠릴레이야까(Pārileyyaka)라는 외딴 마을로 가셨다. 그곳 깊은 숲 속 나무 아래에서 홀로 우기를 보내셨다. 부처님이 떠나신 후 꼬삼비 승가를 비난하는 목소리가 사방에서 쏟아졌다. 꼬삼비의 우바새와 우바이도 승가를 비난하고 나섰다. 부처님의 가르침을 따르지 않고, 부처님의 간곡한 권유도 받아들이지 않는 이들을 더 이상 승가로 받들 수 없다며 한 끼의 공양조차 거절하였다. 사납게 타오르던 분쟁의 불길은 순식간에 잡혔다. 뒤늦게 후회한 꼬삼비 비구들이 백방으로 부처님을 찾아 나섰지만 어디에서도 찾을 수 없었다. 결국 사왓티의 승가가 나섰다. 빠릴레이야까 외딴 숲에 도착한 아난다는 비구들을 입구에 세워두고 혼자 숲으로 들어갔다. 넝쿨이 우거진 오솔길을 헤치던 아난다는 깜짝 놀라 걸음을 멈췄다. 다리가 기둥보다 굵고 상아가 칼날처럼 날카로운 커다란 코끼리 한 마리가 앞을 가로막고 있었다. 코를 높이 세우고 당장이라도 아난다를 밟아버릴 듯 앞발을 치켜들었을 때였다.

"빠릴레이야까, 그 비구를 막지 마라."

그립던 부처님의 목소리였다. 코끼리는 힘차게 코를 흔들어 보이고 몸을 돌렸다. 코끼리를 따라 숲 가운데로 들어서자 넓은 그늘을 드리운 큰 나무가 나타났다. 그 아래 부처님이 앉아계셨다. 발우와 가사를 내려놓은 아난다는 거칠어진 부처님의 발아래 예배하였다. 코끼리도 그늘 가에 자리하였다. 아난다는 고개를 들 수 없었다. 오랜 침묵이 흐르고 부처님께서 도리어 위로하듯 말씀을 꺼내셨다.

"아난다, 무리를 벗어난 저 코끼리가 안거 동안 나와 함께했단다. 이른 아침이면 나무 아래를 깨끗이 청소하고, 더위가 심할 때면 시원한 물을 뿌려주었단다. 크고 작은 과일들을 따다가 나에게 주고, 마을로 걸식을 나갈 때면 숲 입구까지 마중하고 돌아올 때까지 기다렸단다."

아난다는 죄송스러워 그저 눈물만 흘렸다.

"혼자 왔느냐?"

"비구들과 함께 왔습니다. 원치 않으실 거란 생각에 입구에서 기다리게 하였습니다."

"그들을 데리고 오라."

함께 온 비구들도 고개를 들지 못했다.

"비구들이여, 모든 존재에게 폭력을 쓰지 말고, 누구에게도 상처를 주지 말라. 비구들이여, 그대들이 어질고 지혜로운 동반자, 성숙한 벗을 얻는다면 어떤 난관도 극복할 수 있을 것이다. 그러나 어질고 지혜로운 동반자, 성숙한 벗을 얻지 못했거든 코뿔소의 뿔처럼 혼자서 가라. 좋은 친구를 얻는 것은 참으로 행복하다. 훌륭하거나 비슷한 친구와 함께하는 것은 참으로 행복하다. 그러나 그런 벗을 만나지 못했거든 코뿔소의 뿔처럼 혼자서 가라. 결박을 벗어난 사슴이 초원을 자유롭게 뛰놀듯, 왕이 정복한 나라를 버리고 떠나듯, 상아가 빛나는 힘센 코끼리가 무리를 벗어나 숲을 거닐듯, 물고기가 힘찬 꼬리로 그물을 찢듯 모든 장애와 구속을 벗어나 코뿔소의 뿔처럼 혼자서 가라. 소리에 놀라지 않는 사자같이, 그물에 걸리지 않는 바람같이, 물과 진흙이 묻지 않는 연꽃같이, 코뿔소의 뿔처럼 혼자서 가라."

부처님의 밝은 목소리에 용기를 얻은 아난다가 담아두었던 말을 조심스레 꺼냈다.

"부처님, 사왓티의 빠세나디 대왕과 아나타삔디까 장자께서 부처님 뵙기를 간절히 청합니다. 모든 제자들이 선업을 키울 수 있도록 사왓티로 와주십시오."

"아난다, 발우와 가사를 들어라."

마음 밭의 경작

부처님과 제자들에 대한 비난과 도전은 자신들의 영역을 빼앗긴 외도 수행자들에게만 그치지 않았다. 신들을 섬기고 제사 지내는 의례, 계급과 종족에 대한 뿌리 깊은 관념 등 바라문들의 전통을 인정하지 않는 부처님에게 대부분의 바라문들은 곱지 않은 시선을 보냈다. 그들은 부처님의 사상을 문제 삼아 논쟁을 벌이기도 하고, 세속의 의무와 권리를 포기한 사문들의 삶의 방식에 이의를 제기하기도 하였다. 부처님은 끊임없는 도전과 비난을 감수해야만 했다.

깨달음을 이루신 후 11년, 부처님께서 라자가하 남쪽, 산으로 둘러싸여 있는 닥키나기리(Dakkhiṇāgiri) 지역의 에까날라(Ekanālā)에 머무실 때였다. 까씨바라드와자(Kasibhāradvāja)가 오백 개의 쟁기를 멍에에 묶고 있었다. 바라드와자족 바라문인 그는 직접 농사를 짓고 있었다. 새벽부터 마을 사람과 하인들을 다그친 덕에 동녘이 훤히 밝을 때쯤에는 준비가 끝났다. 간단히 하늘에 제사를 지내고 한 해의 풍작을 기원한 후, 까씨바라드와자는 사람과 황소들을 독려하며 먼지가 풀풀 날리는 넓은 들판에 쟁기질을 하고 씨를 뿌렸다. 자신의 노력과 힘으로 생업을 경영해 가족의 삶을 풍요롭게 하는 노동은 그에게 더없는 기쁨이자 보람이었다. 뽀얗게 뒤집어쓴 먼지를 땀으로 씻으며 그는 하늘에 기도하였다.

"저희는 이렇게 열심히 일합니다. 하늘이여, 저희를 축복하소서."

해가 한 뼘이나 솟고 아침을 먹을 시간이 되었다. 파종하는 날인 만큼 우유로 끓인 죽을 비롯한 맛있는 음식이 풍족하게 준비되었다. 음식 주위로 늘어선 마을 사람들에게 까씨바라드와자는 자랑스럽게 음식을 나눠주고 있었다. 마침 걸식을 나서다 음식을 나눠주는 모습을 본 부처님이 가까이 다가와 한쪽에 섰다. 까마득히 늘어섰던 행렬의 끝이 보이고 준비한 음식도 바닥을 보일 쯤이었다. 음식을 나눠주던 바라문이 탁발하려고 기다리던 부처님을 보았다. 못마땅했다. 그의 눈에는 한낱 게으름뱅이에 불과했다.

"사문이여, 나는 밭을 갈고 씨를 뿌립니다. 밭을 갈고 씨를 뿌린 다음에 먹습니다. 그대도 밭을 갈고 씨를 뿌린 뒤에 드십시오."

까씨바라드와자의 말투에는 거드름이 잔뜩 묻어 있었다. 부처님께서 말씀하셨다.

"바라문이여, 저도 밭을 갈고 씨를 뿌립니다. 밭을 갈고 씨를 뿌린 다음에 먹습니다."

바라문이 그릇을 내려놓으며 웃었다.

"난 그대 고따마의 멍에도, 쟁기도, 쟁기날도, 몰이막대도, 황소도 보지 못했소. 그런데도 그대는 '바라문이여, 나도 밭을 갈고 씨를 뿌립니다. 밭을 갈고 씨를 뿌린 뒤에 먹습니다' 라고 말한단 말이오?"

바라문은 제법 구성지게 노래를 불렀다.

그대가 밭을 가는 이라 주장하지만
그대의 밭갈이 나는 보지 못했네
밭 가는 이라면 물을 테니 대답해 보시오
그대가 경작한다는 걸 우리가 어찌 알겠소

부처님도 게송으로 말씀하셨다.

믿음은 씨앗, 감관을 지키는 단비

지혜는 나의 멍에와 쟁기

부끄러움은 쟁기자루, 삼매는 끈

정념(正念)은 나의 쟁기날과 몰이막대

몸가짐을 삼가고 말을 삼가고

알맞은 양으로 음식을 절제하며

진실함으로 잡초를 제거하는 낫을 삼고

온화함으로 멍에를 내려놓습니다

속박에서 평온으로 이끄는 정진

그것이 내게는 짐을 싣는 황소

슬픔이 없는 열반에 도달하고

가서는 두 번 다시 돌아오지 않습니다

이와 같이 밭을 갈아

불사의 열매를 거두고

이와 같이 밭을 갈아

모든 고통에서 해탈합니다

먼지를 잠재우는 이슬비처럼 노래는 가슴에 스며들었다. 놀라운 일이었다. 게으르고 볼품없는 사문으로만 알았는데 운율이 갖춰진 그의 게송은 너무도 감미로웠다.

이런 지혜와 재능이라면 굳이 쟁기를 잡지 않더라도 한 그릇의 공양을 받기에 충분했다. 까씨바라드와자는 청동 그릇에 우유죽을 듬뿍 담아 내밀었다.

"자, 우유죽을 받으십시오. 맞습니다. 당신도 밭을 가는 사람입니다. 당신 말대로 불사의 과보를 가져다주는 밭을 가는 사람입니다."

바라문의 호의에도 부처님은 음식을 받지 않았다. 그리고 다시 게송으로 말씀하셨다.

게송을 읊고 음식을 얻는 사람 아닙니다
그건 지견(知見)을 갖춘 이가 하지 못할 짓
깨달은 이 가르침의 대가 바라지 않나니
그저 진실에 머물며 법을 실천할 따름
사랑스럽고 안타깝고 불쌍한 이들
바라문이여, 그들에게 음식을 베푸소서
모든 번뇌 잠재운 고요한 성자
바라문이여, 그 밭에 씨를 뿌리소서

호의를 거절당하자 바라문은 꽤나 심기가 불편했다.
"그럼, 이 우유죽은 어떡하란 말이오?"
부처님은 시선을 바로 하고 또렷한 목소리로 말하였다.
"바라문이여, 신들의 세계·악마들의 세계·바라문과 사문의 후예들 그리고 왕과 백성들의 세계에서 그 우유죽을 먹고 소화시킬 수 있는 사람은 아무도 없습니다. 그러니 바라문이여, 이 우유죽은 벌레가 살지 않는 물에 버리십시오."

그런 음식을 먹을 사람은 세상천지 어디에도 없다는 건 모욕이나 다름없었다. 불쾌하기 짝이 없었다.

"잡숫기 싫다면야……."

바라문은 보란 듯이 우유죽을 근처 도랑에 부어버렸다. 그때였다. 놀라운 일이 벌어졌다. 우유죽은 물에 버려지자마자 부글부글 소리를 내며 끓어올랐다. 마치 뜨겁게 달궈진 호미를 물에 던졌을 때 쉭쉭거리며 거품이 일듯 도랑이 온통 거품으로 뒤덮였다. 온몸의 털이 곤두섰다. 누구도 먹지 못할 음식이라는 고따마의 말은 조금도 허황되지 않았다. 까씨바라드와자는 두려움에 떨며 부처님 곁으로 다가갔다. 부처님의 두 발에 머리를 조아렸다.

"존자 고따마여, 훌륭하십니다. 존자 고따마여, 훌륭하십니다. 마치 넘어진 사람을 일으켜 세우듯, 가려진 것을 열어 보이듯, 어리석은 자에게 길을 가리켜주듯, 눈 있는 사람은 보라며 어둠 속에서 등불을 밝히듯, 존자 고따마께서는 저에게 진리를 보여주셨습니다. 저는 이제 세존이신 고따마께 귀의합니다. 저는 이제 그 법에 귀의합니다. 저는 이제 승가에 귀의합니다."

까씨바라드와자는 그 자리에서 출가하여 구족계를 받았다. 게으르지 않았던 그는 오래지 않아 출가의 목적인 최고로 청정한 삶을 바로 지금 여기에서 스스로 알고 깨달아 성취하였다.

웨란자에서의 안거

깨달음을 이루신 후 12년, 부처님께서 사왓티에 머무실 때였다. 사업 관계로 사왓티를 방문했던 웨란자(Verañjā)의 바라문왕 악기닷따 (Aggidatta)가 부처님의 명성을 듣고 기원정사로 찾아왔다. 수라세나의 마두라를 지나 간다라의 딱까실라로 가는 도중에 있던 웨란자는 꼬살라국 빠세나디대왕이 바라문왕에게 봉토로 하사한 땅이었다. 황금산과 같은 부처님의 풍모와 불꽃같은 가르침에 감복한 악기닷따는 기원정사를 떠나며 부처님께 간청하였다.

"세존이시여, 부처님과 비구들께서는 저희 웨란자로 오셔서 안거하소서."

묵묵히 수락하신 부처님은 안거 시기가 다가오자 오백 비구와 함께 웨란자로 향하셨다. 그러나 정작 그 땅에 도착하자 악기닷따왕은 궁전의 문을 닫아걸고 누구의 방문도 허락지 않았다. 안거 동안의 지원을 약속받고 찾아왔던 승가에게는 큰 낭패였다. 게다가 부처님이란 이름조차 들어본 사람이 없던 그곳에는 그해 심한 기근까지 겹쳤다. 마을로 걸식을 나선 비구들은 식은 밥 한 덩이도 얻기 힘들었다. 온 대중이 굶주림에 허덕이자 마하목갈라나가 나섰다.

"세존이시여, 쌀이 자생하는 웃따라꾸루(Uttarakuru)로 가서 제가 음식을 마련해 오겠습니다."

부처님은 단호하셨다.

"마하목갈라나, 그대의 신통력이라면 그곳의 음식을 가져올 수도 있을 것이다. 하지만 숙세의 과보가 익어 떨어지는 것은 바꿀 수 없다. 허락할 수 없다."

때마침 와라나시에서 말을 키우는 사람들이 넓은 목초지를 찾아 웨란자로 오게 되었다. 빈 그릇을 들고 마을에서 나오던 비구들에게 그들이 물었다.

"힘들고 피곤해 보이십니다. 어디 편찮으십니까?"

비구들은 사정을 얘기하였다. 말을 키우는 사람들이 말했다.

"스님들 사정이 딱하긴 하지만 어쩌지요, 저희도 가진 양식이 거의 떨어졌습니다. 가진 것이라곤 사료용 보리뿐인데 이거라도 잡수실 수 있겠습니까?"

"말이 먹을 양식을 저희에게 주시면 저 말들은 무엇을 먹고요?"

"마침 풀들이 잘 자라 말들을 살찌우기에 충분합니다."

말을 먹이는 사람들은 가져온 사료의 반을 덜어 비구들에게 주었다. 비구들은 쭉정이가 수북한 겉보리를 그대로는 먹을 수 없어 돌에 갈고 빻아 가루로 만들었다. 아난다는 부처님과 자신의 몫을 들고 마을로 들어갔다. 마침 저녁을 지으려고 준비하는 아낙네가 절구질을 하고 있었다. 아난다가 큰 소리로 말하였다.

"가장 높고 바른 깨달음을 얻어 건너지 못한 이를 건네주고, 해탈하지 못한 이를 해탈케 하며, 멸진(滅盡)*하지 못한 이들을 멸진케 하고, 태어남·늙음·질병·죽음·근심·슬픔·괴로움·번민을 벗어나게 하는 분이 계십니다. 부처님이신 그분이 지금 이곳에서 안거하고 계십니다. 여인이여, 그대가 부처님을 위해 이 보릿가루로 밥을 지어주지 않겠습니까?"

여인은 돌아보지도 않았다.

"저는 할 일이 많습니다."

거리를 지나다 아난다의 말을 들은 한 여인이 곁으로 다가왔다.

"그렇게 훌륭하신 분의 공양이라면 제가 짓겠습니다. 힘닿는 대로 다른 분들의 공양도 제가 지어 드리겠습니다."

여인이 지어준 밥을 들고 아난다는 숲으로 향했다. 착잡했다. 세상 누구보다 귀하게 자라신 분임을 두 눈으로 보아 잘 아는 아난다였다. 그런 분께 사람이 먹지 못할 음식을 올려야 하는 자신의 손이 너무 부끄러웠다. 부처님은 발우를 받아 평상시와 다름없이 맛있게 잡수셨다. 목이 멘 아난다가 곁에서 울음을 터트렸다. 그런 아난다를 물끄러미 바라보던 부처님께서 미소를 보이셨다.

"아난다, 너도 먹어보겠느냐?"

부처님은 당신의 발우에서 한 덩어리를 집어 아난다의 입에 넣어주었다. 눈물 반 음식 반으로 우물거리던 아난다는 깜짝 놀랐다. 부드럽고 맛깔스러운 것이 전혀 거북스럽지 않았다. 그때서야 아난다가 환히 웃으며 부처님께 말씀드렸다.

"세존이시여, 오늘 한 여인에게 밥을 지어 달라고 청하였으나 수락하지 않았습니다. 그런데 지나가던 한 여인이 청하지 않았는데도 스스로 밥을 지어주었습니다."

"밥을 지어주지 않은 여인은 마땅히 얻을 것을 얻지 못하게 되었구나. 밥을 지어준 여인은 분명 전륜성왕의 첫째 부인이 되리라."

말들의 사료를 먹으며 보낸 힘든 안거가 끝날 무렵이었다. 부처님께서 아난다에게 물으셨다.

"자자(自恣)까지 며칠이나 남았느냐?"

"칠 일 남았습니다."

"너는 성으로 들어가 바라문 악기닷따왕에게 전하라. 그대의 나라에서 안거를 마쳤으니 이제 다른 나라로 유행을 떠나겠다고."

아난다가 발끈하였다.

"세존이시여, 그 바라문이 부처님과 대중에게 무슨 은덕을 베풀었다고 이러십니까? 그의 초대로 이곳으로 와 이 고생을 했는데 작별인사를 하시다니요."

부처님께서 말씀하셨다.

"바라문 왕이 베푼 은덕이 없다고는 하나 세상의 도리가 그게 아니다. 우리는 그의 손님으로 이곳에 오지 않았느냐? 대접이 시원찮았다고 떠날 때 주인에게 인사를 하지 않는 건 손님의 도리가 아니다."

가르침을 받들어 아난다가 작별을 고하자 악기닷따왕은 뒤늦게 자신의 잘못을 후회하며 달려왔다. 악기닷따왕은 사 개월분의 양식을 가져와 부처님께 공양을 올릴 수 있도록 간청하였다. 부처님은 칠 일분만 허락하셨다. 이레가 지난 후, 악기닷따는 한 줌의 곡식이 아까워 성인과의 약속을 어겼다고 비난받을 일이 두려웠다. 악기닷따는 떠나는 부처님 발 앞에 남은 양식을 흩뿌리며 말하였다.

"이 곡식은 당신을 위해 준비한 것입니다. 한꺼번에 받아주소서."

부처님이 제지하셨다.

"곡식은 입으로 먹어 사용하는 것입니다. 사람이 먹어야 할 곡식을 땅에 뿌려 밟고 지나가게 하는 것은 옳지 않습니다. 그건 곡식을 보시하는 것도 곡식을 받는 것도 아닙니다."

고개를 들지 못하는 악기닷따왕에게 부처님이 게송으로 축원하셨다.

외도들의 수행과 제사에서는

불을 공양함이 으뜸

학덕을 성취함에 있어서는

이치를 통달함이 으뜸

우러러 받들 인간들 중에는

전륜성왕의 권위가 으뜸

강과 시내 모든 물에서는

바다의 깊이가 으뜸

뭇 별이 하늘 가득 펼쳐졌어도

해와 달의 광명이 으뜸이듯이

부처님이 세간에 출현하면

그에게 올리는 보시가 가장 으뜸이네

소치는 다니야

마히 강변에서 많은 소를 방목해 키우는 다니야(Dhaniya)란 사람이 있었다. 위데하 왕국의 도시 담마꼰다(Dhammakoṇḍa)의 부유한 아들로 태어난 그에게는 많은 황소와 암소, 그리고 사랑스런 아내와 일곱 명의 아들딸이 있었다. 그는 우기의 사 개월은 고지대에 머물고 나머지 팔 개월은 풀과 물을 쉽게 얻을 수 있는 강변이나 호숫가에 머물렀다. 한순간에 모든 것을 앗아가 버리는 홍수의 재앙을 피하기 위해 목동들은 우기의 징조를 잘 알아차려야 했다. 현명했던 다니야는 새들이 나뭇가지 끝에 집을 짓고 게들이 육지 가까이 구멍으로 드나들면 많은 비가 올 것이라고 짐작하였다. 또 새들이 낮은 곳에 집을 짓고 게들이 물 가까이 구멍으로 드나들면 비가 적게 내린다는 것을 알았다. 많은 비가 내릴 징조를 알아차린 다니야는 섬에서 나와 49일 동안 쉴 새 없이 비가 쏟아져도 침수되지 않을 지역에 튼튼한 외양간을 짓고 거처를 마련하였다. 목재와 풀을 충분히 모으고, 암소에게서 젖을 짜고, 천둥과 번개에 놀라 날뛸지도 모를 송아지들을 말뚝에 단단히 묶고, 벌레들을 쫓을 모깃불도 사방에 피웠다.

그의 예상대로 사방에서 검은 구름이 몰려들었고, 머리를 깎은 한 낯선 손님도 찾아들었다. 장작이 활활 타오르는 화롯가에 모여 온가족이 식사를 하고, 손님에게도 넉넉히 대접하였다. 아이들의 즐거운 소란에 흐뭇한 미소를 보이던 다니야가 식사를 마치고 창문을 열었다. 짙은 구름으로 캄캄해진 하늘이 바위라도 쪼갤 듯 우르릉거리고, 사방에서 번개가 번쩍였다. 행복한 사내 다니야는 소몰이막대로 장단을 치며 노래하였다.

이미 밥도 짓고 우유도 짜 놓고
나는 마히 강변에서 가족과 함께 지냅니다
나의 움막은 지붕이 덮이고 불이 켜졌으니
하늘이여, 비를 뿌리려거든 뿌리소서

낯선 손님이 그 장단에 맞춰 노래하였다.

분노하지 않는 나는 마음의 황무지에서 벗어나
마히 강변에서 하룻밤을 지냅니다
나의 움막은 훤히 드러나고 나의 불은 꺼졌으니
하늘이여, 비를 뿌리려거든 뿌리소서

주고받는 목동과 사문의 노래는 이어졌다.

쇠파리나 모기들이 없고
소들은 늪가에 우거진 풀 위를 거닙니다
비가 내려도 그들은 참고 견딜 것이니
하늘이여, 비를 뿌리려거든 뿌리소서

나의 뗏목은 이미 잘 엮여
거센 물결을 넘어 피안에 이르렀습니다
이제는 더 이상 뗏목이 필요 없으니
하늘이여, 비를 뿌리려거든 뿌리소서

나의 아내는 온순하고 탐욕스럽지 않아
오랜 세월 함께 살아왔지만 항상 마음에 듭니다
그녀에게 흠이 있다는 말 듣지 못했으니
하늘이여, 비를 뿌리려거든 뿌리소서

나의 마음 내게 순종해 해탈하였고

오랜 세월 잘 닦여지고 잘 다스려져 있습니다
내게서 그 어떤 흠도 찾아볼 수 없으니
하늘이여, 비를 뿌리려거든 뿌리소서

나는 내 노동의 대가로 살아가며
건강한 나의 아이들과 함께 지낸답니다
그들에게 나쁜 점이 있다는 말 듣지 못했으니
하늘이여, 비를 뿌리려거든 뿌리소서

나는 누구에게도 대가를 바라지 않고
내가 얻은 것으로 온 누리를 거닙니다
또한 대가를 바랄 이유도 없으니
하늘이여, 비를 뿌리려거든 뿌리소서

다 자란 송아지도 있고, 젖먹이 송아지도 있고
새끼 밴 어미 소도 있고, 또 발정 난 암소도 있답니다
게다가 암소의 짝인 황소까지 있으니
하늘이여, 비를 뿌리려거든 뿌리소서

다 자란 송아지도 없고, 젖먹이 송아지도 없고
새끼 밴 어미 소도 없고, 또 발정 난 암소도 없습니다
게다가 암소의 짝인 황소까지 없으니
하늘이여, 비를 뿌리려거든 뿌리소서

말뚝은 단단히 박혀 흔들리지 않고

문자 풀로 새 밧줄도 튼튼히 꼬았답니다

젖먹이 송아지는 끊을 수 없을 것이니

하늘이여, 비를 뿌리려거든 뿌리소서

황소처럼 고삐를 끊고

코끼리처럼 냄새나는 넝쿨을 짓밟았답니다

나는 다시 모태에 들지 않을 것이니

하늘이여, 비를 뿌리려거든 뿌리소서

노래가 끝나고 검은 비구름이 비를 뿌리기 시작했다. 순식간에 불어난 강물은 금세 언덕까지 찰랑거렸다. 다니야와 아내는 낯선 손님의 발아래 무릎을 꿇었다. 다니야의 두 딸도 다소곳이 그분의 발아래 합장하였다. 사방에 가득한 빗소리를 들으며 다니야가 공손히 여쭈었다.

"당신은 누구십니까?"

"저는 고뇌로 가득 찬 삶과 죽음의 강을 건넌 자입니다."

"거룩하신 분이여, 저희는 당신을 만나 실로 얻은 바가 큽니다. 안목을 갖추신 분이여, 당신께 귀의합니다. 우리의 스승이 되어 주소서, 위대한 성자여. 아내도 저도 순종하며 행복한 당신 곁에서 청정한 삶을 살고 싶습니다. 저희로 하여금 삶과 죽음의 강을 건너 저 언덕에 이르러 괴로움을 끝내게 하소서."

그때 악마가 다가와 속삭였다.

자식이 있는 이는 자식으로 인해 기뻐하고
소를 가진 이는 소로 인해 기뻐합니다
집착의 대상으로 말미암아 사람에게 기쁨이 있나니
집착이 없는 사람에게는 기쁨도 없습니다

부처님께서 말씀하셨다.

자식이 있는 이는 자식으로 인해 슬퍼하고
소를 가진 이는 소로 인해 슬퍼합니다
집착의 대상으로 말미암아 사람에게 슬픔이 있나니
집착이 없는 사람에게는 슬픔이 없습니다

행복과 파멸의 문

부처님께서 사왓티 기원정사에 계실 때였다. 한밤중이 지나 아름다운
모습의 천인이 기원정사를 환히 밝히며 부처님께 찾아왔다.

"세존이시여, 모두들 최상의 축복을 소망하며 행복에 관해 생각합
니다. 세존이시여, 무엇이 세상을 살아가는 사람들에게 최상의 행복
입니까?"

부처님께서 말씀하셨다.

"어리석은 사람과 사귀지 않고 슬기로운 사람과 가까이 지내며 존
경할 만한 사람을 공경하는 것, 이것이야말로 최상의 행복입니다.

분수에 맞게 살고 일찍부터 공덕을 쌓아 스스로 바른 서원을 세우는 것, 이것이야말로 최상의 행복입니다.

많이 배우고 익히며 절제하고 훈련하여 의미 있는 대화를 나누는 것, 이것이야말로 최상의 행복입니다.

어머니와 아버지를 섬기고 아내와 자식을 돌보며 일을 함에 있어 부산하지 않은 것, 이것이야말로 최상의 행복입니다.

더불어 나누고 정의롭게 살며 친지를 보호하고 비난받지 않을 행동에 게으르지 않은 것, 이것이야말로 최상의 행복입니다.

악을 싫어하여 멀리하고 술을 절제하며 가르침을 실천함에 게으르지 않은 것, 이것이야말로 최상의 행복입니다.

존경하고 겸손하며 만족스러워하고 감사할 줄 아는 마음으로 적절한 때에 가르침을 듣는 것, 이것이야말로 최상의 행복입니다.

인내하며 온화한 마음으로 수행자를 만나 가르침을 서로 논의하는 것, 이것이야말로 최상의 행복입니다.

감관을 지켜 청정하게 살며 거룩한 진리를 관조하여 열반을 이루는 것, 이것이야말로 최상의 행복입니다.

세상살이 많은 일들에 부딪쳐도 마음이 흔들리지 않고 슬픔과 번민 없이 안온한 것, 이것이야말로 최상의 행복입니다.

이러한 방법으로 그 길을 따르면 어디서든 실패하지 않고 어디서든 번영하리니, 이것이야말로 최상의 행복입니다."

"그럼 또 파멸하는 사람들에 대해서도 여쭙겠습니다. 세존이시여, 파멸에 이르는 문은 무엇입니까?"

"번영하는 사람도 알아보기 쉽고, 파멸하는 사람도 알아보기 쉽습니다. 참된 이치를 사랑하는 사람은 번영하고 참된 이치를 싫어하는 사람은 파멸합니다.

착하지 않은 사람들을 사랑하고 착한 사람들을 사랑하지 않으며 나쁜 사람이나 하는 짓을 즐기는 것, 이것이야말로 파멸의 문입니다.

잠꾸러기에 여럿이 어울리는 것을 좋아하고 애써 노력하는 일 없이 나태하며 곧잘 화를 내는 것, 이것이야말로 파멸의 문입니다.

자기는 풍족하게 살면서 늙고 쇠약한 부모를 돌보지 않는 것, 이것이야말로 파멸의 문입니다.

바라문과 수행자 혹은 걸식하는 이들을 거짓말로 속이는 것, 이것이야말로 파멸의 문입니다.

엄청난 재물과 황금과 먹을 것을 가진 사람이 맛있는 음식을 혼자서 먹는 것, 이것이야말로 파멸의 문입니다.

혈통을 자부하고 재산을 자랑하고 가문을 뽐내면서 자기 친지를 멸시하는 것, 이것이야말로 파멸의 문입니다.

여자에게 미치고 술에 중독되고 도박에 빠져 버는 족족 없애버리는 것, 이것이야말로 파멸의 문입니다.

자기 아내로 만족하지 않고 매춘부와 놀아나며 남의 아내와 어울리는 것, 이것이야말로 파멸의 문입니다.

청춘을 넘긴 남자가 띰바루(Timbaru) 열매 같은 가슴의 젊은 여인을 유혹하고 또 그녀에 대한 질투로 밤잠을 설치는 것, 이것이야말로 파멸의 문입니다.

술에 취하고 재물을 낭비하는 여자나 남자에게 실권을 맡기는 것, 이것이야말로 파멸의 문입니다.

왕족의 집안에 태어난 이가 권세는 적으면서 욕심이 지나치게 커 이 세상에서 왕위를 얻고자 하는 것, 이것이야말로 파멸의 문입니다."

천인은 조용히 예배하고 자리에서 물러났다.

죽은 아들과 겨자씨

눈물로 얼룩진 한 여인이 사왓티 거리를 헤매고 있었다. 그녀는 강보에 싸인 아이를 내보이며 사람들에게 애원하였다.

"제 아이 좀 살려주셔요."

다가섰던 사람들은 흠칫 놀라며 혀를 찼다.

"이보게 새댁, 아이는 이미 죽었다오."

"아니에요, 살릴 수 있어요."

바싹 야윈 가여운 여인, 그녀는 끼사고따미(Kisāgotamī)였다. 가난한 친정집 탓으로 시집오는 날부터 그녀는 천대받았다. 두 눈을 치켜뜨고 고함을 치는 시어머니, 하인을 부리듯 하는 시누이들 틈에서 끼사고따미는 머리를 숙이고 눈물을 삼켰다. 그런데 모질게 대하던 시집식구들이 아들을 낳자 태도가 바뀌었다. 떡두꺼비 같은 손자를 받아든 시어머니는 연신 벙긋거리며 딸들에게 소리쳤다.

"언니 몸도 무거운데. 너희는 뭐하냐. 어서, 물 길어오고 저녁도 너희가 차려라."

살갑게 대해주기는 시누이들도 마찬가지였다. 아이의 작은 손짓에도 까르륵거리며 서로 보듬으려고 다투기 일쑤였다. 온 집안에 웃음꽃이 피었다. 끼사고따미는 행복했다. 이것이 행복이란 거구나 하며 쌓인 설움이 눈 녹듯 사라졌다. 피어나는 연꽃봉우리처럼 토실토실한 아이의 얼굴은 고단한 삶을 견디게 하는 힘이 되었다. 그러던 어느 날 이었다. 갑자기 아이가 아프기 시작했다. 불덩이처럼 열이 오르고 붉은 반점이 온몸에 돋은 아이는 젖을 물려도 빨지 않고 울기만 했다. 백방으로 약을 구하고 이렇게도 해보고 저렇게도 해보았지만 아이는 속절없이 보채기만 했다. 긴긴 밤을 아이와 함께 울며 지새던 어느 날, 아이의 울음소리마저 끊어졌다. 남편은 안쓰러운 눈길로 다가와 말했다.

"여보, 이제 그만해요. 아이는 이미 죽었어요."

"아니에요, 살릴 수 있어요. 아니, 반드시 살릴 거예요."

남편이 품 안의 아이를 빼앗자 끼사고따미는 소리쳤다.

"안됩니다. 내 아이 돌려주세요. 눈에 넣어도 아프지 않다던 그 아이를 장작더미 위에 던지려고요? 안됩니다. 아이를 살릴 수 있어요."

끼사고따미는 남편의 품에서 아이를 빼앗아 거리로 내달렸다.

"제 아이 좀 살려주세요."

그러나 아이를 살릴 방법을 가르쳐주는 사람은 없었다. 모두들 혀를 차며 돌아설 뿐이었다.

"죽은 아이 때문에 미쳤나 봐……."

해가 기울었다. 헝클어진 머리카락에 신발도 신지 않은 그녀를 보고 사람들은 멀찍이 돌아갔다. 그때 할머니 한 분이 다가왔다.

"새댁, 아이를 한번 봅시다."

나무토막처럼 굳은 아이의 몸에는 이미 여기저기 시퍼런 멍울이 맺혀 있었다.

"할머니, 도와주세요. 제 아이를 살릴 약 좀 주세요."

할머니는 여인의 어깨를 한참이나 다독였다.

"에이 딱하지, 아이를 살릴 약이 나에게는 없다오. 하지만 그 약을 줄 수 있는 사람을 내 가르쳐주리다."

"어디에서 그 약을 구할 수 있습니까?"

"이 큰길을 따라 곧장 서쪽으로 가면 길 끝에 기원정사라는 곳이 있다오. 그곳에 계신 부처님은 모든 고통을 치료해주고 죽지 않는 약을 나눠주는 분이라오. 새댁, 그곳으로 찾아가구려."

끼사고따미는 기원정사로 달려갔다. 그리고 부처님의 가사 자락을 붙들고 울부짖었다.

"부처님, 제발 제 아이를 살려주세요, 아이를 살릴 약 좀 주세요."

말없이 끼사고따미를 바라보던 부처님께서 말씀하셨다.

"좋습니다. 여인이여, 사람이 한 번도 죽어나간 적이 없는 집을 찾아 그 집에서 겨자씨 한 줌을 얻어 오십시오. 그러면 당신 말대로 해드리겠습니다."

다시 사왓티 거리로 달려간 여인은 거리의 첫 번째 집 대문을 쾅쾅 두드렸다.

"불쌍한 저를 위해 겨자씨 한 줌만 보시하십시오."

행색이 안쓰러웠는지 주인은 겨자씨를 두 줌이나 치마폭에 담아주었다. 돌아서는 주인을 고따미가 불러 세웠다.

"저기요, 그런데 이 집에서 사람이 죽어나간 적은 없겠지요."

"이 사람아, 사람이 죽어나가지 않은 집이 어디 있겠나. 우리 집만 해도 초상 치른 지 한 달도 안됐는데."

움켜쥔 치마폭이 힘없이 흘러내렸다. 쏟아진 겨자씨를 그대로 두고 두 번째 집, 세 번째 집, 네 번째 집을 찾아가 달이 높이 뜨도록 여러 대문을 두드려 보았지만 사람이 죽어나가지 않은 집은 없었다. 대문을 두드리는 끼사고따미의 손아귀에도 힘이 빠졌다.

"누구세요?"

세상 걱정 없어 보이는 편안한 얼굴의 아주머니가 문을 열었다.

"아주머니, 부탁이 있어 찾아왔습니다. 제가 꼭 필요해서 그러는데 혹시 이 집에서 사람이 죽어나간 적이 없다면 저에게 겨자씨 한 줌만 주실 수 있겠어요?"

도리어 그녀가 물었다.

"강보에 안고 있는 건 뭡니까?"

"제 아이랍니다. 제때 약을 먹지 못해 죽고 말았지 뭡니까. 기원정사 부처님께서 사람이 죽어나가지 않은 집 겨자씨를 구해오면 살려주겠다고 해서 이렇게 찾아다니는 중입니다."

여인은 천천히 다가와 끼사고따미를 안았다. 그녀가 슬픈 눈으로 바라보며 말했다.

"나도 얼마 전 쌍둥이를 잃었답니다. 핏덩이를 보내며 당신처럼 더 이상 살 수 없을 것 같았답니다. 새댁, 이 세상에 사람이 죽어나가지 않은 집은 없답니다. 어느 집 할 것 없이 수많은 사람들이 죽었고 또 죽어가고 있답니다."

두 여인은 서로의 품에 기대 소리 없이 울었다. 고요한 사왓티의 달빛을 밟고 끼사고따미는 기원정사로 돌아왔다. 품 안의 아이를 가만

히 내려놓고 부처님의 발아래에서 또 한참을 울었다. 그녀의 울음이
잦아들 무렵 부처님께서 말씀하셨다.

덧없이 흐르고 변한다는 것
한 집안, 한 마을, 한 나라만의 일 아니네
목숨 가진 중생이면 누구나 할 것 없이
모두가 반드시 꼭 겪어야만 하는 일

가련한 여인 끼사고따미는 출가하여 비구니가 되었다. 머잖아 그녀
는 많은 대중 앞에서 당당히 말하였다.

"성스러운 팔정도를 닦고 불사에 이르는 길을 걸은 저는 평안을 얻
고 진리의 거울을 보았습니다. 번뇌의 화살을 꺾고 무거운 짐을 내려
놓은 저는 이미 할 일을 마쳤습니다."

해진 누더기 한 벌로 평생을 지낸 끼사고따미를 두고 부처님은 칭
찬하셨다.

"나의 비구니 제자 가운데 남루한 옷을 입고도 만족스러운 삶을 살
아가기로 제일인 사람은 끼사고따미이다."

비구니들 가운데는 슬픈 과거를 가진 이들이 많았다. 또 그들 가운
데 고뇌의 강을 건너 성자로 존경받은 비구니들 또한 많았다. 빠따짜
라(Paṭācārā) 역시 모진 고통을 겪은 여인이었다. 하인과 사랑에 빠져
집을 뛰쳐나갔던 그녀는 가난을 견디지 못해 남편과 자식들을 데리고
고향 사왓티로 돌아오던 길에 남편과 자식을 모두 잃었다. 게다가 돌
아온 고향집마저 일가친척 하나 없이 흩어진 뒤였다. 슬픔을 견디지

못해 미쳐서 알몸으로 거리를 떠돌던 그녀는 기원정사에서 부처님을 뵙고 제정신을 차릴 수 있었다. 출가하여 비구니가 된 빠따짜라는 설법을 잘하는 비구니로 존경받았고, 두타행을 잘 실천하는 비구니로 존경받았다.

제
9
장

평화와 평등의 가르침

시자 아난다

부처님 곁에는 가사와 발우를 들어드리고 찬물과 더운물을 준비하는 제자가 늘 있었다. 그 임무를 실천한 첫 번째 시자는 가장 먼저 깨달음을 얻은 안냐따꼰단냐였다. 이후 안냐따꼰단냐는 고향 도나왓투에서 교화를 펼쳤고, 그의 제자 가운데 가장 뛰어났던 이가 여동생 만따니(Mantānī)의 아들 뿐나(Puṇṇa, 富樓那)였다. 사리뿟따가 그의 소문을 듣고 직접 찾아가 대론할 만큼 뿐나는 명석하고 설법에 뛰어난 비구였다. 그가 연로한 스승 안냐따꼰단냐를 대신해 부처님을 시봉하였다. 그 후 사꺄족 왕자 출신인 나가사말라(Nāgasamāla), 꼬살라의 바라문마을 잇차낭갈라(Icchānaṅgala)에서 머물 때는 나기따(Nāgita), 릿차위 왕자 출신인 수낙캇따(Sunakkhatta), 사리뿟따의 동생인 쭌다(Cunda), 라자가하의 깃자꾸따에서 머물 때는 사가따(Sāgata), 마가다국의 망꿀라(Maṅkula)에서 머물 때는 라다(Rādha), 짤리까(Cālikā)에서 머물 때는 메기야(Meghiya), 사왓티에서 머물 때는 우빠와나(Upavāṇa)가 부처님을 시봉하였으며 이외에도 많은 제자들이 그 임무를 감당하였다. 하지만 그들 모두가 자신의 임무를 충실히 이행한 것은 아니었다. 특히 시문에 탁월한 재능이 있고 학식이 많았던 수낙캇따는 신통을 가르쳐주지 않고, 세상의 기원 등 형이상학적인 질문을 했을 때 부처님이 침묵한다는 이유로 니간타로 개종하기도 하였다. 그 후 수낙캇따는 거리를 돌아다니며 부처님을 비방하였다.

"고따마는 인간의 경지를 뛰어넘지 못했고, 거룩한 수행자가 갖추어야 할 특출한 지견도 없다. 고따마는 논리적 추리와 말재주만 가졌을 뿐이다."

또 짤리가 인근 산에서 안거할 때였다. 메기야는 시중드느라 수행할 시간이 부족하고, 그래서 자신의 수행이 진척되지 않는다고 생각하였다. 메기야는 한발이나 나온 입으로 부처님에게 말했다.

"부처님, 끼미깔라(Kimikālā) 강변에 그늘이 짙은 망고나무숲이 있습니다. 그 망고나무숲에서 혼자 수행해보고 싶습니다."

"메기야, 나 혼자 있구나. 다른 비구가 올 때까지 조금만 기다려라."

"부처님, 부처님께서는 이미 할 일을 마치셨지만 저는 아직 할 일이 많습니다."

그는 세 번이나 간청하였고, 결국 부처님도 허락하셨다. 메기야는 '나도 부처님처럼 깨달음을 얻기 전에는 저 숲에서 나오지 않으리라' 맹세하고 망고나무숲으로 들어섰다. 그러나 하루도 채 지나지 않아 초췌한 얼굴로 돌아왔다. 부처님은 그런 메기야를 탓하지 않으셨다.

"메기야, 진리의 길을 가고 그 열매를 따도록 너를 차례차례 성숙시켜 줄 다섯 가지 법이 있다. 첫째, 훌륭한 벗을 가까이해야 한다. 둘째, 계율을 온전히 지켜야 한다. 셋째, 좋은 법문을 자주자주 들어야 한다. 넷째, 열심히 노력해야 한다. 다섯째, 예리한 지혜를 갖추어야 한다."

나가사말라 역시 시자의 임무를 수행하며 오점을 남긴 비구였다. 꼬살라를 유행할 때였다. 부처님의 가사와 발우를 들고 뒤를 따르던 나가사말라가 갈래길이 나오자 부처님께 말하였다.

"부처님, 왼쪽 길로 가시지요."

"나가사말라, 오른쪽 길로 가자."

나가사말라는 왼쪽 길로 가자고 세 번을 청하였고, 부처님은 세 번을 거절하셨다. 그러자 그는 부처님의 가사와 발우를 땅바닥에 내려놓고 자기가 원하던 왼쪽 길로 혼자 가버렸다. 얼마 후 헐레벌떡 돌아온 그의 몰골은 말이 아니었다. 찢어진 가사에 발우는 깨어지고 여기저기 상처투성이었다. 길에서 도적을 만났던 것이다.

깨달음을 얻으신 후 20년, 기원정사에 머물던 여든 명의 장로가 모두 부처님이 계시는 향실로 모였다.

"어떤 비구는 나를 버려두고 가고, 어떤 비구는 발우와 가사를 땅바닥에 내려놓기도 한 일이 있다. 내 나이도 이제 적지 않다. 항상 나를 따르며 시중들어줄 한 사람을 선출하는 것이 어떠하겠느냐"

장로 사리뿟따가 자리에서 일어나 합장하였다.

"세존이시여, 제가 시중을 들겠습니다."

"사리뿟따, 그만두어라. 그대 또한 누군가의 보살핌이 필요한 나이가 아닌가. 그대가 머무는 곳에선 법문하는 소리가 끊어지지 않는다. 그런 그대에게 이 일은 적당치 않다."

장로들이 차례차례 시자가 되길 청했지만 부처님께서 모두 거절하셨다. 마지막으로 아난다에게 차례가 돌아왔다.

"그대는 왜 시자가 되길 청하지 않는가?"

부처님께서 물으셨지만 아난다는 침묵하였다. 아난다는 부처님께서 세 차례나 물은 뒤에야 일어나 합장하고 말하였다.

"부처님께서 보시 받은 옷을 저에게 주지 않으신다면 기쁜 마음으로 모시고 시중들겠습니다.

부처님 발우에 공양 받은 음식을 저에게 주지 않으신다면 기쁜 마음으로 모시고 시중들겠습니다.

부처님께서 거처하는 방에서 함께 지내자고 하지 않으신다면 기쁜 마음으로 모시고 시중들겠습니다.

부처님께서 초대받은 자리에 저를 데려가지 않으신다면 기쁜 마음으로 모시고 시중들겠습니다.

제가 초대받은 자리에 부처님께서 동행해주신다면 기쁜 마음으로 모시고 시중들겠습니다.

먼 곳에서 사람이 찾아왔을 때 언제든 데려오도록 허락하신다면 기쁜 마음으로 모시고 시중들겠습니다.

제게 의심나는 것이 있을 때 언제든 질문하도록 허락하신다면 기쁜 마음으로 모시고 시중들겠습니다.

제가 없는 자리에서 하신 법문을 제가 돌아왔을 때 다시 설해주신다면 기쁜 마음으로 모시고 시중들겠습니다."

"훌륭하구나, 아난다. 너의 뜻대로 하리라."

진리의 어머니 위사카

언젠가 부처님께서 앙가의 밧디야(Bhaddiya, 跋提)를 방문하셨을 때, 할아버지 멘다까(Meṇḍaka)의 심부름으로 부처님을 초청하러 온 일곱 살 어린 소녀가 있었다. 영특했던 소녀의 이름은 위사카(Visākhā)였다. 꼬살라국의 빠세나디대왕의 요청으로 마가다국 빔비사라대왕은 멘다까의 아들 다난자야를 사께따로 이주시켰고, 위사카는 아버지 다난자야를 따라 사께따로 오게 되었다. 다난자야는 열여섯의 꽃다운 위사카를 사왓티의 부호인 미가라(Migāra)의 아들 뿐나왓다나(Puṇṇavaḍḍhana)와 결혼시켰다. 백만장자였던 다난자야는 딸을 사왓티로 보내며 오백 대의 수레에 보배를 가득 실어 지참금으로 함께 보냈다. 성대한 결혼식이 치러진 다음이었다. 미가라는 새로 들인 며느리를 자랑하고, 집안의 융성을 기원하기 위해 수행자들을 초대했다.

"성자들을 초대했으니, 네가 직접 음식을 준비하여라."

다음 날 아침, 위사카는 사왓티에서의 첫인사를 위해 비단 휘장을 내리고 곱게 단장하였다.

"저희 집에 새사람이 들어왔습니다, 축복해주소서."

시아버지의 부름을 받고 휘장을 걷던 위사카는 깜짝 놀랐다. 니간타 교도들이었다. 실오라기 하나 걸치지 않고도 능청스럽게 부채질을 하고 있었다. 그들의 눈길을 피해 위사카는 얼른 휘장을 내렸다. 놀라기는 시아버지도 마찬가지였다.

"어서 나오너라. 성자들께 인사를 드리지 않고 뭐하느냐?"

"아버님, 부끄러움도 모르는 이들에게 저는 예배할 수 없습니다."

나체 수행자들은 자리를 털고 일어서며 불쾌함을 감추지 않았다.

"부잣집 며느리를 들여 좋으시겠다 싶었더니, 집안 망칠 여자를 들이셨군."

시아버지는 체면이 말이 아니었다. 다음 날 아침이었다. 우유를 넣어 요리한 맛있는 음식을 잡숫는 시아버지 곁에서 위사카가 부채질하고 있을 때였다. 걸식하던 비구가 미가라 장자 집을 찾아왔다. 문간에서서 조용히 기다리는 비구에게 미가라는 눈길도 주지 않았다. 위사카는 당황했다. 집안의 주인인 시아버지의 지시를 받지 않고는 식은 밥 한 덩이도 마음대로 할 수 없었다. 자리를 바꿔 앉으며 눈치를 주었지만 미가라는 거들떠보지도 않고 식사를 계속하였다. 위사카는 부채를 내려놓고 자리에서 일어나 비구에게 다가갔다.

"용서하십시오, 스님. 저희 아버님은 묵은 것만 잡수십니다."

시아버지는 진노했다. 새로 지은 음식이 아니라 드릴 수 없다는 의미로 생각할 수도 있지만 '묵은 것'이란 말 속에는 '썩은 것' '배설물'이라는 뜻도 있었던 것이다. 미가라는 법정에 재판을 청구했다. 엄청난 지참금을 가지고 온 며느리를 함부로 쫓아낼 수는 없었다. 정당한 사유 없이 며느리를 쫓아내면 지참금의 배를 물어주어야 했다. 그러나 시부모와 남편에게 모욕적인 언행을 한 며느리는 지참금을 돌려주지 않고 쫓아낼 권리가 있었다. 사왓티의 저명한 바라문 여덟 명 앞에서 위사카는 해명하였다.

"묵은 것만 잡수신다고 말한 것은 사실입니다. 하지만 그 말은 시아버님을 모욕한 말이 아닙니다. 시아버님은 걸식을 위해 비구가 문전에 서 있는 것을 알면서도 돌아보지 않았습니다. 현재 누리는 복록은 모두 과거에 지은 공덕의 결과입니다. 시아버님은 과거에 지은 복록으로 맛있는 음식을 드시면서 새롭게 복덕을 쌓을 생각은 추호도 없으셨던 겁니다. 그런 뜻에서 묵은 것만 잡수신다고 말한 것입니다."

법정의 판결이 내려졌다.

"위사카의 언행은 며느리를 쫓아낼 사유가 되지 못한다. 며느리를 돌려보내려면 미가라는 지참금의 곱을 반환하라."

집으로 돌아온 미가라는 방문을 닫아버렸다. 방문 앞에 위사카가 공손히 무릎을 꿇었다.

"법정까지 찾아가 잘잘못을 가린 것은 행여 '잘못이 있어 쫓겨났겠지' 하는 오명을 쓸까 두려워서입니다. 이제 저의 결백이 밝혀졌으니 저 스스로 이 집에서 나가겠습니다."

위사카는 하인들을 불러 수레를 준비시키고 아버지 집에서 가져온 보배를 다시 싣게 하였다. 타고 온 가마에 오르는 위사카의 옷자락을 미가라가 붙잡았다. 들어온 보배가 나가는 것도 아까웠지만 가만히 있을 다난자야가 아니었다. 법정의 판결에 따라 지참금만큼 자신의 재산을 덜어주면 자신은 알거지나 다름없었다.

"아가, 내가 잘못했다. 나를 용서해다오."

"저는 부처님과 스님들을 뵙지 않고는 하루도 지낼 수 없습니다. 제가 원할 때 언제든지 부처님과 스님들을 초청할 수 있도록 허락하신다면 친정으로 돌아가지 않겠습니다."

자신의 권리를 인정받은 위사카는 다음 날 당당히 부처님과 비구들을 집으로 초청하였다. 이번에는 시아버지가 휘장을 내려버렸다. 비구들을 존경하지 않을뿐더러 조금도 고개를 숙일 줄 모르는 며느리가 못마땅했다. 공양이 끝나고 부처님의 설법이 시작되었다. 휘장 너머로 들리는 부처님의 설법은 가슴을 울렸다. 자기도 모르게 귀를 기울이던 미가라는 법문이 끝날 무렵 휘장을 걷고 나와 머리를 조아렸다.

"세존이시여, 이토록 위대한 분이시라는 걸 미처 몰랐습니다. 이토록 제가 어리석은 줄 미처 몰랐습니다. 무례를 용서하소서. 부처님께서 허락하신다면 저 미가라가 목숨이 다하는 날까지 삼보를 공경하는 우바새가 되겠습니다."

시아버지인 미가라가 며느리에게 공손히 합장하였다.

"진리 안에서 새롭게 태어나게 한 너는 나의 어머니이다."

미가라는 그날부터 며느리를 '나의 어머니' 라 부르며 존경하였고, 집안의 재산권을 모두 위임하였다. 사람들은 위사카를 '미가라의 어머니[Migāramātā, 鹿子母]'라 불렀고, 교단에 지원을 아끼지 않는 그를 승가 대중도 존경해 '어머니 위사카'라 불렀다. 늘 삼보에 대한 공경심을 잃지 않았던 위사카는 언젠가 부처님 앞에서 간청하였다.

"저에게 여덟 가지 소원이 있습니다.

부처님, 사왓티에 머무는 모든 비구들께 제가 우기에 입을 가사를 보시하도록 허락하소서.

부처님, 사왓티를 찾는 모든 스님들에게 제가 첫 번째 공양을 올리도록 허락하소서.

부처님, 사왓티를 떠나는 모든 스님들에게 제가 마지막 공양을 올리도록 허락하소서.

부처님, 사왓티에서 병을 앓는 스님들의 공양을 모두 제가 올리도록 허락하소서.

부처님, 사왓티에서 병을 간호하는 스님들의 공양을 모두 제가 올리도록 허락하소서.

부처님, 사왓티에서 병을 앓는 스님들의 약을 모두 제가 올리도록 허락하소서.

부처님, 사왓티에 머무는 모든 스님들에게 제가 아침마다 죽을 올리도록 허락하소서.

부처님, 사왓티에 머무는 모든 비구니들께 제가 목욕 가사를 보시하도록 허락하소서."

나날이 가세가 번창한 위사카는 이후 막대한 자금을 들여 천 명이 거주할 수 있는 대규모 정사를 건립하였다. 그리고 그 정사를 부처님 교단에 기증하였다. 사왓티 동쪽 성문 밖에 위치한 그 정사를 사람들은 동원정사(東園精舍, Pubbārāma)라고도 부르고, 녹자모강당(鹿子母講堂, Migramātupāsāda)이라고도 불렀다.

굳건한 신심과 아름다운 선행 그리고 빛나는 지혜로 칭송받은 우바이는 위사카만이 아니었다. 위사카처럼 개종을 강요하는 시집의 압력에 굴복하지 않고 결국 시댁 식구 모두를 삼보에 귀의시킨 수닷따 장자의 딸 쭐라수밧다(Cūḷasubhaddā), 남편의 구박과 살해 위협에도 굴하지 않고 한결같이 "여래·응공·정변지께 귀의합니다"를 되뇌었던 다난쟈니(Dhānañjanī), 병들어 죽어가는 비구를 살리기 위해 자신의 살을 베어 먹인 와라나시의 숩삐야(Suppiyā)와 마하세나(Mahāsena)장자의 아내, 설법을 잘 했던 앙가자(Aṅgajā), 늘 조용히 정사를 찾아 주변을 청소하고 허물어진 곳을 수리했던 위말라(Vimalā), 승가를 받들고 외호한 우바이들의 정성은 눈물겨웠다. 그들은 가장 낮은 자리에서 가장 낮은 자세로 승가를 받들었고, 겸양과 헌신으로 승가의 세심한 곳까지 보살폈다.

사리뿟따의 사자후

안거 해제일, 사왓티에서 우기를 보낸 비구들이 가사와 발우를 손질하고 유행(遊行)할 준비를 끝낸 다음 하나 둘 동원정사로 모여들었다. 해가 기울고 서늘한 저녁 바람이 불어올 무렵 정사 안 큰 강당은 사왓티의 비구들로 빼곡히 찼다. 어둠이 짙어지고 동쪽 하늘로 보름달이 떠오르자 비구들 가운데서 한 분이 일어나 말문을 열었다.

"비구들이여, 제가 여러분께 청합니다. 지난 삼 개월 동안 함께 지내며 저의 말과 행동 가운데 여법(如法)하지 못하고 지탄받을 만한 점이 있었다면 말씀해주십시오. 그런 행동을 보았거나 들었거나 의심한 적이 있는 분은 말씀해주십시오. 그런 일이 있었다면 저를 가엾이 여겨 부디 지적해주십시오."

바람을 타고 강당으로 스며드는 벌레의 울음소리도 정적을 깨지 못했다.

"비구들이여, 제가 여러분께 청합니다. 지난 삼 개월 동안에 제가 여법하지 못하고 지탄받을 만한 행동을 하는 것을 보거나 듣거나 의심한 적이 있는 분은 말씀해주십시오."

그분은 바로 부처님이셨다. 달빛 같은 부드러운 목소리로 세 번이나 물으셨다.

"비구들이여, 제가 여러분께 청합니다. 저에게 여법하지 못하고 지탄받을 만한 행동이 있었다면 부디 지적해주십시오."

가볍게 고개를 숙인 비구들 사이에서 사리뿟따가 조심스럽게 일어나 합장하였다.

"세존이시여, 당신의 말씀과 행동 가운데 적당하지 못한 점을 제자들은 보지도 듣지도 못했습니다. 세존의 말씀 한마디 한마디는 모두 훌륭한 법입니다. 열반에 이르는 법을 그처럼 능숙하게 설할 수 있는 사람은 아무도 없습니다. 세존의 한 걸음 한 걸음은 열반으로 향하는 길입니다. 저희는 그 길을 따라 수행의 과위를 성취할 수 있었습니다."

부처님과 같이 수많은 비구들이 차례차례 자신에게 있었던 허물을 대중에게 물었다. 밤은 깊어갔다. 동쪽 하늘이 밝아올 무렵, 자자(自恣)*를 마친 비구들이 새롭게 마련한 가사와 발우를 챙겨들었다. 가장 먼저 사리뿟따가 부처님께 작별 인사를 드렸다.

"세존이시여, 사왓티에서 안거를 마친 저는 이제 세상으로 유행을 떠나고자 합니다."

"사리뿟따, 그대가 가려는 곳으로 가거라. 제도되지 못한 사람이 있거든 제도하고, 해탈을 얻지 못한 사람이 있거든 해탈을 얻게 하고, 열반을 얻지 못한 사람이 있거든 열반을 얻게 하라. 사리뿟따, 그대가 가고 싶은 곳으로 가거라."

차례를 어기지 않는 그들은 부처님께 작별 인사를 드리고 늘 그랬듯 조용히 떠나갔다. 사리뿟따와 그의 제자들이 떠난 후, 사왓티에서 안거한 다른 비구들이 차례차례 인사를 드릴 때였다. 안거 동안 불편함은 없었는지를 묻는 부처님의 작별 인사에 상기된 얼굴로 목소리를 높이는 이가 있었다. 그는 목에 가시라도 걸린 듯 날을 세웠다.

"이번 안거는 불편하기 짝이 없었습니다. 사리뿟따는 참 교만합니다. 자기 말에 고분고분한 사람은 부드럽게 대하고 자기 맘에 들지 않는 사람은 업신여깁니다. 자기가 무슨 제일 제자라고 사사건건 이렇게 하라 저렇게 하라 간섭이 끝이 없었습니다. 오늘만 해도 그렇습니다. 다른 사람과는 다 정겹게 인사를 나누더니 저를 보자 어깨를 치고 지나가더군요. 그리곤 한마디 사과도 없이 떠나버렸습니다."

부처님께서 마하목갈라나와 아난다를 부르셨다.

"마하목갈라나, 지금 당장 사리뿟따를 돌아오게 하라. 아난다, 너는 사왓티에서 안거한 비구는 한 사람도 빠짐없이 모두 모이게 하라."

아난다는 사왓티의 정사를 돌며 외쳤다.

"비구들께서는 들으십시오. 부처님께서 한 분도 빠짐없이 모두 동원정사로 모이라 하셨습니다. 비구들께서는 지금 곧장 한 분도 빠짐없이 모두 동원정사로 모여 주십시오."

몸과 입과 마음의 움직임에 한순간도 주의력을 놓치지 않는 사리뿟따였다. 이를 너무도 잘 아는 아난다는 큰 소리로 한마디 덧붙였다.

"오늘 사리뿟따께서 사자후를 하실 겁니다. 비구들께선 기회를 놓치지 마십시오."

승가 대중이 하나 둘 몰려들자 사리뿟따를 비난한 비구의 얼굴이 창백해지기 시작했다. 높이 떴던 해가 기울자 동원정사 강당은 비구들로 들어찼다. 어둠이 내리고 길을 떠났던 사리뿟따가 돌아왔다.

"등불을 밝혀라."

대중 앞에 공손히 합장하고 선 사리뿟따에게 부처님께서 말씀하셨다.

"그대가 떠난 뒤 얼마 후 저 비구가 나에게 찾아와 말했다. 사리뿟따는 교만하고, 제일 제자임을 자부해 사람을 업신여기며, 사사건건 간섭했다고 하더구나. 또 오늘 유행을 떠나는 자리에서 다른 사람과는 정답게 인사를 나누고, 저 비구는 어깨를 치며 지나쳤다고 하더구나. 그런데도 한마디 사과도 없이 떠났다고 하더구나. 사리뿟따, 저 비구의 말이 사실인가?"

사리뿟따가 고개를 돌려 비구를 바라보았다. 낯은 익지만 이름을 모르는 비구였다. 부딪힌 일이 있다면 가사 자락이 스칠 만큼 아주 가벼웠을 터였다. 사리뿟따는 무릎을 꿇었다.

"세존께서는 저를 아십니다."

부처님의 목소리는 차가웠다.

"사리뿟따, 내 생각은 중요하지 않다. 그대는 많은 이들의 스승이 되는 사람이다. 그런 그대가 대중의 의심을 산다는 건 가볍게 지나칠 일이 아니다."

잠시 후, 사리뿟따의 목소리가 낭랑하게 강당을 울렸다.

"세존이시여, 늘 자신을 살필 줄 모르는 사람이라면 동료 수행자에게 모욕을 주고 유행을 떠날 수 있을 것입니다. 하지만 저는 늘 스스로를 살피며 주의력을 잃지 않습니다. 그런 제가 어떻게 청정한 수행자를 업신여기고, 그런 행위를 저지르고도 기억하지 못하며, 그런 행위를 저지르고도 참회하지 않은 채 유행을 떠나겠습니까?

세존이시여, 땅에는 깨끗한 것도 버리고 깨끗하지 못한 것도 버립니다. 똥·오줌·침·가래·피·고름도 버립니다. 그런 것을 버려도 땅은 싫어하거나 부끄러워하거나 혐오하지 않습니다.

세존이시여, 걸레는 깨끗한 물건도 닦고 깨끗하지 못한 물건도 닦습니다. 똥·오줌·가래·침·피·고름도 닦습니다. 그런 것을 닦더라도 걸레는 싫어하거나 부끄러워하거나 혐오하지 않습니다.

세존이시여, 두 손이 잘린 비천한 전다라(旃陀羅)*는 모든 이들에게 고개를 숙입니다. 넝마를 걸치고 깨어진 발우를 든 전다라는 먹다 남은 음식을 주는 이들에게도 고개를 숙입니다. 감히 머리를 들 생각조차 하지 않습니다. 수모를 견딜 줄 아는 전다라는 이 마을 저 마을로 떠돌며 누구에게도 해를 끼치지 않습니다.

세존이시여, 두 뿔이 잘린 황소는 네거리 한가운데서도 사람을 들이받지 않습니다. 뿔이 잘리고 잘 길들여진 황소는 참을성이 많아 이 거리에서 저 거리로 노닐어도 누구에게도 해를 끼치지 않습니다.

세존이시여, 제 마음은 대지와 같고, 걸레와 같고, 전다라와 같고, 뿔이 잘린 황소와 같아 맺힘도 없고 원한도 없고 성냄도 없고 다툼도 없습니다. 이렇게 당신으로 인해 눈뜬 진리 안에서 선(善)을 쌓으며 자유롭게 노닐 뿐입니다."

고개를 숙인 그의 온화한 몸짓은 코끼리보다 웅장하고, 낮고 부드러운 그의 목소리는 사자의 포효보다 우렁찼다. 깊고 무거운 침묵이 흘렀다. 이윽고 부처님께서 말씀하셨다.

"비구여, 이제 그대가 말해보라. 추호라도 거짓이 있어서는 안된다."

그의 얼굴은 창백하다 못해 새까맣게 타들어가고 있었다. 사리뿟따를 비난한 비구는 비틀거리는 걸음으로 다가와 부처님의 발아래 엎드렸다.

"세존이시여, 잘못했습니다. 제가 청정한 수행자를 모함하고 비방했습니다."

부처님은 거듭 단호하게 말씀하셨다.

"그대는 먼저 사리뿟다에게 참회해야 한다."

비구는 사리뿟따의 두 발에 눈물로 참회하였다.

"존자여, 용서하십시오. 미치광이처럼 안정되지 못한 제가 질투와 교만이 앞서 청정한 당신을 모함하고 비방했습니다."

사리뿟따는 천천히 자리에서 일어나 옷깃을 가다듬었다. 그리고 눈물짓는 비구 앞에 무릎을 꿇고 두 손 모아 합장하였다.

"비구의 허물을 제가 용서하겠습니다. 저에게 허물이 있었다면 비구께서도 용서하십시오."

부처님 교단이 아름다울 수 있었던 까닭은 보름달 주위를 수놓은 밤하늘의 별처럼 제자들이 당신 못지않게 훌륭했기 때문이었다. 그 가운데서도 가장 빛나는 별은 사리뿟따였다. 먼 훗날 당신보다 먼저 입적한 제자의 유골을 받아들고 부처님께서는 이렇게 말씀하셨다.

"그는 지혜롭고 총명했으며 재주도 많았다. 그는 욕심이 적어 만족할 줄 알았으며 늘 용감하였다. 비구들이여, 사리뿟따를 잃은 여래는 가지가 부러진 고목과 같구나."

살인자 앙굴리말라

깨달음을 이루신 후 21년, 살인마의 출현에 사왓티 거리는 공포에 휩싸였다. 밝은 대낮에 거리를 돌아다니며 함부로 사람을 죽이고, 죽인 사람의 손가락을 엮어 목에 걸고 다니는 그를 사람들은 앙굴리말라 (Aṅgulimāla)라고 불렀다. 그는 본래 사왓티의 명문가 출신으로 장래가 촉망되던 젊은이였다. 그의 아버지는 꼬살라왕을 보좌하던 바라문 박가와(Bhaggava)였고, 그의 어머니는 만따니(Mantānī)였으며, 그의 본래 이름은 '누구에게도 해를 끼치지 않는 이' 라는 뜻의 아힘사까 (Ahiṃsaka)였다. 일찍이 학문의 중심지 딱까실라에서 수학한 그는 나는 새를 잡을 정도로 행동이 민첩하고 영리했다. 단정하고 총명한 아힘사까를 사랑하고 아끼지 않은 사람은 없었다. 그의 스승 역시 오백 명의 제자 가운데 그를 가장 믿고 의지하였다. 그러나 아힘사까에게 시련이 닥쳤다. 젊고 매력이 넘치는 젊은 아힘사까에게 스승의 아내가 연정을 품었다.

스승이 외출한 날이었다. 스승의 아내가 아힘사까를 찾았다.

"무슨 일이십니까?"

"남편이 집에 없으니 불안해 잠을 이룰 수 없군요. 남자들이 득실거리는 이 집에 믿을 사람이라고는 당신뿐입니다. 당신이 절 보호해줄수 없나요."

"제가 부인을 지켜드리겠습니다."

존경해 마지않는 스승의 부인이었다. 아힘사까는 눈을 번뜩이며 방문 앞에 자리하고 앉았다. 숲의 새들도 잠들고 복도를 밝히던 등불도 가물거릴 무렵이었다. 방 안에서 갑자기 여인의 울음소리가 흘러나왔다. 놀란 아힘사까는 문을 열고 들어갔다.

"무슨 일이십니까?"

"무서워서 도저히 잠이 들 수 없군요. 제가 잠들 때까지만 곁에 있어줄 수 없나요……."

부인의 눈물을 보고 거절할 수 없었다.

"예, 부인께서 잠드실 때까지 제가 꼼짝도 않고 곁에 있겠습니다. 걱정 마시고 주무십시오."

"고마워요, 아힘사까."

아힘사까의 무릎을 베고 누운 부인은 곧 가볍게 코를 골며 잠든 시늉을 하였다. 얼마간 시간이 흐른 뒤, 잠꼬대마냥 흥얼거렸다.

"당신 품이 얼마나 그리웠는지 몰라요……."

탄탄한 아힘사까의 허벅지에 얼굴을 비비던 여인은 곧 팔을 뻗어 그의 가슴을 더듬었다. 진한 향수가 그의 코끝을 자극하고 보드라운 부인의 손길이 닿자 아힘사까는 온몸이 불덩이처럼 타올랐다. 화끈거리는 얼굴로 아힘사까는 이를 악물었다. 등줄기로 식은땀이 흘러내렸다.

'스승의 부인이다. 스승은 아버지와 같고, 부인은 어머니와 같다. 내가 지금 무슨 생각을 한 거지.'

그때였다. 매끈한 속살을 드러내고 뒤척이던 부인이 잠투정이라도 하듯 품으로 파고들었다. 그러더니 아힘사까의 손을 자기의 젖가슴으로 끌어당겼다. 나무토막처럼 굳었던 아힘사까는 벌떡 일어나 달아나듯 방에서 빠져나왔다.

아힘사까에 대한 부인의 연정은 곧 분노와 원한으로 바뀌었다. 다음 날 이른 아침, 돌아온 남편을 맞이한 부인은 얼굴에 멍이 들고 옷이 갈가리 찢겨져 있었다.

"대체 누가 이런 짓을 한 거요?"

부인은 땅바닥에 쓰러져 흐느꼈다.

"당신이 아끼던 아힘사까가 당신이 집에 없자 함부로 들어와 음탕한 농을 던지더군요. 스승의 아내는 어머니와 같은데 이게 무슨 짓이냐고 꾸짖었더니 저를 이렇게 만들어놓았지 뭡니까."

"괘씸한 놈, 그렇게 믿었건만."

아힘사까를 쫓아내는 것만으로는 성이 차지 않았다. 게다가 머리도 좋고 힘도 센 아힘사까가 두렵기도 하였다. 스승은 한 가지 꾀를 내었다. 아힘사까를 부른 뒤 스승이 목소리를 낮추고 물었다.

"아힘사까, 너는 하늘나라에 태어나는 것이 소원이라고 했지?"

"예, 스승님."

"아힘사까, 지혜롭고 총명하며 학문 또한 뛰어난 너는 하늘나라에 태어날 충분한 자질을 갖췄다. 하지만 안타깝게도 한 가지가 부족하구나."

"무엇입니까?"

"내가 말해 주어도 너는 믿지 않을 것이다."

"제가 어찌 스승님의 말씀을 믿지 않겠습니까? 불구덩이라도 뛰어들라면 뛰어들겠습니다."

"그렇다면 너에게만 비법을 가르쳐주마."

"감사합니다, 스승님."

"아힘사까, 하루해가 지기 전에 사람 백 명을 죽여 그 손가락으로 목걸이를 만들어라. 목걸이가 완성되면 너는 하늘나라에 태어날 조건을 갖춘 사람이 될 것이다. 네가 아버지와 어머니, 모든 사람들로부터 공경받고 공양받는 성자를 죽여 손가락을 자를 수 있다면 곧바로 최고로 청정한 하늘나라 범천에 태어나리라."

스승의 말씀 속에서 참과 거짓을 구분하려는 생각조차 그에게는 불경스러운 일이었다. 날이 시퍼런 칼을 집어든 아힘사까는 곧장 네거리로 달려나갔다. 사나운 이리처럼 미친 듯이 휘두르는 칼날에 수많은 사람들이 비명을 질렀다. 사람들이 흩어지고 시체들이 거리에 널브러지자 아힘사까는 손가락을 잘라 엮었다. 붉은 피가 뚝뚝 흐르는 손가락을 목에 걸고도 아무 일 없다는 듯 거리를 누비고 다니자, 사왓티 사람들은 겁에 질려 소리쳤다.

"앙굴리말라가 나타났다."

그는 수많은 장정들이 칼과 몽둥이를 들고 고함을 치며 달려들자 그때서야 목걸이를 움켜쥐고 잘리니(Jālinī)숲으로 달아났다. 그의 만행은 그 숲에서도 계속되었다. 걸식을 마치고 기원정사로 돌아온 비구들은 거리에서 목격한 살인자의 만행을 부처님께 말씀드렸다. 부처님은 발우와 가사를 챙겨들고 자리에서 일어나셨다.

"부처님, 어딜 가십니까?"

"잘리니숲으로 갈 것이다. 아무도 따르지 말라."

비구들의 간곡한 만류에도 불구하고 부처님은 홀로 기원정사를 나서셨다. 서쪽 하늘이 핏빛으로 물들 무렵, 부처님은 잘리니숲에 다다르셨다.

"부처님, 이 길로 가지 마십시오. 저 숲에는 사람만 보이면 막무가내로 죽이는 앙굴리말라가 있습니다."

목동과 농부들이 막아섰지만 부처님은 발걸음을 멈추지 않았다. 숲은 이미 어두워지고 있었다. 앙굴리말라는 흐뭇한 웃음을 지으며 엮은 손가락을 세고 있었다. 딱 한 사람이 부족했다. 그때 두리번거리며 숲으로 들어오는 사람이 있었다. 그의 어머니였다. 모든 사람들이 손가락질하고 몽둥이를 겨누는 앙굴리말라지만 그의 어머니에게는 끼니를 굶은 사랑스런 아들일 뿐이었다. 그러나 이미 이성을 잃은 앙굴리말라에게 그의 어머니는 부족한 손가락을 채워줄 마지막 한 사람이었다. 앙굴리말라는 보따리에 싼 음식을 품에 안고 다가오는 어머니의 머리채를 휘어잡고 소리쳤다.

"어머니, 기뻐하십시오. 어머니의 도움으로 저는 이제 하늘나라에 태어나게 되었습니다."

어머니는 조용히 눈을 감고 목을 길게 내놓았다. 음식을 싼 보따리가 품 안에서 떨어졌다. 시퍼런 칼날로 그녀의 가녀린 목을 치려던 순간 앙굴리말라가 멈췄다. 어둠이 내린 숲 속으로 환한 불빛이 보였다.

"어머니, 왕궁에 저를 고발하셨습니까? 국왕이 저를 잡으러 병사들을 푼 것 아닙니까?"

"눈에 넣어도 아깝지 않을 너를 어떻게 고발하겠니?"

"그렇다면 하늘나라에 태어날 저를 축복하기 위해 범천이나 제석천이 마중 나온 건 아닐까요?"

불덩어리처럼 커진 밝은 불빛이 두 사람을 향해 다가왔다.

"아, 부처님! 저분은 부처님이시다."

"예, 부처라고요?"

앙굴리말라는 너무도 기뻤다. 범천에 태어날 기회를 주기 위해 성인으로 추앙받는 부처가 제 발로 와준 것이었다.

"어머니, 잠시만 기다리세요. 저 부처의 손가락을 자르고 가져오신 음식을 맛있게 먹겠습니다."

앙굴리말라는 고함치며 달려 나갔다.

"사문아, 멈춰라."

부처님은 발길을 돌려 왔던 길을 거슬러 천천히 걸으셨다. 갈기를 휘날리며 달리는 말도 따라잡던 앙굴리말라였다. 그런데 어찌된 일인지 세 걸음쯤 앞선 부처님을 도저히 따라잡을 수 없었다. 앙굴리말라가 자리에 멈춰 선 채 가쁜 숨을 몰아쉬며 소리쳤다.

"멈춰라, 이 겁쟁이 사문아."

부처님은 풀잎을 흔드는 바람처럼 천천히 걸으며 말씀하셨다.

"나는 이미 멈추었는데 그대는 아직도 멈추지 못하는구나."

"계속 도망가면서 멈추었다고 하고 멈춰선 나를 보고 멈추지 못한다고 하니, 거 무슨 뚱딴지 같은 소리냐?"

걸음을 멈추고 천천히 몸을 돌린 부처님께서 앙굴리말라에게 말씀하셨다. 목소리는 위엄 있고 부드러웠다.

"나는 해치려는 마음을 모두 멈추었는데 그대는 아직 해치려는 마음 멈추지 못하고 있다. 나는 자비심에 머물러 일체중생을 사랑하는데 그대는 악업을 멈추지 못하고 삼악도의 고통을 멈추지 못하고 있다. 나는 번뇌 망상을 끊고 진리에 머물러 있는데 그대는 진리를 보지 못해 그릇된 환상에서 깨어나지 못하고 있구나."

누구보다 총명했던 앙굴리말라였다. 번개라도 맞은 듯 정신이 번쩍 들었다. 앙굴리말라는 칼을 던지고 땅바닥에 엎드렸다.

"세존이시여, 저를 제자로 받아주십시오."

조금도 망설임 없이 부처님께서 말씀하셨다.

40 앙굴리말라의 귀의 2-3세기, 페샤와르박물관, 파키스탄

"오라, 비구여."

그날 밤, 피와 땀이 엉켜 붙은 머리카락을 자른 앙굴리말라에게 부처님은 차근차근 법을 설해주셨다. 잘못된 소견에 휩싸여 자신과 남들을 해치는 행위를 멈추지 못하는 중생들의 실상을 말씀해주셨다. 탐욕과 분노와 어리석음의 결박에 묶여 고통스러워하는 윤회의 긴긴 삶을 말씀해주셨다. 그릇된 견해와 결박에서 벗어난 자유로운 삶, 평화롭고 청정한 삶을 말씀해주셨다. 동쪽 하늘이 밝아올 무렵, 온갖 번뇌가 사라진 앙굴리말라는 진리에 눈을 떴다. 부처님은 그를 깨끗이 목욕시키고 기원정사로 데리고 왔다. 그날 오후 꼬살라국의 빠세나디 왕이 기원정사로 찾아왔다.

"대왕이여, 먼지투성이가 되어 어디를 다녀오십니까?"

"세존이시여, 사왓티에 살인귀가 나타나 그놈을 잡으러 다녀오는 길입니다."

"그를 잡으면 어찌하실 생각이십니까?"

"그놈은 이유도 없이 사람을 죽이고, 죽은 이의 손가락으로 목걸이를 만든 놈입니다. 그런 놈은 그 자리에서 처형해야지요."

"만일 그가 출가해 저의 제자가 된다면 어찌하시겠습니까?"

빠세나디왕은 크게 웃었다.

"그런다면야 제가 평생 받들어 섬겨야지요. 하지만 그놈은 선근이라곤 눈곱만큼도 찾아볼 수 없는 극악무도한 자입니다. 출가할 마음이나 내겠습니까?"

"대왕이여, 당신이 하신 말씀을 기억하십시오."

부처님이 빠세나디왕의 손을 끌었다. 앙굴리말라는 가까운 곳 나무 아래에서 선정에 들어 있었다.

"이 사람이 앙굴리말라입니다."

빠세나디는 흠칫 놀라며 뒤로 물러섰다. 당장이라도 시위 군사들을 부를 태세였다.

"대왕이여, 두려워 마십시오. 저 사람은 더 이상 살인자 앙굴리말라가 아닙니다. 제 말이 의심스러우면 대왕께서 직접 살펴보십시오."

조심스럽게 다가간 빠세나디왕은 위엄을 갖춰 물었다.

"그대는 누구인가?"

"저의 아버지 이름은 박가와이고, 어머니 이름은 만따니이며, 저의 이름은 아힘사까입니다. 사람들을 죽여 목걸이를 만든 저를 사람들은 앙굴리말라라고 불렀습니다."

사라진 애착과 더불어 두려움도 벗어버린 앙굴리말라의 목소리는 침착했다. 한참을 생각에 잠긴 빠세나디왕이 말하였다.

"그대가 지은 죄는 국법으로 다스려야 마땅하다. 하지만 부처님과 이미 약속한 이상 그대의 과거를 묻지 않겠다. 세존의 가르침을 어기지 말고 계율을 잘 지켜라. 그러면 내가 평생 공양을 올릴 것이다."

앙굴리말라를 뒤로하고, 자리로 돌아온 빠세나디왕이 부처님의 발 아래 예배하였다.

"항복하지 않는 이를 항복시키고 성숙하지 못한 이를 성숙시키니, 참으로 기이하고 참으로 놀랍습니다. 부처님이시여, 부디 오래오래 사시며 저희 백성들을 자비로 보살피소서. 세존의 은혜로 이제 나라의 근심이 풀렸습니다."

온화한 눈빛을 가진 그가 살인마 앙굴리말라였다는 사실이 사람들의 입을 통해 사왓티에 퍼졌다. 다음 날 아침, 앙굴리말라가 걸식을 위해 거리로 나섰을 때였다. 사람들이 소리쳤다.

"앙굴리말라가 나타났다."

사람들이 몰려들어 침을 뱉고, 흙을 뿌리고, 돌을 던지고, 머리를 때리고, 발로 차고, 어떤 이는 칼과 몽둥이로 내려쳤다. 사람들의 분노는 빠세나디왕의 병사들이 달려와 제지하고서야 멈췄다. 갈가리 찢겨진 가사에 깨어진 발우, 앞이 보이지 않을 만큼 부어오른 눈두덩에 피투성이가 된 다리를 끌며 앙굴리말라는 기원정사로 향했다. 기원정사 문 앞에서 부처님이 기다리고 계셨다. 조용히 손을 끈 부처님은 그를 연못으로 데려가셨다. 그리고 피 묻은 그의 얼굴을 씻어주며 말씀하셨다.

"아힘사까, 참아내야 한다. 너에 대한 분노와 원망은 아주 오래갈
것이다."

앙굴리말라는 무릎을 꿇고 합장하며 밝은 목소리로 노래하였다.

확고한 신념으로 세존의 가르침을 듣고
확고한 신념으로 세존의 가르침을 실천하며
확고한 신념으로 훌륭한 벗들과 사귀어
반드시 저는 열반을 성취하오리다
저는 본래 흉포한 악인
손가락을 잘라 목걸이를 만든 자
더럽고 탁한 죄악의 강변을 떠돌다
다행히도 세존을 만나게 되었습니다
지금 제가 흘리는 피는
지난날의 업장을 녹이는 것
누구도 원망하지 않으리다
누구도 미워하지 않으리다
활 만드는 장인 뿔을 잘 다루고
능숙한 뱃사공 거친 물살 누비며
훌륭한 목수 나무를 다듬듯
지혜로운 사람은 자신을 다스립니다
어떤 이는 채찍으로 저를 때리고
어떤 이는 폭언으로 저를 욕해도
끝내 칼과 몽둥이로 맞서지 않으리니

앙굴리말라의 스투파 인도

저는 이제 스스로를 항복받았습니다
지난날 어리석어 악행을 일삼았지만
이제는 그쳐 다시 저지르지 않으니
구름을 헤치고 나타난 해님이
온 세상을 밝게 비춤과 같습니다
지난날 어리석어 악행을 일삼았지만
이제는 그쳐 다시 저지르지 않으니
구름을 헤치고 나타난 달님이
온 세상을 밝게 비춤과 같습니다
수많은 고통에서 감정을 다스리며
걸식한 음식으로 만족하며 살렵니다
수많은 고통을 참아내는 동안에
제가 지은 악업도 다할 것입니다

다시는 죽음의 길에 들어서지 않고
구태여 살기를 바라지도 않나니
이제는 그저 때를 기다리며
기쁨을 누릴지언정 번민하지 않겠습니다

부처님께서 밝은 웃음을 보이며 칭찬하셨다
"훌륭하구나, 훌륭하구나."

똥통을 지던 니디

사왓티 거리에서 변소를 치며 간신히 생계를 유지하던 니디(Nidhi, 尼提)라는 사람이 있었다. 더벅머리에 낡고 해진 옷을 걸치고, 온몸에서 악취가 나는 그를 사람들은 손이 닿는 것조차 싫어했다. 어느 날 부처님께서 아난다와 함께 걸식하고 있을 때였다. 니디가 인분이 가득한 무거운 통을 양어깨에 짊어지고 길을 걸어오고 있었다. 뒤늦게 부처님을 발견한 니디는 급히 비켜서려다 그만 발을 헛디디고 말았다. 벽에 부딪힌 똥통이 박살나고 똥물이 사방에 튀었다. 부처님과 아난다의 가사에도 오물이 군데군데 묻어버렸다. 니디는 오물이 흥건한 바닥에 주저앉아 손을 비볐다.
"부처님, 제발 용서하십시오."
금방이라도 울음을 터트릴 것 같은 니디에게 부처님이 손을 내미셨다.
"어서 일어나라."

어쩔 줄 모르는 니디의 손을 부처님이 잡아 일으키셨다.

"가자, 나와 함께 강으로 가서 씻자."

"저같이 천한 놈이 어찌 존귀하신 분과 함께 걸을 수 있겠습니까."

부처님은 아난다에게 발우를 건네고 말없이 니디의 손을 끄셨다. 니디는 당황함에 고개를 들지 못했다. 강에 이르러 부처님이 손수 씻어주려 하자 니디가 물러섰다.

"안됩니다. 부처님처럼 성스러운 분이 저처럼 천한 놈의 더럽고 냄새나는 몸을 만지시다니요."

부처님께서 니디의 팔을 잡아당기셨다.

"니디야, 너는 천하지도 더럽지도 고약한 냄새를 풍기지도 않는단다. 네 옷은 더러워졌지만 네 마음은 더할 바 없이 착하구나. 그런 네 몸에선 아름답기 짝이 없는 향기가 난단다. 니디야, 스스로를 천하게 여겨서는 안 된다."

니디는 그제야 안도의 숨을 내쉬며 맑은 눈동자로 부처님을 우러러보았다.

"왜 그리 급하게 피했느냐?"

"오늘 퍼내야 할 똥이 많아 정신이 없었습니다. 통이 하도 무거워 온통 신경을 쏟다 보니 부처님이 오시는 줄도 몰랐습니다. 알았다면 아예 돌아갔을 겁니다."

구석구석을 꼼꼼히 씻는 부처님의 손길에 겸연쩍은 웃음을 보이며 니디가 말했다.

"부처님, 죄송합니다. 거룩한 가사를 그만 더럽히고 말았네요."

부처님도 미소를 보이셨다.

"니디야, 출가하여 나의 제자가 되지 않겠니?"

니디는 펄쩍 뛰었다.

"그건 안될 말씀입니다. 미천한 제가 감히 어떻게 사문들과 섞일 수 있겠습니까. 그건 안될 말씀입니다."

부처님은 맑은 물을 움켜 니디의 정수리에 부어주며 말씀하셨다.

"염려 말아라. 니디야, 나의 법은 청정한 물이니 너의 더러움을 깨끗이 씻으리라. 넓은 바다가 온갖 강물을 다 받아들이고도 늘 맑고 깨끗한 것처럼, 나의 법은 모두를 받아들여 더러움에서 벗어나게 한단다. 나의 법에는 가난한 사람도 부자도, 귀한 사람도 천한 사람도, 남자도 여자도, 피부색의 차이도 없단다. 오직 진리를 구하고, 진리를 실천하고, 진리를 증득하는 사람만 있을 뿐이란다."

니디가 밝게 웃었다. 그리고 부처님 앞에 무릎을 꿇고 합장하였다.

"부처님, 저도 부처님의 제자가 되고 싶습니다."

똥을 푸던 니디가 부처님의 제자가 되었다는 소문은 순식간에 퍼졌다. 사왓티 사람들은 손가락질했다.

"세존께서는 왜 그런 천한 자에게 출가를 허락하셨을까?"

"아니 그럼, 부처님과 제자들을 초청하면 똥 푸던 그놈도 따라온단 말인가?"

"따라오는 게 대수겠어. 똥 푸던 그놈에게 머리를 숙여야 할 판에."

투덜거리는 사왓티 사람들에게 부처님은 말씀하셨다.

"누린내 나는 아주까리를 마찰시켜 불을 피우듯, 더러운 진흙에서 아름다운 연꽃이 피어나듯, 종족과 신분과 직업으로 비구의 값어치를 정할 수는 없습니다. 오직 지혜와 덕행만이 비구의 값어치를 정할 수 있습니다. 신분이 낮고 천한 직업을 가졌더라도 행위가 훌륭하다면, 여러분, 그 사람들을 공경하십시오.”

부처님은 타고난 종족이나 신분, 가진 재산이나 지식과 능력으로 사람을 차별하지 않았다. 도리어 부당한 세상의 잣대로 무시당하고 소외받던 사람들에게 더욱 세심한 배려를 기울이셨다. 부처님의 따뜻한 보호와 가르침 속에서 진흙 속에 감춰진 보석들이 빛을 발할 수 있었다.

사왓티 출신의 쭐라빤타까(Cūḷapanthaka)도 그런 보석 가운데 하나였다. 그의 형 마하빤타까(Mahāpanthaka)는 뛰어난 지혜로 정사에서 존경받았지만 그는 4개월 동안 4구의 게송 하나 제대로 외우지 못하는 우둔한 사람이었다. 결국 형은 동생의 게으름과 무지를 꾸짖고 그를 승원에서 쫓아버렸다. 기원정사 문 앞을 떠나지 못하고 울고 있던 쭐라빤타까의 손을 잡아준 사람은 부처님이셨다. 부처님은 그를 당신의 방으로 데려와 ‘때를 없애라’라는 한마디만 가르쳐주셨다. 걸레를 들고 늘 쓸고 닦으며 깨끗해지고 더러워지는 모습들을 관찰한 쭐라빤타까는 남모르게 부처님의 가르침을 성취하였다. 그 후 비구니들에게 설법할 차례가 돌아왔을 때였다. 쭐라빤타까가 자신이 유일하게 외우고 있는 4구의 게송을 읊자 비구니들이 어린애들이나 외우는 게송이라며 비웃었다. 그러자 쭐라빤타까는 하늘로 솟아올라 열여덟 가지 신통 변화를 보여주었다. 그리고 놀란 입을 다물지 못하는 비구니들에게 말하였다.

“여러분, 부처님의 가르침을 들었으면 아무리 쉽고 간단하더라도 반드시 한마음으로 게으름 없이 실천해야 합니다.”

대중에게 가장 사랑받는 법사였던 꾸마라깟사빠(Kumārakassapa) 역시 부처님의 세심한 배려가 없었다면 세상에 빛을 발하지 못했을 것이다. 그의 어머니는 아이를 잉태한 사실도 모르고 출가한 비구니였다. 비구니가 임신한 사실이 알려지자 라자가하 승가에 파란이 일었다. 당시 라자가하 승가의 책임자였던 데와닷따는 그녀에게 추방을 명령하였고, 그녀는 부처님이 머무는 사왓티로 찾아가 억울함을 호소했다. 부처님은 사왓티의 승가를 소집하고, 위사카를 비롯한 사왓티 우바이들의 도움을 얻어 그녀의 임신 시기를 밝히게 하였다. 그녀의 결백은 입증되었고 그녀는 승가에 남도록 허락받았다. 그녀에게서 태어나 수많은 비구와 비구니들의 보살핌 속에서 자란 아이가 꾸마라깟사빠이다.

누더기를 걸친 마하깟사빠

보다 많은 이들에게 진리를 보여주기 위해 걸음을 멈추지 않던 부처님은 아난다를 상수시자(常隨侍者)로 정하신 이후 정사에서 보내는 시간이 많았다. 깨달음을 이루신 지 27년, 그 후 16년 동안 부처님은 매년 우기를 사왓티에서 보내셨고, 기원정사와 동원정사에는 부처님이 머무는 향실(香室)이 따로 마련되어 있었다.

사왓티 기원정사 향실에서 비구들에게 에워싸여 법을 설하고 계실 때였다. 다듬지 않은 긴 머리카락에 하얀 수염을 깎지 않은 채 부처님의 향실로 들어서는 한 수행자가 있었다. 낡고 해진 그의 누더기는 오

랫동안 세탁하지 않아 악취를 풍겼다. 일찍이 부처님께 귀의해 진리를 체득하고 라자가하 깊은 산속에 은거했던 그는 마하깟사빠였다. 사왓티에서 그를 아는 비구는 많지 않았다.

교만을 잠재우라는 부처님의 가르침을 실천하기 위해 그는 물려받은 분소의를 걸치고 평생을 인적이 드문 숲과 들에서 지내며 걸식한 음식만으로 살았다. 언젠가 거친 바위산을 내려와 라자가하 거리를 거닐며 걸식할 때였다. 상처와 고름을 더러운 천으로 가린 한 나병 환자가 양지바른 곳에서 밥을 먹고 있었다. 그는 마하깟사빠를 보자 깨어진 자신의 발우를 내밀었다.

"이보시오, 이거라도 좀 드시겠소."

마하깟사빠는 공손히 다가가 합장하였다. 나병 환자는 환한 웃음을 보이며 자신의 밥을 한 움큼 집어 마하깟사빠의 발우에 담아주었다.

그때 시커멓게 썩어가던 그의 손가락이 음식과 함께 뚝 떨어졌다.

"시주의 은혜에 감사드립니다."

거리를 벗어나 한적한 우물가에 자리한 마하깟사빠는 발우에서 손가락을 가려내고 그 밥을 먹었다. 마하깟사빠는 밥을 먹으면서도, 밥을 먹고 난 뒤에도 혐오스럽다는 생각을 일으키지 않았다. 주어진 음식, 잠자리, 주어진 옷에 만족하며 늘 겸손하고, 소박하고, 온화한 마음으로 살았다.

"볼품없는 저 사람은 도대체 누구지? 누군데 함부로 향실로 들어오는 걸까?"

거침없이 다가오는 마하깟사빠를 보고 비구들은 코를 감아쥐며 웅성거렸다.

"어서 오게, 마하깟사빠."

부처님은 자리의 반을 비우며 손짓하셨다.

"마하깟사빠, 여기로 와 앉아라."

비구들은 깜짝 놀랐다. 부처님께서 자리를 권하는 것으로 보아 그는 보통 비구가 아니었다.

"많은 이들이 그대를 궁금해하는구나."

마하깟사빠는 부처님의 발아래 머리를 조아리고 합장하였다.

"세존이시여, 저는 당신의 제자이고 세존께서는 저의 스승이십니다."

부처님이 밝게 웃으셨다.

"그렇다, 마하깟사빠. 나는 그대의 스승이고 그대는 나의 제자이다."

저렇게 볼품없고 더럽기 짝이 없는 늙은이에게 당신의 자리 반을 내어주며 반기다니, 게다가 '나의 제자'라며 자랑스럽게 말씀하시다니, 비구들은 도저히 이해할 수 없었다. 휘둥그런 눈으로 당황해하는 비구들에게 부처님께서 말씀하셨다.

"나는 4선(禪)·8정(定)·4무량심(無量心)·3명(明)·6통(通)*을 완전히 갖춰 밤낮없이 항상 그곳에 머문다. 마하깟사빠 역시 4선·8정·4무량심·3명·6통을 완전히 갖춰 밤낮없이 항상 그곳에 머문다. 마하깟사빠의 수행과 공덕과 지혜는 나 여래와 더불어 조금도 다르지 않다."

사리뿟따와 마하목갈라나 역시 대중 앞에서 마하깟사빠의 지혜와 공덕을 찬탄하였다.

"부처님의 첫 번째 상속자 마하깟사빠께 예배하십시오."

그러나 상냥한 인사는커녕 좀처럼 눈길도 주지 않는 괴상한 제자의 출현에 사왓티 비구들은 오랫동안 수군거렸다. 그러던 어느 날 저녁, 동원정사에 머물던 마하깟사빠가 기원정사 향실로 부처님을 찾아왔다. 부처님은 가까이 오라 손짓하고, 무릎이 닿을 만큼 다가선 늙은 제자의 옷을 매만지셨다. 그리고 다정하게 말씀하셨다.

"그대도 이젠 늙었다. 거친 숲과 바위틈에서 살기에는 나이가 너무 많구나. 이 누더기도 너무 무겁고. 그대도 이젠 나처럼 정사에서 지내며, 나처럼 가볍고 부드러운 옷을 입도록 하라."

"세존이시여, 제자는 오랫동안 두타행(頭陀行)*을 익혀왔고, 많은 이들에게 두타행을 찬탄해 왔습니다."

마하깟사빠의 정중한 거절에 부처님은 잠시 말씀을 잊으셨다.

"무슨 이익이 있기에 두타행을 고집하는가?"

"세존이시여, 두 가지 이익이 있기 때문입니다. 분소의를 기워 입고, 아란야에서 앉고 누우며, 걸식으로 살아가면서 저는 고요하고 안락한 경지에 이르렀습니다. 이것이 첫 번째 이익입니다. 세존이시여, 먼 훗날 지난날을 회상하는 이들이 '과거 부처님 제자들은 분소의를 입고 아란야에서 지내며 걸식으로 살아갔다' 고 떠올린다면, 그런 생각을 하는 사람도 그런 말을 듣는 사람도 모두 환희심을 일으키며 수행에 더욱 정진할 것입니다. 이것이 두 번째 이익입니다. 세존이시여, 이 두 가지 이익 때문에 저는 두타행을 실천하고, 두타행을 많은 사람 앞에서 찬탄합니다."

부처님께서 크게 칭찬하셨다.

"훌륭하구나, 마하깟사빠. 훌륭하구나, 마하깟사빠. 만일 두타행을 비방하는 사람이 있다면 그는 곧 여래를 비방하는 자이며, 두타행을 찬탄하는 사람이 있다면 그는 곧 여래를 찬탄하는 자이다."

시체를 태우는 막대기들

삼보에 귀의하고 출가한 이들이 모두 부처님의 가르침에 따라 살아간 것은 아니었다. 그들 가운데는 과거의 습성을 버리지 못하고 승가에 들어와 여전히 잘못된 습성대로 사는 자들도 있었다. 떳사(Tissa)는 부처님의 고모인 아미따(Amitā)의 아들이었다. 인사를 받기만 하고 살아온 그는 출가하고도 인사하는 법이 없었다. 늘 좋은 방, 좋은 자리를 차지하고 멀리서 비구들이 찾아와도 나아가 맞이할 줄을 몰랐다. 법랍이 높은 한 비구가 그런 띳사를 꾸짖었다. 그러자 띳사가 고함을 쳤다.

"나는 대지의 주인이고 왕의 혈통이다. 길가 돌 틈에서 자란 풀 같은 너희가 나를 욕한단 말인가. 내 너희를 하나도 빠뜨리지 않고 모두 교단에서 쫓아내리라."

씩씩거리며 달려와 눈물까지 흘리며 동정을 호소하는 띳사에게 부처님이 물으셨다.

"띳사, 멀리서 찾아온 비구를 보고 나아가 맞이하였는가?"

"하지 않았습니다."

"멀리서 찾아온 비구의 가사와 발우를 받아 주었는가?"

"아닙니다."

"앉을 자리를 펴 주었는가?"

"아닙니다."

"자리에 앉은 상좌에게 합장하고 절하였는가?"

띳사의 목소리가 기어들어갔다.

"하지 않았습니다."

부처님께서 말씀하셨다.

"띳사, 가서 비구들에게 용서를 구하라."

띳사는 잘못을 뉘우치고 참회했지만 오랜 세월 익힌 습성은 쉽게 바뀌지 않았다. 그건 다른 비구들도 마찬가지였다. 깔루다이는 지식도 많고 교단 안에서 명망도 높았다. 유능하고 사교성도 뛰어났던 그는 가는 곳마다 신자들에게 환영받았다. 그런데 그는 유난히 음욕이 강해 늘 여인들과 문제를 일으켰다. 정사의 방으로 여인을 불러들이는가 하면 비구니와 가깝게 지내며 자신의 방을 청소시키고 옷을 빨게 하는 일도 있었다. 그럴 때마다 부처님께서 꾸짖었지만 그의 습성은 좀처럼 고쳐지지 않았다. 부처님의 마부였던 찬나 역시 부처님이 제정한 계율을 어기고 제멋대로 행동하였다.

음식과 가사, 방과 침구를 두고도 비구들의 못된 습성들은 문제를 일으켰다. 승가에 보시된 물품은 구족계를 받은 순서에 따라 공평히 분배하는 것이 원칙이었다. 그러나 작은 차이를 두고 불만을 품고, 탐욕으로 자신의 불만을 키워 승가에 분란을 일으키는 이들이 있었다. 멧띠야(Mettiya)와 붐마자까(Bhummajaka)가 그런 이들이었다. 또 좋은 잠자리와 음식을 두고 주먹질을 일삼고, 자기의 뜻을 말보다는 발길질로 표현하는 이들도 있었다. 빤두까(Paṇḍuka)와 로히따까(Lohitaka)가 그런 이들이었다. 마른 잎에 불씨를 뿌리는 사람들처럼 그들은 가는 곳마다 폭력을 일삼고, 불화와 반목을 조장하였다. 승가의 구성원이 되고도 그에 합당한 위의와 덕행을 갖추지 못한 비구들, 교만과 성욕과 탐욕과 분노에 자신을 맡기는 비구들을 부처님은 엄하게 꾸짖으셨다.

"비구들이여, 살아가는 방법 중에 밥그릇을 들고 얻어먹는 것이 가장 천한 일이다. 사람들이 누군가를 저주할 때 '바가지 들고 빌어먹을 놈'이라 하지 않는가? 비천하게 살아가는 우리에게 재가자들이 고개를 숙이는 까닭은 보다 수승한 이익을 얻기 위해서이다.

비구들이여, 그대들이 발우를 들고 집집마다 걸식하는 삶을 선택한 이유는 과연 무엇인가? 왕의 위협이 두려워서인가? 강도에게 재산을 모두 빼앗겼는가? 빚을 갚을 능력이 없어 도망친 것인가? 전염병이 무서워 고향을 등졌는가? 먹고 살기 힘들어서 출가했는가? 비구들이여, 그대들이 출가자의 삶을 선택한 까닭은 오직 하나이다. 길고 긴 윤회의 고통에서 벗어날 길을 찾기 위해서이다. 출가자의 삶이 고뇌와 재앙에서 벗어나는 길임을 확신했기 때문에 선택한 것이다.

비구들이여, 명심하라. 출가한 이유를 잊어버리고, 출가한 목적을 잊어버리고, 세간에 있을 때의 마음가짐과 다르지 않고, 탐욕과 분노와 어리석음을 키우고, 출가자의 법도를 배우지 않고, 마음을 고요히 하지 않고, 태도를 잘 다스리지 않는 이가 있다면 그는 재가자가 누릴 수 있는 행복도 놓치고, 출가자가 얻을 수 있는 행복도 놓치는 것이다.

비구들이여, 그런 이는 화장터에서 시체를 태울 때 쓰는 막대기와 같다. 아래쪽도 시커멓게 그을리고, 위쪽도 시커멓게 그을리고, 가운데는 썩은 시체의 핏물이 흥건히 배인 그런 막대기와 다름없다. 그런 막대기를 어디에 쓰겠는가? 그런 불결한 막대기는 마을에서 장작으로도 쓰지 않는다. 명심하라. 출가자가 출가자의 삶을 살지 못하면 그는 세간의 행복도 놓치고 출세간의 행복도 놓치는 것이다."

데와닷따의 반역

마가다국의 빔비사라왕이 죽림정사를 바쳤지만 부처님은 그곳에 오래 머물지 않으셨다. 아무리 안락하고 편안한 정사라도 우기가 끝나면 그곳을 떠나 다른 곳으로 전법 여행을 떠나셨다. 그러나 데와닷따는 깨끗한 우물과 연못이 있고 빔비사라왕의 후원이 끊이지 않는 죽림정사를 떠나지 않았다. 라자가하에서 데와닷따의 명성은 대단했다. 사리뿟따 역시 한때 그를 '신통과 위력이 뛰어난 비구'라며 라자가하 사람들 앞에서 칭찬하였다. 명석한 두뇌에 유창한 언변, 입 안의 허처럼 비위를 맞출 줄 아는 사교성 덕분에 데와닷따 주위에는 항상 권력과 재산을 향유하는 이들이 넘쳐났다. 거기에 더해 빔비사라왕과 웨데히 사이에서 태어난 왕자 아자따삿뚜의 스승이 되고, 아자따삿뚜가 태자가 되어 실권을 장악하면서 그의 위세는 더욱 높아졌다. 아자따삿뚜는 스승 데와닷따를 위해 매일같이 오백 대의 수레로 음식을 날랐다. 승가에 보시한 물품은 승가 구성원들에게 고루 분배하는 것이 부처님의 계율이었다. 그러나 데와닷따는 자기를 따르는 이들에게만 공양과 물품을 공급함으로써 새로운 무리를 형성하게 되었다. 맛있는 음식과 좋은 가사에 끌려 승가 안에도 데와닷따를 따르는 이들이 나날이 늘어갔다. 부처님은 그런 데와닷따의 무리와 데와닷따를 부러워하는 비구들을 두고 항상 말씀하셨다.

"비구들이여, 많은 보시와 드날리는 명성은 수행자에게 타오르는 불과 같다. 불이란 좋은 이익도 가져오지만 조금만 소홀하면 감당하기 힘든 재앙을 불러온다. 비구들이여, 털이 긴 양이 가시넝쿨 속으로 들어가면 넝쿨에 뒤엉켜 옴짝달싹 못하고 생명을 잃게 된다. 그와 같이 많은 보시와 드날리는 명성을 탐하는 비구는 들어가는 마을과 도시에서 신자들과 뒤엉켜 비구의 법을 잊게 된다. 바나나나무가 많은 열매를 맺으면 말라죽듯, 감당하기 힘든 공양과 명성은 자신을 죽이는 것이다. 좋은 공덕을 무너뜨리는 것이다."

41 부처님을 공격하는 데와닷따 2-3세기, 인도박물관, 인도

　그러나 부처님의 꾸짖음도 권력과 명예에 맛들인 데와닷따의 야욕은 잠재울 수 없었다. 어느 날 죽림정사에서 있었던 일이다. 설법하는 자리에서 데와닷따가 일어나 합장하고 당당한 목소리로 말하였다.

　"세존께서는 이제 연로하셨습니다. 아무쪼록 과보로 얻으신 선정에 들어 마음 편히 쉬십시오. 교단은 제가 잘 통솔하도록 하겠습니다."

　좌중에는 빔비사라왕을 비롯한 대신들과 태자 아자따삿뚜, 그리고 종단의 장로들까지 수많은 사람들이 자리하고 있었다. 장로들에게는 깜짝 놀랄 발언이었지만 오랜 시간 라자가하에서 세력을 키워온 데와닷따에게는 어찌 보면 당연한 요구였다. 거듭되는 간청에도 부처님은 침묵을 지키셨다. 탐욕스런 그의 입에서 그 말이 세 번째 흘러나왔을 때, 부처님께서 말씀하셨다.

　"데와닷따, 나는 사리뿟따나 마하목갈라나에게조차 교단의 통솔을 맡기지 않고 있다. 너처럼 다른 이가 뱉어버린 가래침을 주워 삼키는 이에게 어찌 교단을 맡길 수 있겠느냐."

많은 사람들 앞에서 모욕을 당한 데와닷따는 분노를 삼키며 자리를 떠났다. 그를 위해 태자 아자따삿뚜는 가야산에 거대한 정사를 짓고 극진히 공경하였다. 분노로 더욱 날카로워진 그의 야욕은 아자따삿뚜가 아버지 빔비사라왕을 폐위시키고 왕위에 오르자 드디어 발톱을 드러냈다.

"대왕이여, 당신은 소원을 이루었지만 저는 소원을 이루지 못했습니다."

데와닷따는 아자따삿뚜의 지원을 받아 궁수를 파견해 깃자꾸따에 머물던 부처님을 살해하려 하였다. 하지만 궁수들이 부처님께 감화됨으로써 일은 수포로 돌아갔다. 분노의 불길이 더욱 거세진 데와닷따는 직접 살해할 결심을 하고 깃자꾸따를 오르내리는 부처님을 산마루에서 기다렸다가 큰 바위를 굴렸다. 바위는 산산조각 났고, 한 조각에 부처님은 발을 심하게 다쳤다. 다행히 의사 지와까(Jivaka, 耆婆)가 다친 발을 칼로 째서 나쁜 피를 뽑아내고 염증이 번진 살을 도려냄으로써 상처는 완치될 수 있었다. 빔비사라왕 때부터 대왕의 주치의와 승가의 주치의를 겸했던 지와까가 물었다.

"부처님, 통증이 심하진 않으셨습니까?"

"지와까, 나 여래는 윤회라는 긴긴 여행의 종착점에 도착했느니라. 모든 번뇌와 방해와 핍박에서 벗어났느니라. 그러나 나 여래도 마음 속의 뜨거운 번뇌는 모두 소멸했지만 몸의 통증만큼은 어쩔 수 없구나."

데와닷따는 번번이 자신의 계획이 실패하자 상심했다. 스승의 골칫

거리를 해결해주기 위해 아자따삿뚜가 나섰다.

"날라기리(Nalāgiri)에게 술을 잔뜩 먹였다가 내일 아침 고따마가 지나는 길목에 풀어놓아라."

다음 날 아침, 성문에서 기다리던 그의 병사들이 날라기리를 풀어놓았다. 날라기리는 전장의 선봉에 서던 사나운 코끼리였다. 힘세고 포악한 코끼리 앞에서는 날카로운 칼과 창도 풀잎처럼 흩어졌다. 가사를 입은 비구들의 행렬을 보자 날라기리가 코를 높이 치켜들었다. 사방으로 사람들이 흩어지고, 비구들이 부처님을 에워쌌다.

"부처님, 어서 몸을 피하십시오."

부처님은 꼼짝도 하지 않으셨다. 시뻘건 눈으로 괴성을 지르며 날라기리가 달려왔다. 땅이 울렸다. 발우를 들고 뒤따르던 아난다가 앞으로 달려나와 팔을 벌렸다.

"아난다, 비켜서라. 누구도 내 앞을 가로막지 말라."

누구도 부처님의 명을 거역할 수 없었다. 아난다도 마찬가지였다. 그때 어린아이의 자지러지는 울음소리가 들렸다. 술 취한 코끼리의 갑작스런 출현에 놀란 한 여인이 아이를 떨어뜨리고 도망친 것이었다. 그 소리가 거슬렸는지 날라기리는 긴 코를 휘두르며 아이에게 달려들었다. 기둥보다 굵은 앞발을 치켜들고 아이를 짓밟아버릴 태세였다.

"날라기리."

부처님이 큰 소리로 코끼리를 부르며 걸어나갔다.

"어린아이를 덮치라고 너에게 술을 먹이진 않았을 것이다. 아마도 나를 밟으라고 너에게 술을 먹인 듯하구나. 날라기리, 이리로 오라.

42 코끼리를 조복하는 부처님
2세기
첸나이주립박물관
인도

튼튼하고 자랑스러운 너의 다리를 수고롭게 하지 말라."

코끼리의 태도가 갑자기 변했다. 눈빛이 선해진 날라기리는 천천히 코를 내리고 귀를 흔들며 부처님 앞에 두 무릎을 꿇었다. 앞으로 다가 간 부처님이 날라기리의 미간을 쓰다듬으며 말씀하셨다.

"날라기리, 사람을 죽여서는 안 된다. 이제부터 자비로운 마음을 길러라."

이 광경을 지켜보던 백성들은 끼고 있던 반지를 벗어던지며 환호하였다. 그날 부처님께서는 걸식을 하지 않고 정사로 돌아오셨다.

그 후 어느 날 부처님께서 아난다와 함께 라자가하로 들어서던 참이었다. 부처님께서 말없이 발길을 돌렸다. 영문을 모른 채 뒤따르던 아난다가 한참 후 부처님께 여쭈었다.

"세존이시여, 왜 갑자기 발길을 돌리셨습니까?"

"우리가 가려는 길목에 데와닷따가 있더구나. 그래서 피한 것이다."

"세존이시여, 데와닷따가 두려우십니까?"

"아난다, 데와닷따가 두려운 것이 아니란다. 악한 사람을 상대하지 않기 위해서란다. 아난다, 어리석은 사람과는 만나지 말라. 어리석은 사람과는 일을 상의하지 말라. 어리석은 사람과는 말로써 옳고 그름을 따지지 말라. 어리석은 사람은 하는 짓마다 법답지 못하단다."

부처님의 관용과 타이름에도 불구하고 데와닷따는 자신의 허물을 뉘우치지 않았다. 도리어 자신의 야욕을 그럴싸한 명분으로 위장하고 승가의 분열을 조장하였다. 수행자라면 반드시 고행을 생활화해야 한다는 데와닷따의 주장에 꼬깔리까(Kokālika)·사뭇다닷따(Samuddadatta)·까따모라까띳사까(Katamorakatissaka)·칸다데와(Khaṇḍadeva)와 비구니 툴라난다(Thullanandā), 그리고 새로 출가한 오백 명의 왓지족 출신 비구들이 동조하고 나섰다. 데와닷따는 그들을 이끌고 가야산으로 가서 별도의 승가를 선언하였다.

부처님께서는 형식적인 고행이 열반의 길에 도움이 되지 않음을 지적하고, 사리뿟따와 마하목갈라나에게 데와닷따를 따라간 오백 명의 새내기 비구들을 데려오라 명하셨다. 자신의 주장에 동의하고, 자신의 승가에 합류할 것으로 오인한 데와닷따는 자신의 옆자리를 비워주며 찾아온 사리뿟따와 마하목갈라나를 환영하였다.

"잘 오셨소, 사리뿟따와 마하목갈라나. 여기에 앉으시오."

비구들이 운집한 가운데 데와닷따는 자신이 제시한 다섯 가지 계법의 정당성에 대해 거창한 연설을 늘어놓았다. 그런 뒤 기쁨에 들뜬 표정으로 말하였다.

"당신들은 이제까지 고따마의 제일 제자였지만 지금부턴 나의 제일 제자요. 내가 좀 피곤하니 그대들이 이어서 설법하시오."

가볍게 눈을 붙이는가 싶더니 데와닷따는 곧 코를 골며 깊은 잠에 빠져버렸다. 그 사이 마하목갈라나는 신통력을 보였고, 사리뿟따는 위의를 갖추어 바른 법을 설하였다. 데와닷따를 지지했던 비구들은 자신들의 소견과 행동이 천박했음을 깨닫고 사리뿟따와 마하목갈라나를 따라 부처님이 계신 곳으로 되돌아갔다. 부처님은 돌아온 비구들의 경솔함을 꾸짖지 않고 조용히 타이르셨다.

"사악한 사람들과 가까이하지 말고 지혜로운 사람과 가까이하라. 사람이 본래 악한 것은 아니지만 악인을 가까이하면 훗날 그 악명이 천하에 퍼지게 되느니라."

한참 후 라자가하에서 돌아온 꼬깔리까는 텅 빈 정사에서 홀로 잠든 데와닷따를 보고 화가 치밀었다. 꼬깔리까는 잠든 데와닷따의 가슴팍을 걷어차며 소리쳤다.

"사리뿟따와 마하목갈라나가 당신 제자를 몽땅 데려갔는데 이렇게 퍼질러 잠만 잔단 말이오."

자신들의 추종자를 잃어버린 꼬깔리까는 분통이 터져 사리뿟따와 마하목갈라나를 근거도 없이 비방하고 나섰다. 청정한 수행자를 비방하는 것은 큰 죄라고 부처님께서 누차 타이르셨지만 꼬깔리까는 그런 부처님에게까지 불만을 터트렸다. 그리고 얼마 후 온몸에 부스럼이 생긴 꼬깔리까는 피를 흘리며 죽어갔다. 그런 꼬깔리까를 두고 부처님께서 비구들에게 말씀하셨다.

"사람들은 이 세상에 태어날 때 도끼를 입에 물고 태어나 악한 말로 자기 몸을 스스로 찍는다. 욕할 사람을 두둔해 칭찬하고 마땅히 칭찬해야 할 사람을 오히려 헐뜯으니, 그의 죄는 입에서 나온 것이다."

데와닷따 역시 꼬깔리까에게 걸어차인 다음부터 시름시름 앓더니 몸조차 제대로 움직일 수 없게 되었다. 병석에 눕고 나서야 데와닷따는 비로소 자신의 잘못을 뉘우쳤다.

"나는 아홉 달 동안 세존을 해칠 생각만 했다. 하지만 세존께서는 나에게 어떤 반감도 품지 않으셨고, 팔십 명의 장로들 역시 어떤 악의도 보이지 않았다. 세존과 장로들에게 버림받고, 우바새와 친족들에게 버림받은 외로운 처지가 된 것은 다 나의 잘못이다. 이제 세존께 찾아가 나의 잘못을 참회하리라."

데와닷따는 제 발로 걸을 수 없어 들것에 실려 세존이 계신 사왓티로 향했다. 데와닷따가 참회하기 위해 사왓티로 오고 있다는 소식을 들은 부처님께서는 조용히 말씀하셨다.

"데와닷따는 나를 만나지 못할 것이다."

밤길을 걸어 사왓티에 도착한 데와닷따가 제따와나라마 문 앞에 도착했을 때였다. 친족의 정을 끊지 못해 애달파하던 아난다가 기쁜 얼굴로 부처님께 달려갔다.

"세존이시여, 드디어 데와닷따가 참회하러 왔습니다."

그때도 부처님께서는 조용히 말씀하셨다.

"아난다, 데와닷따는 끝내 나를 만나지 못할 것이다."

심한 갈증을 견디며 길을 재촉했던 데와닷따는 제따와나라마 문 앞의 시원한 연못을 보고 제자들에게 말했다.

"나를 내려다오, 물이 마시고 싶구나."

데와닷따의 발이 땅에 닿는 순간 갑자기 대지가 갈라지더니 불길이 치솟아 그를 휘감아버렸다. 오역죄를 저지른 데와닷따는 참회할 기회도 갖지 못하고 산 채로 아비지옥에 떨어졌다.

아자따삿뚜의 참회

"어쩜, 이렇게 사랑스러울까."

궁전 뜰에 화사한 웃음꽃이 만발했다. 빔비사라왕의 폐위를 둘러싸고 서로를 의심하고 공격했던 친족들이 새로운 왕자의 탄생을 계기로 모처럼 한자리에 모였다.

"아버지를 닮아 인물이 훤하군요."

묵은 감정을 털어내려고 애써 너스레를 떨며 수선을 피웠다. 한껏 과장된 말들로 축하하는 사람들 틈에서 한 발 물러난 이가 있었다. 웨데히였다. 누구보다 기뻐해야 할 할머니가 시큰둥한 표정으로 손자를 바라보자 아자따삿뚜는 속이 상했다. 그러나 웨데히의 속내를 모르는 바 아니었다.

'정치는 비정하고 냉혹한 것이다. 어머니는 이해할 수 없을 것이다, 두 마리 숫사자가 한 숲을 지배할 수는 없다는 것을.'

이유야 어찌 되었건 아자따삿뚜는 부왕을 폐위시키고, 감옥에 유폐시키고, 그것도 모자라 물과 음식을 주지 않았던 것이다. 그런 남편을 살려보겠다고 꿀에 갠 곡물을 몸에 바르고 감옥을 드나드는 웨데히의 발걸음마저 막고, 찌는 더위 속에서 목마름과 굶주림에 지쳐 죽게 만든 장본인이 바로 자신이었던 것이다. 아자따삿뚜는 긴 한숨을 쉬었다.

'이 깊은 골을 무엇으로 메워야 하나?'

아자따삿뚜는 왕비의 품에서 칭얼거리는 아이를 건네받았다. 그리고 귀여운 손자를 받아주길, 해맑은 손자의 얼굴에서 지난 일을 잊어주길 고대하며 웨데히에게 다가갔다. 웨데히가 선뜻 손자를 받아안지 않자 아자따삿뚜는 아이를 얼렀다.

"어쩜, 이리 예쁠까요?"

"사랑스럽니?"

"네, 이보다 사랑스러운 아이는 이 세상에 없을 거예요."

오랜만의 대화는 짧게 끝났다. 어색한 침묵이 흘렀다. 답답함을 깨트려보려는 심사로 아자따삿뚜가 다시 말을 꺼냈다.

"어머니, 제가 태어났을 때 아버지도 저처럼 기뻐하셨나요?"

웨데히는 말없이 눈물을 흘렸다. 친족들의 떠들썩한 웃음이 멈추고 무거운 침묵이 오래도록 궁전을 휘감았다. 눈물을 훔친 웨데히가 애써 웃음 지었다.

"네 아버지보다 더 너를 사랑한 사람이 어디 있겠니? 네 엄지손가락을 보거라."

"엄지손가락을요?"

"그래, 큰 흉터가 있지?"

"예, 이 흉터는 언제 생겼죠?"

"네가 태어나고 돌이 되기 전 일이란다. 엄지손가락에 큰 종기가 생겼지. 생 손을 앓던 무렵부터 경기를 하며 너는 잠을 이루지 못했단다. 의사란 의사는 다 불렀지만 이 넓은 마가다국에서 까무러치는 너의 울음을 그치게 할 사람은 없었단다. 그 울음을 그치게 한 사람이 바로 네 아버지셨다. 퉁퉁 부어오른 손가락을 네 아버지가 입으로 빨아주자 거짓말처럼 울음을 그쳤지…… 울음을 멈추고 방긋거리는 네 모습이 좋아 아버지는 입을 떼지 않고 밤을 새우셨단다. 다음 날 아침, 뼛속까지 배었던 고름이 터졌지. 입을 떼면 행여 또 울까 싶어 네 아버지는 그 고름을 모두 삼키셨단다."

"어머니, 제가 잘못했습니다."

주저앉아 통곡하는 아들을 늙은 웨데히가 다가가 품에 안았다.

그날 이후, 아자따삿뚜는 도무지 잠을 이룰 수 없었다. 눈이 감길만 하면 온몸을 송곳으로 찌르는 통증이 기다렸다는 듯 엄습했다. 나날이 신경이 날카로워져 만사에 짜증이 났고 사소한 일에도 분노를 참지 못했다. 지와까가 백방으로 약을 써보았지만 소용없었다. 결국 지와까도 치료를 포기하였다.

"저는 대왕의 병을 고칠 수 없습니다."

"마가다국 최고의 의사가 치료하지 못한다면 낫지 못할 병이구면."

"대왕의 병을 고칠 수 있는 사람이 한 분 있습니다."

"그가 누군가?"

"세존이십니다."

아자따삿뚜왕은 고개를 돌렸다. 아버지 빔비사라왕의 더없는 벗으로서 자신에게도 위협적 존재였던 부처님이었다. 그래서 한때 데와닷따와 모의해 살해하려고까지 했던 것이다.

'어떻게 세존에게 찾아가 고통을 호소하고 머리를 숙인단 말인가.'

두려운 밤은 어김없이 찾아왔다. 아자따삿뚜왕은 수많은 미녀들을 모아 술과 노래로 밤을 새우기도 하고, 용감한 장군들을 불러 정벌 계획을 세우기도 하고, 혹 권신들이 모의를 획책하는 것은 아닌지 염탐꾼들을 풀어 정보를 수집하기도 하고, 그것도 지치면 종교 지도자들을 불러 만나보았지만 마음속 불안과 답답함은 조금도 가시지 않았다. 아자따삿뚜왕의 얼굴에는 나날이 그늘이 짙어갔다. 도톰하던 눈두덩이 내려앉고 횃불처럼 빛나던 눈동자는 생기를 잃었다.

그러던 어느 보름이었다. 정기적인 조례를 위해 화려한 복식을 갖춰 입은 신하들이 장신구를 착용하고 발아래 머리를 조아렸다. 난간으로 쏟아지는 달빛을 퀭한 눈동자로 바라보던 아자따삿뚜왕이 넋두리처럼 중얼거렸다.

"오늘 밤은 청명하여 낮과 다름없구나. 이런 날 뭘 하면 이 가슴이 시원해질까?"

서로 눈치만 살필 뿐 아무도 나서지 않았다. 처음 듣는 질문도 아니었고, 나름 권해본 일마다 왕의 불쾌함만 더했기 때문이었다. 공연히 나섰다 도리어 대왕의 미움을 살까 다들 두려워하고 있었다. 그때였다. 지와까가 앞으로 나섰다.

"대왕이여, 오늘 밤은 청명하여 낮과 다름없습니다. 이런 밤은 세존을 찾아뵙기에 더없이 좋은 날입니다."

"세존……"

눈을 감고 한참을 생각에 잠겼던 아자따삿뚜왕이 입을 열었다.

"지금 어디에 계시는가?"

"저의 망고동산에 계십니다. 세존을 만나보시면 대왕의 답답한 가습이 시원해질 것입니다."

"가자, 그대의 망고동산으로."

오백 마리 하얀 코끼리에게 일산과 비단 휘장을 드리웠다. 상아를 황금으로 장식한 왕의 코끼리에게는 마가다국의 휘장이 펄럭였다. 왕과 부인들을 태운 코끼리 행렬 주위는 번쩍이는 창으로 무장한 군사들이 에워쌌고, 검은 말을 탄 수많은 신하들이 왕 뒤를 뒤따랐다. 성문을 나서자 밝은 달빛에도 숲 속은 어두웠다. 아자따삿뚜왕은 어둠이 두려웠다. 흔들리는 횃불의 물결처럼 그의 마음도 따라 흔들렸다.

'지와까는 선왕의 주치의로 오랜 세월 총애를 받은 신하가 아닌가? 혹 반역을 꾀한 것일지도 몰라.'

아자따삿뚜왕은 손을 들어 행렬을 멈췄다. 지와까가 다가왔다.

"무슨 일이십니까?"

아자따삿뚜왕은 매서운 눈매로 지와까를 노려보았다.

"사실대로 말하라. 감히 날 함정에 빠뜨리려는 것이냐?"

"대왕이여, 제가 어찌 대왕을 속이겠습니까."

지와까의 진실한 눈빛에 아자따삿뚜는 의심을 거두고 다시 길을 나섰다. 숲은 여전히 어둡고 정적이 감돌았다. 1,250명의 비구는커녕 사슴 한 마리도 살지 않는 죽음의 숲 같았다.

'오랜 벗을 죽이고 자신마저 살해하려 한 나에게 세존이 원한을 품고 있을지도 몰라……'

문득 숲 속에서 바스락거리는 소리가 들렸다. 왕은 급히 행렬을 멈추고 칼을 뽑아 들었다.

"숲을 뒤져라."

용감한 친위대가 순식간에 숲으로 흩어졌다. 아자따삿뚜는 지와까의 목에 칼날을 겨눴다.

"실토하라. 숲 속에 군사와 비구들을 매복시키고 날 유인한 것이지."

지와까는 애원하였다.

"대왕이여, 어찌 감히 대왕을 속이겠습니까."

한참 지난 후, 친위대장이 돌아왔다.

"숲 속에는 매복한 흔적이 없습니다."

아자따삿뚜왕은 힘없이 칼을 거뒀다. 왕 일행은 다시 앞으로 나갔다. 멀리 동산의 정문이 보였다. 행렬이 멈췄다. 두려움과 의심을 거두지 못한 아자따삿뚜왕의 마음은 심하게 흔들리고 있었다.

"지와까, 오늘은 그만 돌아가자."

지와까는 왕에게 한 걸음 더 다가가 용기를 북돋았다.

"대왕이여, 더 나아가소서. 반드시 행복을 얻고 경사를 맞이할 것입니다."

머뭇거리는 아자따삿뚜왕을 대신해 지와까가 명령을 내렸다.

"모두 전진하라."

곧 동산 관리인이 달려나왔다. 코끼리에서 내린 왕은 신하들과 함께 동산으로 들어섰다. 동산은 말끔하고 아담했다. 아자따삿뚜왕은 지와까의 안내를 받으며 부처님이 계시는 강당으로 향했다. 두 발을 깨끗이 씻고 강당에 올라 사방을 둘러보는 순간, 오랜 시간 몸과 마음을 짓눌렀던 의심과 두려움이 순식간에 사라졌다. 넓은 강당 사자좌에 앉은 부처님은 작은 등잔 빛에도 황금의 산처럼 찬란하고, 주위를 에워싼 1,250명의 비구는 숲의 어둠보다 고요하고 얼굴은 달빛보다

43 부처님을 방문한 아자따삿뚜 기원전 1세기, 인도박물관, 인도

맑았다. 머리털이 곤두설 만큼 거룩하고 아름다운 풍경에 왕은 희열을 주체할 수 없었다. 아자따삿뚜왕의 입에서 자기도 모르게 탄성이 흘러나왔다.

"아, 우리 왕자도 이처럼 평온하고 지혜로운 눈빛이기를……"

강당에 메아리가 울렸다.

높은 하늘에서 떨어진 빗방울
그 물은 낮은 곳으로 흐르듯
부모는 좋고 유익한 것 있으면
사랑하는 자식을 먼저 떠올리는 법

부처님의 맑은 목소리에는 한 점 질책도 원망도 묻어 있지 않았다.

"잘 오셨습니다. 대왕이여, 가까이 오십시오."

평온한 얼굴로 맞이하는 부처님에게 아자따삿뚜왕은 마음속에 담아두었던 질문을 진솔하게 여쭈었다. 수행자들은 세상에 빌붙어 사는 무익한 존재들이 아닐까 의심하고 있던 아자따삿뚜왕에게 부처님은 말씀하셨다.

"대왕이여, 나의 가르침에 들어와 부지런히 노력하고, 가르침을 마음에 새겨 고요한 곳에서 즐거워하며 방일하지 않는다면 그들은 뛰어난 지혜를 얻게 되고 나아가 모든 번민과 고뇌가 사라진 지혜를 얻게 됩니다. 대왕이여, 나의 가르침을 따르는 이는 현생에 이와 같은 이익을 얻습니다."

손에 잡히지 않는 관념들로 화려한 궁전을 짓고 그 속에 앉아 목소리를 높이던 다른 수행자들과는 전혀 달랐다. 부처님의 말씀은 지금 이 자리에서 두 눈으로 확인할 수 있는 지혜들이었다. 아자따삿뚜왕은 공손하게 예의를 갖췄다. 그런 아자따삿뚜왕에게 부처님께서는 모든 결과에는 원인이 있고, 또 모든 행위에는 결과가 따른다고 차분하게 말씀하셨다. 선하고 유익한 결과를 가져오는 마음가짐과 행동을 부지런히 실천하고, 악하고 무익한 결과를 가져오는 마음가짐과 행동은 삼가라고 일러주셨다. 자신의 지난 과오를 거울처럼 비춰주는 말씀이셨다. 아자따삿뚜왕은 자리에서 일어나 부처님의 두 발에 머리를 조아렸다.

"세존이시여, 저의 참회를 받아주소서. 선왕께선 독단과 편견 없이 나라를 다스린 성군이셨습니다. 그런 아버지를 다른 사람도 아닌 제가 욕심에 눈이 멀어 죽음으로 내몰았습니다. 세존이시여, 어리석고 철없던 저의 잘못을 용서하소서."

"그대는 진정 어리석고 철이 없었습니다."

부처님께서는 눈길을 거두고 먼 허공을 바라보셨다. 가물거리는 촛불 아래에서 아자따삿뚜왕은 흐느꼈다. 그의 흐느낌이 잦아들 무렵 세존께서 다시 따뜻한 음성으로 말씀하셨다.

"잘못을 잘못인 줄 알고 뉘우치는 이는 현명한 사람입니다. 그런 사람은 스스로 이익을 얻고 편안할 것입니다. 대왕이여, 그대의 잘못을 용서합니다."

눈물로 참회하는 아자따삿뚜왕에게 부처님은 가르침을 베풀어 그를 이롭게 하고 기쁘게 하셨다. 보름달이 하늘 꼭대기에 다다를 무렵 아자따삿뚜왕은 무릎을 꿇고 합장하였다.

"세존이시여, 거룩한 부처님께 귀의합니다. 거룩한 법에 귀의합니다. 거룩한 승가에 귀의합니다. 저 아자따삿뚜가 바른 가르침 안에서 우바새가 되도록 허락하소서. 지금부터 목숨이 다하는 그날까지 살생하지 않고, 도둑질하지 않고, 삿된 음행을 하지 않고, 거짓말하지 않고, 술을 마시지 않겠습니다."

부처님께서 부드러운 미소로 허락하셨다. 부처님의 제자로 다시 태어난 아자따삿뚜왕은 이후 교단을 보호하고 지원하는 일에 노력을 아끼지 않았으며, 국가의 대사를 결정할 때면 항상 부처님께 자문을 구하였다. 선정을 베풀며 법도에 따라 국정을 시행한 아자따삿뚜왕은 마가다국을 강국으로 성장시켰다.

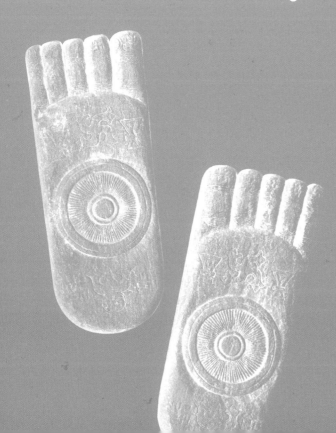

제10장

마지막 유행

파멸하지 않는 일곱 가지 법

깨달음을 이루신 후 44년, 깃자꾸따에 머무는 부처님께 아자따삿뚜왕의 대신 왓사까라(Vassakāra, 雨舍)가 찾아왔다. 왓사까라는 강가 북쪽의 강력한 경쟁자 왓지연맹을 토벌하려는 아자따삿뚜왕의 뜻을 전하고, 부처님의 의견을 여쭈었다. 부처님은 고개를 돌려 아난다에게 물으셨다.

"아난다, 왓지 사람들은 자주 회의를 열며, 회의에는 많은 사람들이 참석한다는 데 사실인가?"

"사실입니다."

"왓지 사람들은 윗사람 아랫사람이 서로 화목하며 함께 국정을 운영한다는 데 사실이냐?"

"사실입니다."

"왓지 사람들은 앞사람들이 정한 규칙과 법률을 깨뜨리지 않고 중시하며, 함부로 고치지 않는다는 데 사실인가?"

"사실입니다."

"왓지 사람들은 부모에게 효도하고 스승과 어른을 공경하며 순종한다는 데 사실인가?"

"사실입니다."

"왓지 사람들은 남녀가 고유의 의무를 수행하며, 여인들은 행실과 덕행이 참되고 남자들은 강압적으로 이끌거나 약탈하는 법이 없다는 데 사실인가?"

"사실입니다."

"왓지 사람들은 종묘(宗廟)를 받들고 조상을 숭배한다는 데 사실인가?"

"사실입니다."

"왓지 사람들은 도와 덕을 숭상하고, 계율을 지키는 수행자가 찾아오면 후하게 맞이한다는 데 사실인가?"

"사실입니다."

"아난다, 이 일곱 가지를 잘 지켜 윗사람 아랫사람이 서로 화목한다면 그들은 강성할 것이다. 그런 나라는 언제나 안온하며 누구의 침략도 받지 않을 것이다."

곁에서 부처님과 아난다의 대화에 귀를 기울이던 왓사까라가 자리에서 일어나 합장하였다.

"세존이시여, 말씀하신 일곱 가지 가운데 한 가지 법이라도 존중하고, 지키고, 실천하는 나라가 있다면 그 나라는 파멸하지 않을 것입니다. 하물며 일곱 가지를 모두 지키는 나라라면 더 말해 무엇하겠습니까. 세존이시여, 저는 이만 물러가겠습니다."

일촉즉발의 상황에 놓였던 마가다국과 왓지연맹의 불화는 잠시나마 불씨를 누그러뜨릴 수 있었다. 왓사까라가 돌아간 후 부처님은 라자가하에 머무는 비구들을 모두 강당에 모으고 말씀하셨다.

"비구들이여, 그대들에게 쇠퇴하지 않는 일곱 가지 법을 말하리라. 자세히 듣고 잘 기억하라. 첫 번째, 자주 모여 올바른 뜻을 논의해야 한다. 두 번째, 윗사람은 아랫사람을 존중하고 아랫사람은 윗사람에게 순종하며 서로 거스르지 말아야 한다. 세 번째, 법을 받들고 금기를 알며 제도를 어기지 않아야 한다. 네 번째, 대중을 보호할 능력이 있고 많은 지식을 가진 비구가 있으면 그를 공경하고 받들어야 한다. 다섯째, 바른 생각을 잘 지켜 간직하고 효도와 공경을 으뜸으로 삼아야 한다. 여섯째, 음욕을 여의고 깨끗한 행을 닦으며 욕망을 따르지 말아야 한다. 일곱째, 남을 앞세우고 자신은 뒤로 물러서며 명예와 이익을 탐하지 않아야 한다. 이 일곱 가지를 지킨다면 윗사람 아랫사람이 서로 화목하게 지내며 정법은 파괴되지 않을 것이다. 정법은 나날이 더욱 자라나 줄어들거나 닳아 없어지지 않을 것이다. 올바른 법과 올바른 대중이 머무는 승가는 파괴되는 일 없이 나날이 번창할 것이다."

부처님께서 잠시 법문을 멈추고 사방을 둘러보셨다. 그리고 말씀을 이으셨다.

"내가 반열반에 들 날도 멀지 않았다. 나의 가르침 가운데 의심스러운 부분이 남아 있는 사람은 미루지 말고 물어라."

무거운 침묵만이 감돌 뿐 묻는 자가 없었다. 그때, 법문을 듣던 대범천이 권속과 함께 하늘에서 내려와 부처님께 새하얀 연꽃을 바치고 물러갔다. 부처님께서는 그 연꽃을 대중에게 들어 보이며 아무 말씀 없이 눈만 깜빡이셨다. 서로의 얼굴을 쳐다보며 어리둥절해하는 사람들 틈에서 오직 한 사람, 마하깟사빠만이 빙그레 웃었다. 그러자 부처님께서 마하깟사빠에게 말씀하셨다.

"진리를 보는 바른 안목과 열반의 오묘한 마음을 그대 마하깟사빠에게 부촉하나니, 그대는 잘 보호하며 널리 전해 영원히 끊어지지 않게 하라."

마하깟사빠가 자리에서 일어나 머리 조아려 예배드리고 물러나자, 부처님께서 아난다를 돌아보며 말씀하셨다.

"발우와 가사를 들어라."

강가강을 건너 웨살리로

라자가하를 떠난 부처님은 암바랏티까(Ambaḷaṭṭhikā) 마을을 거쳐 날란다로 향했다. 사리뿟따의 고향 날란다의 빠와리까(Pāvārika) 망고나무 동산에 잠시 머무신 부처님은 다시 걸음을 옮겨 강가강 남쪽 기슭의 빠딸리(Pātali) 마을로 향했다. 강가강·손(Son)강·간다끼(Gandaki)강의 합류 지점으로 교통의 요충지인 빠딸리에 아자따삿뚜 왕의 대신 왓사까라와 수니다(Sunīdha)가 파견되어 새로운 도시를 건설하고 있었다. 두 대신과 빠딸리 백성들은 부처님과 제자들을 맞아 정성을 다해 공양하고 공경하였다. 등불과 물병을 마련하고 초청한 법석에서 부처님은 빠딸리 백성들에게 말씀하셨다.

"계율을 어기는 행실 나쁜 사람에게는 다섯 가지 손실이 있습니다. 첫째 재산이 줄어들고, 둘째 평판이 나빠지며, 셋째 많은 사람이 모인 자리에서 떳떳하지 못하고, 넷째 죽을 때 허둥대며 괴로워하고, 다섯째 죽은 다음 지옥에 떨어져 고통받게 됩니다.

반대로 계율을 지키는 행실 바른 사람에게는 다섯 가지 이익이 있습니다. 첫째 재산이 늘어나고, 둘째 평판이 좋아지며, 셋째 어떤 모임에서든 당당하고, 넷째 죽을 때 허둥대지 않으며, 다섯째 죽은 다음 하늘나라에 태어나게 됩니다."

밤늦도록 설법하고 격려해주신 부처님을 빠딸리 백성들은 나루까지 따라와 배웅하였다. 그들은 부처님이 나서신 빠딸리의 성문을 '고따마의 문'이라 부르고, 강가강의 나루를 '고따마의 나루'라 부르며 기념하였다. 강가강을 건너 왓지연맹의 땅으로 들어선 부처님과 제자들은 꼬띠(Koti) 마을을 지나 나디까(Nādika) 마을에서 한동안 머무셨다. 그리고 웨살리로 향하셨다.

웨살리로 들어서 한 나무 그늘 아래에서 쉬고 계실 때였다. 부처님이 웨살리로 오셨다는 소문을 듣고 가장 먼저 달려온 이는 웨살리의 기녀 암바빨리였다. 온 나라의 귀족과 부자들이 목을 매는 여인, 나라 밖까지 소문난 미녀 암바빨리가 새하얀 깃털로 장식한 수레를 타고 부처님을 찾아왔다. 화려한 겉옷을 벗고, 빛나는 장신구들을 떼고, 신발까지 벗었지만 그녀의 자태는 눈부셨다. 쾌락을 찬탄하고 향유하며 자신의 미모를 자랑하던 암바빨리, 성욕의 굴레에 묶인 자들 위에서 여신처럼 군림하던 암바빨리였다. 그녀가 쾌락의 천박함을 꾸짖고 탐욕의 위험과 재앙을 경고하는 부처님에게 제 발로 찾아와 머리를 조아린다는 건 쉽지 않은 일이었다. 부처님은 그녀의 용기와 진실한 마음을 칭찬하셨다.

"여인이여, 편안히 앉으시오. 그대는 순수한 마음을 가진 사람이오. 지혜롭고 연륜 있는 남자가 법을 좋아하고 진리를 추구하는 것은 어찌 보면 기특하달 것 없는 일이지요. 하지만 젊은 나이에 풍족한 재물과 아름다운 미모를 겸비한 그대 같은 이가 바른 법을 믿고 좋아한다는 것은 참 드문 일입니다."

부처님은 따뜻한 음성으로 말씀을 이으셨다.

"여인이여, 많은 사람들이 아름다운 몸매와 재물을 보배로 여기지만 그건 진정한 보배가 아닙니다. 매끈하던 피부도 세월이 가면 낙타의 등짝처럼 거칠어지고, 튼튼하던 다리도 어느 날 돌아보면 지팡이에 의지해 후들거리게 됩니다. 영원을 맹세하던 사랑도 봄볕 아지랑이처럼 흩어지고, 천 겹의 성처럼 나를 보호할 것 같던 재물도 한 줌 모래처럼 손아귀를 빠져나갑니다. 아름다움도 건강도 사랑도 재물도 무상한 세월의 힘 앞에 무릎 꿇고 맙니다. 여인이여, 그날이 찾아왔을 때 비탄에 잠기지 않으려면 진정한 보배를 찾아야 합니다."

빼어난 미모만큼 영리한 암바빨리가 합장하고 공손히 여쭈었다.

"세존이시여, 무상한 세월의 힘에도 파괴되지 않는 보배는 무엇입니까? 그날이 찾아왔을 때 나를 지켜주고, 위로할 참다운 보배는 무엇입니까?"

"여인이여, 참다운 법에 따라 수행한 공덕은 세월의 힘이 감히 침범하지 못합니다. 내가 사랑하는 이는 내 곁을 떠나고, 두 번 다시 보고 싶지 않은 이들은 꼭 다시 만나게 됩니다. 내가 원하는 것들은 늘 손이 닿지 않는 곳에 있습니다. 세상 모든 일이, 세상 모든 사람들이 내 마음처럼 곁에 머물지도 떠나주지도 않습니다. 하지만 바른 법만큼은 나의 뜻대로 영원히 곁에 머물며 큰 위안과 기쁨이 되어줍니다.

누군가에게 의지하고, 무엇인가에 의지한다는 것은 큰 고통입니다. 둘도 없는 그들도 나의 뜻대로 나를 아껴주고 사랑해주고 보호해주지는 않습니다. 도리어 내가 그들의 뜻을 따라야만 합니다. 이처럼 여자의 몸에는 남자보다 더 큰 제약과 구속이 있음을 분명히 알아야 합니다. 당신이 가진 미모와 재력 역시 고통을 초래하는 덫이 될 수 있음을 분명히 알아야 합니다."

치장할 비단과 보석과 황금을 사내들에게 요구했던 암바빨리는 부끄러웠다. 뭇 사내들의 뜨거운 시선을 조롱하던 암바빨리는 고개를 숙이고 옷깃을 여미었다.

"세존이시여, 천한 여인을 가볍게 여기지 않고 진리를 맛보게 하셨습니다. 세존이시여, 청이 있습니다. 저에게 깨끗한 망고나무숲이 있습니다. 부처님과 제자들께서 그곳에 머무시며, 내일 저의 공양을 받아주십시오."

부처님께서 부드러운 미소로 공양을 허락하셨다. 오백 명의 릿차위 귀족들 역시 뒤늦게 소식을 듣고 암바빨리의 망고숲으로 달려왔다. 웨살리에서의 첫 공양을 기녀가 차지했던 소식에 귀족들은 자존심이 상했다. 그들은 많은 보상을 제시하며 공양을 양보하라고 암바빨리에게 요구했다. 그러나 그녀는 귀족들의 청을 첫마디에 거절하였다. 망고나무숲으로 찾아와 예배하고, 법문을 들은 릿차위족 사람들은 부처님께 간청하였다.

"세존이시여, 저희가 내일 아침 세존께 공양을 올리고 싶습니다. 허락하소서."

44 망고숲을 보시한 암바빨리 2-3세기, 찬디가르박물관, 인도

부처님께서는 화려한 의상과 수레로 권력과 재력을 드러내는 귀족들의 공양을 거절하고 암바빨리의 공양을 선택하셨다.

"여래는 이미 암바빨리에게 공양을 허락하였습니다."

벨루와에서의 안거

깨달음을 이루신 후 45년, 그해 웨살리에 심한 기근이 찾아와 많은 비구들이 한꺼번에 걸식하기가 어려웠다. 부처님께서는 비구들에게 말씀하셨다.

"비구들이여, 웨살리 인근으로 흩어져 각자 머물 곳을 찾으라. 뜻이 맞는 가까운 사람들끼리 어울려 이 어려운 우기를 견뎌라. 나는 벨루와(Beluva)마을에서 안거할 것이다."

비구들을 떠나보내고 아난다와 함께 벨루와에 계시는 동안 부처님은 심한 병을 앓으셨다. 부처님은 홀로 조용히 지내며 고통을 정진의 힘으로 견디셨다. 그러던 어느 날, 기력을 회복하신 부처님께서 거처에서 나와 나무 그늘 아래 자리를 펴고 앉으셨다. 고통스러워하시는 부처님을 곁에서 눈물로 지키던 아난다가 조심스럽게 다가왔다.

"세존의 병환을 지켜보며 저는 앞이 캄캄했습니다. 두려움과 슬픔에 몸둘 바도 몰랐습니다. 하지만 승가에 대한 지시가 없으신 걸 보고 조금은 마음을 놓았습니다. 교단의 앞날에 대한 말씀 없이 부처님께서 떠나실 리 없기 때문입니다."

부처님께서 말씀하셨다.

"아난다, 승가가 여래에게 무엇을 기대하고 있느냐? 여래는 아무것도 감추지 않고 이미 모든 것을 말했다. 여래만 아는 법을 손에 꼭 움켜잡고 너희에게 가르치지 않은 그런 것은 없다. 여래 혼자만 가지고 갈 법이란 없다. 또한 여래만 깨달음을 얻었다고 말하지도 않는다."

아난다는 끝내 눈물을 보이고 말았다.

"세존께서는 법의 주인이며, 승가의 주인이십니다. 저희 제자들은 그저 세존의 명을 따를 뿐입니다."

부처님께서 목소리를 높이셨다.

"아난다, 내가 비구들을 이끈다거나 내가 승가를 좌지우지한다고 생각지 말라. 승가의 어떤 문제에 대해 내가 명령을 내린다고 생각하지 말라."

"세존께서 계시지 않는 승가는 상상조차 할 수 없습니다. 세존이시

여, 저희를 가엾이 여겨 부디 이 땅에 오래오래 머물러주소서."

늙은 시자의 눈물을 측은히 바라보던 부처님께서 말씀하셨다.

"아난다, 내 정진의 힘으로 고통을 이겨내고는 있지만⋯⋯. 아난다, 내 나이 여든이다. 이제 내 삶도 거의 끝나가고 있구나. 여기저기 부서진 낡은 수레를 가죽끈으로 동여매 억지로 사용하듯, 여기저기 금이 간 상다리를 가죽끈으로 동여매 억지로 지탱하듯, 아난다, 내 몸도 그와 같구나."

아난다가 눈물을 닦고 합장하였다.

"세존이시여, 세존께서 계시지 않으면 저희는 누구를 믿고 무엇에 의지해야 합니까?"

"아난다, 너 자신을 등불로 삼고 너 자신에게 의지하라. 너 자신 밖의 다른 것에 의지하지 말고 오직 너 자신에게 전념하라. 법을 등불로 삼고, 법에 의지하라. 법을 떠나 다른 것에 매달리지 말라."

"자신과 법을 등불로 삼고 의지한다는 것은 어떻게 하는 것입니까?"

"아난다, 불굴의 의지로 게으름 없이 자기 몸[身]을 깊이 관찰하고 정신을 집중한다면, 그런 수행자는 육신에 대한 갈망에서 벗어날 것이다. 느낌[受]과 마음[心]과 법[法]에 대해서도 마찬가지이다. 이것이 자기를 등불로 삼고, 법을 등불로 삼는다는 것이다. 이것이 자기를 의지하고 법을 의지한다는 것이다. 아난다, 현재도 마찬가지고, 내가 떠난 뒤에도 마찬가지이다. 여래의 가르침에 따라 이렇게 수행하는 자가 있다면 그가 곧 여래의 참된 제자요, 참다운 수행자이다."

웨살리로 들어가 걸식하신 부처님은 아난다와 함께 짜빨라쩨띠야(Cāpālacetiya)로 가셨다. 그곳의 그늘이 넓은 나무 아래로 가 말씀하셨다.

"아난다, 자리를 깔아다오. 등이 아프구나. 여기서 좀 쉬었다 가자."

고요히 앉아 삼매에 드시는 부처님을 보고, 아난다 역시 자리를 물러나 가까운 곳에서 생각에 잠겼다. 그때였다. 하늘과 땅이 뒤집힐 것처럼 대지가 진동하였다. 놀란 아난다가 부처님께 다가가 여쭈었다.

"괴상한 일입니다. 어떤 인연으로 온 대지가 진동한 것입니까?"

"여래가 장차 교화를 끝내고 생명을 버리고자 마음먹을 때, 땅이 크게 진동한다. 아난다, 나는 오래지 않아 멸도할 것이다."

놀란 아난다가 울먹이며 간청하였다.

"세존이시여, 부디 이 세상에 오래 머물러주십시오."

"아난다, 두 번 세 번 말하게 하지 말라. 아난다, 중각강당으로 가자."

웨살리 인근에서 안거한 비구들이 모두 중각강당으로 모였다. 부처님께서는, 4념처(念處)·4의단(意斷)·4신족(神足)·4선(禪)·5근(根)·5력(力)·7각의(覺意)·8정도(正道)를 자상하게 하나하나 설명해주셨다. 그리고 덧붙여 당부하셨다.

"비구들이여, 여래의 가르침을 잘 기억하고, 잘 헤아리고, 잘 분별해 그에 맞게 부지런히 수행해야 한다. 세상은 덧없고 무상하다. 나도 이제 늙어 살 날이 얼마 남지 않았다. 그대들 스스로 잘 닦아 나아가도록 하라."

비구들이 땅에 쓰러져 가슴을 치며 울부짖었다. 부처님께서 그들을 위로하셨다.

"눈물을 거두라. 걱정하지도 슬퍼하지도 말라. 사람이건 물건이건 한 번 생겨난 것은 끝이 있기 마련이다. 변하지 말고 바뀌지 말라고 아무리 애원해도 그건 이루어질 수 없는 일이다. 그대들에게 늘 말하지 않았는가? 은혜와 사랑은 덧없고, 한 번 모인 것은 흩어지기 마련이라고. 이 몸은 내 소유가 아니며, 이 목숨은 오래가지 않는다고."

다음 날 아침, 부처님께서는 가사를 입고 발우를 들고 거리를 돌며 탁발하셨다. 북쪽으로 길을 잡으셨다. 나지막한 언덕의 북쪽 성문에서 부처님은 잠시 걸음을 멈췄다. 커다란 코끼리가 몸을 돌려 떠나온 숲을 돌아보듯, 천천히 몸을 돌려 한참을 물끄러미 바라보시더니 나지막이 말씀하셨다.

"아난다, 웨살리를 보는 것도 이것이 마지막이구나."

마지막 공양과 마지막 가사

웨살리를 벗어난 부처님과 제자들은 반다(Bhaṇḍa)마을을 지나 핫티(Hatthi)마을, 암바(Amba)마을, 잠부(Jambu)마을을 거쳐 보가(Bhoga)에 도착해 아난다쩨띠야(Ānandacetiya)에 머무셨다. 그곳에 머물며 비구들에게 네 가지 큰 교법(教法)에 대해 말씀하셨다. 당신이 멸도한 후, 비구들 중 누군가가 "이것은 부처님으로부터 직접 들었다", "이것은 많은 장로들에게서 들었다", "이것은 여러 비구들에게서 들었다", "이것은 어떤 한 비구에게서 들었다"고 하는 것이 있을 경우, 그것을 법과 율에 의거해 자세히 살핀 다음 합당하면 받들고 합당하지 않으면 배척하라고 일러주셨다.

다시 길을 나선 부처님과 제자들은 빠와(Pāvā)에 도착해 교외의 망고나무동산에 머무셨다. 그곳은 대장장이의 아들 쭌다(Cunda)의 소유지였다. 부처님께서 오셨다는 소식을 들은 쭌다는 직접 나와 맞이하며 다음 날 공양에 초대하였다. 쭌다는 새하얀 쌀밥을 지어 정성껏 공양을 준비하고, 특별히 부처님을 위해 전단나무에서 자라는 귀한 버섯으로 맛있는 요리를 준비하였다. 그 음식을 보신 부처님께서 말씀하셨다.

"이 버섯요리는 다른 비구들에게 주지 마십시오. 나머진 땅을 파서 묻어버리십시오."

대중의 공양이 끝나고 발우와 식기를 모두 거둔 후, 쭌다가 부처님께 여쭈었다.

"세존이시여, 세상에는 몇 종류의 사문이 있습니까?"

"사문에는 네 종류가 있습니다. 첫째는 도를 실천함이 뛰어난 사문이고, 둘째는 도를 설하는 것이 뛰어난 사문이고, 셋째는 도에 의지하여 생활하는 사문이고, 넷째는 도를 행하는 척하며 악만 저지르는 사문입니다. 세상에는 훌륭한 사문도 많지만 그렇지 못한 이들도 있습니다. 속으로는 삿된 마음을 품고 겉으로만 그럴듯하게 꾸며 거짓을 일삼는 진실하지 못한 이들이 있습니다. 그런 자들은 도를 행하는 척하며 악만 저지르는 이들입니다. 대중을 이끄는 이들 가운데도 속은 혼탁하면서 겉만 깨끗한 이들이 있습니다. 드러내지 않지만 속내는 간사하고 나쁜 이들이 있습니다. 그런 사람은 구리에다 금을 입힌 것과 같은데도 세상 사람들은 겉모습만 보고 그를 훌륭한 사문이라 말합니다. 그러니 겉모양만 보고 한눈에 존경하거나 가까이해서는 안 됩니다."

공양과 설법을 마친 후, 부처님과 제자들은 쭌다의 집을 나섰다. 몇 걸음 옮기지 못하고 부처님은 곧 심한 설사 증세를 보였다. 고통을 참으며 길을 재촉하셨지만 마을을 벗어나자마자 나무 그늘 아래 자리를 깔아야 했다. 그곳에 누워 자신이 올린 공양 탓에 부처님이 돌아가시게 되었다며 자책할 쭌다를 염려하셨다. 부처님께서 아난다에게 말씀하셨다.

"아난다, 지금 바로 쭌다에게 찾아가 이렇게 말하라. 쭌다여, 부처님께서 직접 하신 말씀을 전하러 왔습니다. 쭌다여, 부처님께서 도를 이루셨을 때 최초로 올린 공양과 부처님께서 반열반에 드실 때 마지막 올린 공양은 그 공덕이 같다고 하셨습니다. 쭌다여, 그대는 여래께 마지막 공양을 올렸기에 큰 이익을 얻을 것입니다. 수명이 늘어나고, 튼튼한 몸을 얻을 것이며, 힘을 얻고, 명예를 얻고, 살아서는 많은 재물을 얻고, 죽어서는 하늘나라에 태어날 것이라 하셨습니다. 그대는 이제 큰 이익과 큰 과보를 얻을 것입니다."

아난다가 쭌다를 위로하고, 빠와를 떠나 다시 길을 나섰다. 더위와 통증을 참아가며 내딛는 부처님의 발걸음은 무겁고 더디었다. 제자들의 안타까운 눈빛을 이겨내시던 부처님께서 길 옆 나무 그늘 아래로 찾아드셨다.

"아난다, 가사를 네 겹으로 접어 깔아다오. 피곤하구나. 쉬었다 가자."

부처님은 곧 자리에 앉아 고요히 선정에 드셨다. 그때 꾸시나라에서 빠와를 향해 달려오는 한 무리의 마차 행렬이 있었다. 굉음을 울리며 달려오던 행렬은 부처님 앞에서 급히 멈췄다. 선두에서 무리를 지휘하던 우람한 사내가 말에서 내려 다가왔다.

"맑고 깨끗한 모습이 꼭 저희 스승님 같으시군요. 언젠가 저희 스승께서도 이 길목쯤에 앉아 계셨던 적이 있지요. 오백 대의 수레가 곁을 요란하게 지나는데도 스승님의 고요함은 조금도 흐트러지지 않았지요."

"제가 묻겠으니 편안히 대답해 보십시오. 수레가 지나가는 소리에 흔들리지 않는 선정과 우렛소리에 흔들리지 않는 선정 중에 어느 것이 더 깊다고 생각합니까?"

"수레가 지나가는 소리를 어찌 우렛소리와 비교하겠습니까?"

"언젠가 제가 아뚜마(Ātuma)마을의 어느 초막에서 지낼 때였습니다. 좌선하다 깨어나 뜰 안을 거니는데 마을 사람들이 모여 웅성거리고 있었습니다. 마침 한 사람이 저의 초막으로 찾아왔기에 물었습니다.

'무슨 일이라도 있습니까?'

눈을 똥그랗게 뜨고 그가 도리어 내게 물었습니다.

'도대체 무엇하고 계셨습니까, 어디 갔다 오셨습니까?'

'저는 이 자리에서 선정에 들었습니다.'

'놀라운 일이군요. 뇌성벽력이 천지를 뒤흔들었는데…… 그것도 모른 채 고요히 선정에 드셨군요. 조금 전 때린 벼락으로 황소 네 마리와 밭을 갈던 형제가 죽었답니다. 그래서 저렇게들 사람이 몰려든 것입니다.'

그 일로 그 사람은 기뻐하며 나에게 예배하였지요."

"참으로 희유한 일입니다."

그는 무릎을 꿇고 두 벌의 황금빛 옷을 부처님께 바쳤다.

"저는 빠와에 사는 뿍꾸사(Pukkusa)입니다. 이 옷을 세존께 바치오니 받아주십시오."

"뿍꾸사, 한 벌은 나에게 주고 한 벌은 아난다에게 주십시오."

부처님은 뿍꾸사를 위해 차근차근 가르침을 설해주셨다. 기쁨에 넘친 뿍꾸사는 자리에서 일어나 합장하고 부처님께 예배하였다.

"거룩한 부처님께 귀의합니다. 거룩한 법에 귀의합니다. 거룩한 승가에 귀의합니다. 저 뿍꾸사가 여래의 바른 법 가운데서 우바새가 되는 것을 허락하소서. 목숨을 마치는 날까지 산목숨을 죽이지 않고, 도둑질하지 않고, 삿된 음행을 하지 않고, 거짓말하지 않고, 술을 마시지 않겠습니다. 세존이시여, 교화의 발걸음이 다시 빠와에 미친다면 꼭 저희 집을 찾아주십시오. 세존을 위해 음식과 옷과 잠자리와 탕약을 준비하겠습니다. 허락하신다면 저에게 더없는 기쁨이 될 것입니다."

"훌륭한 말씀입니다."

뿍꾸사가 떠난 뒤 아난다는 자기 몫의 황금빛 옷까지 부처님께 입혀 드렸다. 그러나 그 황금빛도 맑고 투명한 부처님 얼굴 앞에서는 빛을 잃었다. 그처럼 빛나는 모습은 오랜 세월 곁을 지킨 아난다도 본 적이 없었다. 부처님께서 아난다에게 말씀하셨다.

"아난다, 목이 마르구나."

부처님께서 세 번이나 말씀하셨지만 오백 대의 수레가 방금 지나간 흙탕물을 아난다는 감히 올릴 수 없었다.

"세존이시여, 까꿋타(Kakuṭṭha)강이 멀지 않습니다. 그곳에 가면 맑은 물을 드실 수 있습니다."

"그럼, 까꿋타강으로 가자."

조용히 자리에서 일어난 부처님은 사자처럼 기운을 차리고 까꿋타

강으로 가셨다. 그곳에서 맑은 물을 마시고, 깨끗이 목욕도 하셨다. 강을 건너 언덕에 오르자 장로 쭌다까(Cundaka)가 망고나무숲에 쉴 자리를 깔았다. 그때 어떤 비구가 물었다.

"부처님께서는 하늘 위 하늘 아래 가장 존귀한 분인데 왜 하늘나라 약으로 병을 치료하지 않으십니까?"

부처님은 어린아이를 달래듯 웃음을 머금고 말씀하셨다.

"집은 오래되면 허물어지지만 땅은 변함없이 평온하단다. 나의 마음은 땅과 같이 평온하지만 내 몸은 헌집과 같구나."

잠시 휴식을 취하고 자리에서 일어나 아난다에게 말씀하셨다.

"꾸시나라로 가자."

천천히 걸음을 옮긴 부처님은 석양이 질 무렵 황금물결로 반짝이는 히란냐와띠(Hiraññavati)강을 건너셨다. 그리고 언덕 북쪽에 자리한 말라족의 살라나무숲 우빠왓따와(Upavattava)로 들어셨다. 살라나무 숲에는 때아닌 꽃이 만발해 향기가 진동하고 있었다.

"아난다, 저 두 그루 살라나무 사이에 자리를 펴다오."

두 그루 살라나무 아래에서

승가리(僧伽梨)*를 네 겹으로 접어 북쪽으로 머리를 둘 수 있도록 아난다가 자리를 폈다. 부처님은 오른쪽 옆구리를 바닥에 붙이고 사자처럼 발을 포개고 누우셨다. 그리고 눈을 감고 조용히 삼매에 드셨다. 때맞춰 불어온 시원한 저녁 바람에 살라나무숲이 부드럽게 흔들리고,

높다란 가지 끝에 하늘나라 노래가 은은하게 맴돌았다. 두 그루 살라나무의 새하얀 꽃잎이 비처럼 흩날려 부처님의 몸을 덮었다. 곁을 지키던 아난다가 혼잣말처럼 중얼거렸다.

"살라나무의 신들도 부처님께 공양을 올리는구나……."

"여래에게는 그렇게 공양하는 것이 아니란다."

아난다는 깜짝 놀랐다. 어느새 부처님이 삼매에서 깨어나 또렷한 눈빛으로 아난다를 바라보고 계셨다.

"아난다, 꽃을 뿌린다고 여래를 공양하는 것은 아니란다. 아름다운 빛깔에 향기마저 좋은 꽃을 수레바퀴만큼 크게 엮어 나를 장식한다 해도 그건 여래를 공양하는 것이 아니란다. 아난다, 사람들이 스스로 법을 받아들여 법답게 행동하는 것, 그것이 여래를 공양하는 것이다. 5온(蘊)·12처(處)·18계(界)에 '나'와 '나의 것'은 없다는 것을 깨닫는 것, 그것이 여래에게 올리는 최상의 공양이란다."

그때 유난히 몸집이 컸던 우빠와나가 부처님 앞에서 부채질을 하고 있었다. 부처님은 명령을 내리듯 말씀하셨다.

"우빠와나, 물러가라. 내 앞을 가리지 말라."

한 번도 들어본 적 없는 차가운 말씀이었다. 놀란 아난다가 부처님께 여쭈었다.

"세존이시여, 우빠와나는 오랫동안 부처님 곁에서 시중을 들어왔습니다. 늘 여래를 존경하며 늘 뵈어도 싫증내는 법이 없었습니다. 그런 그에게 물러나라 명하시는 것은 무슨 까닭입니까?"

"아난다, 나에게 마지막 작별을 고하기 위해 살라나무숲으로 수많은 신들이 찾아왔다. 바늘 하나 꽂을 틈 없이 빽빽이 모여든 그들이 우빠와나 비구 때문에 나를 볼 수 없다고 한탄하는구나."

반열반이 가까웠음을 직감한 아난다는 자리에서 일어나 오른쪽 어깨를 드러내고 간청하였다.

"세존이시여, 멸도하시더라도 변방의 작은 도시, 이런 황량한 숲에서 멸도하진 마소서. 수많은 거사들이 부처님을 기다리는 짬빠나 라자가하, 사왓티나 사께따, 꼬삼비나 와라나시에서 멸도하소서."

"이곳을 작은 도시의 황량한 숲이라 말하지 말라. 먼 옛날 마하수닷사나(Mahāsudassana)왕이 다스리던 시절 도읍이었던 이곳은 동서로 12유순 남북으로 7유순에 이르는 큰 도시였단다. 꾸사와띠(Kusāvatī)로 불렸던 이곳에는 물자가 넘쳐나고 백성들이 가득했으며 밤낮 오가는 우마차 소리가 끊이질 않았단다. 진귀한 새들이 노래하는 숲 사이에 갖가지 보배로 장식한 화려한 누각이 있었고, 금모래가 깔린 맑고 깨끗한 연못에 연꽃이 만발했단다. 아난다, 이곳은 결코 궁벽한 도시도 황량한 곳도 아니란다."

아난다가 다시 여쭈었다.

"부처님께서 멸도하신 다음 장례는 어떻게 치러야 합니까?"

"아난다, 너희 비구들은 잠자코 너희 일이나 생각하라. 장례는 우바새와 우바이들이 알아서 처리할 것이다."

아난다가 거듭 세 번을 청하자 부처님께서 말씀하셨다.

"전륜성왕의 장례법에 따르라. 화장한 다음 사리를 거두고 네거리에 탑을 세워라. 길을 오가는 사람들 모두 탑을 보게 하라. 탑을 보고 진리를 사모함으로써 살아서는 행복을 누리고 죽어서는 하늘나라에 태어나게 하라."

부처님께서 힘겹게 말씀을 이어가셨다.

"아난다, 나를 위해 마지막으로 해줄 일이 있다."

"말씀하십시오, 부처님."

"꾸시나라 말라족에게 전하라, 오늘 밤 여래가 살라나무숲에서 멸도에 들 것이라고."

아난다는 꾸시나라의 공회당으로 찾아갔다.

"와셋따(Vāseṭṭha)들이여, 부처님께서 오늘 밤 살라나무 아래에서 멸도에 드실 것입니다. 여러분이 부처님을 뵙는 것도 오늘 밤이 마지막입니다. 뒷날 후회하는 일이 없도록 하십시오."

큰 나무가 뿌리 뽑힐 때 가지들이 으스러지듯, 말라족은 땅바닥에 주저앉아 통곡하였다.

"부처님은 뭐가 급해 지금 멸도에 드신답니까. 어리석은 저희는 어찌하라고 세상의 스승이 사라진단 말입니까."

아난다는 그들에게 다가가 위로하였다.

"여러분, 슬퍼하지 마십시오. 생겨난 모든 것은 사라지기 마련이라고 부처님께서 말씀하지 않으셨습니까. 인연 따라 모인 것을 붙잡는 건 부질없는 짓이라고 부처님께서 말씀하지 않으셨습니까. 만나면 반드시 헤어지고, 태어나면 반드시 죽는다고 늘 말씀하지 않으셨습니까."

그러나 아난다도 울고 있었다.

마지막 제자 수밧다

등불이 켜지고, 슬픔에 젖은 꾸시나라 사람들이 하나 둘 숲으로 찾아왔다. 그들 손에는 장례에 사용할 새하얀 천들이 들려 있었다. 차례차례 자신의 이름을 밝히며 가족과 함께 인사하는 말라 사람들에게 부처님은 건강과 장수를 빌어주셨다. 달이 높이 뜬 한밤중에도 숲으로 이어지는 행렬은 끝이 없었다. 부처님이 피로하실까 염려한 아난다는 새하얀 천을 손에 든 오백 명의 말라족을 한꺼번에 인사시켰다. 부처님은 그들을 위로하고 차근차근 가르침을 설해주셨다. 침울한 얼굴로 숲을 찾았던 말라 사람들은 기쁜 마음으로 숲을 떠났다. 신자들이 밝힌 등불도 가물거리고, 숲에 다시 무거운 침묵이 감돌았다.

그때 숲의 정적을 깨고 한 늙은 바라문이 찾아왔다.

"오늘 밤 사문 고따마께서 멸도하신다는 소식을 들었습니다. 늦었지만 꼭 뵙고 싶습니다."

"돌아가십시오. 부처님께서 지금 몹시 힘들어 하십니다."

"늦어 죄송하지만 저는 꼭 뵈어야 합니다. 제가 법에 대해 의심나는 것이 있어 그렇습니다. 고따마를 뵈면 오랜 저의 의심은 단박에 풀어질 것입니다. 한 번만 뵙게 해주십시오."

"그만두십시오. 부처님을 번거롭게 하지 마십시오."

"여래께서 세상에 출현하는 것은 우담바라꽃이 피는 것처럼 드문 일이라 들었습니다. 제발 잠시만이라도 뵙고 한 말씀만 여쭈게 해주십시오."

"그만두십시오."

그때, 뒤에서 나지막한 소리가 들렸다.

"아난다, 그를 막지 마라. 조금도 귀찮을 것 없다."

지팡이를 짚고 찾아온 늙은 바라문은 가까이 다가와 정중히 예를 올렸다.

"저는 수밧다(Subhadda)라고 합니다. 세상에는 스승을 자처하는 많은 사상가들이 있습니다. 그들은 바로 뿌라나깟사빠·막칼리고살라·아지따께사깜발라·빠꾸다깟짜나·산자야벨랏티뿟따·니간타나따뿟따입니다. 사문 고따마께서는 그들의 가르침을 다 아십니까?"

부처님께서 말씀하셨다.

"수밧다, 나는 그들의 가르침에 대해 알고 있습니다."

"그들은 스스로 깨달음을 얻었다고들 말합니다. 그들은 정말로 깨달음을 얻은 사람들입니까, 깨달음을 얻지 못한 사람들입니까? 아니면 그들 가운데 깨달음을 얻은 사람도 있고 얻지 못한 사람도 있는 것입니까?"

"수밧다, 그런 의심은 그만두는 게 좋습니다. 그것보다 당신에게 나의 가르침을 말해주겠습니다. 주의해서 잘 들으십시오."

"세존이시여, 말씀해주십시오."

"수밧다, 여덟 가지 올바른 길이 있습니다. 정견·정사유·정어·정업·정명·정정진·정념·정정이 그것입니다. 이 팔정도를 실천하는 사람을 사문이라 합니다. 그런 이들 가운데에는 첫 번째 사문도 있고, 두 번째 사문도 있고, 세 번째 사문도 있고, 네 번째 사문도 있습니다. 첫 번째는 흔들리지 않는 신념에 이르는 것이고, 두 번째는 생

47 마지막 제자 수밧다 2-3세기, 인도박물관, 인도

사를 한 번 더 되풀이한 다음 깨닫는 것이며, 세 번째는 이 세상에서
죽은 뒤 다시 태어나지 않고 깨달음을 얻는 것이며, 네 번째는 이 세
상에서 완전한 아라한이 되는 것입니다. 만일 어떤 가르침에 팔정도
가 없다면 거기에는 올바른 사문이 있을 수 없습니다. 그들에겐 사문
의 첫 번째 과위(果位)*도 두 번째 과위도 세 번째 과위도 네 번째 과
위도 없습니다.

수밧다, 나의 가르침에는 팔정도가 있습니다. 따라서 나의 가르침
에 따라 수행하는 이에게는 사문들의 첫 번째 과위도 두 번째 과위도
세 번째 과위도 네 번째 과위도 있습니다."

부처님께서 게송으로 수밧다에게 말씀하셨다.

내 나이 스물아홉에 집을 떠나

유익함을 찾기 어언 51년

계율과 선정과 지혜를 닦고

조용히 사색하며 살아왔네

이제 가르침의 요점을 말하나니

이 길을 떠나 사문의 삶이란 없네

길은 팔정도가 최고

진리는 사성제가 최고

욕망을 다스림에는 법이 최고

두 발 가진 생명체 중에는

눈을 뜬 부처가 최고

수밧다여, 이 길뿐 다른 길은 없네

수밧다는 기뻐하며 아난다를 향해 찬탄하였다.

"사문 고따마를 따르는 과거 현재 미래의 모든 이들은 큰 이익을 얻을 것입니다. 아난다여, 당신 덕분에 여래를 뵙고 의심하던 것을 여쭐 수 있었습니다. 아난다여, 여래를 뵙고 저는 큰 이익을 얻었습니다."

수밧다가 다시 부처님께 여쭈었다.

"저도 여래의 법 가운데 출가하여 구족계를 받을 수 있습니까?"

"수밧다, 다른 가르침을 배우던 이들이 나의 법 가운데서 청정한 행을 닦고자 한다면 사 개월 동안 기다려야 합니다. 대중이 당신의 행실과 당신의 마음가짐과 당신의 성향을 살필 수 있도록 시간을 주어야 합니다. 하지만 그 기간 역시 당신의 마음가짐에 달린 것일 뿐 꼭 정해진 것은 아닙니다."

수밧다가 무릎을 꿇고 합장하였다.

"세존이시여, 저는 사 개월이 아니라 사 년이라도 기다리겠습니다. 그런 다음 대중의 허락을 얻어 구족계를 받겠습니다."

부처님께서 수밧다에게 미소를 보이셨다.

"사람의 마음가짐에 달린 것이라고 조금 전 말하지 않았습니까."

수밧다는 그날 밤에 구족계를 받고 부처님의 마지막 제자가 되었다.

등불은 꺼지고

수밧다가 물러나자 부처님은 조용히 눈을 감으셨다. 숲에 더욱 짙은 어둠이 내려앉았다. 한참 지난 후, 힘겹게 눈을 뜨신 부처님께서 주위를 둘러보셨다. 흩어진 살라나무 꽃잎처럼 비구들이 에워싸고 있었다.

"아난다는 어디 있느냐?"

"슬픔을 견디지 못해 울고 있습니다."

"내가 찾는다고 전하라."

천년을 견디고도 그늘이 줄지 않는 살라나무, 어두운 살라나무 그늘에서 소리죽여 울던 아난다가 다가왔다. 두 눈에 눈물이 그치질 않았다.

"아난다, 눈물을 거두어라. 너는 오랫동안 나에게 정성을 다하였다. 이 세상 어느 누구도 너처럼 여래를 잘 섬기진 못했을 것이다. 더욱 열심히 노력하라. 머지않아 무지와 탐욕에서 벗어나 깨달음을 이룰 것이다."

아난다는 소리 내어 울음을 터트렸다. 부처님께서 힘겹게 목소리를 높이셨다.

"비구들이여, 아난다는 눈짓만 해도 내가 무엇을 원하는지 알아차리곤 하였다. 아난다에게는 네 가지 탁월함이 있다. 비구들은 아난다를 보기만 해도 기뻐하였고, 아난다가 비구들을 위해 설법하면 그들은 하나같이 기쁨이 충만하였다. 비구니·우바새·우바이들은 아난다를 보기만 해도 기뻐하였고, 아난다가 비구니·우바새·우바이를 위해 설법하면 그들은 하나같이 기쁨이 충만하였다. 아난다에겐 이런 네 가지 탁월함이 있다."

눈물을 거둔 아난다가 무릎을 꿇고 여쭈었다.

"부처님, 찬나 비구는 옛날 버릇을 버리지 못해 제멋대로 행동하고 있습니다. 부처님께서 멸도하신 후에는 어떻게 해야 합니까?"

"내가 멸도한 후 찬나가 승가의 규율을 따르지 않고 가르침을 받들지 않거든 범단벌(梵檀罰)*로 다스려라. 모든 비구들에게 명하여 그와 더불어 말하지 말고, 서로 왕래하지도 말며, 그를 가르치지도 말고, 일을 시키지도 말라."

잠시 침묵하신 부처님께서 말씀을 이으셨다.

"아난다, 내가 멸도한 뒤 너를 보호해줄 이가 없을 것이라 걱정하는가? 그런 생각은 하지 말라. 내가 설하고 제정한 법과 율이 너희를 보호할 것이다. 내가 떠난 뒤에는 법과 율이 너희의 스승이다. 아난다, 오늘부터 모든 비구들에게 소소한 계는 버려도 좋다고 허락한다. 윗사람 아랫사람이 서로 화합하여 예의와 법도를 따르도록 하라. 이것이 출가한 사람들이 공경하고 순종할 법이니라."

부처님께서 비구들에게 물으셨다.

"비구들이여, 부처와 법과 승가에 대해 의심이 있는 사람은 없는가? 그런 사람이 있다면 빨리 물어라. 때를 놓치고 후회하는 일이 없도록 하라. 내 살아 있는 동안 그대들을 위해 설명해주리라."

부처님께서 두 번이나 물었지만 비구들은 침묵만 지켰다. 부처님께서 다시 물으셨다.

"부끄러워 직접 묻지 못하겠거든 벗을 통해서라도 빨리 물어라. 뒷날 후회하는 일이 없도록 하라."

비구들이 여전히 침묵하자 아난다가 대답하였다.

"이 자리의 대중은 모두 청정한 믿음을 가지고 있다고 저는 믿습니다. 이곳에 부처님과 법과 승가에 대해 의심하는 비구는 없습니다."

오백 비구의 흔들리지 않는 눈빛을 하나하나 확인하신 부처님께서 말씀하셨다.

"이 대중 가운데 가장 어린 비구도 도의 자취를 보아 악도에 떨어지지 않을 것이며, 천상을 일곱 번 오가고 나서는 반드시 괴로움에서 완전히 벗어나리라."

부처님께서 마지막으로 말씀하셨다.

"비구들이여, 그대들에게 할 마지막 말은 이렇다. 모든 것은 변하고 무너지나니 게으름 없이 정진하라. 나는 방일하지 않았으므로 바른 깨달음을 얻었느니라."

부처님이 눈을 감자 등불이 꺼졌다. 깊은 어둠과 침묵 속에서 흐느낌이 새어나왔다. 부처님 곁을 지키던 아누룻다가 조용히 말문을 열었다.

"세존의 선정을 방해하지 마십시오. 세존께서는 지금 멸수상정(滅受想定)에 들어계십니다. 세존께서는 제4선에서 깨어나 반열반에 드실 것입니다."

부처님은 멸수상정*에서 깨어나 비상비비상처정(非想非非想處定)에 드셨고, 비상비비상처정에서 깨어나 무소유처정(無所有處定)에 드셨다. 그렇게 차례로 식무변처정(識無邊處定)·공무변처정(空無邊處定)·제4선·제3선·제2선·초선에 드셨다. 그리고 초선에서 깨어나 제2선·제3선·제4선에 드셨고, 제4선에서 반열반하셨다. 갑자기 대지가 크게 진동하고, 캄캄한 어둠이 대낮처럼 밝았다.

아누룻다가 게송을 읊었다.

무위(無爲)에 머무시는 부처님

나고 드는 숨결 멈추시도다
본래 적멸에서 오신 부처님
신비로운 광채 이곳에서 거두시도다

부처님께서 이 땅에 오신 지 80년, 깨달음을 이루신 후 45년인 기원
전 544년 2월 15일의 일이었다.

다비와 불사리탑

날이 밝았다. 대중 가운데 가장 어른인 아누룻다가 아난다에게 말했다.
"꾸시나라로 가서 세존께서 반열반에 드셨다고 말라 사람들에게
전하십시오."
소식을 듣고 살라나무숲으로 찾아온 꾸시나라의 말라족은 향과 꽃
을 바치고 하루 종일 조곡을 울리며 공양하였다. 하루만 더 공양하고
다비하겠다던 그들은 6일이나 조곡을 그치지 않다. 7일째 되는 날,
말라족은 꾸시나라 외곽을 돌아 남문 밖으로 부처님의 시신을 옮겨
다비하기로 결정하였다. 말라족 가운데 가장 존경받는 여덟 사람이
선발되어 머리를 감고, 새 옷을 입고, 세존의 시신을 들어올렸다. 그
러나 움쩍도 하지 않았다. 이상하게 여긴 꾸시나라의 원로들이 아누
룻다에게 까닭을 물었다.
"여덟 명이나 되는 장정이 부처님의 시신을 들 수가 없는 것은 무슨
까닭입니까?

49 관을 옮기려는 말라족 2-3세기, 카라치박물관, 파키스탄

"사람들의 뜻과 신들의 뜻이 다르기 때문입니다."

"신들의 뜻은 무엇입니까?"

"신들은 북문을 통해 꾸시나라 거리로 들어가 시의 중앙에서 세존의 시신에 공양하길 원합니다. 그리고 동문으로 나와 마꾸따반다나(Makuṭabandhana)에서 다비하길 원합니다."

"신들의 뜻에 따르겠습니다."

꾸시나라 사람들은 깃발과 일산을 받쳐 들고 슬픈 음악을 연주하며 길을 인도하였다. 거리로 들어서자 골목을 깨끗이 쓸고 기다리던 백성들이 꽃을 뿌리고 향을 피우며 부처님의 법구(法軀)를 맞이하였다. 무릎까지 쌓이는 꽃잎을 헤치고 거리를 누빈 말라족은 동문을 나서 마꾸따반다나에 이르렀다. 아난다의 설명에 따라 부처님의 법구를 향탕으로 씻고, 천과 솜으로 싸고, 금관 속에 넣고, 다시 기름이 담긴 철곽에 안치한 다음 향나무를 쌓고 그 위에 철곽을 올렸다. 말라족 대신이 횃불을 들고 다가가 장작에 불을 붙였다. 그러나 어찌된 일인지 불이 붙지 않았다. 대중이 의아하게 생각하며 술렁이기 시작했다. 자신이 깨끗하지 못한 탓이라 여긴 대신이 횃불을 다른 이에게 넘겼지만 역시 불은 붙지 않았다. 수많은 말라족이 나서 애써보았지만 물속에 잠겼던 나무들처럼 불은 이내 꺼져버렸다. 한 발 물러나 장례를 지켜보던 아누룻다가 그들에게 다가갔다.

"기다리십시오. 그대들이 할 수 있는 일이 아닙니다."

이윽고 누더기를 걸친 마하깟사빠가 오백 명의 비구들과 함께 도착하였다. 그들의 얼굴은 눈물과 먼지로 얼룩져 있었다. 마하깟사빠는 옷깃을 가다듬고 아난다에게 다가가 청하였다.

"아난다, 부처님의 시신을 직접 뵙고 싶소."

"이미 다비 준비를 모두 마친 상태입니다."

50 부처님의 반열반 소식을 전해 듣는 마하깟사빠
2-3세기, 인도박물관, 인도

"아난다, 부처님께 마지막 예배를 드릴 수 있게 해주시오."

"그건 곤란합니다."

"아난다, 꼭 뵙고 싶소."

"안됩니다."

모든 사람들의 시선이 두 사람에게 쏠리고 팽팽한 긴장감으로 주위는 싸늘했다. 잠시 고개를 숙였던 마하깟사빠는 사람들의 시선을 아랑곳하지 않고 시신이 모셔진 쪽으로 곧장 걸음을 옮겼다. 시신 주위를 빽빽이 에워싸고 있던 말라족이 허리를 숙였고, 두꺼운 얼음이 쪼개지듯 길이 열렸다. 향나무로 쌓은 높은 단 아래까지 온 마하깟사빠가 걸음을 멈추자 튼튼한 철곽이 철커덩 소리를 내며 저절로 열렸다. 그리고 황금 관 밖으로 부처님께서 두 발을 내미셨다. 외마디로 터지는 군중들의 탄성을 뒤로하고 마하깟사빠는 조용히 그 발아래 예배하였다. 자리에 모인 사부대중과 모든 신들까지 모두 마하깟사빠를 따

51 관 밖으로 두 발을 내미는 부처님
2세기, 대영박물관, 영국

52 부처님의 다비의식 2-3세기, 카라치박물관, 파키스탄

라 부처님의 시신에 예배하였다. 바퀴 문양이 선명한 부처님의 두 발에 마하깟사빠가 이마를 조아리고 오른쪽으로 세 번 돌자 부처님께서는 두 발을 다시 관 속으로 거두셨다.

관과 곽이 다시 닫히고 장작더미에 불이 붙었다. 저절로 붙은 불은 하늘을 삼킬 듯 치솟았다. 마하깟사빠를 비롯한 장로들의 설법 속에서 슬픈 시간이 흐르고 사납던 불길도 재를 날리며 사그라졌다. 말라족은 철과 황금마저 녹인 불길에도 타지 않은 사리(舍利)를 수습하였다. 진주처럼 영롱한 빛을 띠는 사리를 공회당에 모시고 칠 일 동안 공양을 올렸다.

그 사이 각국의 사신들이 속속 꾸시나라에 도착하였다. 부처님의 반열반 소식을 들은 마가다국의 아자따삿뚜, 웨살리의 릿차위족, 까삘라왓투의 사꺄족, 알라깝빠(Allakappa)의 불리(Buli)족, 라마촌의

부처님의 사리기
인도박물관, 인도

꼴리야족, 웨타디빠(Veṭhadīpa)의 바라문들, 빠와의 말라족이 사리의 분배를 요구하고 나섰다.

"부처님은 우리의 스승이십니다. 부처님의 사리를 모셔 탑을 세우고 공양할 수 있도록 사리를 나눠주십시오."

"일리 있는 말씀입니다. 하지만 부처님께서는 이곳에서 반열반에 드셨습니다. 그러니 이 땅의 백성들이 공양을 올려야 마땅합니다. 사리는 나눠드릴 수 없습니다."

"멀리서 찾아와 머리를 숙이고 청하는데 거절한단 말입니까?"

"수고를 아끼지 않고 찾아와 욕됨을 참아가며 머리를 숙인다는 것을 잘 알고 있습니다. 하지만 부처님의 사리만큼은 허락할 수 없습니다."

"부드러운 말로 되지 않는 일이라면 힘으로 해결할 수밖에 없겠군요."

"당신들에게만 군사가 있는 것은 아닙니다."

부처님을 찬탄하는 노래와 꽃과 향이 넘쳤던 공회당은 어느 순간
작은 전쟁터로 변했다. 코끼리보다 용감하고, 칼과 창보다 날카로운
혀를 가진 사신들은 자신의 임무를 완수하기 위해 사자처럼 발톱을
세웠다. 지키려는 자와 빼앗으려는 자의 팽팽한 긴장 속에서 아자따
삿뚜왕의 사신으로 온 도나(Dona)가 입을 열었다.

　"자애로운 여러분, 제 말을 들어주십시오. 우리 세존께서는 늘 관용
을 말씀하셨습니다. 그런 거룩한 분의 사리를 두고 사람을 다치게 할
전쟁을 일으킨다면 부처님의 가르침에 어긋납니다.

　자애로운 여러분, 우리 모두 우정을 다지고 화목으로 하나가 됩시
다. 부처님의 사리를 공평하게 나누어 온 세상에 사리탑을 세웁시다.
그리하여 인류 모두가 세상의 빛인 부처님을 믿고 따르게 합시다."

　긴 침묵이 흐르고 꾸시나라의 말라족이 한 발 물러섰다.

　"덕망 있는 그대가 부처님의 사리를 공평하게 나눠주십시오."

53 사리를 분배하는 도나존자
2-3세기, 라호르박물관, 파키스탄

부처님 다비탑 꾸시나라

　각국 사신과 비구들의 동의를 얻은 현명한 도나는 부처님의 사리를
여덟 등분으로 나누어 분배하였다. 그리고 사리를 분배할 때 사용한
용기를 두 손에 받쳐 들고 사람들 앞에 무릎을 꿇었다.

　"자애로운 여러분, 사리를 담았던 이 그릇을 저에게 주십시오. 저도
탑을 세우고 공양을 올리고 싶습니다."

　불신과 반목이 엄습했던 자리를 관용의 장으로 바꾼 현명한 바라문
도나의 간청에 모두들 흔쾌히 승낙하였다.

　"참으로 지혜로우십시다. 마땅히 그대의 몫입니다."

　음악을 연주하고 꽃을 뿌리며 사신들이 떠난 후, 뒤늦게 삡팔리와
나(Pipphalivana)의 몰리야(Moliya)족이 찾아왔다. 그들은 화장터의
타고 남은 재를 가지고 돌아가 탑을 세웠다.

인류의 영원한 스승

실의에 잠긴 비구들 틈에서 마하깟사빠가 일어났다.

"만달라꽃을 들고 꾸시나라에서 오던 한 아지위까 교도에게서 저는 스승의 반열반 소식을 들었습니다. 그루터기를 잃은 슬픔에 모두들 쓰러져 통곡했습니다. 그때 늦게 출가한 사까족 출신의 한 비구가 이렇게 말하더군요.

'비구들이여, 그만 그치시오. 슬퍼할 것 없습니다. 이것은 된다, 이것은 안 된다, 이렇게 해야 한다, 이렇게 해선 안 된다, 그 늙은이는 살아서 늘 잔소리만 하지 않았습니까? 이제 우리는 그 늙은이에게서 자유를 얻었습니다. 하고 싶은 것은 하고, 하기 싫은 것은 하지 않아도 되니 얼마나 기쁜 일입니까.'"

장로들의 입에서 탄식이 흘러나왔다.

"우리 승가에 그런 사람이 있다는 것을 알고 저도 여러분처럼 놀라움을 금치 못했습니다. 그와 같은 이들이 앞으로도 생겨난다면 승가는 무너지고 말 것입니다. 세존께서는 늘 '내가 설한 법이 너희들의 스승이니 높이 받들어 보호하며 잊지 말라'고 당부하셨습니다. 이제 장로들께 제안합니다. 교단의 영원한 스승이 될 부처님의 가르침과 계율을 결집하도록 합시다. 향기로운 꽃을 줄에 꿰듯, 아름다운 보석을 줄에 꿰듯, 부처님의 법과 율을 모아 교단의 튼튼한 반석을 만듭시다."

"좋습니다, 마하깟사빠."

장로들이 모두 찬성하자 마하깟사빠가 다음 말을 이었다.

"장로들께서는 설법을 많이 듣고 지혜가 뛰어난 아라한 가운데 오백 분을 추천해 주십시오."

장로들은 각기 지혜와 덕망이 갖춰진 이들을 차례차례 추천하였다. 499명이 추천되고 마지막으로 아난다가 추천되었다. 그러나 마하깟사빠가 거부하였다.

"아난다는 아라한이 아닙니다. 그에겐 아직 사랑하는 마음 · 미워하는 마음 · 두려워하는 마음 · 어리석음이 남아 있습니다."

재차 삼차 장로들이 아난다를 추천했지만 마하깟사빠는 입을 닫았다. 결국 오백 번째 자리는 비워두어야 했다. 비구들은 40일 뒤 라자가하에서 만나기로 약속하고 마하깟사빠와 아누룻다의 인도 하에 꾸시나라를 떠났다. 홀로 남은 아난다의 발걸음은 무거웠다. 스승을 잃은 슬픔, 스승이 계시는 동안 아라한이 되지 못한 슬픔, 더구나 스승의 유훈을 정리할 결집에 참석이 허락되지 않은 슬픔은 견딜 수 없었다. 마하깟사빠만 원망할 수는 없었다. 만따니의 아들 뿐나의 도움으로 바른 견해를 얻긴 했지만 자신은 여전히 배울 것이 남아 있는 사람임을 부정할 수 없었다. 그것을 알 리 없는 웨살리 사람들은 매일같이 아난다를 찾아와 설법을 요청하였다. 아난다는 자신이 전해 들은 부처님의 설법을 그들에게 전하는 것으로 위안을 삼고 있었다. 왓지족 출신의 한 장로가 아난다에게 다가왔다.

"고따마 씨족에서 태어난 아난다여, 사람들이 없는 숲으로 들어가십시오. 고요하고 행복한 열반의 법을 마음 깊이 간직하십시오. 관찰의 힘을 키우고 늘 마음에 새기십시오. 사람들과 어울려 시끌벅적 떠든다고 당신에게 도대체 무슨 이익이 있습니까?"

결집의 날은 다가오고 아난다의 마음은 타들어갔다. 몰래 웨살리를

결집이 열린 칠엽굴 인도

떠난 아난다는 사람이 다니지 않는 길만 골라 라자가하로 향했다. 결집이 다가왔다. 잠을 이루지 못하고 정진에 정진을 거듭했지만 고요한 열반은 찾아들지 않았다. 아니, 잠시 찾아왔다가 이내 흩어져버리고는 하였다.

"열심히 노력하는데…… 나는 왜 열반을 성취하지 못하는 것일까?"

그때 불현듯 뿐나의 옛말이 떠올랐다.

"아난다, 모든 고뇌와 번민은 '나'를 집착함에서 생깁니다. '나'라는 집착은 모습을 바꿔가며 끊임없이 스스로를 얽어맵니다. 그 집착이 얇은 백태처럼 지혜의 눈을 가리고 있는 것입니다. 아난다, 그 집착은 너무 미세해서 쉽게 알거나 볼 수 있는 것이 아닙니다."

"나는 왜 열반을 성취하지 못하는 것일까…… '나'는!"

아난다는 고뇌의 뿌리를 찾아냈다. 새벽 먼동이 틀 무렵, 지친 몸을

꾸시나라의 열반당 인도

잠시 누이려던 순간 아난다는 마침내 아라한과를 증득하였다.

  갖가지 설법 많이도 듣고
  항상 세존께 공양했었지
  끝없는 삶과 죽음 끊어버렸으니
  나는 이제 눕고 싶구나

  다음 날, 걸식을 마친 아난다는 결집을 행하는 웨바라(Vebhāra)산
의 칠엽굴(七葉窟, Sattapaṇṇiguhā)로 찾아갔다. 아자따삿뚜왕의 후원
으로 잘 다져진 바닥, 그 남쪽 한가운데에는 두 개의 높은 법상이 마
련되었다. 아난다가 들어서자 많은 장로들이 일어나 반겼다. 하지만
비아냥거리는 비구도 있었다.

칠엽굴 안에서 바라다 본 라즈기르 인도

"어디서 쾌쾌한 냄새가 나지 않습니까?"

오백 개의 자리가 모두 채워졌다. 마하깟사빠가 한쪽 법상에 올라가 앉았다.

"대중 여러분, 부처님께서 말씀하신 법과 율, 이 두 가지 가운데 무엇을 먼저 결집하겠습니까?"

"율은 교단의 생명입니다. 계율이 있어야 교단이 유지될 수 있습니다. 율을 먼저 결집해 주십시오."

"그럼, 율을 먼저 결집하겠습니다. 계율에 대한 저의 질문에 어느 분이 대답하시겠습니까?"

"장로 우빨리는 계율에 대해 가장 잘 아는 제자입니다. 장로 우빨리께 책임을 맡기는 것이 좋겠습니다."

법상에 오른 우빨리는 마하깟사빠의 질문에 따라 율을 암송하였다.

오랜 기간에 걸쳐 율장이 결집되었다. 오랜 세월 다져진 장로들의 우의와 신념으로 결집은 원만히 진행되었다. 율장이 마무리될 무렵이었다. 아난다가 일어나 마하깟사빠에게 말하였다.

"부처님께서 반열반에 드시기 직전, 승가 대중이 원할 경우 아주 소소한 계율들은 빼버려도 좋다고 말씀하셨습니다."

논란이 있어 왔고, 또 논란의 여지가 많은 발언이었다. 장로들이 고개를 돌리고 소곤거리기 시작했다. 마하깟사빠의 얼굴이 굳어졌다.

"아난다, 무엇이 소소한 계율인지 부처님께 여쭈었습니까?"

"미처 여쭙지 못했습니다."

웅성거림으로 굴 안이 소란스러웠다. 마하깟사빠가 불자(拂子)*를 높이 들어 소란을 잠재우고 단호한 목소리로 말했다.

"장로들이여, 세존께서 정하지 않으신 것은 우리도 정하지 맙시다. 세존께서 이미 정하신 것을 우리는 버리지 맙시다. 세존께서 정하신 그대로 배우고 실천하도록 합시다."

마하깟사빠의 엄격한 지휘 아래 율장의 결집은 마무리되었다.

"다음은 법을 결집하겠습니다. 법에 대한 저의 질문에 어느 분이 대답하시겠습니까?"

"장로 아난다는 세존을 오래 시봉한 사람입니다. 늘 가까이에서 세존의 가르침을 받고, 그때그때 의심나는 것을 물었던 사람입니다. 장로 아난다께 책임을 맡기는 것이 좋겠습니다."

모든 장로들이 한결같이 아난다를 추천하였다. 불자를 든 마하깟사빠는 눈을 감고 말이 없었다. 어두운 동굴에 깊은 침묵이 흘렀다. 한참 후 마하깟사빠가 입을 열었다.

"장로 아난다는 대중 앞으로 나오십시오."

대중 앞에 선 아난다에게 마하깟사빠가 물었다. 그의 목소리가 동굴 안을 쩌렁쩌렁 울렸다.

"아난다, 그대는 소소한 계율이 무엇인지 부처님께 확인하지 않아 대중의 화합을 깨트릴 빌미를 남겼습니다. 그대의 허물을 인정합니까?"

"허물을 인정합니다."

아난다는 가사를 고쳐 입고 대중과 장로 그리고 마하깟사빠에게 깊숙이 머리를 숙였다. 진중하고 진솔한 아난다의 참회를 온 대중이 침묵과 합장으로 받아주었다.

"장로 아난다는 법상으로 올라오십시오."

아난다는 코끼리처럼 천천히 법상에 올라 반듯하게 허리를 펴고 앉았다. 그리고 동굴로 들어서던 순간부터 발끝만 바라보던 시선을 들어 정면을 또렷이 응시하였다. 온 대중이 자리에서 일어나 마하깟사빠와 아난다의 발아래 예배하였다. 미소를 머금은 아난다의 입가에서 확신에 찬 음성이 흘러나왔다.

"이와 같이 저는 들었습니다. 언제가 부처님께서 사왓티의 기원정사에서 천이백오십 명의 비구와 함께 계실 때 일입니다."

오백 아라한의 메아리가 천둥처럼 굴속을 뒤흔들었다.

"이와 같이 저는 들었습니다.……"

영원히 꺼지지 않을 지혜의 등불이 다시 타올랐다.

미주

미주

3명(明) — 아라한과 부처가 얻는 3가지 종류의 초인적인 능력을 말하며 숙명명(宿命明)·천안명(天眼明)·누진명(漏盡明)이다.

4무량심(無量心) — 한없는 중생을 어여삐 여기는 4가지 마음으로 자무량심(慈無量心), 비무량심(悲無量心), 희무량심(喜無量心), 사무량심(捨無量心)을 말한다.

4선(禪) — 색계(色界)에 있는 4단계의 선정으로, 초선(初禪), 제2선, 제3선, 제4선을 말한다.

6통(通) — 6종류의 신통력으로 천안통(天眼通), 천이통(天耳通), 타심통(他心通), 숙명통(宿命通), 신족통(神足通) 또는 여의통(如意通), 누진통(漏盡通)이다.

8정(定) — 색계(色界)의 초선(初禪), 제2선, 제3선, 제4선과 무색계(無色界)의 공무변처정(空無邊處定)·식무변처정(識無邊處定)·무소유처정(無所有處定)·비상비비상처정(非想非非想處定)을 모두 이르는 말이다.

강가(Gaṅgā) — 갠지스 강의 인도식 발음이다.

과위(果位) — 수행의 공덕으로 얻은 깨달음의 단계를 말한다. 초기불교에서는 이 단계를 4가지로 구분하며, 첫 번째는 수다원(須陀洹), 두 번째는 사다함(斯陀含), 세 번째는 아나함(阿那含), 네 번째는 아라한(阿羅漢)으로 구분했다.

구로사(俱盧舍, Krośa) — 고대 인도의 거리 단위로 1구로사는 소의 울음소리가 들리는 거리를 말하며 대략 4리에서 5리 정도의 거리이다. 하지만 문헌에 따라 설명이 다양하다.

구족계(具足戒) — 출가한 비구, 비구니가 되기 위해서 받아야 하는 완전한 계율. 정식 스님의 자격 조건을 충족시켜 주는 계라는 뜻. 교단이 정한 구족계를 받는 것은 정식으로 승가에 들어가는 것을 의미한다.

귀신별(鬼星) — 고대 인도인들이 생각한 상상의 별로, 일식과 월식은 귀신별[鬼星]에 태양과 달이 잡아먹혀서 생기는 현상이라고 생각했다.

두타행(頭陀行) — 철저하게 걸식으로 생활하는 등의 청정한 수행을 말하며, 의식주에 대한 탐심과 집착을 버리고 수행에 집중하는 것을 의미한다.

마라(末羅, Māra) — 악한 생각으로 수행(修行)을 방해하고 혜명(慧命)을 끊는 마(魔), 즉 악마이다. 또는 마왕(魔王).

멸수상정(滅受想定) — 열반의 다른 말로 마음의 작용이 모두 단절된 상태를 말하며 멸진정과 동의어이다.

멸진정(滅盡定) — 열반의 다른 말로 마음의 작용이 모두 단절된 상태를 말하며 멸수상정(滅受想定)이라고도 한다.

무소유처정(無所有處定) — 소유욕을 완전히 떠난 선정의 경지를 말한다.

문자(Muñja)풀 — 밧줄이나 바구니를 엮는 데 사용하는 아주 질긴 풀이다. 전쟁터에서 이 풀을 엮어 머리에 쓰고 몸에 걸치면 결사 항전의 표시이며, 이 풀을 입에 물면 항복하겠다는 뜻이다.

번조증(煩燥症) — 마음이 번거롭고 답답하고 괴로워 팔다리를 흔들며 침착하지 못하는 증상이다.

범단벌(梵檀罰) — 비구, 비구니가 죄를 범했을 때 이를 처벌하기 위한 치죄법(治罪法)의 일종이다. 범단벌에 처해진 비구나 비구니는 대중과 일체 어떤 말도 할 수 없다.

보살(菩薩, Bodhisattva) — 본생보살(本生菩薩)과 대승보살(大乘菩薩)로 나뉜다. 본생보살은 부처님의 전생을 말하며, 깨달음을 얻기 위해 무수한 겁의 시간 동안 수행했다. 대승보살은 위로는 깨달음을 구하고 아래로는 중생을 교화하는 대승의 이상적 인간상이다. 본문에서는 본생보살의 의미로 싯닷타 태자를 가리킨다.

비상비비상처정(非想非非想處定) — 소유가 없는 경지를 넘어, 생각하지도 않고 생각하지 않는 것도 아닌 경지로 최상의 단계인 멸진정의 바로 앞 단계이다.

빠삐요(Pāpiyo, 波旬) — 마왕(魔王)인 파순(波旬)을 말한다. 욕계(欲界)의 제일 높은 하늘인 제6욕천(第六欲天)의 왕이다.

사대(四大, cattāri-māhābhūtāni) — 일체 만물을 구성하는 지(地), 수(水), 화(火), 풍(風)의 기본적인 4가지 요소.

사방승가(四方僧伽) — 불법을 수호하고 시간과 공간을 초월하는 모든 수행 승가를 아우르는 추상적인 개념의 승가. 반면, 시간과 공간의 한정을 받고 현실적으로 구성된 여러 개의 소규모 승가를 현전승가(現前僧伽)라고 한다.

사성제(四聖諦) — 부처님이 녹야원에서 5비구에게 설한 최초의 가르침으로 고(苦), 집(集), 멸(滅), 도(道)의 4가지 진리를 말한다.

삼계(三界) — 중생이 살아가는 세 가지 세계로 욕계(欲界)·색계(色界)·무색계(無色界)를 말한다.

삼마삼붓다(Sammāsambuddha, 正等正覺) — 삼라만상의 이치를 치우침 없이 바르게 깨달은 지혜 또는 그와 같은 지혜를 체득하신 분을 말한다.

삼전십이행상(三轉十二行相) — 부처님이 설한 사성제(四聖諦)의 4가지 가르침을 각각 시(示), 권(勸), 증(證)의 3번의 단계에 걸쳐서 12가지 형태로 고찰한 것이다.

선서(善逝, sugata) — 여래의 열 가지 이름 가운데 하나로 선서는 잘 가서서 돌아오지 않는다는 뜻이며, 다시 생사윤회(生死輪廻)에 빠지지 않는 것을 의미한다.

선인(仙人, r̥si) — 세간을 떠나 산속에 기거하며 수행하는 사람이다. 현인(賢人)이라고도 한다. 한역 경전에서는 도교의 신선(神仙) 개념과 비교하여 선인(仙人)으로 번역했다.

승가리(僧伽梨) — 3의(衣)의 하나이며 설법할 때 또는 마을에 나가 걸식할 때 입는 옷이다.

아누다라삼먁삼보리(阿耨多羅三藐三菩提, anuttara-sammāsambodhi) — 무상정등각(無上正等覺)과 무상정변지(無上正遍智) 등으로 한역하며, 위없이 뛰어나고 모든 삼라만상의 이치를 바르게 깨달은 지혜를 말한다.

아사리(阿闍梨, ācārya) ── 인도에서는 일반적인 스승을 의미한다. 계율에 밝아 제자의 행위를 바르게 교육할 만큼 덕이 높은 스님을 의미한다.

여래(如來, Tathāgata) ── 부처님의 10가지 이름 가운데 하나로 '진여(眞如)로부터 온다'는 뜻이다. '진여'라는 것은 있는 그대로의 진리를 뜻하므로, 여래란 결국 진리에서 온 사람을 말한다. 등정각(等正覺): 일체의 치우침 없는 바른 깨달음을 얻은 사람을 뜻한다. 무소착(無所着): 집착이 없는 상태에 이른 사람을 말한다. 부처님의 다른 이름이다. 지진(至眞): 참다운 아라한의 경지에 이른 사람으로 가장 존경받아야 할 성자를 뜻한다.

오력(五力) ── 깨달음에 이르게 하는 5가지의 작용으로 신념[信]과 노력[精進]과 집중[念]과 선정[定]과 지혜[慧]를 말한다.

오온(五蘊, pañca-skandha) ── 색(色)·수(受)·상(想)·행(行)·식(識)으로 다섯 가지 인간의 구성 요소를 말한다.

요나(Yonā) ── 기원전 4세기에서 기원후 1세기까지의 그리스를 가리키는 인도말이며, 폭넓게는 그리스의 언어 및 문화, 문물을 의미하기도 한다.

우바새(優婆塞, upāsaka) ── 남자 불교신도를 가리키는 말이다.

우바이(優婆夷, upāsikā) ── 여자 불교신도를 가리키는 말이다.

유순(由旬, Yojana) ── 고대 인도의 거리 단위로 황소가 멍에를 메고 하루 동안 가는 거리를 말한다. 1유순은 8구로사이며, 40리 혹은 30리라는 설이 있다.

육사외도(六師外道) ── 부처님 당시(BCE 5~3세기) 중인도 지방에서 세력이 컸던 여섯 명의 자유사상가를 이르는 말이다. 참다운 진리인 불교 밖의 사도(邪道)라는 뜻으로 외도라 한다.

① 뿌라나깟사빠(Purāṇakassapa) ── 인과응보를 부정하고 윤리에 대한 회의를 표명하며 도덕이 필요 없다고 주장했다.

② 빠꾸다깟짜나(Pakudhakaccāna) ── 생명은 태어나지도 죽지도 않으므로 죽이는 자도 없고 죽는 자도 없으며, 가르치는 자도 없고 가르침을 받는 자도 없다고 주장했다.

③ 아지따께사깜발라(Ajitakesakambala) ── 유물론의 입장을 취하며, 도덕을 부정하고 현실의 쾌락이 인생의 목적이라고 주장했다.

④ 막칼리고살라(Makkhaligosāla) ── 인간을 포함한 모든 생명체의 운명이 숙명적으로 결정되어 있다고 주장했다.

⑤ 산자야벨랏티뿟따(Sañjayabelaṭṭhiputta) ── 회의론자로 진리를 있는 그대로 인식하고 서술하기란 불가능하다는 불가지론(不可知論)을 주장했다.

⑥ 니간타나따뿟따(Niganthanātaputta) ── 자이나교의 중흥조이며 이원론(二元論)을 주장하고, 극단적인 고행과 생명에 대한 경외를 강조했다.

*웃다까라마뿟따(Uddakarāmaputta), 알라라깔라마(Āḷārakālāma): 정신적 작용이 완전히 정지되어 고

요한 경지에 도달함으로써 해탈의 경지에 이른다고 하는 선정(禪定)주의를 주장했다.

자자(自恣, pravāraṇa) — 안거의 마지막 날 그동안 자신이 범한 살못을 대중에게 고하고 참회하는 의식이다.

전다라(旃陀羅, caṇḍāla) — 인도의 최하층 신분으로 인도의 사성계급에도 속하지 않는 불가촉천민(不可觸賤民)을 말한다.

중도(中道) — 고행과 쾌락과 같은 양극단에 치우치지 않는 것을 의미한다. 이후 비유비무(非有非無)의 중도와 같은 이론적인 교리 내용으로 발전하여 불교의 핵심사상이 됨.

진기약(陳棄藥) — 부란약(腐爛藥)이라고도 하며, 주로 소의 소변을 이용해 발효시켜 만든 약이다.

찰제리(刹帝利, ksatriya) — 인도의 4성 계급 가운데 무사 계급이며, 주로 왕족과 같은 지배 계급을 말한다.

타화자재천(他化自在天) — 욕계(欲界)에서 가장 높은 6번째 하늘로 마왕 파순(魔王 波旬)이 살며, 욕망을 자유로이 누릴 수 있는 세계이다.

화상(和尙, upādhyāya) — 제자를 둘 자격이 있는 스승을 말한다. 선문에서는 수행력이 10년 이상인 승려를 화상이라고 한다.

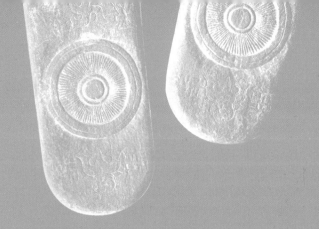

부
록

부처님 가계도

사까족(Sakyā, Sakka, Sākiyā) : 사까(Sakyā)는 부처님이 속해 있는 종족[Sakyā-kula, 사까꿀라] 이름이고, 고따마(Gotama)는 씨족[Gotama-gotta, 고따마 곳따] 이름이다. 사까 종족[kula]은 이웃 근친 공화국인 말라(Mallā)국이나 왓지(Vajjī)의 예를 보면 몇 개의 씨족[gotta]이나 부족[kula]의 결합체일 가능성이 있지만 연맹체의 다른 씨족과 부족 명을 초기경전에서는 찾아보기 힘들다.

사까 종족이 주변의 다른 공화정 나라들보다도 상대적으로 작은 규모여서 아마 고따마(Gotama)가 중심 부족 명이었을 것으로 짐작할 수 있다.

사까 공화국의 규모는 현재 고고학적 발굴이 보여주는 것처럼 큰 규모는 아니라 하더라도 수도인 까삘라왓투(Kapilavatthu)를 중심으로 여러 도시로 구성되어 있었다. 경전에는 까삘라왓투 외에도 짜뚜

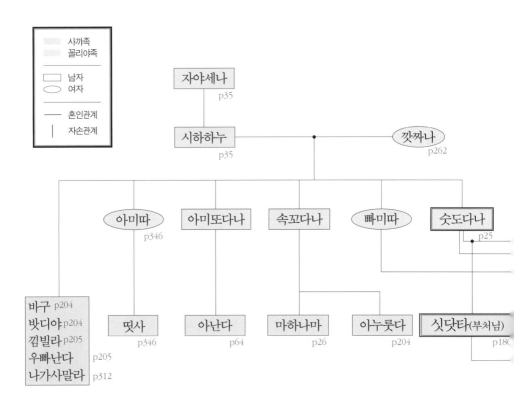

마(Cātumā), 코마둣싸(Khomadussa), 싸마(Sāma), 데와다하(Devadaha), 실라와띠(Silāvatī), 나가라까(Nagaraka), 메다따움빠(Medataumpa), 삭카라(Sakkhara) 그리고 울룸빠(Ulumpa) 등의 도시 이름이 나타나고 있다. 부처님 당시 인도아대륙 동북부의 정치적 상황은 마가다나 코살라와 같이 몇 개의 전제군주국과 군소 부족국 또는 공화국이 산재해 있었다. 그리고 전제군주국을 중심으로 부족국이나 공화국이 점차 병합되어가는 상황이 나타나는데 당시 사까국은 코살라에 의해 그리고 왓지의 경우는 부처님 말년에 마가다에 의한 병합 시도가 있었다. 부처님은 이를 제지해 보려 했지만 결국 부처님 반열반 후 마가다에 의해 병합되고 만다.

부처님의 가계는 초기경전에 단편적으로 나타나지만 여기서는 후대 불전과 주석서에 의거하여 부처님의 가계도를 정리했다.
참고 Narada Mahathera, The Buddha and His Teachings, pp.17-18. ; Edward J. Thomas, The Life of Buddha as Legend and History, p.26.

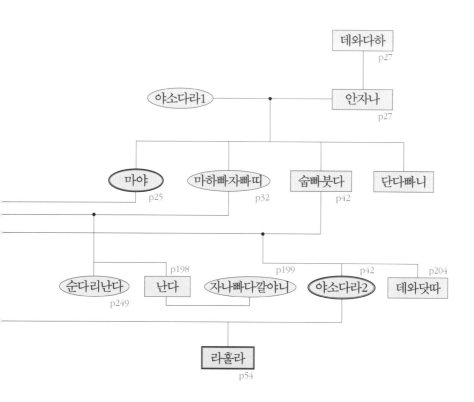

부처님 일생 연표

424

부처님의 연표는 초기경전에 바탕한 후대 주석서에 근거한 것이고 구체적인 연대는 WFB(World Fellowship of Buddhists : 세계불교도협회) 제정 불기를 기준으로 작성했다.

B.C.E.
(Before the common Era)

		빠세나디왕의 귀의
		웨살리의 재앙 퇴치
584년	40세	사까족과 꼴리야족의 물싸움을 해결
		숫도다나왕의 서거
		마하빠자빠띠 등 여성의 출가, 비구니 승가의 탄생
582년	42세	찐짜의 부처님 모함과 비방
580년	44세	꼬삼비 승가의 분쟁
579년	45세	꼬삼비 승가의 분쟁 해결
		빠릴레이야까 안거
		사왓티로 갔다가 다시 마가다로 이동
577년	47세	웨란자 안거
		사왓티성으로 가서 라훌라를 위해 설법
575년	49세	라훌라 구족계를 받음
569년	55세	아난다가 부처님의 시자가 됨
568년	56세	잘리니숲의 살인마 앙굴리말라를 제도
567년	57세	빔비사라왕의 태자 아자따삿뚜 출생
562년	62세	매년 사왓티에서 우기(雨期) 안거
545년	79세	사리뿟따, 마하목갈라나, 마하빠자빠띠의 입적
		아자따삿뚜왕이 왓지를 치고자 사신 왓사까라를 보내 부처님에게 의견을 물음
544년	80세	꾸시나라에서 반열반

부처님 재세 시 16국과 설법 장소

간다라
(GANDHĀRĀ)

박가
(BAGGA)

깜보자
(KAMBOJA)

꾸루
(KURŪ)

빤짤라
(PAÑCĀLĀ)

꼬살라
(KOSALĀ)

말라
(MALLĀ)

사꺄
(SAKYĀ)

꼴리야
(KOLIYA)

맛차
(MACCHĀ)

수라세나
(SŪRASENĀ)

왓지
(VAJJĪ)

까시
(KĀSĪ)

앙가
(AṄGA)

왐사
(VAMSĀ)

쩨띠
(CETĪ)

마가다
(MĀGADHĀ)

아완띠
(AVANTI)

앗사까
(ASSAKĀ)

● 16국 외 설법 장소

부처님의 설법 장소는 마에다 에가쿠(前田惠學)의 『원시불교성전의 성립사연구(原始佛敎聖典の成立史研究)』를 근거로 정리하였다. 이와 같은 설법 장소와 횟수는 빨리 경전을 중심으로 정리된 것이지만 이에 상응하는 한역 아함경과 비교하였을 때는 다소 상이한 결과가 나올 수 있다.

꼬살라국	사왓띠 910회 이상 • 잇차낭갈라 6회 • 싸께다 5회 • 갠지스강 유역의 아욧자 1회 • 숨바 또는 쎄다까 5회 • 쌀라 3회 • 날라까빠나 3회 • 웨란자 3회 • 우준냐 2회 • 그 외 지역 27회　965회 이상
말라국	빠와 3회 • 꾸시나라 7회 • 우루웰라깟빠 3회 • 아누삐야 2회 • 그 외 지역 1회　16회
사꺄국	까삘라왓투 31회 • 그 외 지역 12회　43회
꼴리야국	꼴리야국　6회
왓지국	웨살리 49회 • 나디까 11회 • 욱까쩰라 2회 • 핫티가마 2회 • 위데하의 미틸라 2회 • 그 외 지역 2회　68회
까시국	바라나시 10회 • 알라위 6회 • 그 외 지역 1회　17회
앙가국	짬빠 8회 • 까장갈라 2회 • 앗싸뿌라 2회 • 밧디야의 자띠야 1회 • 앙구따라빠의 압빠나 5회　18회
마가다국	라자가하 126회 이상 • 우루웰라 16회 • 날란다 9회 • 가야의 가야시사 5회 • 낌빌라 5회 • 닥키나기리 2회 • 빠딸리가마 2회 • 안다까윈다 2회 • 짤리까 2회 • 그 외 지역 5회　174회 이상
왐사국	꼬삼비　19회
쩨띠국	사한짜니까　1회
꾸루국	깜마싸담마 8회 • 그 외 지역 1회　9회
박가국	숭수마라기리　10회

총 : 약 1346회 이상

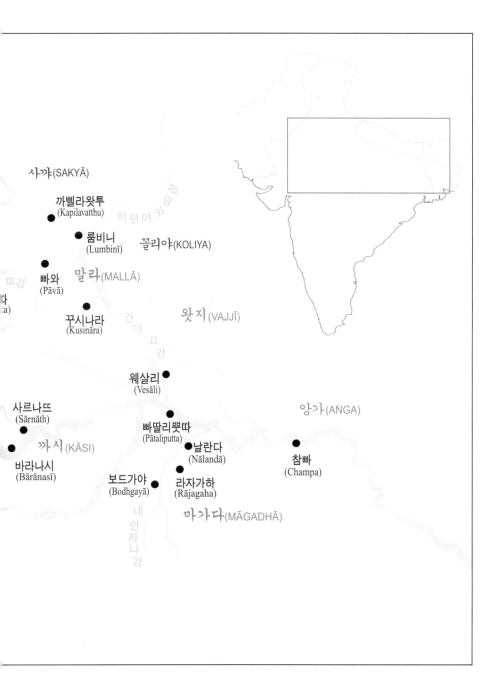

사꺄(SAKYĀ)

까삘라왓투
(Kapilavatthu)

● 룸비니
(Lumbinī)   꼴리야(KOLIYA)

히란야와띠강

띠강
a)

빠와   말라(MALLĀ)
(Pāvā)

꾸시나라   간
(Kusināra)   다
강

왓지 (VAJJĪ)

웨살리 ●
(Vesāli)

사르나뜨   앙가(AṄGA)
(Sārnāth)
●
빠딸리뿟따
(Pātaliputta)

●   까시 (KĀSI)   ● 날란다
바라나시   (Nālandā)   참빠
(Bārānasī)   (Champa)

보드가야 ●   라자가하
(Bodhgayā)   (Rājagaha)

마가다(MĀGADHĀ)
네
란
자
나
강

429

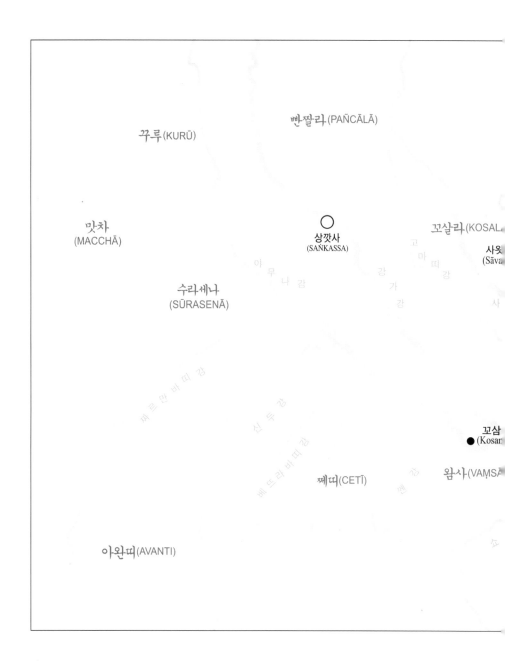

안거 장소에 대한 구체적인 언급은 주로 초기경전에 바탕한 후대 주석서인 『앙굿따라(Aṅguttara)』, 『마노라타뿌라니(Manorathapūraṇī)』에 근거한 것이며 이외에도 『승가나찰소집경(僧伽羅刹所集經)』과 『십이유경(十二遊經)』 등에 상이한 장소가 언급되어 있다.

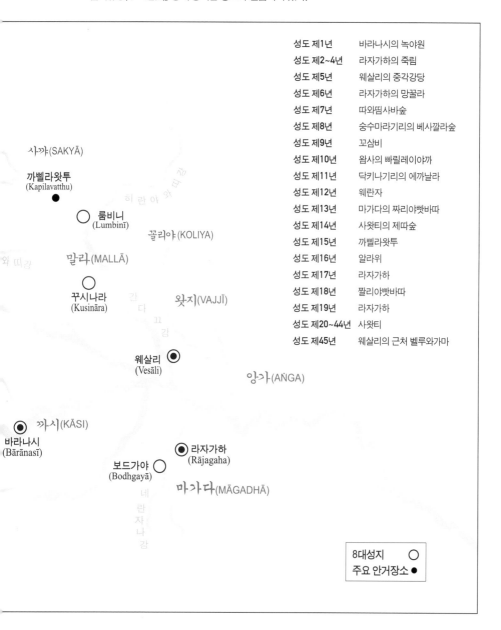

성도 제1년	바라나시의 녹야원
성도 제2~4년	라자가하의 죽림
성도 제5년	웨살리의 중각강당
성도 제6년	라자가하의 망꿀라
성도 제7년	따와띰사바숲
성도 제8년	숭수마라기리의 베사깔라숲
성도 제9년	꼬삼비
성도 제10년	왐사의 빠릴레이야까
성도 제11년	닥키나기리의 에까날라
성도 제12년	웨란자
성도 제13년	마가다의 짜리야빳바따
성도 제14년	사왓티의 제따숲
성도 제15년	까삘라왓투
성도 제16년	알라위
성도 제17년	라자가하
성도 제18년	짤리야빳바따
성도 제19년	라자가하
성도 제20~44년	사왓티
성도 제45년	웨살리의 근처 벨루와가마

사꺄(SAKYĀ)

까삘라왓투
(Kapilavatthu) ●

히란냐왜띠강

룸비니
(Lumbinī) ○

골리야(KOLIYA)

말라(MALLĀ)

와 띠 강

꾸시나라
(Kusināra) ○

간다끼강

왓지(VAJJĪ)

웨살리
(Vesāli) ◉

앙가(AṄGA)

까시(KĀSI)

바라나시
(Bārāṇasī) ◉

보드가야
(Bodhgayā) ○

라자가하
(Rājagaha) ◉

마가다(MĀGADHĀ)

네란자나강

8대성지	○
주요 안거장소	●

불기 산정 기준

불기의 계산은 부처님께서 반열반에 드신 해부터 계산한다. 이는 큰 스승을 추념하는 의미에서 부처님과 함께하지 못한 안거(安居)의 해부터 계산한 것이다. 현재 우리가 채택한 2554년(서기 2010년)은 부처님의 탄생과 반열반을 B.C.E(Before the Common Era) 624~544년으로 보는 것으로 스리랑카 불교역사서에 근거한다. 1950년에 세계불교도협의회(WFB : World Fellowship of Buddhists)가 창립된 이후 1956년에 스리랑카와 동남아 불교국은 부처님의 탄생지인 룸비니에서 부처님의 반열반 2500년 기념식을 성대히 거행하였다. 이는 남방불교의 전설에 따라 석존의 반열반을 서기전 544년으로 보고, 그 반열반의 해로 2500년을 기념하기 위해서 열렸던 것이다.

모든 자료들 사이에 공통된 사실은 부처님이 80년 동안 이 세상에 머무셨다는 것인데, 이러한 역사적인 사실을 바탕으로 하면서도 현재 여러 학자들은 제각기 다른 불멸(佛滅) 연대를 제시한다. 하지만 불기는 크게 북방 3000년 설과 남방 2500년 설로 대별된다. 전통적으로 한국은 북방 연대에 따라 불탄일과 반열반일을 기념하였는데 이와 같은 계산법에 의하면 불탄 연대는 1956년을 기준으로 서기전 1026년이 된다. 이후 세계불교도협의회에서 제정한 1956년 통일 불기로 2500년을 채용해왔다. 그러나 현재 모든 불교국가는 2500년 불기를 기준으로 불기를 사용하고 있으나 나라에 따라 1년의 차이를 보이고 있다. 1년이 빠른 불기 사용은 한국을 포함한 인도, 스리랑카, 미얀마, 중국, 베트남, 네팔, 부탄, 방글라데시, 티베트, 몽골, 대만 등이고, 1년 늦은 불기의 사용국은 태국, 라오스, 캄보디아 등이다. 이는 불기가 안거를 기준으로 산정될 때 현재 대부분의 국가에서 채용한 서양력과 관련한 차이로 볼 수 있다. 따라서 서력기원(2010년)은 2553년과 2554년에 걸쳐 있다. 우리나라에서는 1966년 8월 〈제13회 임시종회〉에서 불기 2500년대를 수용한 이래 1967년부터 공식적으로 WFB 불기를 명시하기 시작하여 현재에 이르고 있다.

인도불교사 연표

B.C.E (Before the Common Era)	
3000년~1650년경	하랍파, 모헨조다로 등지의 인더스문명
1700년~1650년경	인도-유럽어 사용의 아리아인 펀잡 지방에 침입
1200년~1000년경	인도 최고(最古)문헌인 『리그베다』 성립
1000년~600년경	바라문교와 바라문 계급 성립
	16대국의 성립
600년경	인도아대륙 동북부에 도시문명의 전개
	육사외도 등 사문종교의 성행
624년	부처님 탄생(남방 전승과 WFB 연대 채용)
544년	부처님 반열반
	제1차 결집(라자가하의 칠엽굴)
	불멸기원(佛滅紀元)의 제정(부처님이 반열반에 드신 후
	위대한 스승과 함께하지 못한 안거의 해부터 산정)
400년경	제2차 결집(웨살리)
	부파불교 시작(상좌부와 대중부의 분열)
327년~325년	그리스 알렉산더왕의 서북인도 침입
268년	아소카왕 즉위
261년	아소카왕의 불교 귀의
	제3차 결집(빠딸리뿟따)
	아쇼카왕, 승가의 파계를 경고하는 비문 건립
	각지에 불교 전도사 파견(간다라, 캐쉬미르, 스리랑카 등)
	인도아대륙 전체에 불교 전파됨.
200년경	인도-그리스계 메난드로스왕과 나가세나 비구의 대화(『밀린다왕문경』)
	슝가왕조 뿌쉬야미뜨라(Puṣyamitra)왕의 불교 박해
	제 부파로 지말분열(支末分裂)의 진행
	다양한 아비달마 논서의 편찬
	산치, 바후르트 대탑 조성
100년경	서인도의 석굴사원 조성 시작
	스리랑카의 아누라다뿌라(Anurādhapura)대탑 건립

	스리랑카에서 빨리(Pāli) 삼장 문자 결집
	대승불교운동 시작
C.E **(Common Era)**	
100년경	초기대승경전 출현과 증광
	중국에 불교 전래
	간다라, 마투라에서 불상 조각이 시작됨
	꾸샤나왕조 까니시까왕의 불교 귀의와 지원
	카니시카 사원 건립
	제4차 결집[캐쉬미르의 환림사(環林寺)]
	『대비바사론』 성립
	아바야기리 비하라(무외산사) 건립, 대사파에서 무외산사파가 분파됨
	아쉬바고샤의 『불소행찬』 저술
150년경	중관파의 개조인 나가르주나(용수)와 그 제자인 아랴데바(제바) 활동
200년경	『해심밀경』『여래장경』『승만경』『열반경』 등 유식계, 여래장계의 중기
	대승경전 성립(~400년경까지)
	스리랑카에 유입되어 상좌부와의 갈등
265년경	축법호(竺法護), 중국 장안(長安)에 와서 대승경전 번역, 대승 방광부 전래
300년경	익쉬와꾸(Ikṣvāku) 왕조가 일어나 도읍 나가르주나꼰다에
	불교와 불교 미술이 번창
310년	아상가[無著 : 유식학파, ~390년경]
311년	스리랑카의 시리 메가반나왕이 굽타왕의 원조를 받아서
	보드가야에 마하보디 위하라(대보리사)를 건립,
	스리랑카 불교도에게 편의를 제공
320년	찬드라굽따왕 즉위 (~335년), 굽따왕조 일어남
	와수반두[世親 : 유식학파, ~400년경], 힌두 각파와 논쟁
400년경	꾸마라지와[鳩摩羅什], 중국 장안에 이르다
405년~412년경	법현, 인도와 스리랑카에 체재
400년~480년경	디그나가[陳那], 불교논리학을 확립함

434

C.E (Common Era)		
415년	●	꾸마라굽타왕 즉위(~454년), 날란다 사원 창건
415년~450년경	●	붓다고사가 스리랑카에서 활약하여 경전의 주석서 저술
5세기 중엽	●	훈족, 인도 북부에 침입 시작과 파불(破佛)
520년	●	보리달마, 중국 광주(廣州)에 도착
550년~800년경	●	힌두교에서 붓다를 비쉬뉴신의 화신(化身)화 시킴
629년~645년경	●	현장의 인도 유학
671년~684년	●	의정의 인도 체재
700년경	●	『대일경』 성립, 밀교 번성
	●	바즈라 보디(금강지), 밀교를 스리랑카에 전함
	●	금강지의 권유로 신라승 혜초, 인도 구법 여행
770년경	●	다르마빨라왕(770~810년경)이 위끄라마쉴라(vikramaśila) 사원 건립, 밀교의 중심지가 됨
1000년경	●	이슬람교도, 인도 중앙부로 침입
1027년	●	시륜 딴뜨라의 성립
1100년경	●	버마의 불교도, 보드가야대탑을 수리함
1200년경	●	이슬람군대 동인도의 불교사원을 파괴
1203년	●	동북부 불교 중심 사원 위끄라마쉴라 사원 파괴
	●	승려들은 티베트, 네팔 혹은 동북단 방면으로 피난
19세기	●	불교부흥운동 전개
		다르마빨라(1864~1933년), 암베드까르(1891~1956년)
	●	붓다 쟈이안티 거행(1956년)
	●	달라이라마, 티베트를 탈출하여 인도 도착(1959년)

인명 · 지명대조표(빨리본, 싼쓰끄리뜨본, 한문본)

지명	빨리본	싼쓰끄리뜨본	한문본
가야	Gayā	Gayā	伽耶
가야시사	Gayāsīsa	Gayāśirsa	伽倻山, 象頭山
각가라	Gaggarā	Gargarā	竭闍池
간다끼	–	Gandaki	–
간다라	Gandhārā	Gandhāra	乾陀羅, 建陀羅
강가	Gaṅgā	Gaṅgā	恆伽
고시따라마	Ghositārāma	Ghositārāma	瞿私多園
깃자꾸따	Gijjhakūṭa	Gṛdharakūṭa	耆闍掘山, 靈鷲山
까꿋타	Kakuttha	Krakustha	拘孫, 拘留
까벨라왓투/까벨라	Kapilavatthu/Kapila	Kapilavastu/Kapila	迦毘羅國, 迦維羅城/迦毘羅
까시	Kāsi	Kāśi	迦尸
깜마사담마	Kammāsadamma	Kalmāṣadamya	劫摩沙
깜보자	Kamboja	Kambaja	紺蒲國, 劍浮沙
깝빠시까	Kappāsika	Kaplpapāsiya	劫波, 白疊林
꼬까나다	Kokanada	Kokanada	拘迦那大
꼬띠	Koti	Koti	拘利
꼬살라	Kosalā	Kośalā	拘薩羅, 憍蘇羅
꼬삼비	Kosambī	Kausāmbī	賞彌
꾸따가라살라	Kūṭāgārasālā	Kūṭāgārasālā	重閣講堂
꾸루	Kurū	Kurū	拘樓
꾸사와띠	Kusāvatī	Kuśāvatī	拘舍婆提
꾸시나라	Kusināra	Kusinagara	拘尸那伽羅, 上茅宮
꾹꾸따라마	Kukkuṭārāma	Kurkuṭārāma	鷄林精舍
끼미깔라	Kimikālā	Kṛimikālā	金鞞河
나디까	Nādika	Nādikantha	那提迦, 那提犍
날란다	Nālandā	Nālandā	那難陀, 那羅陀, 那羅
네란자라	Nerañjarā	Nairañjanā	尼連禪那, 尼連禪河
다울라기리	–	Dhaulagiri	–

436

지명	빨리본	싼쓰끄리뜨본	한문본
닥키나기리	Dakkhiṇāgiri	Dakṣiṇāgiri	南山國
담마꼰다	Dhammakoṇḍa	Dharmakoṇḍa	-
데와다하	Devadaha	Devadaha	天臂
데와와띠	Devavatī	Devavatī	提和衞國
도나왓뚜	Doṇavaṭṭu	Droṇavastu	-
딱까실라	Takkasilā	Takṣaśilā	德差伊羅, 石室
라자가하	Rājagaha	Rājagaha	王舍城
람마	Ramma	Ramyaka	-
랏티와나	Laṭṭhivana	Yaṣṭivana	杖林
로히따왓뚜	Rohitavatthu	Rohitavastu	-
로히니	Rohiṇī	Rohiṇi	羅希尼
룸비니	Lumbinī	Lumbinī	藍毘尼
마가다	Māgadhā	Māgadha	摩竭陀, 摩揭陀
마꾸따반다나	Makuṭabandhana	Makuṭabandhana	天冠寺, 頂結支夷
마두라	Madhurā	Madhurā	摩偸羅
마하띳타	Mahātittha	Mahātiṣṭha	大海口城
마히	Mahī	Mahī	摩企
말라	Mallā	Mallā	末羅
맛다	Madda	Madra	摩達
맛차	Macchā	Matsyā	婆蹉國
망꿀라	Maṅkula	-	-
미가다야	Migadāya	Mṛgadāva	鹿野苑
미가라마뚜빠사다	Migāramātupāsāda	Mṛgāramātṛprāsāda	鹿子母講堂
미틸라	Mithilā	Mithilā	彌提羅
반다 / 반다가마	Bhaṇḍagāma	Bhandagrāma	犍茶
밧디야	Bhaddiya	-	跋提
발라깔로나까라	Bālakaloṇakāra	Bālakaloṅakāra	婆羅樓羅村
베사깔라	Bhesakalā	Bhīsakalā	恐怖林
벨루와	Beluva	Beluva	竹芳
보가	Bhoga	Bhoga	負彌, 着伽

지명	빨리본	싼쓰끄리뜨본	한문본
빠드마와띠	Pādmavatī	Pādmavatī	鉢摩大國
빠딸리	Pāṭali	Pāṭālī	波羅利
빠릴레이야까	Pārileyyaka	Pārileya	波陀聚落守護林
빠와	Pāvā	Pāvā	波婆
빠와리까	Prāvārika	Prāvārika	—
빠와리까암바와나	Pāvārikambavana	Prāvārikambavana	好衣菴羅園
빠우라와	—	Paurava	—
빠찌나왐사다야	Pācīnavaṃsadāya	Prāctīnavaṃsadāya	般那蔓蔓寺林
빤다와	Pāṇḍava	Pāṇḍava	班茶婆山
빤짤라	Pañcālā	Pañcālā	般闍羅
뿜바라마	Pubbārāma	Pūrvārāma	東園鹿子母堂, 東園精舍
삡팔리와나	Pipphalivana	Pipphalivana	畢鉢羅邑, 畢鉢村
사갈라	Sāgala	Sāgala	沙竭, 海邊
사께따	Sāketa	Śāketa, Sāketa	沙計多
사라부	Sarabhū	Sarabhū, Sarayū	薩羅遊
사라티뿌라	Sārathipura	Sārathipura	—
사왓티	Sāvatthī	Śrāvasti	舍衞, 舍衞城
삿따빤니구하	Sattapaṇṇiguhā	Saptaparṇaguhā	七葉窟
상깟사	Saṅkassa	Saṅkāaśya	僧迦舍
세나니	Senānī	Senani	大將村, 斯那
손	Son	—	—
수라세나	Sūrasenā	Sūrasenā	蘇羅婆, 勇軍
수람마	Suramma	—	—
수메루	Sumeru	Sumeru	蘇迷廬, 妙高
수바	Subha	Śubha	—
숩빠띳티따	Suppatiṭṭhita	Supratiṭṭhita	—
숭수마라기리	Suṃsumāragiri	Śiśnāragira	尸收摩羅山
시따와나	Sītavana	Sītavana	尸多婆那, 尸陀林, 寒林
아나타삔디까라마	Anāthapiṇḍikārāma	Anāthapiṇḍadakārāma	祇樹給孤獨園
아난다쩨띠야	Āṇḍacetiya	Āṇḍacaitya	—

지명	빨리본	싼쓰끄리뜨본	한문본
아날라	Aṇāla	–	–
아노마	Anomā	Anavamā	阿奴摩
아누삐야	Anupiyā	Anupriyā	阿瓮夷
아뚜마	Ātuma	Ātamā	阿頭
아시	Asi	–	–
아완띠	Avanti	Avanti	阿般提, 阿槃提
아욧자	Ayojjhā	Ayodhyā	阿毘陀處, 阿踰陀
아찌라와띠	Aciravatī	Ajiravatī	阿致羅筏底
알라깝빠	Allakappa	–	遮羅博
암바/암바가마	Ambagāma	Āmragāma	菴羅村
암바랏티까	Ambalaṭṭhikā	Amrayaṣṭikā	爲羅致隙
앗사까	Assakā	Aśvakā	阿濕婆
앙가	Aṅga	Aṅga	鴦伽
야무나	Yamunā	Jamunā	遙扶那
에까날라	Ekanālā	Ekanālā	那羅
와라나	Vārāna	Vārāna	婆那
와라나시	Vārāṇasī / Bārāṇasi	Bārāṇasi / Bārāṇasi	波羅奈
왐사	Vaṃsā	Vatsā	拔沙
왓지	Vajjī	Vṛjī	跋祇
우루웰라	Uruvelā	Uruvilvā	優樓比螺, 鬱毘羅, 苦行林
우빠왓따와	Upavattava	Upavartava	生地, 本生所
웃따라꾸루	Uttarakuru	Uttarakuru	鬱多囉究留, 都多羅拘樓
웃제니	Ujjenī	Ujjayanī	優善那
웨란자	Verañjā	Vairañjā	毗難若, 毗羅然
웨바라	Vebhāra	Vaibhāra	毗訶羅,
웨살리	Vesāli	Vaisālī	毘舍離
웨타디빠	Veṭhadīpa	Vaiṭhadvīpa	神州
웰루와나라마	Veḷuvanārāma	Veṇuvanārāma	竹林精舍
웰루와나	Veḷuvana	Veṇuvana	竹林
위데하	Videha	Videha	毘提訶

지명	빨리본	싼쓰끄리뜨본	한문본
잇차낭갈라	Icchānaṅgala	Icchānaṅgala	一車難伽羅
잘리니	Jālinī	Jālinī	闍隣尼
잠부 / 잠부가마	Jambugāma	Jambugrāma	閻浮村
잠부디빠	Jambudīpa	Jambudvīpa	閻浮提
제따와나라마	Jetavanārāma	Jetavanārāma	祇園精舍
짜빨라쩨띠야	Cāpālacetiya	Cāpālacaitya	遮婆羅, 急疾
짤리까	Cālikā	Cālikā	鬪村
짬빠	Campā	Campā	瞻波
쩨띠	Cetī	Ceḍi	枝提, 支陀
카누마따	Khāṇumata	Khāṇumṛta	瓮婆提
툴라꼿티까	Thullakoṭṭhika	Sthūlakoṣṭhika	吐羅, 覩羅
핫티 / 핫티가마	Hatthigāma	Hastigrāma	授手村, 象村
히란냐와띠	Hirannavati	Hiraṇyavati	熙連禪河

인명	빨리본	싼쓰끄리뜨본	한문본
가야깟사빠	Gayākassapa	Gayākāśyapa	伽倻迦葉
가왐빠띠	Gavaṃpati	Gavāṃpati	伽梵婆提
고따마	Gotama	Gautama	喬答摩, 瞿曇
고삐	Gopī	Gopī, Gopīkā	俱夷
고사까	Ghosaka	Ghoṣaka	瞿沙, 妙音
까꾸산다	Kakusandha	Krakuccanda	拘留孫
		Krakutsanda	
까따모라까띳싸까	Katamorakatissaka	Katamorakatisyaka	迦留羅提舍
까란다	Karaṇḍa	Karaṇḍaka	總目
까삘라	Kapila	--	--
까씨바라드와자	Kasibhāradvāja	Kāśibhāradvāja	耕田婆羅豆婆遮
깔루다이	Kāludāyī	Kālodāyī	迦留陀夷, 迦流陀夷
깟사빠	Kassapa	Kāśyapa	迦葉

440

인명	빨리본	싼쓰끄리뜨본	한문본
깟짜나	Kaccāna	Kātyāyanā	迦栴延
꼬깔리까	Kokālika	Kokālika	俱伽梨, 拘迦利
꼬나가마나	Koṇāgamana	Konakamuṇi	拘那含牟尼
		Konāgamana	
꼴리따	Kolita	Kolika	拘離迦, 拘離迦, 拘理迦
꼿티따	Koṭṭhita	-	-
꾸따단따	Kūṭadanta	Kuṭadanta	究羅檀頭, 曲齒
꾸마라깟사빠	Kumārakassapa	Kumārakaśyapa	鳩摩羅迦葉
꾹꾸따	Kukkuṭa	Kurkuṭa	-
끄산띠데와	Khantideva	Kṣantideva	忍天
끼사고따미	Kisāgotamī	Kṛśāgautamī	翅舍憍答彌
낌빌라	Kimbila	Kimbila	金毘羅
나가사말라	Nāgasamāla	-	-
나기따	Nāgita	Nāgita	那耆多
나꿀라	Nakula	Nakula	-
나디깟사빠	Nadīkassapa	Nadīkaśyapa	那提迦葉
난다	Nanda	Nanda	難陀
난디야	Nandiya	-	-
날라까	Nālaka	Nālaka, Nalanda	那羅陀
		Nālanda	
니간타나따뿟따	Niganthanātaputta	Nirgranthajñātaputra	尼犍陀若提子, 尼迦陀若提子
니디	Nidhi	Nidhi	尼提
다난자야	Dhanañjaya	Dhanañjaya	-
다난쟈니	Dhānañjanī	Dhānañjanī	陀然
다니야	Dhaniya	Dhaniya	-
다자	-	Dhaja	
담마딘나	Dhammadinnā	Dharmadinnā	曇摩提那, 施法, 法樂
데와닷따	Devadatta	Devadatta	調達, 提婆達多
도나	Doṇa	Droṇa	香姓
디가우	Dīghāvu	Dīrghāvu	長生

441

인명	빨리본	싼쓰끄리뜨본	한문본
디빵까라	Dīpaṃkara	Dīpaṃkara	燃燈
딸라뿌따	Tālapuṭa	Tālapuṭa	勤髮, 遮羅周羅
땁뿟사	Tappussa	Trapussa	帝梨富婆, 三果
땅하	Taṇhā	Tṛṣṇā	渴愛, 不快
띳사	Tissa	Tiṣya	低沙
라가	Ragā	-	貪欲
라다	Rādha	Rādha	羅陀
라마	Rāma	Rāma	邏摩
라훌라	Rāhula	Rāhula	羅云
락카나	Lakkhana	Lakṣhana	勒叉那
랏타빨라	Raṭṭhapāla	Rāṣṭrapāla	賴吒和羅
레와따	Revata	Revata	哩縛帝, 離波多
로히따까	Lohitaka	Lohitaka	盧呬
루빠사리	Rūpasārī	Rūpaśārī	舍利
마간디야	Māgandiyā	Māgandiyā	吉星, 摩建地迦
마라	Māra	Māra	摩羅, 波旬
마야	Māyā	Māyā	摩耶
마하목갈라나	Mahāmoggallāna	Mahāmaudgalyāyana	大目犍連, 目連
마하깟사빠	Mahākassapa	Mahākāśyapa	大迦葉, 摩訶迦葉
마하꼬살라	Mahākosala	Mahākośala	摩訶拘薩羅
마하나마	Mahānāma	Mahānāma	摩訶男, 摩訶那摩
마하빠자빠띠	Mahāpajāpatī	Mahāprajāpatī	大愛道, 憍曇彌
마하빤타까	Mahāpanthaka	Mahāpanthaka	摩訶槃陀, 摩訶槃陀
마하세나	Mahāsena	Mahāsena	大軍, 摩訶先
마하수닷사나	Mahāsudassana	Mahāsudarśana	大善見, 大快見
마하위라	Mahāvīra	Mahāvīra	大雄
마할리	Mahāli	Mahāli	摩訶利, 摩訶離, 最大
막칼리고살라	Makkhaligosāla	Maskarigosāliputra	末伽梨拘舍利, 末迦利瞿舍梨子
만따니	Mantānī	Mantrānī	曼多耶尼, 滿足

인명	빨리본	싼쓰끄리뜨본	한문본
만띠	Mantī	Mantrī	-
말리까	Mallikā	Mallikā	末利
메기야	Meghiya	Meghika	勒企哥
멘다까	Meṇḍaka	Meṇḍaka	蜜茶哥, 民大
멧떼야	Metteyya	Maitreya	彌勒
멧띠야	Mettiya	-	-
목갈리	Moggalī	Maudgalī	目犍連
무짤린다	Mucalinda	Mucalinda	目眞隣陀
미가라	Migāra	Mṛgāra	彌迦羅
미가라마따	Migāramātā	Mṛgāramātā	鹿子母
바구	Bhagu	Bhṛgu	婆咎
박가와	Bhaggavā	Bhārgava	跋伽婆
반둘라	Bandhula	Bandhula	-
발리까	Bhallika	Bhallika	跋梨迦
밧다까삘라니	Bhaddākapilānī	Bhadrakapilānī	跋陀迦比羅
밧디야	Bhaddiya	Bhadrika, Bhadraka	跋提梨迦, 跋提, 賢善
방간따	Vaṅganta	Vaṅganta	-
보디	Bodhi	Bodhi	菩提, 菩伽
보자	Bhoja	Bhoja	-
붐마자까	Bhummajaka	-	-
브라흐마닷따	Brahmadatta	Brahmadatta	梵摩達多, 梵豫
비자야	Vijaya	Vijaya	毘闍耶
빔비사라	Bimbisāra	Bimbisāra	頻毘娑羅
빠꾸다깟짜나	Pakudhakaccāna	Kakudhakātyāyana	婆浮陀迦旃延
빠두마와띠	Padumavatī	-	-
빠따짜라	Paṭācārā	Paṭācārā	鉢吒左囉, 波羅遮那
빠삐요	Pāpīyo	-	-
빠세나디	Pasenadi	Prasenajit	波斯匿王
빠와리까	Prāvārika	Prāvārika	-
빤두까	Paṇḍuka	Paṇḍuka	半豆, 半持陀

443

인명	빨리본	싼쓰끄리뜨본	한문본
뿍카라사띠	Pokkharasāti	Puṣkarasāri	沸伽羅婆羅, 費迦沙
뿌라나	Purāṇa	Purāṇa	富蘭那, 富羅那
뿌라나깟사빠	Purāṇakassapa	Purāṇakāśyapa	富蘭那迦葉, 富蘭羅迦葉
뿍꾸사	Pukkusa	Pukkuśa	弗迦娑
뿐나	Puṇṇa	Pūrṇajit	富樓那
뿐나왓다나	Puṇṇavaḍḍhana	--	--
뿐나지	Puṇṇaji	Pūrṇajit	富那伽, 滿足, 圓滿, 具足
뿐날락카나	Puññalakkhaṇā	Punyalakṣaṇā	--
삐야	Piyā	Priyā	愛
삡빨리	Pippali	Pippali	比波羅
사가따	Sāgata	Sāgata	娑竭陀
사까무니	Sakyamuṇi	Śkyamuni	釋迦牟尼
사리뿟따	Sāriputta	Śriputra	舍利弗
사마와띠	Sāmāvatī	Śyāmāvatī	差摩婆帝, 舍摩
사뭇다닷따	Samuddadatta	Samudradatta	三聞達多, 三間達多
산자야	Sañjaya	Sañjaya	刪闍耶
산자야벨랏티뿟따	Sañjayabelaṭṭhiputta	Sañjayavairaṭṭhiputra	散若夷毘羅梨沸
삽바밋따	Sabbamitta	Sarvamitra	薩波蜜, 導師, 善友
소나꼬띠깐나	Soṇakoṭikaṇṇa	Śroṇakoṭikarṇa	俱闍
소나꼴리위사	Soṇakolivīsa	Śroṇaviṃśatikoṭi	二十億耳
소나단다	Soṇadaṇḍa	Śroṇadaṇḍa	種德
솟티야	Sotthiya	Svastika	吉安, 吉祥, 吉利
수낙캇따	Sunakkhatta	Sunakṣatra	須那刹帝羅, 須那呵多
수니다	Sunīdha	Sunīdha	須尼陀, 尼提
수닷따	Sudatta	Sudatta	宿大哆
수마나데위	Sumanādevī	Sumanādevī	須摩那
수메다	Sumedha	Sumedha	須彌陀, 善慧
수바후	Subāhu	Subāhu	修婆喉, 妙臂
수밧다	Subhadda	Subhadra	須跋陀, 善賢
수부띠	Subhūti	Subhūti	須菩提

인명	빨리본	싼쓰끄리뜨본	한문본
수야마	Suyāma	Suyāma	須夜摩
수자따	Sujātā	Sujātā	善生女
숙까	Sukkā	Śuklā	叔迦羅, 白淨
순다리난다	Sundarinanda	Sundarinanda	–
숩빠붓다	Suppabuddha	Suprabuddha	善覺
숩삐야	Suppiyā	Supriyā	須卑
숫도다나	Suddhodana	Suddhodana	淨飯王
시니뿌라	Sinipura	–	–
시키	Sikhi	Sikhi	尸棄
시하	Sīha	Simha	私呵, 獅子
시하하누	Sīhahanu	Sīmhahanu	獅子頰王
싯닷타	Siddhattha	Siddhārtha	悉達多, 悉達
아나타삔디까	Anāthapiṇḍika	Anāthapiṇḍada	給孤獨, 給孤獨
아난다	Ānanda	Ānanda	阿難, 阿難陀
아누룻다	Anuruddha	Aniruddha	阿那律
아라띠	Aratī	Aratī	嫌惡, 常樂, 大樂, 染樂
아르주나	Arjuna	–	–
아마라윅케삐까	Amarāvikkhepika	–	–
아미따	Amitā	Amitā	甘露女, 阿彌多質多羅
아바야	Abhaya	Abhaya	阿婆耶, 無畏
아시따	Asita	Asita	阿私陀
아시반다까뿟따	Asibandhakaputta	Asibandhakaputra	阿私羅子伽彌尼, 刀師氏聚落主
아자따삿뚜	Ajātasattu	Ajātaśatru	阿闍世, 未生怨
아지따께사깜발라	Ajitakesakambala	Ajitakeśakambala	阿耆多翅舍欽婆羅
아힘사까	Ahiṃsaka	Ahiṃsaka	無害, 不害
악기닷따	Aggidatta	Agnidatta	火授
안냐따꼰단냐	Aññātakoṇḍañña	Ajñakaundinya	阿若憍陳如, 阿若挍陳如
안자나	Añjana	Añjana	安闍難
알라라깔라마	Ālārakālāma	Arādakālāma	阿羅羅伽羅摩

445

인명	빨리본	싼쓰끄리뜨본	한문본
암바빨리	Ambapālī	Amrapāli	菴羅波利, 菴婆羅女
앗사로하	Assāroha	Aśvāroha	御馬
앗사지	Assaji	Aśvajit	阿濕波誓, 阿奢婆闍, 馬勝
앙가자	Aṅgajā	Aṅgajā	生事, 鴦竭闍
앙굴리말라	Aṅgulimāla	Aṅgulimālya	鴦堀摩羅, 鴦堀摩, 鴦堀摩羅
야사	Yasa	Yaśa	耶舍
야소다라	Yasodharā	Yaśodharā	耶輸陀羅
옥까까	Okkāka	Ikṣvāku	鬱摩, 甘蔗
옥까무카	Okkāmukha	Ikṣvākumukha	-
와꿀라	Vakkula	Bakkula	薄俱囉藥叉
와르다마나	-	Vardhamāna	-
와르시까	-	Varsikā	-
와사왓띠	Vasavatti	Vasavṛti	-
왑빠	Vappa	Vāṣpa	婆破, 長氣
왓사까라	Vassakāra		雨舍
요다지와	Yodhājīva	Yodhājīva	戰鬪活聚落主
우다이	Udāyi	Udāyi	優陀夷, 鬱陀夷
우데나	Udena	Udyana	優陀延那
우루웰라깟사빠	Uruvelakassapa	Uruvilvākāśyapa	鬱鞞羅迦葉
우빠까	Upaka	Upaka	優波伽
우빠난다	Upananda	Upananda	優波難陀
우빠띳사	Upatissa	Upatiṣya	-
우빠세나	Upasena	Upasena	優波先那, 小軍, 近軍
우빠와나	Upavāṇa	Upavāṇa	優波摩那, 優波摩
우빨리	Upāli	Upāli	優波離
웁비리	Ubbirī	Urvirī	-
웃다까라마뿟따	Uddakarāmaputta	Udrakarāmaputta	優藍弗
웨데히	Vedehī	Vaidehī	韋提喜
웻사부	Vessabhu	Viśvabhu	毘舍淨
위말라	Vīmala	Vimalā	無垢, 尾摩羅

인명	빨리본	싼쓰끄리뜨본	한문본
위말라꼰단냐	Vimalakoṇḍanna	Vimalakauṇḍinya	無垢憍陳如
위빳시	Vipassī	Viparśya	毘婆尸
위사카	Visākha	Viśākha	毘舍佉
위슈와미뜨라	–	Viśvāmitra	–
윗지따	Vijjitā	Vijjitā	–
윗지따쎄나	Vijjitasenā	Vijjitasenā	–
이시닷따	Isidatta	Ṛsidatta	梨師達多
자나빠다깔랴니	Janapadakalyāṇī	Janapadakalyāṇī	–
잔뚜	Jantu	Jantu	長生
제따	Jeta	Jeta	祇陀
조띠빨라	Jotipāla	Jyotipāla	火髮
지와까	Jivaka	Jivaka	耆婆
짠다빳조따	Caṇḍapajjota	Candapradyota	栴陀波殊提, 栴陀波殊提
짱끼	Caṅkī	Caṅkī	商伽
쩨따까	Ceṭaka	–	–
쩰라나	Cellanā	–	–
쭌다	Cunda	Cunda	淳陀, 周那, 純頭
쭌다까	Cundaka	Cundaka	周那
쭐라빤타까	Cūḷapanthaka	Ksullapanthaka	周羅槃陀, 周利槃毒, 般特
쭐라수밧다	Cūḷasubhaddā	Kṣullasubhadrā	順摩提
찐짜	Ciñcā	Ciñcā	戰遮, 栴遮
찬나	Channa	Channa, Channaka	車匿
칸다데와	Khaṇḍadeva	Khaṇḍadeva	揵陀疊
케마	Khemā	Ksemā	差摩
쿳줏따라	Khujjuttarā	Khubjottarā	久壽多羅
툴라난다	Thullanandā	Sthulanandā	偸羅難陀, 吐羅難陀
핫따로하	Hattāroha	–	–
핫티니까	Hatthinika	Hasthinika	象食, 象行

불전도 해설

본문에 수록된 부처님의 일대기를 다룬 불전도(佛傳圖)는 1~3세기에 제작된 간다라 불전도가 대부분이며, 기원전 1세기부터 기원후 3세기 사이에 제작된 중인도와 남인도의 불전도가 일부 포함되었다. 불전도의 이해를 돕기 위해 이미지 안에 아라비아 숫자를 표기하였다.

01

연등불 수기 1-2세기, 라호르박물관, 파키스탄

연꽃을 파는 고삐[1]와 그녀에게 꽃을 사려고 하는 수메다[2]가 건물 문 앞에 서 있다. 수메다[3]가 디빵까라부처님[4]을 향해 산화(散華) 공양을 올리고 있다. 진흙 위를 사슴가죽 옷과 머리칼로 덮은 수메다[5]가 엎드려 있고, 그 앞에 선 디빵까라부처님이 수메다에게 부처님이 될 것이라는 예언을 하고 있다. 예언을 받은 수메다[6]는 기뻐서 공중으로 뛰어올라 합장하였고, 디빵까라부처님 뒤에는 비구[7]가 뒤따르고 있다. (본문 20쪽)

02

도솔천의 보살 1-2세기, 라호르박물관, 파키스탄

부처님은 인간으로 태어나시기 전 도솔천에서 수행하고 계셨다. 지상으로 내려오기 전 도솔천에서 설법하고 있는 부처님[1]을 사방에서 천신(天神)들이 합장한 채 설법을 듣고 있다. 도솔천 상의 부처님은 장신구, 연화좌, 터번을 쓴 보살형이다. 위쪽에는 장신구를 걸치지 않은 수행자풍의 천신들이[2], 아래에는 터번과 장신구를 걸친 천신들[3]이 서 있다.(본문 23쪽)

03

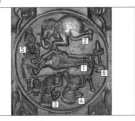

마야왕비의 태몽 기원전 1세기, 인도박물관, 인도

마야왕비[1]는 부처님이 도솔천에서 6개의 이빨을 가진 흰 코끼리 모습[2]으로 그녀의 옆구리로 들어오는 태몽을 꾸었다. 마야왕비 앞에 있는 등을 보이고 있는 두 여자[3][4] 그리고 머리맡에 합장한 채 정면을 바라보고 있는 여인[5]은 까삘라왓투의 시녀들로 생각된다. 마야왕비의 발치에 있는 불을 밝히는 등잔[6]은 이 일이 밤에 일어났음을 암시하고 있다.(본문 26쪽)

04

싯닷타태자의 탄생 2-3세기, 라호르박물관, 파키스탄

마야왕비[1]는 룸비니 동산에서 산기를 느끼자 무우수 나뭇가지를 잡고 선 채로 부처님을 낳았다고 한다. 마야왕비의 오른 옆구리로 두 팔을 뻗고 있는 싯닷타태자[2]를 제석천[3]이 까시산 비단으로 조심스럽게 받고 있다. 마야왕비를 마하빠자빠띠[4]가 부축하고 있으며, 그 옆에는 출산에 필요한 도구를 든 시녀들[5][6]이 서 있다. 싯닷타태자의 탄생을 찬탄하는 천신[7]과 천상 음악을 상징하는 악기[8][9]가 함께 표현되었다. (본문 29쪽)

05

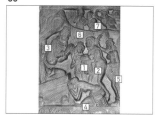

천신들의 예배를 받는 태자 **3세기, 국립뉴델리박물관, 인도**

숫도다나왕은 까삘라왓투에 돌아온 싯닷타태자를 데리고 토지신을
모신 사당에 참배하러 갔는데, 그때 사당의 토지신[3]은 참배하러 온 싯
닷타태자에게 절을 하였다고 한다. 싯닷타태자는 천 위에 상징적인 불
족적(佛足跡)[1]으로 표현되었고, 천을 들고 있는 여인[2]은 마야왕비 또
는 양모인 마하빠자빠띠로 생각된다. 시녀들은 토지신에게 절을 하거
나[4] 불자를 들고 있다.[5] 뒤에는 천막이 쳐져 있고[6] 천막 밖에서는 천
신들[7]이 이 신비한 사건을 찬탄하고 있다.(본문 33쪽)

06

태자를 만나는 아시따 선인 **2-3세기, 페샤와르박물관, 파키스탄**

싯닷타태자가 까삘라왓투로 돌아오자 아버지 숫도다나왕은 아시따
선인[1)에게 싯닷타태자[2)의 관상을 보게 하였다. 아시따 선인 앞에는
싯닷타태자를 데리고 온 시녀[3)가 손에 천을 들고 서 있고, 숫도다나왕
[4)과 왕비[5)가 아시따 선인의 이야기에 귀를 기울이고 있다. 아시따 선
인 뒤에는 호위하는 인물[6)이 서 있다.(본문 35쪽)

07

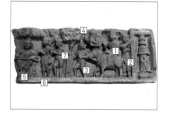

전륜성왕 수업을 받는 태자 **2-3세기, 국립뉴델리박물관, 인도**

이야기는 오른쪽에서 왼쪽으로 진행되고 있는데 싯닷타태자가 양을
타고 공부하러 가는 장면과 스승한테 학문을 배우는 장면으로 구성
되었다. 싯닷타태자는 양 위에 앉아 있고[1) 그 뒤를 한 명의 여인이
뒤따르고 있다.[2) 태자 앞에는 두 명의 시종이 있는데 손과 어깨에 태
자의 공부에 필요한 어떤 도구인가를 들고 있다.[3)[4) 왼쪽에는 싯닷타
태자의 스승[5)이 있고 그 옆에는 싯닷타태자[6)와 시종[7)이 합장한 채 서
있다.(본문 38쪽)

08

잠부나무 아래의 선정 **2-3세기, 페샤와르박물관, 파키스탄**

잠부나무 아래에 앉은 인물은 싯닷타태자로 장신구를 걸친 채 깊은 선
정에 들어 있다. 대좌에 꿇어 앉은 채 합장한 인물[1)은 싯닷타 태자에
게 경배하는 숫도다나왕이고 오른쪽에는 밭갈이하는 장면을 묘사한
소와 채찍을 든 농부의 모습[2)을 나타내었다.(본문 43쪽)

09

무예를 겨루는 태자 **2-3세기, 카라치박물관, 파키스탄**

무예를 겨루는 시합에서 싯닷타태자[1)가 활을 쏘고 있다. 싯닷타태자가 쏜
화살은 일곱 그루의 철 다라수, 철북 7개, 또 그 사이사이마다 철돼지를 넣
어서 표적으로 삼았다고 한다. 네 그루의 나무는 일곱 그루의 철로 된 다라
수를 상징하고, 동자[2)가 든 긴 긴대 위의 둥근 표적은 철로 된 북을 표현한
것으로 추정된다. 그 아래 또다른 발가벗은 동자[3)는 화살통을 들고 있다.
왼쪽에는 줄넘기를 하고 있는 장면으로 생각된다.[4)[5)[6)(본문 46쪽)

싯닷타태자의 결혼 2-3세기, 페샤와르박물관, 파키스탄

결혼 의식은 두 사람이 손을 맞잡고 성수(聖水)를 뿌리고 베다의 화신(火神)을 상징하는 불 주위를 빙빙 돌면서 행해졌는데, 화면 중앙 아래에는 성수가 든 물항아리와 불이 표현되었다. 싯닷타태자[1]와 야소다라[2]는 서로 손을 잡고 그 주위를 돌고 있다. 야소다라 뒤에는 그녀의 옷자락을 잡은 시녀[3]가 서 있고, 싯닷타태자 뒤에는 오른손에 꽃을 든 남성[4]이 있는데, 이는 두 사람의 결혼을 축복하는 야소다라의 아버지로 생각된다.(본문 48쪽)

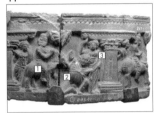

아픈 사람을 만나는 싯닷타태자

2-3세기, 페샤와르박물관, 파키스탄

불전 문학에서는 싯닷타태자가 동남서북 네 문을 통해 밖에서 경험한 일들을 사문유관(四門遊觀)이라고 한다. 싯닷타태자는 어느 날 궁전 남문 밖에서 아픈 사람을 만나게 되는데, 태자[1]는 말을 탄 채 갈비뼈가 앙상하고 유난히 배가 부른 병자[2]가 땅에 주저앉아 있는 모습을 쳐다보고 있다. 아픈 사람 뒤에 서 있는 여인[3]은 그를 돌보는 사람으로 생각된다.(본문 50쪽)

말을 준비한 찬나 2-3세기, 페샤와르박물관, 파키스탄

싯닷타태자가 출가를 결심한 후 마부 찬나에게 말을 준비하도록 명령했다. 싯닷타태자[1]는 침상에서 일어나 마부 찬나에게 떠날 채비를 서두르라고 말하는 듯하다. 찬나[2]는 아마 깐타까[3]와 함께 싯닷타태자를 향하고 있다. 야소다라[4]는 깊은 잠에 빠져 있고 그녀 머리맡에는 창을 들고 궁전을 지키는 여자 호위병[5]이, 발치에는 또다른 여인[6]이 서 있다. 궁전 내부 임을 나타내기 위해 기둥이 양 끝에 표현되었다.

(본문 63쪽)

출가 2-3세기, 인도박물관, 인도

싯닷타태자[1]는 아마 깐타까를 타고 까삘라왓투의 성문을 나서고 있다. 두 명의 천신[2]은 말발굽 소리를 없애기 위해 말발굽을 두 손으로 받치고 있고, 말 뒤에는 일산을 든 마부 찬나[3]가 서 있다. 싯닷타태자 뒤에는 호위를 담당하는 금강저를 든 금강역사[4]가 있고 말 앞에는 출가 길을 인도하는 천신[5]과, 싯닷타태자를 호위하는 까삘라왓투의 여신[6]이 표현되었다.(본문 63쪽)

애마 깐타까와의 이별 2-3세기, 라호르박물관, 파키스탄

왼손을 뺨에 댄 채 오른손으로 몸에 걸쳤던 목걸이를 든 부처님[1]은 마부 찬나[2]에게 자신의 물건을 양모인 마하빠자빠띠와 부인 야소다라에게 전해 달라고 건네고 있다. 부처님의 목걸이와 터번을 받아든 찬나는 부처님을 상징하는 일산을 들고 있다. 두 사람 앞에는 애마 깐타까[3]가 엎드려 부처님과의 이별을 슬퍼하고 있다. 부처님 뒤에는 손에 금강저를 든 금강역사[4]가 있다.(본문 64쪽)

15

홀로 돌아온 찬나를 만나는 야소다라
2-3세기, 스와트박물관, 파키스탄

마부 찬나[1]는 부처님으로부터 받은 물건과 부처님의 일산을 든 채 애마 깐타까[2]의 고삐를 잡고 성으로 들어서고 있다. 의자에 몸을 기댄 채 찬나로부터 부처님의 출가 소식을 전해들은 야소다라[3]는 슬픔을 가누지 못하고 있다. 그녀 주위의 여자들은 까삘라왓투의 시녀들이다.(본문 66쪽)

16

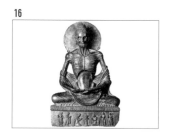

부처님의 고행 1-2세기, 라호르박물관, 파키스탄

간다라 미술 가운데 걸작으로 꼽히는 작품으로 고행 중의 부처님의 모습이 실감나게 표현되었다. 두 눈은 움푹 들어갔고 수염은 성성하며 뼈와 살은 맞닿아 있는 듯하다. 부처님이 앉아 있는 대좌에는 중앙에 불이 피어오르는 향로가 있고 양 옆으로 세 명씩 여섯 명의 수행자가 있다. 이들은 부처님과 함께 수행했던 다섯 명의 수행자로 생각되지만 왜 여섯 명으로 나타냈는지는 명확치 않다.(본문 91쪽)

17

수자따의 공양 2-3세기, 베를린국립인도미술관, 독일

고행하는 부처님과 고행을 버리고 네란자라강을 건너는 부처님, 수자따가 부처님께 공양을 올리는 것까지 표현하고 있다. 오른쪽에는 나무 아래에서 고행 중인 부처님[1]을 표현하였다. 부처님의 왼쪽에는 보관과 장신구를 걸친 제석천[2]이, 오른쪽에는 머리카락을 올려 묶은 범천[3]이 합장하고 있다. 중앙의 장면은 고행을 포기한 부처님[4]이 네란자라강에서 목욕하는 것이다. 왼쪽에는 고행을 버린 부처님[5]이 수자따[6]로부터 공양을 받고 있다.(본문 97쪽)

18

꾸사 풀을 보시하는 솟티야
1-2세기, 라호르박물관, 파키스탄

깨달음을 얻기 위해 보드가야로 향하는 부처님께 바닥에 깔 풀을 보시한 이야기를 나타낸 것이다. 부처님[1]은 풀을 받기 위해 오른손을 내밀고 있으며 풀 베는 이[2]는 한 아름의 길상초를 부처님께 건네고 있다. 두 사람 사이에는 풀이 가지런히 쌓여 있고 부처님 뒤에는 금강저를 든 금강역사[3]가 서 있으며, 풀 베는 이의 뒤에 선 귀족 차림의 인물[4]은 풀 베는 사람으로 모습을 바꾼 제석천을 나타낸 것이다.(본문 99쪽)

19

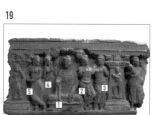

마라의 유혹 2-3세기, 페샤와르박물관, 파키스탄

마라와 그의 딸들이 부처님을 유혹하는 장면을 표현한 것으로 부처님의 머리 위에는 보리수를 상징하는 나뭇잎과 꽃이 일산처럼 펼쳐져 있다. 부처님[1]의 왼쪽에 마라[2]와 딸[3]이, 반대편에는 다른 두 딸[4][5]이 보인다. 마라는 터번을 쓰고 왼쪽 팔꿈치를 자신의 딸 어깨 위에 얹어 기대고 있다. 딸들은 요염한 자세로 노래하거나 춤추며 부처님을 유혹하고 있다.(본문 103쪽)

20

마라를 물리치는 부처님 1-2세기, 대영박물관, 영국

부처님이 마라와 마라 권속들의 공격을 물리치고 보리수 아래에서 깨달음을 연 장면을 표현한 것으로, 중앙에는 지신(地神)⁴⁾을 부르는 부처님¹⁾을 중심으로 좌우로 마라²⁾³⁾과 마중(魔衆)을 배치하였다. 마라는 한쪽 다리를 사자의 머리 위에 두고 있으며 좌우 모두 공격하려는 듯이 칼을 빼어들고 있다. 마라를 두 번 표현해 시간 경과에 따른 마라의 공격을 잘 묘사하였다. 부처님 주위에는 다양한 모습의 마라의 군대가 부처님의 성도를 방해하고 있다.(본문 105쪽)

21

부처님을 보호하는 무짤린다 용왕
3세기, 나가르주나콘다고고박물관, 인도

부처님은 성도 후 49일 동안 성스러운 나무 아래에서 해탈의 즐거움을 누렸다고 하는데, 화면 왼쪽은 무짤린다나무 아래에서의 장면을 나타낸 것으로 추정된다. 부처님¹⁾은 무짤린다나무²⁾로 향하고 있다. 오른쪽은 무짤린다 용왕⁴⁾이 비바람으로부터 부처님³⁾을 보호해주는 장면이다. 부처님은 용 위에 앉아 있고 용개(龍蓋)가 부처님 머리 위를 덮고 있다. 그 왼쪽에는 많은 용과 용녀들⁵⁾이 합장하고 있다.(본문 116쪽)

22

두 상인의 보시 2-3세기, 파키스탄 페샤와르박물관

깨달음을 얻은 후 명상에 잠긴 부처님을 위해 땁뿟사와 발리까라는 두 상인이 부처님께 먹을 것을 공양 올리는 장면을 나타낸 것이다. 오른쪽에는 두 마리의 소가 끄는 수레에 짐이 가득 실려 있고¹⁾, 두 상인²⁾³⁾이 나무 아래의 명상에 든 부처님⁴⁾을 발견하고 공양을 올리기 위해 부처님께 다가가고 있다. 나무 아래 선정에 든 부처님의 오른쪽에는 손에 공양물을 든 상인⁵⁾이 있고, 왼쪽에는 노인 모습의 금강역사⁶⁾가 있다.(본문 117쪽)

23

부처님께 설법을 권하는 범천 1세기, 국립베를린인도미술관, 독일

깨달음을 얻은 후 설법을 주저하는 부처님께 범천이 법을 설해줄 것을 간청하는 범천권청을 표현한 것으로, 간다라 지역에서는 이 주제를 선호하였다. 부처님¹⁾은 잎이 무성한 보리수 아래에 선정인을 맺고 있고, 설법을 간청한 범천²⁾은 수행자 모습을 하고 있는 것과 달리 제석천³⁾은 터번과 장신구를 걸친 귀공자 모습이다. 보리수에 걸려 있는 목걸이는 싯닷타 태자 시절에 착용했던 목걸이를 상징한다.(본문 118쪽)

24

부처님의 첫 설법 1-2세기, 탁실라박물관, 파키스탄

부처님이 성도 후 와라나시의 교외에 있는 녹야원에서 함께 수행했던 다섯 수행자를 위해 한 첫 설법을 표현한 것이다. 부처님¹⁾은 오른손으로 법의 수레바퀴⁴⁾를 직접 굴리고 있고, 두 명의 비구²⁾는 첫 설법을 듣고 있는 수행자들이다. 오른손에 불자를 들고 왼손에 금강저를 든 노인 얼굴을 한 금강역사³⁾가 부처님을 호위하고 있다. 깨진 화면의 오른쪽에는 나머지 세 명의 수행자가 있었을 것으로 추정된다.(본문 129쪽)

25

나란자라 강을 건너는 부처님 1세기, 산치 1탑, 인도

자만심에 찬 우루웰라깟사빠에 대해 부처님은 걸어서 강을 건너는 기적을 보였다. 물새가 노니는 강 위를 걷는 부처님은 사각형 모양의 경행석[1]으로 표현되었고, 깟사빠 삼형제[2]는 배를 타고 부처님을 뒤쫓고 있다. 등을 보이거나 합장하고 있는 네 명의 사람[3]은 물 위를 걷는 부처님의 기적을 찬탄하고 있다. 강을 건넌 부처님은 오른쪽 아래 금강대좌[4]와 보리수[5]로 나타내었다.(본문 149쪽)

26

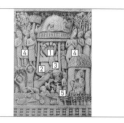

깟사빠 삼형제의 귀의 1세기, 산치 1탑, 인도

가야 지방의 유명한 수행자 깟사빠 삼형제는 불을 숭배하던 자들이다. 창으로 화염을 내뿜는 화신당 안의 코브라 모양의 다섯 개의 용머리[1]는 독룡을 의미하고, 사각형의 금강대좌[2]는 독룡을 항복시킨 부처님을 상징한다. 그 앞에 있는 불[3]은 깟사빠 삼형제가 숭배하는 불이다. 화신당 옆의 인물들은 깟사빠 삼형제[4]이며 강에는 불 숭배에 사용하던 제사용구[6]가 떠내려가고 있다.(본문 149쪽)

27

라자가하를 방문한 부처님 2-3세기, 라호르박물관, 파키스탄

깟사빠 삼형제를 귀의시킨 부처님은 라자가하로 갔다. 마가다국의 국왕인 빔비사라는 부처님을 식사에 초대했는데, 초대를 받고 라자가하 도성으로 들어오는 부처님 일행을 동자로 모습을 바꾼 제석천[1]이 음악을 연주하며 길을 인도하고 있다. 부처님[2]뒤에는 금강역사[3], 비구[4], 그리고 터번을 쓴 남자[5]가 뒤따르고 있다.(본문 155쪽)

28

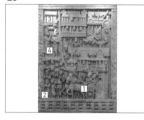

부처님을 방문한 빔비사라왕 1세기, 산치 1탑, 인도

부처님을 방문하기 위해 마가다국 왕사성 궁전을 마차를 타고 출발하는 빔비사라왕을 표현한 것이다. 빔비사라왕[1]은 두 마리의 말이 끄는 마차 위에 타고 있는데 왕을 상징하는 일산이 머리 위에 드리워져 있다. 그 앞에는 음악을 연주하는 여러 인물[2]이 빔비사라왕의 길을 인도하고 있고, 말에서 내린 빔비사라왕[4]은 금강대좌로 표현된 부처님[3]을 오른쪽으로 세 번 돌아 예배하는 우요삼잡을 행하고 있는데, 합장한 모습으로 측면과 정면으로 두 번 표현되었다.(본문 156쪽)

29

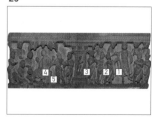

까삘라왓투에 귀향한 부처님 2-3세기, 인도박물관, 인도

까삘라왓투에 귀향한 부처님과 까삘라왓투에서 탁발을 하고 돌아와 발을 씻는 부처님을 표현한 것이다. 까삘라왓투에 귀향한 부처님[1]을 숫도다나왕[2]이 합장한 채 맞이하고 있다. 숫도다나왕 뒤 두 번째 오는 인물은 머리칼의 표현으로 보아 마하빠자빠띠[3]로 추정된다. 왼쪽은 부처님이 걸식을 마치고 돌아오자 그의 발을 씻어주는 장면이다. 부처님[4]은 몸을 돌려 왼쪽을 향하고 있으며 그 뒤에는 금강역사[5]가 등을 보이고 서 있다.(본문 187쪽)

난다의 출가 3세기, 나가르주나콘다고고박물관, 인도

난다는 고향을 방문한 부처님을 따라 출가하였으나 미모가 뛰어난 아내 자나빠다깔야니를 잊지 못해 고민하기도 하였다. 이것은 까빨라왓투에서 출가하는 난다를 표현한 것으로 부처님[1]은 난다에게 출가에 대해 말씀하고 있다. 난다[2]는 까삘라왓투의 귀족들[3]과 비구[4]들이 지켜보는 가운데 출가 의식을 치르고 있다.(본문 200쪽)

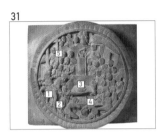

부처님과 라훌라의 만남 2세기, 아마라와띠고고박물관, 인도

성도 후 부처님은 고향을 찾아가 많은 사까족들을 출가시켰다. 숫도다나왕[1]이 손자 라훌라[2]를 데리고 부처님[3][4]께 인사시키고 있다. 라훌라는 부처님을 향해 합장하고 있는데, 부처님은 금강대좌[3]와 불족적[4]으로 표현되었다. 그 주변을 제자와 여인들이 에워싸고 부처님을 향해 합장하고 있다. 뒤쪽에 쳐진 건물과 천막[5]은 이 사건이 궁전 안에서 일어난 것을 암시하고 있다.(본문 202쪽)

기원정사를 보시한 수닷따 기원전 1세기, 인도박물관, 인도

수닷따장자가 제타태자가 소유한 동산에 금을 깔고 있는 것을 표현한 것이다. 세 그루의 나무[1]는 제타 동산을 상징하고, 그 아래에 네모난 것[2]은 금을 깔고 있는 것을 표현한 것이다. 황금을 실은 수레를 끌고 왔던 두 마리의 소[3]가 쉬고 있다. 소 뒤에 오른손을 가슴에 얹고 있는 인물[4]은 수닷따장자이며 그 뒤에 손으로 황금주전자를 들고 있는 인물 역시 보시를 행하는 수닷따장자[5]이다. 아치형 건물[6]과 보리수[7]는 부처님을 의미한다.(본문 219쪽)

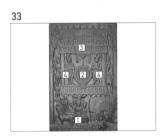

부처님을 방문한 빠세나디왕 기원전 1세기, 인도박물관, 인도

꼬살라국의 빠세나디왕은 기원정사를 지을 땅을 보시한 제타태자의 아버지인데, 불교에 귀의한 후 네 마리의 말이 끄는 마차를 타고[1] 부처님을 방문하고 있다. 부처님은 건물 가운데 있는 법륜[2]과 일산[3]으로 표현되었고, 빠세나디왕[4]은 부처님을 상징하는 법륜을 오른쪽으로 도는 우요삼잡의 예를 행하고 있다.(본문 224쪽)

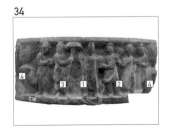

사까족과 꼴리야족의 물싸움을 중재하는 부처님
2-3세기, 찬디가르박물관, 인도

오랜 가뭄으로 사까족과 꼴리야족 사이에 서로 물을 차지하려는 다툼이 일어나자, 부처님은 물싸움을 중재하려고 나섰다. 부처님[1]과 금강저를 든 금강역사[2]는 정면을 향하고 있고, 일산을 든 인물[3]이 부처님을 맞이하고 있다. 양 끝의 두 그루 나무[4]는 이 사건이 야외에서 일어나고 있음을 암시하며, 명확치는 않지만 이 작품이 두 부족 간의 물싸움 중재에 나선 부처님을 표현한 것이 아닐까 생각된다.(본문 238쪽)

35

여성의 출가 2-3세기, 라호르박물관, 파키스탄

부처님의 제자인 아난다는 부처님께 마하빠자빠띠의 출가를 간청한 것으로 유명하다. 이 장면은 이것을 표현한 것으로, 부처님[1]께 아난다[2]가 마하빠자빠띠의 출가를 간청하고 있다. 부처님께 보시할 물건을 들고 있는 인물[3]은 마하빠자빠띠로 생각되며 그 뒤의 여인[4]은 출가 전의 부인이었던 야소다라일 것이다.(본문 248쪽)

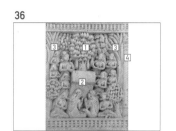

36

라자가하 죽림원에 모여든 대중 1세기, 산치 1탑, 인도

마가다국의 빔비사라왕은 불교에 귀의해 불법을 보호한 대표적인 왕으로 죽림정사를 지어 부처님 교단에 보시하였다. 부처님은 꽃줄이 걸린 나무[1]와 금강대좌[2]로 표현되었고, 죽림정사는 양 옆의 대나무 숲[3]과 동물 주두가 있는 아쇼카 석주[4]로 나타내었다. 부처님을 상징한 보리수와 금강대좌 주위로 부처님의 설법을 들으러 모여든 많은 대중이 합장한 채 부처님을 에워싸고 있다.(본문 250쪽)

37

부처님을 만난 마간디야 2-3세기, 페샤와르박물관, 파키스탄

깜마사담바를 방문했을 때 부처님의 당당한 모습에 반한 바라문 내외는 그의 딸 마간디야를 아내로 맞아달라고 간청하였다. 부처님은 그 간청을 뿌리쳤는데 이 마간디야가 바로 꼬삼비 왕 우데나의 세 번째 부인이 되었다. 부처님[1]은 손에 긴 막대기 같은 것을 든 인물[2]과 대화하고 있는데 이 인물이 딸을 부처님에게 시집보내겠다고 하는 바라문이다. 바라문 옆에는 딸로 생각되는 인물[3]이 있다. 부처님의 뒤에는 늘 부처님을 호위하는 금강저를 든 금강역사[4]가 서 있다.(본문 261쪽)

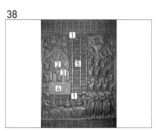

38

도리천에서 내려오는 부처님 기원전 1세기, 인도박물관, 인도

부처님은 어느 날 도리천에 계신 어머니에게 설법하기 위해 천상으로 올라갔다가 3개월 동안 설법하고 다시 지상으로 내려올 때는 세 개의 보배로 이루어진 계단으로 내려왔다고 한다. 이 이야기는 자주 불전미술로 표현되었는데 이것도 그 가운데 하나이다. 중앙의 금으로 된 계단으로 내려오는 부처님을 위와 아래에 불족적[1]으로, 내려온 부처님은 성수[2] · 일산[3] · 금강보좌[4]로 나타내었다.(본문 268쪽)

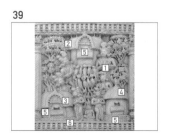

39

설법을 듣기 위해 모여든 사람들 1세기, 산치 1탑, 인도

꼬살라국의 사왓티에는 유명한 기원정사가 있는데, 부처님은 이곳에 즐겨 머물면서 많은 가르침을 베풀었다. 기원정사를 보시한 수닷따 장자[1]가 합장한 채 서 있으며, 간다 쿠티와 코삼바 쿠티, 그리고 카롤리 쿠티의 세 승방이 보인다[2][3][4]. 부처님은 아치형 건물에 있는 금강보좌[5]로 표현되었고, 아래쪽에는 황금이 깔린 것[6]으로 보아 수닷따 장자의 보시가 있었음을 암시해주고 있다.(본문 270쪽)

40

앙굴리말라의 귀의 2-3세기, 페샤와르박물관, 파키스탄

오른손에 칼을 들고 손가락으로 만든 화관을 쓴 앙굴리말라¹⁾가 어머니²⁾의 머리채를 움켜잡고 있다. 부처님³⁾ 앞에는 상체를 벗은 앙굴리말라⁴⁾가 왼손에는 무기를 들고 오른손으로 칼을 휘두르고 있고, 그 아래에는 잘못을 뉘우치고 부처님의 발 밑에 엎드린 앙굴리말라⁵⁾가 있다. 그가 버린 손가락으로 만든 화관⁶⁾과 칼⁷⁾은 아래에 놓여 있다.

(본문 333쪽)

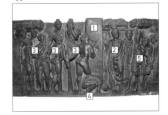

41

부처님을 공격하는 데와닷따 2-3세기, 인도박물관, 인도

데와닷따는 부처님의 사촌 동생으로 불전에 등장하는 대표적인 악인(惡人)이다. 데와닷따는 어느 날 세 명의 자객을 고용해 성벽¹⁾ 아래에 숨어 있다가 부처님²⁾을 공격하도록 지시하였다. 그러나 고용된 세 명의 자객³⁾은 부처님을 공격하지 못하고 자기들의 잘못을 참회하였다. 부처님의 발아래에 머리를 숙이고 있는 인물⁴⁾은 참회하는 자객이다. 부처님을 호위하는 금강역사⁵⁾는 깜짝 놀란 표정으로 서 있다.(본문 351쪽)

42

코끼리를 조복하는 부처님 2세기, 첸나이주립박물관, 인도

데와닷따는 식사에 초대된 부처님이 라자가하 도성으로 들어오자, 날리기리라는 성질이 사나운 코끼리에게 술을 먹여 부처님을 공격하게 하였다. 우리에서 나온 술에 취한 코끼리¹⁾는 길 가는 사람을 코로 집어 흔들면서 공격해 사람들²⁾을 공포에 떨게 했다. 부처님을 공격하기 위해 달려든 코끼리는 부처님을 보자 갑자기 조용해졌다. 부처님³⁾ 앞에 고개를 숙이고 있는 코끼리⁴⁾는 부처님께 항복한 날리기리이다.

(본문 354쪽)

43

부처님을 방문한 아자따삿뚜 기원전 1세기, 인도박물관, 인도

빔비사라왕을 감옥에 가두어 굶겨 죽인 아잣따삿뚜는 왕이 된 후, 그의 잘못을 뉘우치고 부처님께 귀의하였다. 아잣따삿뚜왕과 왕비¹⁾는 코끼리를 타고 부처님께 가고 있으며, 아잣따삿뚜의 머리 위에는 그의 위엄을 상징하는 일산이 있다. 부처님은 일산²⁾, 금강보좌³⁾, 불족적⁴⁾으로 표현되었고, 아잣따삿뚜왕⁵⁾이 금강보좌 앞에서 합장한 채 부처님에게 예배하고 있다. 오른쪽 기둥에는 '아자따삿뚜왕이 부처님께 예배한다'는 글자가 새겨져 있다.(본문 364쪽)

44

망고숲을 보시한 암바빨리 2-3세기, 찬디가르박물관, 인도

부처님은 꾸시나라로 떠나기 전 당시 유명한 기녀였던 암바빨리가 소유한 망고숲에 머물고 계셨다. 부처님은 이곳에서 암바빨리의 식사 공양을 받은 후 암바빨리로부터 망고숲을 보시 받았다고 한다. 부처님¹⁾은 망고나무 아래에 앉아 있으며, 부처님 옆에는 망고숲을 보시하는 암바빨리²⁾가 물이 든 주전자를 두 손으로 든 채 부처님을 향해 서 있다. 인도에서 깨끗한 물이 든 주전자를 드는 것은 보시하는 행위를 의미한다.(본문 377쪽)

45

부처님의 열반을 슬퍼하는 아난다　**2-3세기, 인도박물관, 인도**

부처님을 오랫동안 곁에서 모셨던 아난다는 부처님의 설법을 가장 많이 들은 다문제일(多聞第一) 제자로 유명하다. 부처님이 반열반에 들자 가장 슬퍼했던 제자 가운데 한 명이었다고 한다. 이 장면은 부처님의 반열반을 표현한 불전도의 일부분으로 슬픔에 젖어 땅에 주저앉아 있는 아난다[1]를 아나율[2]이 일으켜 세우고 있다.(본문 379쪽)

46

부처님의 마지막 여로
기원전 1세기, 아마라와띠고고박물관, 인도

부처님이 웨살리 짜빨라 성수 아래에서 성수를 찬탄한 이야기[1], 부처님께 열반을 간청하는 마왕 마라[2], 마왕의 간청을 받아들인 후 중각강당에서 수행에 전념할 것을 당부하는 부처님[3], 코끼리처럼 전신을 돌려 떠나는 웨살리를 바라보는 부처님[4], 아난다에게 물을 떠오게 하는 부처님과 물을 떠온 아난다[5] 등을 표현하였다. 부처님은 불족적, 네모난 가사 등으로 나타내었다.(본문 387쪽)

47

마지막 제자 수밧다　**2-3세기, 인도박물관, 인도**

꾸시나라에 살고 있던 바라문 수밧다는 부처님이 반열반에 들 것이라는 소식을 전해듣고 부처님을 찾아와 부처님의 마지막 직계 제자가 된 인물이다. 간다라 미술에서 부처님의 반열반 장면에 등장하는 수밧다는 출가하기 전 외도였음을 상징하는 것으로 머리에 천을 뒤집어 쓰거나 머리카락이 남아 있는 모습으로 표현된다. 여기에서는 머리에 아직 머리카락이 남아 있게 나타냈고[1], 그 옆에는 어깨에 메고 다니던 물주머니를 고정시킨 물주머니가 달린 삼각대[2]가 놓여 있다.(본문 394쪽)

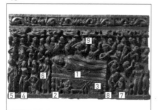

48

부처님의 반열반　**2-3세기, 인도박물관, 인도**

부처님의 반열반을 표현한 불전도 중에서 가장 많은 인물이 등장한 이 불전도는, 중앙에는 반열반에 든 부처님[1]이 있고 침상 앞에는 부처님의 반열반을 슬퍼하는 금강저를 든 금강역사[2]와 마지막 직계제자 수밧다[3]가 있다. 외도[4]로부터 부처님의 반열반 소식을 전해듣는 마하깟사빠[5], 부처님께 부채질하는 우빠와나[6], 슬퍼하는 아난다[7]와 그를 부축하는 아나율[8], 손을 들어 슬퍼하는 말라족[9] 등 많은 인물이 등장하고 있다.(본문 399쪽)

49

관을 옮기려는 말라족　**2-3세기, 카라치박물관, 파키스탄**

꾸시나라에 사는 말라족들은 향과 화환 그리고 오백 필의 천을 가지고 부처님의 유체가 있는 사라숲으로 향했다. 온갖 공양을 올린 후 7일째 되는 날 부처님의 유체를 화장하기 위해 말라족들은 머리를 깎고 새옷으로 갈아입고 부처님의 유체를 옮기려고 하였다. 그러나 말라족들이 뜻하는 바와 신들이 뜻하는 바가 달랐기 때문에 관을 옮길 수가 없었다고 한다. 관을 들어 올리는 비구형의 두 인물[1][2]에 대해서는 말라족의 수장, 바라문, 아난과 아나율이라는 여러가지 해석이 있다.(본문 401쪽)

457

50

부처님의 반열반 소식을 전해 듣는 마하깟사빠
2-3세기, 인도박물관, 인도

마하깟사빠는 오백 명의 비구와 함께 빠와로부터 꾸시나라로 가는 길
에서 만다라꽃을 든 나체수행자 아지위까로부터 부처님의 반열반 소
식을 전해 들었다. 나체수행자 아지위까[1]는 왼손에 만다라꽃을 들고
있고, 마하깟사빠[2]는 오른손은 가슴에 댄 채 왼손으로는 나이든 몸을
지탱하기 위해 지팡이를 들고 있다.(본문 402쪽)

관 밖으로 두 발을 내미는 부처님 **2세기, 대영박물관, 영국**

마하깟사빠는 부처님의 반열반 소식을 꾸시나라로 돌아오는 길에 전
해 들었다. 마하깟사빠가 꾸시나라에 도착하니 이미 전륜성왕의 장례
법 대로 부처님의 입관(入棺)을 끝낸 후였다. 그러나 마하깟사빠가 도
착하자 부처님은 관 밖으로 두 발을 내밀었고[1], 마하깟사빠[2]는 부처
님의 두 발에 머리를 대고 제자로서의 예를 다했다. 그제서야 관에 향
유를 붓자 불이 붙었다고 한다.(본문 403쪽)

52

부처님의 다비의식 **2-3세기, 카라치박물관, 파키스탄**

오른쪽에는 부처님의 유체를 다비하는 장면이, 왼쪽에는 사리를 지키
는 이야기가 표현되었다. 빨리본 『대반열반경』에는 화장 더미에 불을
붙이는 사람이 네 명의 말라족 수장들이라고 하였지만, 간다라 불전도
에서는 말라족의 귀족, 승려, 천민 복장의 인물 등이 다양하게 등장한
다. 이 불전도는 천민 복장의 두 명의 인물[1][2]이 향유를 부어 불을 붙
이고 있는 다비 장면과 다비가 끝난 후 수습된 부처님의 사리가 나무
다리로 된 대(臺) 위에 안치된 것[3]을 표현한 것이다.(본문 404쪽)

사리를 분배하는 도나존자 **2-3세기, 라호르박물관, 파키스탄**

부처님의 다비가 끝난 후 부처님의 사리를 놓고 말라족과 여러 부족
사이에 전쟁이 일어날 참이었다. 꾸시나라의 말라족은 부처님의 사리
를 분배해줄 수 없다고 했고, 마가다국의 아잣따삿뚜왕을 비롯한 일곱
부족은 부처님의 사리 분배를 요구하였다. 이때 분쟁을 해결한 것은
바라문 도나인데, 그는 부처님의 사리를 공평하게 여덟 등분하였다.
중앙에 수염이 풍성하고 머리칼을 올려 묶은 이가 바라문 도나[1]이고
그 앞에는 부처님의 사리[2]가 놓여 있다.(본문 406쪽)

참고자료

부처님 생애에 관한 자료는 그 수가 많을 뿐더러 여러 형태로 존재한다. 초기경전인 아함경이나 니까야에 단편적으로 산재해 있던 것이 차츰 독립된 불전(佛傳)으로 구성되어 나타난다. 현존하는 불전으로는 빨리본, 싼쓰끄리뜨본, 티베트본과 한문본 등 오래된 불전만 하더라도 20종 이상이 된다. 특히 동아시아 한문불교권에서는 전통적으로 마명(馬鳴)의 『붓다짜리따(Buddhacarita)』의 한역인 『불소행찬(佛所行讚)』이 유명하다. 여러 언어로 현존하는 불전에 관한 자료는 다음과 같이 참고하였다.

빨리(Pāli)·싼쓰끄리뜨(Sanskrit) 불전 자료

1)Jātaka

- Nidānakathā

Jātaka with Commentary: Vol. VII, Indexes by Dines Andersen(the Pali Text Society, 1992)

2) Majjhima Nikāya

- Acchariyabbhuta-dhamma Sutta

- Ariyapariyesana Sutta

- Mahāsaccaka Sutta

Majjhima-nikāya: Vol. IV, Index by M. Yamazaki, Y. Ousaka(the Pali Text Society, 2006)

3) Dīgha Nikāya

- Mahāpadāna Suttanta

- Mahāparinibbāna Suttanta

Dīgha-nikāya:Vol. III, ed. J.E. Carpenter(the Pali Text Society, 2006)

4) Suttanipāta

- Pabbajjā Sutta

Suttanipāta Commentary: 3 volumes, ed. Helmer Smith(the Pali Text Society by Luzac & Co, 1972)

5) Vinaya-piṭaka

- Mahāvagga

- Dhammacakkappavattana sutta

- Saṃghabhedavastu

Vinaya-piṭaka: Vol. I, ed. H. Oldenberg(the Pali Text Society, 1969)

6) Mahāvastu

The Mahāvastu, translated from the Buddhist Sanskrit by J.J. Jones (the Pali Text Society, 1978)

7) Lalitavistara

The Lalitavistara Sūtra: The Voice of the Buddha, the Beauty of Compassion:2 vols, translated by

Gwendolyn Bays(Dharma Publishing, 1983)

8) Buddhacarita

The Buddha Carita or the Life of the Buddha, E.B. Cowell, reprinted with text (New Delhi, 1894)

9) Dīvyāvadāna

The Dīvyāvadāna, Ed. E.B. Cowell & R.A. Neil(Oriental Press NV Publishers, 1970)

한역 불전 자료(K-고려대장경 **T-**신수대장경 **한-**한글대장경)

1) 고당품(高幢品)(증일아함)

K.0649 / T.0125 / 한.9-10 증일아함경(增壹阿含經), 승가제바(僧伽提婆) 역.

2) 과거현재인과경(過去現在因果經)

K.0777 / T.0189 / 한.156 과거현재인과경(過去現在因果經), 구나발다라(求那跋陀羅) 역.

3) 대본경(大本經)(장아함)

K.1397 / T.0001 / 한.1-1 불설장아함경(佛說長阿含經), 불타야사(佛陀耶舍), 축불념(竺佛念) 역.

4) 라마경(羅摩經)(중아함)

K.0648 / T.0026 / 한.3,4-204 중아함경(中阿含經), 승가제바(僧伽提婆) 역.

5) 미증유법경(未曾有法經)(중아함)

K.1401 / T.0026 / 한.3,4-32 중아함경(中阿含經), 승가제바(僧伽提婆) 역.

6) 방광대장엄경(方廣大莊嚴經)

K.0111 / T.0187 / 한.155 방광대장엄경(方廣大莊嚴經), 지바가라(地婆訶羅) 역.

7) 보요경(普曜經)

K.0112 / T.0186 / 한.155 불설보요경(佛說普曜經), 축법호(竺法護) 역.

8) 불본행경(佛本行經)

K.0979 / T.0193 불본행경(佛本行經), 석보운(釋寶雲) 역.

9) 불본행집경(佛本行集經)

K.0802 / T.0190 / 한.171 불본행집경(佛本行集經), 사나굴다(闍那堀多) 역.

10) 불소행찬(佛所行讚)

K.0980 / T.0192 / 한.20 불소행찬(佛所行讚), 마명(馬鳴) 저, 담무참(曇無讖) 역.

11) 열반경(涅槃經) 이본(異本)

K.1403 / T.0375 / 한.53 대반열반경(大般涅槃經), 혜엄(慧嚴) 외 역.

K.0105 / T.0374　대반열반경(大般涅槃經), 담무참(曇無讖) 역.

K.0107 / T.0377　대반열반경후분(大般涅槃經後分), 야나발다라, 저거경성(沮渠京聲) 역.

K.0952 / T.0393　가섭부불반열반경(迦葉赴佛般涅槃經), 축담무란(竺曇無蘭) 역.

K.1049 / T.0007　대반열반경(大般涅槃經), 법현(法顯) 역.

12) 유행경(遊行經)(장아함)

K.1401 / T.0001 / 한.1-2 불설장아함경(佛說長阿含經), 불타야사(佛陀耶舍), 축불념(竺佛念) 역.

13) 중본기경(中本起經)

K.0663 / T.0196 / 한.155 중본기경(中本起經), 담과(曇果), 강맹상(康孟詳) 역.

461

14) 중허마가제경(衆許摩訶帝經)

K.1172 / T.0191 / 한.156 불설중허마하제경(佛說衆許摩訶帝經), 법현(法賢) 역.

15) 태자서응본기경(太子瑞應本起經)

K.0775 / T.0185 불설태자서응본기(佛說太子瑞應本起經), 지겸(支謙) 역.

단행본

각묵, 『디가니까야: 길게 설하신 경[長部] Digha Nikaya』, 초기불전연구원, 2006

강건기, 『불교와의 만남』, 불지사, 1993

김재영, 『룸비니에서 구시나가라까지』, 불광, 2007

나카무라 하지메 · 타나네 쇼우지, 『붓다 그 삶과 사상』, 이미령 역, 무우수, 2003

마명, 『붓다차리타』, 김달진 역주, 고려원, 1988

마스다니 후미오, 『붓다 그 생애와 사상』, 반영규 역, 대원정사, 1992

법정, 『(불교 최초의 경전)숫타니파타』, 이레, 2007

성열, 『고따마 붓다』, 문화문고, 2008

성열, 『부처님 말씀』, 법등, 1993

오원탁 역, 『부처님의 제자들』, 경서원, 2008

와타나베 쇼코, 『불타 석가모니』, 법정 역, 동쪽나라, 2008

원나 시리, 『아난존자의 일기』, 범라 역, 운주사, 2006

원의범, 『佛陀의 말씀』, 삼성미술문화재단, 1983

이기영, 『석가』, 한국불교연구원, 2007

전재성 역, 『숫타니파타』, 한국빠알리성전협회, 2004

전재성, 『(우리말 빠알리대장경) 맛지마 니까야』, 한국빠알리성전협회, 2003

정병조, 『인도의 여정』, 대원정사, 1992

최봉수 역, 『마하박가』, 시공사, 1998

최봉수 역, 『팔리경전이 들려주는 고타마 붓다』, 불광, 2006

카렌 암스트롱, 『스스로 깨어난 자 붓다』, 정영목 역, 푸른숲, 2003

타치바나 훈도우, 『고증 불타전』, 석도수 · 홍완기 역, 시인사, 1982

학술저널 《원시불교성전자료에 의거한 석존전의 연구(原始仏教聖典資料による釋尊伝の研究)》,
　東京: 中央學術研究所, 1997~.

색인

방함록

대한불교조계종

종정 **도림 법전**
원로회의 의장 **종산**
총무원장 **자승**
중앙종회 의장 **보선**
호계원장 **법등**
교육원장 **현응**
포교원장 **혜총**

부처님 생애 편찬위원회

편찬위원장 **정인**
편찬위원 **해주**
　　　　 김용표
　　　　 박경준
　　　　 조준호
　　　　 유근자
　　　　 성재헌

교육부

교육부장 **법인**
교육국장 **재경**
연수국장 **광전**
교육차장 **전형근**
교육팀장 **전인동**
행정관 **권상혁**
행정관 **김영미**
주임 **류창하**
연수팀장 **김판동**
주임 **이승철**
주임 **송재일**
불교서울전문강당 간사 **조영덕**

불학연구소

연구소장 **원철**
사무국장 **보문**
선임연구원 **서재영**
상임연구원 **범준**
상임연구원 **원영**
상임연구원 **김광식**
상임연구원 **양경인**
주임 **장혜정**

부처님의 생애 편찬위원회

정인스님 일본 아이치가쿠인(愛知學院)대학에서 원시불교를 전공했으며 사회복지법인 승가원 이사, 중앙종회의원을 역임했다. 논문으로 〈부처님이 사용하신 언어〉, 〈시자 아난다〉, 〈초기 불교의 승가와 계율〉, 〈불타교화지역에 대한 고찰〉 등이 있다. 현재 중앙승가대 불교학과 교수로 재직 중이다.

해주스님 동국대학교에서 화엄사상을 전공했으며 중앙종회의원, 불교학연구회 회장, 동학사 강주, 기초교육개혁위원, 조계종 역경위원을 역임했으며 저서로 《의상화엄사상사연구》 등이 있다. 현재 동국대 불교학과 교수로 재직 중이다.

김용표 미국 템플대학교에서 종교학을 전공했다. 논문으로 〈붓다의 교육원리와 수기적 교수법〉, 〈불교계 종립학교와 종교교재〉 등이 있고 저서로는 《불교와 종교철학》, 《경전으로 본 세계 종교》 등이 있다. 현재 한국종교교육학회 회장과 BK21세계화시대 불교학교육연구단장이며, 동국대 불교학과 교수로 재직 중이다.

박경준 동국대학교에서 불교사회사상을 전공했다. 불교대학원 교학부장 및 불교문화연구원장을 역임했으며 논문으로 〈원시불교의 사회·경제 사상 연구〉, 〈초기불교의 연기상의설 재검토〉, 〈대승경전관 정립을 위한 시론〉 등이 있다. 현재 동국대 불교학과 교수로 재직 중이다.

조준호 인도 델리대학교에서 불타론을 전공했다. 논문으로 〈초기불교 중심교리와 선정수행의 제문제〉, 〈초기경전에 나타난 재가자의 위상과 신행생활〉, 〈석가족의 인도-유럽인설에 대한 반박〉 등이 있다. 현재 고려대 철학과 연구교수로 재직 중이며 《부처님의 생애》에서 부록 집필을 담당했다.

유근자 동국대학교에서 불교미술사학을 전공했다. 박사학위 논문으로 〈간다라 불전 도상의 연구〉가 있으며 《간다라에서 만난 부처》를 공동 집필했다. 현재 동국대 예술대학에 출강하고 있으며 《부처님의 생애》에서 사진 자료와 해설을 담당했다.

성재헌 동국대학교 불교학과를 졸업했다. 현재 동국대 역경원 역경위원이자 〈법회와 설법〉 집필위원으로 《청소년 불교입문》을 공동 집필했다. 《부처님의 생애》 편찬위원으로 초고 집필을 담당했다.

부처님의 생애 ^{종단본}

1판 1쇄 펴냄 2023년 2월 23일
1판 7쇄 펴냄 2025년 4월 10일

저자 대한불교조계종 교육원 부처님의 생애 편찬위원회
집필위원 정인 해주 김용표 박경준 조준호 유근자 성재헌
책임집필 성재헌

발행인 원명
펴낸곳 (주)조계종출판사

출판등록 제2007-000078호 **등록일자** 2007년 4월 27일
주소 서울시 종로구 삼봉로 81 두산위브파빌리온 1308호
전화 02-720-6107 **팩스** 02-733-6708
구입문의 불교전문서점 향전(www.jbbook.co.kr) | 02-2031-2070

ⓒ 대한불교조계종 교육원, 2010

ISBN 979-11-5580-198-7 03220